CLASSIQUES JAUNES

Littératures francophones

Scènes de la vie de bohème

Henry Murger

Scènes de la vie de bohème

Édition critique par Paul Ginisty

PARIS
CLASSIQUES GARNIER

Journaliste et critique littéraire, Paul Ginisty est également un homme de lettres. Il est l'auteur de romans et pièces de théâtre. Nous lui devons également des écrits historiques et des études de mœurs. Directeur du théâtre de l'Odéon, il est fin connaisseur de la vie théâtrale parisienne dont il témoigne dans *Souvenirs de journalisme et de théâtre*. Il a été distingué par l'Académie française pour son œuvre critique.

Couverture : France, Paris, Cafe Momus, illustration pour l'acte II de *La Bohème* de Giacomo Puccini (Opéra de Paris, 23 novembre 1973)

Réimpression de l'édition de Paris, 1929.

ISBN 978-2-8124-2457-1
ISSN 2417-6400

Henry Murger et son œuvre.

I. — Premières années

La rue des Trois-Frères était jadis cette partie
de la rue Taitbout qui allait de la rue de la Victoire
à la rue Saint-Lazare, tandis que, jusqu'à la rue de
Provence, l'autre partie prenait le nom de rue du
Houssay. C'est là, dans la maison portant le numéro 5, que se passèrent l'enfance et l'adolescence
d'Henry Murger[1]. Cette maison était une maison
fort « parisienne » par ses locataires. Là demeurait
M. de Jouy, l' « hermite de la Chaussée d'Antin »,
académicien, observateur avisé des mœurs du temps,
suspect alors de libéralisme, et à qui il arriva, en
effet, de quitter, trois mois durant, la rue des Trois-
Frères pour recevoir l'hospitalité de l'État, à la prison
de la Force. Le chanteur Lablache s'y était installé,
ainsi que le fondateur de la dynastie des Garcia, entre
deux grandes tournées lyriques. Mais c'est au rez-
de-chaussée, dans la loge du concierge, qu'habitait
l'enfant. Son père, Gabriel Murger, était un petit
tailleur, qui avait été bien aise de s'assurer le logis
en joignant à son métier celui de portier. Né en
Savoie, il avait été soldat, puis après 1815, il était

1. Henry Murger naquit le 27 mars 1822, dans la maison portant alors
le numéro 17 de la rue Saint-Georges.

venu à Paris, où il s'était marié avec une ouvrière, Hortense-Henriette Tribou.

C'était un homme assez rude, et qui ne devait pas être un père bien tendre, ni bien indulgent, comme on le verra[1]. Mais la mère du futur poète avait pour lui toutes les adorations, et, à force de volonté, elle avait réussi à faire de lui un bel enfant « aux joues rebondies », dont on remarquait « la fraîcheur de carnation[2] ».

Sur cette affection maternelle, il n'est pas de meilleur témoignage que celui de Murger lui-même[3] :

Bluet était l'enfant unique de laborieux artisans. Ses premières années s'étaient écoulées en proie à ces cruelles maladies qui déciment l'enfance, et Dieu seul sait les larmes et les nuits d'insomnie qu'il coûta à sa mère. Aussi, lorsque, à force de soins, elle fut parvenue à lui faire mettre les deux pieds dans la vie, elle fit à ce pauvre enfant une existence comme n'en ont point ordinairement les enfants des pauvres. Bluet fut gâté outre mesure. Ses caprices (et il en était rempli, comme tous les êtres maladifs), ses moindres volontés faisaient loi. Sa mère n'avait d'autre préoccupation que de les deviner et d'autre bonheur que de les satisfaire, au prix de mille privations qu'elle s'imposait en cachette de son mari. Elle tenait, en outre, son fils dans un état de costume fort au-dessus de sa position, de même que, en toutes choses, elle le distinguait des autres enfants de sa classe : la digne femme ne pouvait s'arrêter à cette idée que son fils était condamné à gagner son pain à la sueur de quelque pénible travail, elle l'habituait elle-même à l'oublier ; aussi l'oubliait-il.

Mais la réalité était là. La pauvre maman, malgré ses ambitions pour son fils, n'avait pu lui faire don-

---

1. Le père de Murger mourut en 1856.
2. *Histoire de Murger*, par Trois Buveurs d'eau. Et le témoignage de de Mᵐᵉ Viardot : « Henry, disait-elle, se souvenant de son jeune voisin, était un enfant charmant, et qui jasait comme un pinson au mois de mai. »
3. *Les Premières Amours du jeune Bluet*.

ner l'instruction qu'elle eût rêvée pour lui, et Henry
Murger avait dû se contenter des notions élémen-
taires apprises à l'école primaire. Quand il eut quatorze ans, le père trouva que c'était assez de science
et qu'il était temps d'aviser au pratique. Mme Murger ne pouvait s'accoutumer à ce que son enfant
exerçât un métier manuel. Elle confia sa peine aux
habitants de la maison qui avaient coutume de s'intéresser au gamin, très sensible, bien que timide, à
ces marques de bienveillance, et l'un des locataires
donna à la brave femme une lettre pour un avoué.
Elle alla supplier celui-ci d'employer son petit ; elle fut
éloquente et elle revint triomphante : l'avoué con-
sentait à prendre Henry Murger comme saute-ruis-
seau. Elle formait bien des illusions naïves sur
l'avenir qui s'offrait pour lui. Du moins avait-elle
réussi à ce qu'il ne fût pas ouvrier. Il lui semblait
qu'elle vînt de lui faire gravir un échelon social.

De cette tendresse maternelle, qui avait de naïfs
orgueils, Henry Murger devait être bientôt privé, et
son père n'était pas homme à comprendre ses aspirations, encore confuses. Les premiers froissements
allaient peu à peu s'accentuer en une mésentente
complète, aggravée par des causes étrangères à la
pénible carrière embrassée par le jeune homme. Le
tailleur n'eut guère jamais, d'ailleurs, la fierté de
son fils, même quand Henry Murger connut la notoriété. On a raconté que le romancier, lorsque la *Vie
de Bohème* fut portée au théâtre, eut grand'peine à
décider l'auteur de ses jours à assister à la première
représentation. Le lendemain, Murger lui offrit une
place pour la seconde. Le père refusa.

— Tiens, fit-il avec un étonnement bourru, ça se
joue donc plus d'une fois ?

L'humble emploi qu'il occupait dans l'étude de l'avoué convenait assez au gamin de Paris qu'était Henry Murger : il foulait sans cesse le pavé de la grande ville. Au Palais, il fit la connaissance de deux petits clercs comme lui, les frères Bisson, Pierre et Emile, et ces premiers amis eurent sur sa destinée une influence décisive. Leur ambition s'élevait plus haut que de faire des courses pour leur patron : ils rêvaient d'art et de peinture. Bravement, ils occupaient leurs soirées (ils n'étaient pas mieux partagés que Murger sous le rapport de la fortune) à aller dessiner dans une école populaire. Les conversations de ces adolescents ouvrirent à l'esprit de Murger des horizons nouveaux.

A quinze ou seize ans, on peut l'imaginer un peu gauche (il le resta longtemps), très doux (il le fut toujours, même contre le mauvais sort), sensible, ignorant, mais curieux et intuitif, ayant un goût inné (combien la vie devait le heurter!) des choses délicates, voyant se lever en lui de confuses ambitions. Au physique, il est assez épais, petit, joufflu, et il a le teint rose.

Les Bisson lui ont parlé d'art, lui ont révélé ce qu'il sentait obscurément. Il se met, comme eux, à dessiner, et il se croit une vocation de peintre, dans laquelle il ne s'obstinera pas, d'ailleurs, sur les avis de ses camarades, après la confection d'une certaine aquarelle, amoureusement choyée, qui a provoqué leurs sourires [1]. Mais le temps passé en ces tentatives

---

1. Murger, alors, croyant à sa destinée de peintre, peignait des aquarelles où

> Sara, pleine d'indolence,
> Se balance...

dans un hamac formé de lianes fantastiques se détachant sur des horizons de vert et de pourpre. Mais c'était une vocation malheureuse que

malheureuses n'aura pas été perdu. L'habileté ma-
nuelle lui a fait défaut, mais Murger se sent une âme
d'artiste. De la poésie chante en lui : il cherche à
l'exprimer, n'obéissant encore qu'à son instinct, assez
insoucieux des règles prosodiques.

Il les apprendra du chansonnier Pottier, son aîné
de six ans, qui a été son professeur à son école élé-
mentaire et qu'il a retrouvé. Et n'est-ce pas une
chose curieuse que ce premier maître de Murger, si
indifférent, toute sa vie, en matière politique, — ses
amis disaient de lui que le sens de l'indignation lui
manquait absolument, — ait été le futur révolutionnaire, l'auteur de l'*Internationale?*

Eugène Pottier n'avait reçu qu'une instruction
primaire, mais dont il avait tiré bon parti, et,
avec ses brusques et courts enthousiasmes pour
toutes sortes de choses, son bagage s'était fort
augmenté. C'était alors un robuste compagnon,
le cœur sur la main, et qui devait rester un
brave homme, en effet, dans toutes les circonstances, un de ceux qui font les révolutions et qui
n'en profitent guère, un peu illuminé, plein d'illusions,
selon les heures, poète ayant en lui l'âme du peuple,
passant de chants éperdument patriotiques aux
hymnes destinés à réunir, en dépit des frontières, les
prolétaires de toutes races. Tyrtée de la barricade,
nul n'avait pourtant exhalé avec une verve plus
rude ses colères contre les envahisseurs en 1870.

> ... Sur les coteaux, vois la fumée
> Des avant-postes allemands ;
> Voilà ce que l'Empire coûte,
> La défaite et le désarroi :
> Mais tu vas leur barrer la route,
> Défends-toi, Paris, défends-toi !

celle de Murger, et ses pinceaux ne révélaient pas sa nature poétique
(Champfleury, *Souvenirs de jeunesse*, chap. XVI).

Et cette autre chanson véhémente contre le roi de Prusse, qu'on répétait, aux remparts, dans Paris assiégé:

> Paris, comprends ton danger:
> J'ai pris ton armée au piège.
> **Ouvre, ou je vais t'assiéger.**
> — Assiège!

> — **Tu verras se consumer**
> Le vieillard, l'enfant, la femme.
> **Ouvre, ou je vais t'affamer.**
> — Affame !

> — **Un cratère va flamber**
> Brûlant palais et mansarde.
> **Ouvre, ou je vais bombarder.**
> — Bombarde !

> — **Tous n'ont pas même raideur**
> Pour la paix qu'on maquignonne.
> **Quel est ton ambassadeur ?**
> — Cambronne!

Ce n'étaient pas que chansons. L'homme dont le nom évoque aujourd'hui l'*Internationale* s'était battu à Champigny, avec une énergie désespérée dans les rangs du 181ᵉ bataillon de la garde nationale, des larmes de rage dans les yeux à l'heure de la retraite. L'ancien de 48, l'ex-membre de la Commune, le vieux champion de la sociale mourut dans la détresse en 1887.

Mais, en 1838, ce n'était qu'un poète, sans épithète, et c'était avec la vie qu'il se battait. Misère pour misère, il avait à ce moment troqué la redingote râpée du sous-maître d'école, qui ne l'empêchait pas d'être affamé, contre le tablier de l'ouvrier emballeur. Il n'en chantait que mieux, et plus gaîment, et sur tous les sujets. Entre deux courses pour son avoué,

Murger lui apportait ses essais, et Pottier, avec une
cordiale indignation, lui montrait les hérésies dont il
s'était rendu coupable, et il lui enseignait les lois du
rythme et de la rime. Cela fut vite fait : Murger
avait la poésie dans le cœur. Mais il eut soudain
comme un vertige d'effroi de son ignorance générale. Alors, il se mit à lire, à dévorer tout ce qui
lui tombait sous la main, sans beaucoup de méthode,
mais avec une tenace volonté de se faire l'éducation
intellectuelle qui lui manquait. Il apporta à suppléer à
cette éducation première cette vaillance qu'on a été
si long à reconnaître chez lui, car pendant combien
de temps sa physionomie a-t-elle été défigurée par
la légende? A ce point de vue, il a expié un peu le
succès de la *Vie de Bohème*, et on a pris plaisir à le
confondre avec ses personnages, qu'on voit, en effet,
rarement travailler. Ce ne fut pas le cas de Murger
qui travailla beaucoup, et dans des conditions où il
y avait parfois plus que du mérite, une manière de
vertu, tant il y avait d'obstacles contre lesquels il
devait lutter. « Henry Murger, dit Alfred Delvau[1]
n'eut pas le temps d'apprendre, — lui à qui cela eût
tant servi, — ce que savent une foule de sots, à qui
cela est si inutile. » Mais, avec une ardeur qui eut ses
côtés touchants, il emmagasina tout ce qu'il pouvait
de ce fonds classique auquel il ne lui avait pas été
permis de puiser directement. Un passage d'une
lettre de lui à son ami Léon Noël est caractéristique
pour montrer comment ce prétendu paresseux se préparait, ayant conscience de ce qui lui faisait défaut,
à aborder la vie littéraire. « Je suis devenu amoureux de la forme : c'est effrayant ! Je lis et je relis

1. *Henry Murger et la bohème*, Bochelin-Deflorenne, 1866.

Chénier et — je le confie à toi, ne le dis pas — pour tâcher d'attraper une intuition d'harmonie, je lis tout haut, oui, tout haut, *en latin*, Horace, Virgile et autres anciens que je ne comprends pas, mais dont la cadence métrique est pour moi pleine de charme. C'est sans doute là une bêtise, mais si ça ne fait pas de bien, ça ne fait pas de mal. »

On voit le sérieux que l'adolescent apporte à ses études tardives. Ce sera pour lui une coquetterie, — et on peut n'être pas indifférent à tout ce qu'elle représente, — que d'écrire, alors qu'il ne pense encore qu'aux vers, cette *Fontaine de Blandusie*, qu'il intitulera, non sans fierté, « Imitation d'Horace », — un Horace lu dans une traduction peu fidèle. « Imitation d'Horace » ! Quand on songe à l'instruction purement primaire du petit clerc d'avoué, pas bien longtemps avant qu'il ne respire ces parfums antiques :

> *O fons Blandusiœ, splendidior vitro*
> *Dulci digne mero, non sine floribus*
> *Oras donaberis hœdo...*

Murger, dans le temps de dures épreuves où il a tant de mal à faire publier ses vers, insiste particulièrement auprès d'un camarade, disposant d'un journal de province, pour qu'on fasse accueil à cette *Fontaine de Blandusie*, qui est, à ses yeux, comme une défense contre l'ignorance dont on serait tenté de l'accuser. Lui aussi, il traduit Horace et il a quelque orgueil « de jouer de petits airs païens » en rimant deux des odes du poète de Tibur, en évoquant Néobulé et Hebrus le Liparæen...

On pouvait insister sur ce détail pour indiquer comment il tenta bravement, malgré toutes les diffi-

cultés, lui, l'élève de la « mutuelle », d'escalader
cette « muraille de Chine » qui se dressait entre le
passé classique et lui. Mais il ne lui était guère loi-
sible de s'imposer une discipline et un ordre rigoureux dans ces acquisitions intellectuelles, et même
quand il se fut rendu maître de sa forme, qu'il se
fut fait un style à lui, en se battant avec la phrase,
pour la rendre légère et souple, il avait la conscience
de ce qui lui manquait. Au demeurant, c'était aussi
un furieux appétit de la production contemporaine.
Il n'était pas un recueil de vers, si humble fût-il,
venant de paraître, qu'il ne lût avec avidité. Plus
tard, dans *Un poète de gouttières*, où Melchior c'est
un peu lui, il devait railler ces dévorantes curiosités
qu'il avait eues d'essais poétiques d'inconnus, dont
personne ne se souciait, mais il en donnait la vraie
raison : « Le fait est qu'il voulait surtout juger s'il
était de la force des auteurs des *Soupirs nocturnes*,
Matutina et autres *Brises de mai*. »

Chez Pottier, Murger avait connu Adrien Lelioux,
qui fut l'un de ses premiers amis, son aîné d'un an
ou deux. Lelioux perpétrait des vaudevilles pour le
théâtre Comte, le théâtre d'enfants du passage Choi-
seul, et cherchait sa voie dans de vagues feuilles.
Peut-être méditait-il déjà ce drame qu'il ne put faire
jouer à l'Odéon, que bien des années plus tard, *Don
Gaspard*. Lelioux a tracé un portrait de Murger à
l'époque de cette rencontre [1] dans la mansarde qu'il
partageait avec Pottier, rue Monsigny, une mansarde qui avait cet avantage de surplomber le
théâtre de la Renaissance, alors situé sur la place
Ventadour, de sorte que, en se penchant beaucoup,

1. *Histoire de Murger, pour servir à l'histoire de la vraie Bohème*
(Hetzel).

on avait chance, quand les fenêtres du toit étaient
ouvertes, de surprendre un peu des répétitions, —
aperçues comme par le gros bout de la lorgnette :
« Ses yeux bruns étaient bien ouverts et regardaient
autour de lui avec une placidité naïve. Sa bonhomie
toute juvénile était exempte d'embarras comme de
hardiesse... Il portait une redingote bleue « à la propriétaire » (qui sans doute lui avait été abandonnée
par son père), un chapeau droit, haut et large à
bords plats, des bas bleus et des souliers lacés. »
Cinq minutes après les premiers mots échangés,
Lelioux et Murger se lisaient mutuellement des vers.

Le jeune clerc, plein de beaux rêves, manquait
d'assiduité à son Etude. Il n'avait aucun goût pour le
papier timbré dont, par une ironie, il devait plus
tard recevoir nombre d'échantillons. Il quitta l'avoué,
fut ramené chez lui par son père, put enfin lui dire
adieu, grâce à la protection de M. de Jouy, qui
trouva au basochien en rupture de basoche une
autre occupation. M. de Jouy le fit entrer comme
secrétaire chez un érudit, le comte Tolstoï, correspondant du gouvernement russe [1]. Le comte Tolstoï
lui allouait quarante francs par mois; il l'em-
ployait à des besognes de toute sorte. M. Georges
Montorgueil, qui possède tant de souvenirs de Murger et de ses amis de la bohème, garde des cartes
de géographie que le comte Tolstoï faisait colorier

---

1. Le comte Jacques Tolstoï fut fort occupé, au temps où il avait
Murger comme secrétaire, par la réfutation d'un ouvrage de M. de
Custine sur la Russie, ouvrage qui avait fait scandale à Saint-Pétersbourg
et qui avait jeté le tsar Nicolas dans une vive colère. Le comte Tolstoï
avait même pensé à faire écrire une pièce satirique contre le livre de
M. de Custine, et il en avait donné le plan : un gentilhomme outre-
cuidant, voyageant avec la prétention d'éclairer le monde sur l'empire
des tsars, et tombant entre les mains de mystificateurs, le promenant
de mensonges en mensonges et lui faisant accepter toutes les absurdités.
(*Mémoires d'Hippolyte Auger*, publiés par M. Paul Cottin.)

à Murger, pour indiquer des divisions ethniques, et ce fut le plus clair bénéfice que tira le poète de ses « talents » d'aquarelliste. Quelquefois, ses camarades l'aidaient dans sa tâche, et plus d'une carte fut utilisée au verso pour un croquis ou pour des notes littéraires.

Sur ces quarante francs, le père Murger, le tailleur, en conservait trente par devers lui ; il logeait son fils dans une soupente de la rue des Trois-Frères et lui assurait le dîner du soir. Mais enfin, si sommairement que ce fût, c'était la vie matérielle assurée, encore que le jeune homme dût subir d'assez rudes coups de boutoir au sujet de ses aspirations poétiques. Une aventure rompit cette vie commune du père et du fils, qui était d'ailleurs sans intimité. Henry Murger, qui avait platoniquement soupiré pour une cousine, fort indifférente à ses soupirs, s'éprit avec plus d'impétuosité d'une jeune femme de vingt-quatre ans. C'était encore, au début, un « amour bleu de ciel », selon une de ses expressions, car Murger était surtout un sentimental. Mais vous vous rappelez le mot de Daudet : « Quand on est aimé, on ne devrait pas avoir autre chose à faire. » Murger se pouvait croire aimé, et cet amour l'occupait fort. Il l'occupait au point qu'il oubliait parfois de rentrer à la maison paternelle. Il se donnait à cette passion avec toute la fraîcheur et la sincérité de ses dix-huit ans, et il devait en garder une longue blessure, car cette première liaison fut traversée de bien des déceptions, et des plus inattendues, assurément.

Murger, sauf dans ses derniers romans, n'a guère jamais rien inventé, à proprement parler ; il s'est raconté et il a raconté ses amis en mêlant sa

fantaisie, qui fut charmante, à la réalité. Dans une
de ses nouvelles, les *Amours d'Olivier*, il a brodé des
variations dramatiques sur un thème réel : le fond
de l'histoire était vrai et suffisamment poignant
en lui-même. De cette histoire douloureuse, qui, au
moment où Murger quittait la rue des Trois-Frères,
n'était pas arrivée à sa période vraiment cruelle,
disons tout de suite quelques mots. La femme
qu'aimait Murger, Marie, à laquelle il a, dans son
récit, où il a peint les déchirements d'un jeune cœur
brisé par la vie, donné le nom de Mme Duchampy,
était mariée. Elle était mariée à un homme assez
suspect, qui, bientôt, ne le fut plus, car son infamie
fut avérée par la révélation d'une accumulation d'es-
croqueries et de vols. Hélas ! Marie, cette Marie
qu'adorait Murger, n'était peut-être pas qu'une victime : elle n'avait pas ignoré les criminelles occupations de son mari et de ses complices. Elle fut, elle
aussi, arrêtée, et subit une assez longue prévention.
Murger lui-même, en dépit de son évidente honnêteté, fut interrogé, au moins, par un juge d'instruction qui cherchait un peu trop de ramifications à
l'affaire. Le parfait gredin qu'était le mari eut
néanmoins l'espèce de chevalerie de défendre sa
femme, de rejeter sur lui toute la culpabilité, et elle
fut mise en liberté.

Pendant sa détention, Murger avait écrit à Marie,
n'avait pas voulu douter d'elle. De ces heures-là
datent des vers de lui, recueillis plus tard par son
ami Léon Noël :

Dans ce lieu triste et sombre, où l'ennui nous dévore,
Seule, quand vous songez, oh ! songez-vous encore
Aux doux instants passés, tous les deux autrefois,
Loin du bruit de la ville, au milieu des grands bois?...

Les *Amours d'Olivier* ont dit quelle fut l'amère récompense de cette fidélité, de cette constance en des jours d'épreuves. Les amis de Murger cherchèrent à le détourner du souvenir de Marie, et il y a des lettres d'eux, empreintes de cette forte affection qui unissait ces jeunes gens liés par des misères communes et des aspirations semblables, qui portent la trace de leurs objurgations. Mais le blessé fut long à oublier le coup qu'il avait reçu, et le nom de Marie ne lui fut jamais indifférent. Dans sa correspondance avec Léon Noël, on suit les phases de ce drame de cœur : « Marie est en liberté, mais je n'ai pas envie de chercher à la voir ; je n'ai entendu parler d'elle que par les journaux. » Affectation d'indifférence pour répondre à des conseils qu'il ne peut dédaigner, sachant quelle amitié les a inspirés. Mais, deux mois plus tard, c'est un aveu du bouleversement dans lequel l'a jeté une rencontre : « Le cœur me battit à rompre ; je m'appuyai contre une voiture, sans quoi je roulais à terre... Hélas ! depuis que j'ai revu Marie, j'y songe dix fois plus qu'avant, et, ridicule à part, je suis, je crois, aussi amoureux qu'il y a deux ans. D'ici, je te vois rire ; il n'y a pas de quoi ! Si je l'eusse rencontrée dans un autre moment, cela m'eût peut-être produit moins d'effet. Mais je la vois devant moi, juste à l'instant où je la voyais de l'esprit, et vêtue des mêmes habits qu'elle avait autrefois... Je suis resté comme foudroyé. Maintenant, Dieu sait le temps qu'il va me falloir avant de chasser cette misérable folie de ma tête et de mon cœur. » Il a beau dire qu'il va tâcher d'utiliser « littérairement » l'état d'exaltation où il se trouve, ce n'est là, à ce moment, que fanfaronnade. Ce ne sera que peu à peu que le chagrin s'usera par la littérature.

Le père de Murger, rigide, — du moins pour les autres, — n'avait pas cherché à faire entendre à son fils la voix de la raison : il avait trouvé plus expéditif de le jeter à la porte. Au demeurant, il s'était mis en tête de se remarier, et ce grand garçon le gênait. Dans les *Amours d'Olivier*, la scène du départ de la maison paternelle doit beaucoup ressembler à celle du départ de la rue des Trois-Frères, sauf que « le linge et les habits » devaient tenir peu de place dans la malle, si les souvenirs de Marie en tenaient beaucoup, sous la forme de rubans fanés, de bouquets desséchés et autre menue monnaie de l'amour[1].

Henry Murger alla demander l'hospitalité à son ami Lelioux qui habitait, rue Montholon, une mansarde, éclairée par une fenêtre à tabatière, à des hauteurs qui la faisaient qualifier par ses locataires de « forteresse aérienne ».

La vie de bohème commençait...

II. — La Bohème

Et combien elle allait être rude, cette existence, et souvent atroce ! Combien elle devait exiger de vaillance ! La Bohème n'en a pas moins été traitée bien dédaigneusement par les uns, bien durement par les autres, et elle a été en tout cas défigurée par la plupart de ceux qui ont parlé d'elle. Il a fallu longtemps pour que, sous la légende, reparût la vé-

---

1.   Quelque ruban fané, quelque rose pâlie,
       Un voile, des cheveux en bracelets tressés,
       Des gants, un soir de bal, perdus et ramassés,
       Pauvres hochets du cœur que, plus tard, l'esprit raille.

                                        (*Les Nuits d'hiver.*)

rité. La vraie Bohème, qui aurait pu prendre pour devise ces deux vers de Murger :

> J'ai l'espoir et le courage ;
> Sans cela, je n'aurais rien...

la Bohème, qui rassembla des jeunes hommes à qui le sort avait à peu près tout refusé, sauf la foi en eux-mêmes, le don de l'émotion devant les belles choses et la volonté, sinon toujours la force de vaincre tant d'obstacles, cette Bohème fut brave, honnête, parfois héroïque de constance et de résignation. Le charmant mensonge du livre de Murger a dissimulé ses vertus, car, là, Murger fit œuvre de souriant magicien en transformant en épisodes amusants, pleins de la plus ingénieuse fantaisie, rayonnants de jeunesse, les scènes dont il savait mieux que personne les côtés âpres et cruels. On insistera sur ce point quand on étudiera, plus loin, l'essence même du talent de Murger, fait de sensibilité, d'ironie légère et, presque constamment, de la rare et heureuse faculté d'embellir.

Je tiens, écrivait Nadar, qui avait traversé ce monde de la bohème, et avait connu ses heures pénibles, je tiens, — plus encore pour ceux qui ne sont plus que pour ceux qui restent, — à dire la chose vraie : c'est que de toute cette petite pléiade, née de la famine, du froid et du vagabondage, réunie par le hasard des rencontres les plus hétéroclites, il n'en est pas un, — pas un, — qui ait failli devant les mauvaises conseillères. L'estime de son voisin commandait le respect de soi-même, dans cette école mutuelle de l'honneur famélique, et, au foyer vivifiant de notre communauté fraternelle, ceux qui se trouvaient privés des exemples précieux du père, des saints enseignements de la mère, purent apprendre à garder en eux l'évangile des bonnes gens, qui donne aux plus misérables la force et la bonté.

Derrière ces hommes-là, que je n'ai point quittés, pas une méchante action ne se dressera pour me démentir.

La Bohème fut, à tout le moins, une belle école d'amitié. L'amitié y fut pratiquée avec une confiance et une sincérité agissante dont l'exemple ne se devait point retrouver souvent. « Pauvres diables que nous sommes ! » soupirait Murger, un jour de particulière malechance. Mais ces « pauvres diables » vivaient, — si mal que ce fût, — dans une communion de pensée, dans une compréhension mutuelle qui eût pu leur être enviée. « Chez nous, a dit Léon Noël, l'amitié se formait vite et se cimentait promptement par l'échange des bons offices. La bourse de chacun était à tous bien véritablement ; ainsi du toit et de la table. Personne n'a jamais eu faim qu'avec les autres : c'est qu'alors, il faisait famine... on se partageait rire et larmes, et si le mot fraternité a jamais trouvé son entière application parmi les hommes, ce fut parmi nous à cet âge, trois fois béni du cœur jeune et de l'esprit vierge [1]. »

Quelques-uns de ces compagnons de luttes succombèrent, d'autres restèrent en chemin ; le nom d'un petit nombre d'entre eux a survécu. Mais c'était un groupement de braves garçons, — même ceux-là qui devaient rester trop chétifs pour réaliser leurs rêves, — dont le courage fut la vertu caractéristique.

Il faut bien dire que c'est Murger lui-même qui a permis les jugements cavaliers et hautains sur cette pauvre vaillante Bohème. On ne voit pas souvent les personnages de son livre au travail, ils font une chasse aventureuse à la pièce de cent sous, ils jouent de mauvais tours à leur propriétaire, ils ont les préoccupations les moins sérieuses, les frivoles amours jouent un grand rôle dans leur existence. Mais on se plut,

1. *Histoire de Murger*, par Trois Buveurs d'eau.

avec quelque malignité, à confondre les héros de
Murger, et Murger lui-même avec les modèles auxquels il avait emprunté quelques traits, tout en créant
des types qui sont bien à lui, par une opération d'esprit consistant à mettre résolument du bleu à la place
du noir, en ne voulant faire œuvre que de poète.
Œuvre de poète, en effet, qui change le frisson en
sourire ! C'est, malgré tout, l'apothéose de la jeunesse,
véritable cause de son persistant succès. Mais, s'il
eût dit, sans cet art de la métamorphose, toute la vérité, ce livre eût-il pris sur les cœurs ? Il n'eût été
qu'effrayant. Pendant bien longtemps, on n'a pas voulu
se donner la peine de voir ce qu'il y avait réellement
sous cette gaîté, sous ce joli parti pris (ayant, après
tout, sa fierté) du travestissement d'années d'épreuves.
Il fut convenu que les bohèmes ne s'étaient plu qu'à
des farces assez misérables, à des flâneries expliquant leur détresse, et que, de leur impuissant cerveau, ils n'avaient tiré que des plaisanteries. Et on
s'accommoda de ce jugement sommaire. On le re-
trouva, en juillet 1895, au moment de l'inauguration du buste de Murger au Luxembourg, sur les
lèvres d'un ministre de l'Instruction plublique qui,
s'étant dérangé pour cette cérémonie, sembla déclarer qu'il faisait vraiment un peu trop d'honneur
au poète, le traita avec un certain dédain, dissimulé sous l'indulgence du sourire, déclara que sa
morale était déplorable et son style au-dessous du
médiocre, et tout ce qu'il voulut bien lui concéder,
c'était « d'avoir eu bon cœur ». Au fond, on ne par-
donnait pas à Murger d'avoir été pauvre, ni sa fin,
démodée pour un écrivain, dans une sorte d'hôpital.

La *Vie de Bohème* absorbait tellement tous les
souvenirs qu'on oubliait qu'un autre ministre de l'In-

truction publique s'était trouvé, jadis, pour décorer
Murger et que quelques-uns de ses ouvrages avaient
été publiés dans la *Revue des Deux Mondes*. Ces opinions officielles n'ont pas empêché d'ailleurs le regain
d'affection pour une œuvre qui doit bien avoir en elle
des raisons de charmer[1], puisqu'elle a retrouvé, en
ces dernières années, précisément, un retour de faveur. Vous plaît-il qu'elle n'ait qu'une « beauté du
diable »? Soit. Mais elle la possède bien. Et ce style
de Murger est-il si méprisable, puisqu'il rend parfaitement le tour d'esprit du conteur, sa fantaisie, ce qu'il
y a de personnel en lui? « Murger, a dit Théophile
Gautier, avait, — qualités et défauts, — une véritable
originalité : il était bien de son temps et de son pays.
Avec Gavarni, Murger est peut-être l'artiste le plus
parisien de son époque. Un vif sautillement de traits,
une recherche et une trouvaille presque toujours
heureuse du mot, une sensibilité nerveuse mêlée à
une gaîté humoristique forcent tout d'abord l'attention sur le jeune écrivain, qui importait en littérature

1. Jules Janin, dont tant de jugements sont sujets à caution, et qui se
trompa si souvent dans ses prophéties, vit juste, en ce qui concerne la
Vie de Bohème : « Vous aurez beau faire, le livre existe, il est adopté ;
rien ne saurait en distraire les hommes de la génération qui s'en va,
moins encore les hommes de la génération prochaine. » Et Arsène Houssaye : « Combien de grands noms académiques, combien de soleils fac-
tices vont aller s'effaçant de jour en jour devant ce nom tout simple,
devant cette petite étoile qui jettera toujours son rayon sympathique
dans le ciel des poètes? »
   Entre parenthèses, cette inauguration du buste de Murger donna
lieu à divers incidents et même à des querelles. Combien on vit que la
jeunesse ne ressemblait plus à celle qu'il avait peinte ! — A noter aussi
le scission qui se produisit entre étudiants, à cette occasion. Un grand
banquet avait été projeté en l'honneur de Murger à l'hôtel des Sociétés
savantes. Les dissidents protestèrent contre la solennité de cette réunion, et contre le prix trop élevé du banquet. Ils en organisèrent un
autre. C'eût été parfait, et Murger eût été fêté deux fois, si un peu
d'irritation ne se fût mêlée à ce petit conflit. Les discussions abou-
tirent même à quelques rencontres. Ce cliquetis d'épées, à son sujet,
dut étonner l'ombre du poète.

un monde nouveau, impossible ailleurs qu'à Paris. »

Il y avait déjà eu une autre « Bohème », quelque
dix ans auparavant, la Bohème romantique de l'impasse du Doyenné. Mais combien différente de celle
des pauvres obscurs camarades de Murger pour
qui, selon son expression, « l'auge et le perchoir »
étaient, d'une façon presque constante, le plus redoutable des problèmes, et qui, pour profiter de la lumière de l'un d'eux, s'inscrivaient pour « veiller ».
Humble et douloureux détail de misère, attestant
jusqu'à la difficulté matérielle du travail ! Dans une
lettre de Murger à un ami, en lui contant que, par
suite d'une rare aubaine, il a assuré son existence
pendant quinze jours, il lui écrit, comme preuve d'un
faste inouï, que la bougie de l'Etoile a présidé à ses
veilles.

La Bohème romantique fut une Bohème de dilet-
tanti, d'artistes lettrés et raffinés, qui portaient en
eux l'avenir et pour qui la lutte ne devait point être
âpre. Arsène Houssaye a conté cette heureuse vie en
commun, les fêtes et les réceptions du cénacle, dans
le salon blanc dont les peintres avaient orné les
panneaux, cadre charmant pour le travail, l'un des-
sinant, l'autre écrivant, l'autre rêvant. Les heures
de gêne ne mettaient dans ce phalanstère que l'amu-
sement d'un peu d'imprévu. Arsène Houssaye avait
un notaire qui lui envoyait de l'argent; Camille
Rogier, l'illustrateur des *Contes d'Hoffmann*, transformait en vêtements somptueux, redingotes en velours nacarat, culottes claires, bottes à l'écuyère, les
sommes qu'il recevait de son éditeur; Théophile
Gautier, le moins favorisé de la fortune, avait une
famille où il était toujours fêté, et la sollicitude de
sa mère se traduisait par l'envoi de côtelettes et de

bouillon[1]. Quant à Gérard de Nerval, il ne vivait que de songes. Jamais on ne manqua même du superflu. Ce n'était pour ces jeunes hommes, qui avaient une évidente supériorité intellectuelle, qu'une période d'attente, dans leur passion d'art les faisant se refuser aux besognes mercantiles. On avait des créanciers, mais qui n'étaient point trop inquiets et qui feignaient, sachant bien qu'ils seraient payés, de se laisser désarmer par la lecture d'un poème, comme il arriva à un tapissier réclamant une note de meubles fournis par lui. Gérard de Nerval, lui lut des vers attendrissants qui avaient pour titre *Meublons-nous les uns les autres*. Le marchand de meubles, assure Houssaye, fut si ému qu'il ne retint pas ses larmes. Mais sans doute était-ce un commerçant avisé, qui, en échange du délai accordé, saisit l'occasion d'augmenter sa facture. L'absence de réelle inquiétude du lendemain permettait de tirer chaque jour des feux d'artifice d'esprit avec les visiteurs des habitants de l'impasse du Doyenné, Célestin Nanteuil, Roger de Beauvoir, Gavarni, Edouard Ourliac, Auguste Maquet, Marilhat, tous gens de talent qui s'étaient déjà tirés, ou qui allaient bientôt se tirer d'affaire. « Bohème », mais bohème éclatante et au demeurant volontaire, et qui n'était bohème, en fait, que par le goût de l'indépendance et la révolte contre les vieilles idées. Le propriétaire ne fut pas alarmé pour le payement de ses termes, mais seulement par le bruit qui se faisait dans sa maison. On émigra rue Saint-Germain-des-Prés, on eut valet de chambre et cuisinière. Gérard de Nerval, plus tard, fut si riche de splendeurs imaginaires qu'il n'eut jamais besoin de posséder quelque chose. Pour

---

1. Arsène Houssaye. *Confessions.*

Gautier, qui n'eut plus le droit de n'être que poète
pour Gautier, courbé sur l'incessant labeur du feuilleton, ces heures de jeunesse furent les meilleures
de sa vie.

Quel abîme entre le salon de l'impasse du Doyenné
et la mansarde où se réunissent les autres bohèmes,
d'humble origine, mal armés, pour la plupart, par une
éducation sommaire, dépourvus jusqu'à la souffrance
parfois, et se mêlant, ces gueux, de discuter passion-
nément des questions d'art, et de chercher, la plume
ou le pinceau à la main, à réaliser ce qu'ils sentent
en eux ! C'est l'autre face de la *Vie de Bohème*, et
c'est la vraie.

Non point que la gaîté de la jeunesse n'ait pas illuminé, souvent, — parce que la jeunesse est brave, par
essence, — ces misérables gîtes, mais quel fond sombre
de tableau, malgré l'espérance obstinée qui soutient
ces jeunes gens ! Les incessantes privations, les difficultés plus dures pour eux que pour d'autres, dans
la poursuite même de leurs études, dont ils sentent
l'incomplet, l'écart entre les aspirations et les réalités, les échecs dans les premières tentatives pour
affirmer une personnalité. Puis les détresses physiques qui suivent les détresses morales. Parfois la
place d'un camarade est vide ; il est à l'hôpital. L'hôpital, dans l'excès de misère, il n'effraye plus. « Si
mauvaise que soit la nourriture, écrit Murger en
novembre 1842, — il a vingt ans, — elle a pour elle
d'être au moins certaine ; elle vaut, en somme, dix fois
mieux que celle que je pourrais me donner. »

Car c'est la faim, la vraie faim, d'aventure. Le
jeûne forcé, du moins, on le dissimule ; mais les mi-
nables vêtements, qui empêchent de se présenter, si
quelque indication utile est donnée, ou la simple

blouse de toile, par le gros de l'hiver ! Cette bohème
a connu tous les maux, toutes les ironiques cruautés
de la vie.

Par quel prodige, cette époque, qui eut tant d'heures
tragiques — et c'est bien le mot puisqu'elle évoque ceux
qui succombèrent à la peine, — Murger l'a-t-il peinte
sous de souriantes couleurs ? Quels souvenirs, cependant, devaient se représenter à lui ! Je crois que ce
fut d'abord parce que c'était la caractéristique même
de son talent, où il y avait plus de grâce que de
force, d'adoucir et d'embellir ; puis que ce fut aussi
par fierté, et cet élément peut, en effet, entrer en
ligne de compte. Murger ne fut pas un poète pleu-
rard ; il n'aima point à se plaindre publiquement ; il
n'était guère capable d'avoir des rancunes, fût-ce
contre la vie ; il railla même, à plusieurs reprises,
« ceux qui se drapent prétentieusement dans le
manteau de leur sainte misère[1] », et il se moqua
« de la lamentable école des fatalistes ».

« Le drame de *Chatterton*, a-t-il écrit, est certainement une belle œuvre, mais son succès a dû
souvent peser lourd, comme un remords, sur la conscience de son auteur, qui aurait pu, pourtant, prévoir
la dangereuse influence que ce drame pourrait exercer
sur les esprits faibles et les vanités ambitieuses.
Chatterton est une de ces créations qui ont l'attrait de
l'abîme, et cette pièce n'est après tout, sous forme
dramatique, que l'apothéose de l'orgueil et de la médiocrité. »

Murger eut un orgueil d'une autre sorte : celui de
ne pas révéler ses vraies souffrances. Il aima mieux
le joli mensonge. Ses anciens amis le lui repro-

---

1. *Un poète de gouttière.*

chèrent, d'ailleurs. Il leur parut qu'il avait fait fi, un
peu facilement, des épreuves vaillamment supportées,
sans défaillance ; car, à travers les pages d'une verve
charmante, ils revoyaient des physionomies de camarades morts de cette misère idéalisée dans la *Vie de
Bohème*. Ils furent choqués du pimpant travestissement de certains mots, entendus en d'âpres
circonstances. Ils se rappelaient ce qu'il y avait
eu, sous cette fantaisie d'interprétation optimiste,
d'heures pénibles. Mais, de ces heures pénibles,
Murger avait eu largement sa part, et n'y avait-il
pas quelque crânerie dans ce parti pris de gaîté ?

Trente ans après la *Vie de Bohème*, un autre écrivain, — un maître écrivain, celui-là, — la refera, à sa
façon. Ce sera le *Bachelier*, de Jules Vallès, et ce
sera un livre de colère et de haine. Lui aussi, Vallès,
il a dû vivre, en dépit de sa forte éducation classique, avec quarante francs par mois. De cette détresse, il gardera d'âpres ressentiments. « J'ai dix
ans de colère dans les nerfs... Je ne voudrais pas
être méchant, mais j'ai à faire sentir les coups que
j'ai reçus. Je voudrais que l'humanité entière n'eût
qu'une seule face, pour la giffler d'un seul coup. »
Il n'a rien oublié, rien pardonné, sa raillerie est terrible. Il rit parfois, mais son rire est amer, soit
qu'il parle de son réduit, sous les toits, si étroit qu'il
n'y aurait même pas eu de place pour les punaises
(deux, peut-être, mais pas trois !), soit qu'il pense à
ses faims voraces, jamais satisfaites : « Je n'osais
pas demander crédit d'une friture avec des poissons
comme on les pêche, ayant une tête, un ventre et
une queue : c'est le poisson de ceux qui payent
comptant, celui-là, c'est le poisson des arrivés. »
L'exaspération est à jet continu avec des trouvailles

d'expression, d'ailleurs, une fureur de pittoresque, une étonnante saveur de style. Il n'y a pas de comparaison à faire, littérairement, entre Vallès, nourri d'une forte moelle, disposant d'une langue robuste, se servant d'une riche palette, et Murger. Mais, à tout prendre, qui vaut le mieux, philosophiquement : conserver contre les jours de misère des rancunes inapaisées, souhaiter des représailles qui risquent d'être aveugles, entretenir son fiel, — ou répondre par de la douceur à la vie qui vous a maltraité, et la corriger par l'imagination ? C'est le parti que prit Murger. Il était né bienveillant. Il était de ceux qui ont plus de reconnaissance d'un instant heureux que de longs jours de malechance.

Et cependant cette malechance, combien de temps s'était-elle exercée sur lui, si modeste qu'il fût en ses vœux !

A dix-neuf ans, il faisait connaissance avec l'hôpital. L'infime situation qu'il occupait auprès de M. Tolstoï était menacée. Le père de Murger était intraitable, avec une brutalité qui repoussait toute explication. La seule famille du jeune homme, elle était désormais dans ses camarades de bohème qui, comme lui, rêvaient « de tirer Tout de ce Rien qu'ils avaient trouvé, dans leur berceau [1] », vivant fraternellement, en attendant, sur leur « radeau de la *Méduse* [2] », en associant des illusions. Ces premiers camarades, c'étaient Adrien Lelioux, Léon Noël, poète, les frères Bisson, peintres, les frères Desbrosses, l'un sculpteur, surnommé « le Christ », l'autre dit « le gothique », peintre, Karol, graveur (par intermittence), Vastine, lithographe, Montaudon, com-

---

1. Champfleury, *Souvenirs de jeunesse.*
2. A. Delvau, *Murger et la Bohème.*

positeur d'imprimerie, qui faisait de pauvres vers ;
Cabot, sculpteur, Tabar, peintre, Chintreuil, échappé
de la boutique de librairie où il était commis, Villain,
Guilbert, Vernet ; puis ce furent Nadar, Fauchery,
Jules de la Madelène, Charles Barbara, Jean
Wallon, Schanne...

Combien peu de noms, comme on voit, ont survécu, émergent aujourd'hui de cette phalange ! Mais
à travers cette brume, des physionomies pittoresques
apparaissent[1]. C'est Joseph Desbrosses, qui entretenait la petite flamme héroïque dans la bande, secouait les découragements passagers, armait ses
amis de courage et leur criait : « Debout ! » leur ré-
pétant « qu'ils n'avaient pas le droit de douter »,
Joseph Desbrosses, d'une vaillance austère, qui
semblait s'être donné la mission de veiller sur le
petit groupe par son influence morale. Et qu'on est
loin, avec lui, des personnages fantaisistes de la
Vie de Bohème ! Il exaltait le travail, il recomman-
dait le travail obstiné, incessant, comme la meilleure des consolations et le plus sûr des remèdes
aux maux subis, et il avait une éloquence enflammée
pour réveiller les ardeurs lassées dans la lutte, paraissant stérile. Il n'était pas qu'aimé, il était res-
pecté, et dans ce surnom du « Christ », qu'on lui
avait donné, pour ce qu'il y avait en lui de vocation
de haute charité, il y avait une affectueuse déférence. Il s'était fait, lui, l'un des plus pauvres, le
guide, le soutien de ces abandonnés. Immobilisé à
l'hôpital (« toujours le terrible hôpital se représenta
à mes yeux pendant mes premières années de début
littéraire », a dit Champfleury, avec une impression

---

1. Leur souvenir a été notamment conservé par les pages de Léon
Noël et de Nadar.

d'effroi, dans ses *Souvenirs de Jeunesse*), Desbrosses
ne pensait pas à lui, mais souffrait de manquer à ses
amis, qui avaient besoin de sa discipline, de sa cordiale façon de relever les courages, par la commu-
nicative vertu de sa sévère conscience. Il devait
être une des premières victimes, succombant, à
vingt-trois ans, après avoir affirmé par quelques
œuvres encore frustes, mais d'un énergique mouvement [1], ce qu'il portait en lui de ferveur pour son
art.

Si on veut rencontrer le vrai Murger d'alors, celui
qui ne songe pas à jouer avec des souvenirs cruels,
qui ne transforme pas les réalités, qui se borne à en
souffrir, il faut se reporter à la *Lettre à un mort*
des *Nuits d'hiver*, pièce datée de 1843. C'est l'accablement d'un deuil de l'amitié, et le grand compagnon de misère parti, celui qui savait si bien
exhorter à la patience, il lui semble que c'en est fait
de l'orgueil et de l'ambition, qu'il n'y a plus qu'à
reconnaître l'impuissance de l'effort, qu'à abandonner
la route décidément trop dure à gravir. Ces vers désolés, ces vers, — chose assez rare dans l'œuvre de
Murger, — pathétiques, ils disent quel vide avait
laissé la disparition de ce vaillant. Oui, en rentrant
du cimetière, Murger, dans ce poème d'adieu, dit
adieu aussi à ses propres espoirs :

> Nous avons cru pouvoir — nous l'avons cru souvent
> Formuler notre rêve, et le rendre vivant
>   Par la palette ou par la lyre.
> Mais le souffle manquait, et personne n'a pu
> Deviner quel était le poème inconnu
>   Que nous ne savions pas traduire...

Ces vers ne sont pas irréprochables, au point de

---

1. *Saint Georges terrassant le Démon*, le *Grenadier de 92*.

vue de la répétition des mots et de la médiocrité des
rimes; ils portent du moins la trace d'une impression profonde. Mais la pauvre ombre meurtrie de
Joseph Desbrosses devait se dresser elle-même contre
cette veulerie[1].

Ce que Joseph Desbrosses avait été pour les âmes,
Karol l'avait été pour les estomacs affamés. Lui, il
n'avait guère de talent, mais il remplaçait le talent
par le génie du dévouement, déployé avec une solide bonne humeur. Si Desbrosses était né apôtre,
lui, il était né sauveteur. Dans son étrange grenier
de la rue Saint-Jacques, il y avait le gîte et un semblant de nourriture pour les plus dépourvus du moment. Pour procurer quelque aide à un camarade,
de la lumière à un poète, des couleurs à un peintre,
il se livrait aux métiers les plus imprévus, et,
généralement, par une tournure de son esprit, les
moins pratiques. Son ingéniosité de batteur du pavé

1. Dans le volume intitulé le *Roman de toutes les femmes* (et ces pages
sont là assez inattendues, sous ce titre), on a recueilli les pages où Murger a conté, avec émotion, le poème douloureux de la courte existence
de Joseph Desbrosses. La scène de l'enterrement du jeune statuaire est
tragique. Les fossoyeurs attendent leur pourboire. « Mon brave homme,
dit un des compagnons de misère du mort, à l'homme qui a tendu la
main, il ne nous reste plus de monnaie. — Suffit, réplique l'homme, ce
sera pour la prochaine fois. Cette réponse d'un comique lugubre donna
le frisson à ceux qui l'entendirent, car elle devenait presque une pro-
phétie dans la circonstance. Le second fossoyeur ajouta tranquillement :
« En effet, ces messieurs, c'est des pratiques, je les reconnais. » « Il
nous avait reconnus, ce n'était pas étonnant, car depuis six semaines,
c'était la troisième fois que nous venions conduire là un de ceux qu'on
ne ramène pas... » Murger dans sa *Biographie d'un inconnu*, cinq ans
après la fin cruelle de Joseph Desbrosses, évoquait avec un pittoresque
pathétique ce camarade disparu, qui avait été son maître dans l'art de
la patience et de la résignation : « Il avait la foi naïve et obstinée, la
persévérance de tous les instants. Il était parvenu à apprivoiser la misère et la supportait autant par habitude que par patience, comme on
fait d'une maîtresse acariâtre et grêlée qui a de bons moments... Joseph D.., mourut à vingt ans, sans rancune contre la vie, sans récrimi-
nation contre l'art qui l'avait tué, comme un pauvre soldat qui tombe
sur le champ de bataille en saluant son drapeau. »

parisien finissait cependant par trouver les quelques
sous indispensables, qu'il apportait, triomphant, à
l'ami embarrassé. Ce chevaleresque garçon, pour qui
le mot « égoïsme » n'aurait eu aucun sens, passait
son temps à se sacrifier pour les autres. Ce fut une
figure héroï-comique, d'une bravoure à toute épreuve,
l'homme d'action du groupe. Il n'hésitait pas, quand
sa fantaisie ne lui suggérait aucune industrie inédite, à aller donner un coup de main aux porteurs
des Halles. Il se promenait généralement dans
un accoutrement tel que, une nuit, attaqué au
coin d'une rue par un rôdeur, celui-ci, en le dévi-
sageant, éclata de rire, et offrit quelque menue
monnaie, — fièrement refusée, d'ailleurs, — à ce passant, dont il avait voulu faire sa victime, et qu'il n'y
avait aucun moyen de dévaliser. Karol devait s'a-
bandonner à quelque rêverie, à ce moment, car, par
un des caprices de son don quichottisme, il avait
précisément la prétention de purger les rues des
malfaiteurs. Mais il faut renvoyer à l'amusant portrait qu'a tracé de lui Nadar, avec un brin d'attendrissement pour les générosités instinctives de caractère de ce gueux à qui, par une ironie, la nature,
en oubliant seulement de lui donner les moyens
d'exercer sa munificence, avait donné une âme de
bienfaiteur public. Il s'en alla mourir misérablement
à Constantinople, car il était de ceux qui peuvent
aller chercher fortune partout, et qui sont certains
de ne jamais la rencontrer. Murger l'appelait « son
professeur de moka », et il se piquait, en effet,
entre autres spécialités, de confectionner le café
comme personne, avec des rites solennels qui faisaient de sa préparation une sorte de cérémonie sacrée. A ce point de vue, cette science eut une in-

fluence funeste sur Murger, qui, très sobre par ailleurs, chercha dans le café un excitant au travail, jusqu'à l'abus, et un abus qui devait lui être funeste, ruinant une santé mal équilibrée, provoquant ces crises de purpura qui lui donnaient, comme il disait « sa carapace de homard cuit[1] ». Mais, ce secours demandé au café, n'était-ce pas encore la misère qui l'avait provoqué, la nécessité de travailler au lit, faute de feu, l'hiver, le besoin d'une réaction contre l'engourdissement de l'attitude horizontale ? De là lui vint l'habitude, qui n'était pas non plus d'une excellente hygiène, de n'écrire que la nuit.

Charles Barbara devait être aussi de ceux qu'attendait une fin lamentable. L'hôpital, toujours l'hôpital est au fond de la *Vie de Bohème* ! Il se peut qu'il ait prêté quelques traits au personnage de Barbemuche : quelques romans avaient fait connaître son nom ; transporté à la maison Dubois (comme Murger), il se jeta par la fenêtre dans un accès de désespoir, et se tua.

Chintreuil était un de ceux qui peinaient le plus, dans le petit cénacle. Ses camarades, les mieux prévenus en sa faveur, doutaient de son avenir. La sécheresse de ses études décourageait les appréciations. Mais il s'entêtait dans le travail. Nul ne fut plus longtemps que lui refusé aux Salons, nul ne connut plus de déceptions et plus de tristesses. Mais il avait une foi robuste. Il mena jusqu'à la fin une existence d'anachorète de l'art, et il se contentait d'un petit atelier au sixième étage d'une maison de la rue de Seine. Le charme sobre et naïf de ses

---

1. Autre formule de Murger parlant de sa maladie : « La pourpre des empereurs romains n'était pas, j'en suis sûr, aussi pourpre que mon enveloppe. »

paysages ne fut apprécié pleinement qu'après sa
mort, en 1873. Sa vente produisit cent quarante
mille francs, — un chiffre dont il eût été singulièrement ébloui.

Montaudon et Cabot ne résistèrent point aux
épreuves... Que de fantômes devaient apparaître
à Murger! Nous retrouverons, plus loin, d'autres
de ses camarades. Il est temps de revenir à lui-
même.

III. — Le vrai Murger

La légende de flânerie, de désordre, d'insouciance
de Murger?

Il n'y a qu'à lire les lettres qu'il écrivait, pendant son rude stage littéraire, à son ami Léon Noël,
le « président des Buveurs d'eau », cette société qui
ne pouvait guère être qu'une société d'assistance
morale et dont le capital n'était fait que d'espoirs mis
en commun, — ces « Buveurs d'eau » dont, en son
livre, Murger déforma volontairement le caractère,
en en faisant une petite église solitaire et fermée.

Dans ces lettres, on trouvera le vrai Murger, se
battant avec les difficultés quotidiennes, si peu trempé
qu'il soit pour la lutte, s'obstinant au travail, malgré
tous les obstacles qui ne viennent pas seulement
de sa détresse, mais de la peine extrême qu'il a à
donner une forme à sa pensée, — l'écriture lui fut
toujours laborieuse, — ne se plaignant que rarement
ou, par cette fierté intime très caractéristique chez
lui, donnant à ses plaintes un ton enjoué, gardant
les yeux fixés sur son but, en dépit de son éloigne-
ment; et il semble bien que ce soit là la plus coura-

geuse des jeunesses. Ce « bohème » a d'ailleurs des
instincts de délicatesse et, à travers le récit des
étapes de son existence un peu errante, perce le
désir de conditions plus favorables à une production
soutenue, le rêve d'un « intérieur », des aspirations
de campagnard, tout rivé qu'il soit au pavé parisien,
puis par-dessus tout, — la seule chose qui soit robuste
en lui, — une honnêteté qui va jusqu'à ignorer l'envie.

Il y a une sorte de pudeur dans les aveux,
même confiés à un camarade très cher, de sa
situation lamentable, et il faut que la coupe des hu-
miliations soit bien pleine pour qu'il aille au fond de
la vérité : « Je te dirai que le jour où j'ai reçu ton
paquet, il y en avait trois que je ne mangeais que
du pain sec. » (6 mars 1842)... Ou : « Je n'ai jamais
été aussi malheureux, mon pauvre ami... Je me
vois enfoncé plus que jamais dans la plus atroce misère : nous vivons en commun, Chintreuil, Gothique
et moi, et de quelle vie! Tâche de nous donner du
courage, nous n'en avons plus guère que de pain et
de tabac ». (12 avril 1842). Ou : « Nous crevons de
faim, nous sommes au bout du rouleau. » Ou : « Toujours malheureux! Mon père se borne à m'insulter
quand je vais le voir : il m'a dit l'autre jour que,
dans ma position, je ne devrais pas avoir d'orgueil,
et que, plutôt que de vivre ainsi, je devrais me
faire domestique. N'est-ce pas horrible et n'y a-t-il
pas de quoi devenir enragé? Je n'espère plus trouver aucun emploi, ne pouvant aller voir personne,
faute de costume. Une autre inquiétude me travaille : ma maladie de peau revient fréquemment, et,
de plus, j'ai, depuis quelques jours des maux d'estomac affreux. » (30 juillet 1844). Mais, le plus souvent,

cette misère est décrite avec une singulière douceur de résignation, une apparence de sourire, dans
une forme originale : « Mes bottes ont trois rangs
de sabords comme les navires de l'Etat... me voici
rentré dans la vie privée ; elle est, ma foi, bien nommée, car je suis, en effet, privé de tout... La moitié
de la journée se passe à ne pas manger, l'autre à
crever de froid, et l'on va se coucher pour rêver
qu'on dîne cher Véfour... » Même, de l'hôpital, ses
lettres cherchent à n'être pas tristes : « On m'a sai-
gné, resaigné, sinapisé, et tout en vain : je consomme de l'arsenic à moi seul autant que trois mé-
lodrames des boulevards... L'hôpital ! c'est une bien
singulière existence, va. Il te manque de la connaître... Après tout, je ne me déplais pas trop dans
ce milieu[1]. Me voici encore une fois enfermé dans

1. Un jour, pourtant, il lui échappe de dire : « J'ai des jours très tristes
d'autant plus que je vois, dans la salle voisine, les hommes mourir
comme des mouches. Un hôpital peut être fort poétique, mais c'est bien
désolant aussi. » Est-ce sous cette impression qu'il compose des vers,
non recueillis dans ses *Poésies*, qui sont d'un accent douloureux :

> Dans ces murs rongés par l'ulcère,
> Bétail promis à l'abattoir,
> C'est ainsi que de la civière
> On descend du matin au soir.
> ... Dès lors, on entre et l'on succède,
> Lépreux, à la lèpre qui sort
> Dans une couche encore tiède
> De tous les frissons de la mort.
> On est un chiffre dans un nombre,
> Une voix dans un hymne sombre,
> Un moribond de plus demain
> Que la science opiniâtre
> Au marbre de l'amphithéâtre
> Attendra le scalpel en main.

Cependant les dernières strophes ne manquent pas de vaillance :

> Mais avant l'heure qui délivre,
> Avant le dernier mot du sort,
> Qu'on le craigne ou non, il faut vivre
> Parmi les condamnés à mort,
> Vivre et rester calme et stoïque
> Pareil au patient biblique
> Par ses ulcères dévoré...

les salles de la Faculté, cloué dans mon lit et dans un état de rougeur à rendre des points à toutes les pudeurs surprises de la création... Ma culotte rouge, mon purpura, a résisté à tous les décatissages possibles, je me suis vautré dans le soufre, j'en ai bu, j'en ai mangé, et ledit purpura n'en a pas moins persisté à reparaître, ce qui est monstrueux pour la science, ouvrant des yeux étonnés, sans y voir plus clair. »

En vérité, ne faut-il pas du courage pour supporter sans désespérer ces multiples épreuves de la pauvreté, qui va jusqu'à la faim, et de la maladie, pour ne penser, — si pénible que soit, en outre, l'effort littéraire, — qu'à l'œuvre rêvée ?

Et dans cette correspondance, ce qu'il y a de plus important, de plus caractéristique, c'est précisément, aux heures d'essais, avant la voie trouvée, dans la période des tâtonnements, souvent gauches, tout ce qui a trait à cette volonté de devenir maître d'un instrument rebelle, à cette vocation qui a contre elle, d'abord, la difficile recherche de l'expression, le mot qui se dérobe, la Muse qui, parfois, boude et semble fuir. Combien d'aveux de ce labeur entêté et mal récompensé, de cette *invita Minerva!* « Je travaille difficilement, mais avec acharnement et conscience, et pourtant, je ne trouve pas que je sois en progrès... La veine dorée, dont parle Chénier, se fait désirer... Je travaille beaucoup, mais la Muse est trop capricieuse pour ne point la saisir, quand elle y met quelque bonne volonté : je me conduis donc à son égard comme feu Hercule envers les Danaïdes... J'ai commencé une pièce de vers... J'y ai au moins passé quinze nuits, et il n'y a encore que soixante vers de faits... c'est épouvantable!... » Et

une autre fois : « Je ne fais rien qui vaille. Je t'envoie ci-joint les seuls vers que j'aie faits depuis
ton départ ; tu ne croiras pas que cela m'a coûté
douze nuits de travail : c'est effrayant et désolant...
Je vais essayer de me mettre en colère et de tem-
pêter contre n'importe quoi, pour voir si j'ai encore
des idées dans le ventre... J'ai le cerveau vide,
ami, et rien n'y remue plus qu'en une tombe... »

Mais ce doux, ce faible, ce maladif Murger montre
une singulière ténacité. Si, dans une heure de lassitude, il a pu envisager la perspective de s'engager
dans la marine, — où on ne l'eût d'ailleurs pas
accepté, sans doute, avec son sang appauvri et ses
tares physiques, — il revient sans cesse à ses ambitions littéraires : « Je suis trop avancé pour
reculer... Tout est contre moi, les bêtes féroces me
dévoreront : je n'en resterai pas moins dans
l'arène. »

Et, parmi d'autres, une lettre, une lettre de sa
vingtième année, qui est émouvante et belle, qui livre
vraiment une âme d'artiste. C'est le pire moment qu'il
ait traversé : le secrétaire du philologue Tolstoï s'est
brouillé avec son « patron » ; il est sans ressources,
même dérisoires ; il ne sait plus que faire, tout l'ac-
cable ; il ne porte plus, — lui qui a des rêves d'élégance ! — que des loques : il ressent avec amertume
la dureté de son père, « qui l'a vu en bottes dé-
chirées et lui a fait comprendre qu'il n'était pas
flatté de ses visites », qui ne lui a pas offert un
morceau de pain, bien qu'il le sût affamé. C'est, à
côté de la détresse matérielle, une grande détresse
morale, car les derniers liens de famille sont définitivement rompus :

Ainsi, écrit-il, me voilà littéralement orphelin, et face à face avec le sort. Eh bien, mon cher ami, je te le jure, quand il m'arrive d'être un peu satisfait de mon travail, je suis prêt à battre des mains à l'existence !

Ces pages, d'une bonne forme, auxquelles il s'acharne, il y songe, même dans les périodes aiguës de son mal. Par mille ruses patientes, il obtient, à l'hôpital, une place près d'un bec de gaz, où il pourra écrire la nuit, puisqu'il ne travaille bien que la nuit :

On va me mettre toutes sortes de choses sur le corps, et notamment des sangsues, pour m'ôter mes étourdissements. Débarrassé d'eux, et vienne l'inspiration, je ferai des chefs-d'œuvre !

Tout cela n'est-il pas de la vaillance ? L' « inspiration », parfois longtemps attendue, lui fera tout oublier, misères et maladie. Et c'est le sentiment qu'il traduit dans un de ses poèmes d'alors. Il se peint dans sa mansarde sans feu, par une nuit glaciale d'hiver ; il la décrit cette chambre, ouverte à tous les vents, décor où s'accumulent toutes les tristesses, et qui est à peine un abri :

Mais pour l'hôte du lieu, lorsque Paris sommeille
Et qu'auprès de son œuvre il commence sa veille,
            Toute sa pauvreté
Comme un pays féerique, à ses yeux s'illumine ;
Car cet hôte est l'amant d'une Muse divine
            Qui chante à son côté !

Au reste, comme il salue le moindre sourire de la vie, la moindre aubaine, avec cette reconnaissance qu'il aura vite pour les choses et pour les hommes, si les choses et les hommes, — un rayon de soleil, un peu de santé retrouvée, un geste bienveillant, — lui paraissent un instant favorables. Il sent le prix des camaraderies qui l'entourent, et quelques-uns de ses premiers vers, en un quatrain de forme un peu naïve, il les a consacrés à célébrer l'amitié :

Mais voici que vers moi s'avance une ombre sainte
Qui me dit : De ton sort, je prendrai la moitié ;
Heureux ou malheureux, viens, oh ! viens, sois sans crainte ;
Je guiderai tes pas : je m'appelle Amitié.

Il retrouve une gaîté charmante si le sort lui accorde une petite trêve, si un merveilleux hasard lui a procuré un habit neuf, — cette préoccupation d'une tenue correcte revient souvent dans ses lettres, — si un raccommodement suit une brouille avec M. Tolstoï, qui menace souvent de congédier son secrétaire, si maigre que soit la rétribution dont s'accommode celui-ci, si quelque amourette traverse sa jeunesse (et il suffit, souvent, que ce soit un amour de tête), s'il se berce seulement d'une illusion.

On raconte que Murger et ses amis, en riant, définissaient l'invraisemblable louis dont ils ne parlaient que par ouï-dire « une chose ronde, en or, en vrai or, avec une tête de prince sur son dos ». Une fois, cependant, il en voit, des louis, il en tâte, il en serre dans sa poche : une fortune rare, inouïe ! On lui a fait composer des vers pour le mariage d'une fille de l'empereur de Russie. L'empereur a répondu à cet épithalame par l'envoi d'une bague. M. Tolstoï convertit, pour Murger, la bague en quelque argent, qu'il lui remet, et le jeune poète se figure qu'il durera toujours. Trois cent cinquante francs ! Jamais il n'a osé imaginer une pareille somme ! Comment pourra-t-elle s'user, même après avoir payé les dettes, car

le futur auteur de la *Vie de Bohème*, qui fera jouer par
ses personnages tant de mauvais tours à leur propriétaire, a, en réalité, la terreur des créanciers... Que
de projets, qui ne sentent guère le goût inné de la
bohème ! Et voici que miroitent à ses yeux toutes les
choses désirées, des meubles qui ne soient pas saisis,
des vêtements qui satisfassent ses ambitions d'élégance, des bottes, enfin trop étroites, pour remplacer
celles qui prennent l'air par trop de jours, des bougies à volonté pour travailler de nuit... La lettre
qu'il écrit a son ami Noël, alors en province, pour lui
faire part de cet événement prodigieux, est amusante, et touchante aussi, dans les proportions for-
midables que prennent à ses yeux ces trésors :
« Si je ne t'envoie pas ce message par un courrier
à ma livrée, c'est uniquement parce que tu résides
un peu trop près, — trente lieues ! Ça n'en vaudrait
pas la peine : autrement, mes moyens me le per-
mettent ; car, à l'heure présente, je nage dans un
fleuve d'or, dans un océan de pièces de cinquante
centimes, c'est une véritable pluie de monarques et
de monarquesses de tous les pays et de tous les
profils ; je me lave les mains dans le Pactole et
dans la pâte d'amande. J'ai des gants multicolores,
des redingotes *idem* et des pantalons *itou*. Non !
vois-tu, les poètes sont des blagueurs quand ils
prétendent que la vie est mauvaise et sombre. Ils
ne connaissent pas la vie, ces hurleurs de *miserere
nobis* ; ils ne se doutent pas de l'existence d'une
foule de voluptés qu'en ce moment je savoure...
C'est ainsi : à cette heure, le très haut et très puis-
sant seigneur vicomte de La Tour-d'Auvergne
(Murger demeurait alors, — au dernier étage, —
dans la maison portant le numéro 42 de la rue de

La Tour-d'Auvergne) est éblouissant. Les piétons se
rangent sur son passage ; les pauvres lui demandent
l'aumône, et il leur donne un franc ; les femmes ne
lui demandent rien, et, néanmoins, il leur adresse
un sourire, et quel sourire !... » Et, ajoute-t-il, dans
cet éblouissement, il rêve « qu'il est empereur du
Maroc, et qu'il a épousé la Banque de France... »

Mais ce sera là une heure unique. Les trois cent
cinquante francs, si inépuisables qu'ils aient paru,
ont eu une fin, au grand étonnement de Murger ; la
redingote flamboyante s'est usée, les poches sont
vides, la chandelle a remplacé la somptueuse bougie,
la misère est revenue, et bientôt le pauvre poète
pourra écrire de nouveau, avec cette façon de se
« blaguer » lui-même, par laquelle il se met en
garde contre les doléances dédaignées par sa fierté,
« qu'il frissonne à *défunte* sa cravate et à *feu* ses
souliers »...

Dans une plaquette d'un esprit sec, hautain, dédaigneux, M. de Ricault d'Héricault, qui connut
Murger plus tard — toujours pauvre, mais après cette
première période d'épreuves, — et qui, même longtemps après sa mort, semblait le tenir encore à distance[1], a trouvé cependant une comparaison qui
serait juste, si elle n'était gâtée par une épithète,
pour définir le poète pendant ces années de forma-
tion de son talent : « C'était un oiseau chanteur ; il
fredonnait de son mieux dans une cage obscure,
étroite et salissante. L'oisillon avait sans doute
quelque mérite à donner de-ci, de-là, une note
claire. »

La cage était obscure, en effet, mais pourquoi ce

1. *Murger et son coin, souvenirs très vagabonds et très personnels* (Imprimerie de la *Vérité*, 1896. — Non mis dans le commerce).

mot de « salissante » ? L'âme de Murger ne fut point
salie par ses affreuses détresses, dignement supportées, même sans amertume, et sans qu'eût jamais fléchi la droiture de son caractère. Et quant à
ses pauvres amis les « Buveurs d'eau », si maltraités
par la vie, l'exemple de quelques-uns d'entre eux
devait lui être salutaire.

A l'heure où la notoriété était venue à Murger,
Théodore Barrière lui disait, un jour, avec sa verve
caustique :

— Tu es un singulier pistolet, toi... Tu en es encore, quand on te conte l'histoire du *Petit chaperon
rouge*, à pleurer à l'entrée du loup.

Il n'était pas banal d'avoir gardé cette faculté
d'attendrissement, après la jeunesse qu'il avait eue.

IV. — LES DÉBUTS

A travers les fréquents déménagements qui mènent
Murger des parages de Montmartre au quartier
latin, parfois seul, le plus souvent partageant le
logis d'un camarade, Lelioux, rue Montmartre, Karol, rue Saint-Jacques, Schanne, rue de La Harpe, les
Desbrosses, rue du Cherche-Midi, où habitant la
chambre que Nadar, absent, lui a laissée, ce sont ses
premiers tâtonnements littéraires, ces vers sur lesquels, cherchant opiniâtrément le secret de la forme,
il passe tant de nuits. Il ne pense alors qu'à la
poésie. Difficile pour lui-même, il déchire ce qu'il a
écrit la veille, et le recueil rêvé n'avance guère.
Ses amours avec Marie, ses amours qui ont fait à son
cœur la première blessure, lui inspirent un poème

auquel il revient souvent, sans l'achever pourtant.
Une Danoise, qu'il appelle « sa princesse » et « sa
femme en velours » le pousse « à une levée en masse
de toutes ses facultés spirituelles ». Amour resté
platonique, bien que le poète ait accompagné cette
« fleur de Scandinavie » au bal de l'Opéra. Sa timidité est pour quelque chose dans cette réserve, mais
bientôt sa garde-robe se trouve réduite à un pantalon ridicule et à un vague paletot, et il a la pudeur
d'une cour faite dans cet accoutrement. Il peut du
moins lui envoyer des strophes, et lui dire, en lui
rappelant qu'elle a daigné venir chez lui :

> Que le parfum toujours reste aux parois du vase.

Des ébauches, un drame commencé, *Dona Sirène*...
Mais, assez dénué du sens critique pour les autres,
Murger le possède pour lui, et il est sévère à ses
essais[1]. Dans les *Nuits d'hiver*, qui paraîtront bien
plus tard, un petit nombre seulement des pièces datant de cette époque seront gardées, *Ophélia*, *Blandusie*, *Renovare*, quelques-unes des « chansons rustiques », *A ma cousine Angèle*, la *Madone*, *Lettre
à un mort*, etc. Jusqu'au jour où il écrira à Léon Noël :
« je crois que j'ai trouvé mon genre de littérature : c'est la fantaisie pure », il tâte de tout. Il
cherche même à fabriquer des vaudevilles ; mais
notez ce mot d'un jeune homme qui se bat avec la
misère, et qui est tout à fait inconnu, par la raison
majeure qu'il est inédit, ce mot qui atteste sa fierté :
« Je vais tâcher de m'introduire dans les petits
théâtres, — mais sous un pseudonyme, bien entendu,

---

1. « J'ai pris l'art tout à fait au sérieux, je dois donc devenir de plus
en plus sévère pour mes élucubrations. » (Lettre de Murger, 1841.)

car je ne veux pas *compromettre mon nom* par des crimes littéraires... Tout en travaillant pour le commerce, je ne néglige pas la Muse au fier profil. »

Mais où sont les débouchés, où sont les maisons accueillantes! Les ébauches de drames et les vers restent dans le tiroir. Comment vivre de cette plume que Murger aiguise patiemment tous les jours! Son ami Adrien Lelioux est entré dans les journaux qu'est venu fonder, — avec fracas, — Moïse Millaud, notamment à l'*Audience*, journal judiciaire qui inaugura, ou à peu près, le puffisme dans la presse, eut recours à tous les moyens excentriques de publicité, publia des feuilletons extravagants comme les *Yeux verts de la Morgue*, cultiva la fausse nouvelle avec délices[1]. A côté de cette feuille singulière qui, malgré tant de moyens ingénieux de forcer l'attention du public, n'eut pas une grande carrière, Millaud, assisté de son compatriote Henry Bouché, avait créé d'autres publications, comme l'*Age d'or* et la *Gazette de la Jeunesse*, où, selon l'expression de Murger, « on faisait de la littérature pour les intelligences au-dessous de sept ans » et payée à des prix modestes (l'*Age d'or* n'avait d'or que son titre et rémunérait royalement ses collaborateurs, deux francs la page). Lelioux présenta Murger à Bouché, eut beaucoup de peine, malgré les prix infimes dont

---

1. On sait la façon pittoresque dont s'annonça l'*Audience* :

L'*Audience*, journal qui n'est jamais comme   1
Coûte dix francs par an quand on s'abonne à   2
Son esprit n'est jamais mesquin, sceptique, é   3
Mais ses articles ont de l'esprit comme   4
On rend un compte exact des vols et des lar   5
Des meurtres, y compris les gens qui sont ce   6
Des faillis frauduleux emportant la cas   7
Des décès survenus par fièvre ou par pit   8
Son cadre est amusant, utile, attachant   9
C'est là vraiment pour le lecteur un para   10

se contentait son camarade, à l'introduire dans ces journaux [1]. Ces contes pour enfants, il les travaillait, cependant, avec conscience, pour se faire la main. Le premier qui fut imprimé fut le *Stabat Mater*, où le jeune écrivain contait, à sa façon, l'histoire du sublime morceau de Pergolèse, cherchant vainement l'inspiration, « les quatre notes qui feraient pleurer ceux qui les entendraient », ces accents qui rendraient vraiment la douleur de la Vierge, et la trouvant, cette inspiration, soudainement, dans le cri de désespoir d'une mère, sa voisine, pleurant la mort de son enfant... Alors, l'idée géniale se fait jour dans son cerveau :

Dès qu'il fut rentré dans sa chambre, il se mit à son clavecin, car l'inspiration bouillonnait en lui, mais, au moment où il allait poser les doigts sur le clavier, un cri de la mère désolée parvint jusqu'à lui.

— Oh! non, dit-il en se levant, pas ici, ce serait une profanation. Pauvre Maria, pauvre enfant! Ce ne sont pas les larmes qui me manqueront », fit-il en essuyant ses yeux; et, prenant un violoncelle sous son bras, il descendit dans le jardin, fut se placer sous un hangar assez éloigné de la maison, et là, au milieu d'une nuit sereine, sous un ciel étoilé, ayant devant ses yeux, et à l'horizon le golfe de Naples, ainsi que la noire silhouette du mont Vésuve, il se mit à composer.

Le vent de la nuit apportait les sanglots de Maria jusqu'à l'endroit où Pergolèse, la tête en feu, sous la brise fraîche de la nuit, faisait aussi pleurer son violoncelle sous l'archet inspiré.

Quand il eut terminé la première strophe de l'hymne douloureuse, il la chanta tout haut, pour en connaître l'ef-

1. Dans l'*Age d'or*, Murger donna, entre autres contes pour enfants, le *Mât de cocagne*, histoire, évidemment ingénue, du mousse Jean Luc, de la marine royale, qui vient au secours d'un saltimbanque dont la baraque a été détruite par un incendie, en gagnant successivement, sous des costumes divers, tous les prix d'un mât de cocagne.

fet. Quelques mesures furent entendues par les voisins qui,
ayant appris la mort de la petite Mariette, crurent, en écoutant ce chant, tant il était beau, entendre la voix des anges
qui venaient chercher l'âme de l'enfant pour la porter au
ciel.

Au milieu de la nuit, Pergolèse fut forcé de s'arrêter :
le froid l'avait saisi, et ses mains étaient si tremblantes
qu'il ne pouvait tenir l'archet.

— « Je finirai demain », dit-il. Et il se dirigea vers la maison. En passant devant la chambre mortuaire, il fit pieuse-
ment le signe de la croix en disant encore : « Pauvre mère,
pauvre enfant ! » Rentré dans sa chambre, il put à peine
transcrire sur le papier à musique celle qu'il venait de
composer. Un frisson glacé lui parcourait le corps. Aussi se
coucha-t-il dès qu'il eut terminé ce travail, qui l'occupa
encore assez longtemps.

— « C'est l'émotion et la fatigue, pensait-il. Ma cousine
me pardonnera de n'être pas descendu près d'elle... Et,
d'ailleurs, à quoi serviraient mes consolations : son désespoir l'empêcherait de m'entendre... » Et il s'endormit en
murmurant tout bas : *Stabat mater dolorosa*.

Trois jours après qu'on eut enterré l'enfant de Maria,
on creusa la tombe de Pergolèse. Saisi par le froid, pendant qu'il travaillait en plein air, une pleurésie, comme
celle qu'il avait eue vingt ans avant, s'était déclarée, et il
mourut en mettant la dernière main à une œuvre que la
mort lui avait inspirée.

Le vendredi saint de la semaine suivante, le *Stabat mater*
de Pergolèse était exécuté à la chapelle Sixtine de l'église
Saint-Pierre de Rome.

On ne soupçonnerait guère là le futur auteur de
la *Vie de Bohème*, non seulement au ton du récit,
mais à la gaucherie du style, à l'impropriété des
termes, à l'incorrection répandue dans ce morceau.
Et c'est pourquoi il était, fût-ce dans son insigni-
fiance, intéressant à citer pour montrer d'où partait
l'écrivain. Cependant, la poésie des ballades d'outre-
Rhin était à la mode, et ce qu'il pouvait déjà con-

naître de Henri Heine (avec qui il a au moins ce
point de contact « d'avoir fait de petites chansons
de ses grandes douleurs », s'il n'eut jamais rien de
son sarcasme) ne laissait pas de le troubler. Sa sensibilité trouvait là une forme qu'elle adoptait, per-
mettant de ne pas rougir d'un fond de naïveté. Et
ce sont les *Messages de la brise*, les *Trois Voiles de
Marie-Berthe*, *Rose et Marguerite*, pages recueillies
plus tard, après avoir été retravaillées. Le *Premier
Péché de Marguerite* s'appelle alors le *Rouet de
Marguerite*.

Mais un camarade va avoir sur Murger quelque influence : c'est Champfleury, échappé d'une boutique de
libraire, cherchant aussi sa voie. Les deux amis se
décident à vivre quelque temps ensemble, rue de
Vaugirard, non sans quelques froissements, à la fin de
ce partage d'un logis commun. Champfleury, bien qu'il
raille la poésie, en réaliste, n'arrivera pas, heureusement, à tuer le poète, en Murger, mais il le pous-
sera vers une littérature plus pratique, conseils
dont Murger fera d'ailleurs un singulier mais heureux usage. Champfleury lui recommande l'observation : Murger s'attache à observer, en effet, mais
tout se transformera toujours chez lui, par une pente
naturelle de son esprit et, de la vérité vue, il ne
restera qu'une idéalisation qui la rend lointaine.

Matériellement, dans l'association, Murger apporte
une petite bibliothèque, dont un Shakespeare sans
cesse relu et les poésies de Musset, non moins feuil-
letées, un loup en velours, souvenir d'une rencontre
au bal de l'Opéra, une paire de gants blancs flétris,
un bouquet fané, une commode hors d'âge et un
bonnet phrygien.

En attendant les grandes œuvres escomptées, les

deux jeunes gens perpètrent un vaudeville « très
spirituel », dont en des veillées laborieuses, à l'aide
de nombreuses tasses de café, Murger écrit les couplets. Champfleury a raconté l'histoire de ce vaudeville[1] et d'une façon amusante :

Le vaudeville fut d'abord présenté par moi au théâtre
du Panthéon, par Murger au théâtre de Bobino. Nous nous
étions ainsi partagés une corvée désagréable. Au cloître
Saint-Benoît dans les combles d'une vieille église convertie
en théâtre, le directeur me montra une pile de manuscrits
qui, de la base d'une colonne, montait aux arceaux, et je
compris de reste que toutes ces pièces devant être jouées
successivement, la nôtre ne pouvait guère aboutir qu'au
jugement dernier.

Murger porta le vaudeville au théâtre de Bobino : il en
revint avec une autre comédie. Le directeur, assis au con-
trôle, reçut Murger à l'heure où le public entrait. — Monsieur, je vous apporte un vaudeville. — Ah! ah... un parterre? dit l'impresario, qui n'était pas fier, et distribuait
lui-même ses cartons. — Je désirerais en obtenir la lecture.
— Tout de suite... une première galerie?

Les gens qui entraient séparaient quelquefois l'auteur du
directeur, qui, à travers la foule, lui criait : — De quois'agit-
il?... une entrée... — De quoi il s'agit! s'écria Murger stupéfait. — Faites placer Madame dans une bonne baignoire...
Votre vaudeville est-il gai? — Je crois que oui, fit timidement Murger. — Y a-t-il des mots?... Je ne change pas cette
contremarque... — Des mots? — Il faut beaucoup de mots
dans un vaudeville... Tant pis si vous n'êtes pas bien placé
aux secondes galeries...

Murger revint troublé, il avait lu le vaudeville en plein
air, devant le bureau du contrôleur, à un directeur occupé
à recevoir les cartes de trois cents personnes... On pense
si une lecture dans de telles conditions le désarçonna. Aussi
nous jurâmes-nous de ne plus écrire pour le théâtre, persuadés que les réceptions de pièces se faisaient toutes
d'une aussi étrange façon...

1. *Souvenirs de jeunesse.*

L'amitié subsista, après des nuages, bien que, Murger mort, Champfleury ait parlé de lui sans beaucoup d'émotion, tout en le défendant, cependant, du reproche « de n'avoir pas su organiser sa vie ». Mais l'ironie sèche de Champfleury agaçait et déconcertait parfois Murger, qui gardait sa petite fleur bleue.

Champfleury, toutefois, lui fit entrevoir d'autres horizons et le rendit un peu plus hardi à se produire.

Deux ans avant la fin de Murger, Champfleury, dans ses *Souvenirs des Funambules*[1], en un chapitre faisant hors-d'œuvre, rappelait, les petits différends étant oubliés de part et d'autre, cette existence en commun, avec des ressources qui, dans les temps favorables, se montaient à soixante-dix francs par mois, en tout et pour tout. Ce chapitre correspond à celui de la *Vie de Bohème* où Marcel et Rodolphe se décident à avoir de l'ordre et à tenir une comptabilité exacte de leurs dépenses, qui, dès les premiers jours du mois, excèdent les recettes. Là encore, on peut surprendre la manière de Murger, travaillant sur un fond de réalité, et sa fantaisie. Champfleury est gai ; Murger conte l'histoire en poète. Mais Champfleury rend hommage à la fièvre de travail de son camarade.

... On ne sortait pas, on travaillait beaucoup... J'ai retrouvé encore dans mes papiers une feuille sur laquelle est écrit :

BÉATRIX

Drame en cinq actes

par HENRY MURGER

Représenté sur le théâtre de ...

Le ...   18 ...

1. *Souvenirs des Funambules*, 1859, p. 174-181.

Cette page a été arrachée d'un énorme cahier blanc, car tu avais la mauvaise habitude d'user tout le papier à faire des titres de drames. Tu mettais sérieusement le fameux mot « représenté », afin de juger de l'effet du titre. Mais, à ce commerce, le papier diminuait trop ; par bonheur quand il fut usé, tu retrouvas je ne sais quel atlas de géographie, dont le verso était vierge de gravure : alors, nous pûmes nous passer de papetier...

Au commencement de 1845, Murger faisait la connaissance d'Arsène Houssaye, qui lui entr'ouvrait l'*Artiste* et lui faisait goûter, comme il disait pittoresquement, du « petit nanan de Gutenberg », le réconfortait, et lui disait galamment qu'il était « le petit-cousin d'Alfredde Musset ». On a l'écho, — des deux côtés, — de cette première rencontre.

Côté Murger : Houssaye est un charmant garçon, qui veut beaucoup de bien à tous les jeunes gens qui montrent quelque disposition réelle. Il a lancé un de mes amis, et, peut-être, en fera-t-il autant pour moi si je le contente.

Côté Houssaye : Ce qui nous plut dans Murger, c'est que s'il mêlait un grain d'ironie à toute chose, il gardait son cœur tout entier, et ne cherchait pas à le masquer sous des airs byroniens. Il était pâle et ravagé. Il ne se plaignait de rien, si ce n'était d'écrire dans un journal de modes, lui dont l'habit datait de trop longtemps.

L'*Artiste* accueillit les *Amours d'un grillon et d'une étincelle*, conte d'un clair symbolisme qui dit que les plus belles amours sont pour l'insaisissable et pour l'impossible. Le pauvre grillon, né poète, comme tous les grillons, a adoré d'abord une lointaine étoile. Un scarabée, qui ne se paye que de réalités, lui démontre sa folie, mais il n'en est pas guéri. L'hiver est venu : le grillon a été chercher un refuge dans une chaumière. La nuit de Noël, le

pauvre qui habite cet humble logis met une belle
bûche dans la cheminée, et voici que jaillissent des
étincelles. — « Oh! mon Dieu! s'écrie le grillon,
voici mon étoile qui est revenue! » Et, pour la
paillette de feu, il entonne ses plus beaux chants,
où il met toute son âme, mais l'éblouissante étincelle disparaît vite. D'autres succèdent à celle-là,
mais qui ne font que passer... Enfin, il en est une
qui s'arrête dans un angle de la cheminée. — « Elle
s'arrête... elle m'aime! » L'étincelle a sans doute
été touchée de ces hymnes d'une si sincère passion... Mais quand le grillon s'approche de l'idole si
longtemps espérée, elle pâlit, elle s'éteint... Il n'y a
plus qu'un grain de cendre.

Murger devait garder une reconnaissance vive à
Arsène Houssaye de l'hospitalité accordée dans
l'*Artiste*, pour intermittente qu'elle eût été. Quinze
ans plus tard, il lui dédiait le court recueil de ses
Ballades. Au reste tous ceux qui ont connu Murger
s'acordent à dire qu'il avait « la bosse de la reconnaissance ».

Une de ses lettres annonçait à Noël cette bonne
fortune (18 février 1845), suivie d'une autre : « Pris
d'une belle verve caustique, j'ai jeté une douzaine
de *canards* dans la boîte du *Corsaire* et j'ai l'agrément de les voir défiler les uns après les autres dans
ce journal; de quoi il va résulter une collaboration
au susdit. » Le *Corsaire!* ce fut sa bonne étoile qui
le dirigea de ce côté. C'est là que, malgré une rétribution infime, il devait trouver son point d'appui.
C'est là que, peu à peu, il allait donner, au jour
le jour, les *Scènes de la vie de Bohème*, origine
de sa notoriété.

Ce *Corsaire-Satan* (ainsi se nommait-il, par suite

de la fusion du *Corsaire* avec le *Satan*, autre feuille
satirique), était une étrange maison, où il se dépensait beaucoup d'esprit. C'était même la principale
dépense qu'on y faisait, car le directeur Le Poitevin Saint-Alme, et Virmaître, l'administrateur-cais-
sier, avaient des traditions de sage économie. Il
fallait qu'ils fussent dans un jour de folie pour arriver à payer un article au prix de six centimes la
ligne : généralement, ils n'en accordaient que deux.

C'est Murger qui a conté les souvenirs les plus
gais sur le *Corsaire-Satan*, où il n'y avait de sévère que la caisse, et où l'on se permettait quelques
audaces de plume.

— Mon cher, disait au père Saint-Alme un ancien
ami, votre journal est bien amusant; malheureusement, on ne peut pas le laisser lire à ses filles.

— Mais, répondit l'autre, si les filles pouvaient le
lire, les pères ne s'y abonneraient pas...

Un jour que les rédacteurs étaient las de travailler
à bon compte et de tirer des feux d'artifice à peu
près pour le seul plaisir d'en tirer, un jour qu'ils
avaient manifesté des velléités de grève, Le Poitevin Saint-Alme trouva une combinaison géniale
pour augmenter « ses petits crétins », comme il disait paternellement, sans qu'il lui en coûtât rien. Un
hasard heureux lui avait donné l'entreprise d'un
poème-réclame par lequel le dentiste Rogers souhai-
tait faire connaître aux foules les avantages de la
prothèse dentaire. La rédaction du journal restait
maintenue à son ancien chiffre, mais Le Poitevin
Saint-Alme inaugurait un système de primes : les
auteurs des articles les plus spirituels recevraient,
comme gratification, un certain nombre de vers osa-
noriens à confectionner ou à remettre sur pied.

Il n'est pas indifférent de constater encore un trait
de cette fierté de Murger à ne pas vouloir être
plaint. Lui qui avait connu les pires misères, lui qui
vivait encore du hasard, il raillait, dans un de ses
premiers articles, les « jérémies littéraires », ces
jeunes écrivains qui ne savent que se répandre en
doléances, et, corbeaux du découragement, croassent
leur plainte monotone.

— O Muse marâtre ! s'écrie celui-ci.
— O public crétin ! ajoute celui-là.
— O critique zoïle ! hurle cet autre.

Et, par malheur, s'il vous arrive de tomber dans un de
leurs conclaves, véritables clubs de harpies, vous aurez le
mal de mer en les écoutant les uns et les autres parler de
ceux qu'ils appellent leurs confrères, et qui sont parvenus
à approcher de près ou de loin le but qu'ils se proposent
d'atteindre.....

... Le Jérémie commence par s'attaquer à l'indifférence
du siècle en matière de chef-d'œuvre — inédit. Alors, montrant le poing au ciel, et montant sur toutes les tables
d'estaminet pour insulter les astres, il déplore, entre la
chope et la pipe, son malheureux sort de poète. Avec des
sons de mandoline enragée, il répète toutes ces vieilles
rengaines auxquelles ont servi de types le trépas de Malfilâtre et de Gilbert — qui ont eu le malheur de rester les
patrons des incompris... etc.

Murger, certes, lui, n'avait pas montré le poing
au ciel...

Dans le *Corsaire*, il jeta des centaines de fantaisies et nouvelles à la main. On ne les a pas oubliées,
on les a même pillées effrontément, et elles ont si
souvent servi que nombre d'entre elles sont devenues
poncives. On ne s'est pas gêné pour emprunter ca-
valièrement à ce pauvre ses seules richesses. Mais
ce n'est pas la faute de Murger si elles ont vieilli,

pour avoir trop souvent reparu. Aujourd'hui encore,
cependant, il n'est pas rare de retrouver, à la fin
des « échos », un mot de la fin qui vient de lui. Ce
« petit journalisme », comme on disait autrefois, à
d'ailleurs été furieusement exploité par le grand.
Ces fantaisies de Murger sont spirituelles, mor-
dantes, mais ne visent guère les personnalités. Champfleury dit qu'il rentra par prudence les griffes qu'il
sentait pousser et que, « ayant expérimenté que sa
nature n'était pas de granit, il montra une certaine
politique vis-à-vis de ses confrères ». Indulgence
naturelle, affirme Nadar, ou coquetterie de jouer la
difficulté : « Doué comme aucun de l'esprit de saillie, il n'admettait que l'esprit de bon aloi, il ne pouvait comprendre ce genre de mot plus facile qui,
pour porter, a besoin de point de mire. » Par
exemple, dans ses esquisses de types du monde littéraire, il ne se faisait point faute, lui pour qui les
débuts avaient été si pénibles, malgré sa vocation
certaine, de railler l'amateur », le « charançon de
lettres », l'encombrant et vaniteux personnage qui
vient disputer aux professionnels, luttant déjà contre
tant d'obstacles, une possibilité de vivre.

En quelques lignes, Murger a assez bien décrit [1] le
genre auquel il se livra dans le *Corsaire*, employant
avec un brio croissant « ce langage particulier né
dans les coulisses et dans les ateliers, et dont chaque
phrase est une ménagerie de néologismes féroces,
idiome réaliste dont les mots ont presque l'aspect des
choses qu'ils expriment et font le tourment des
Saumaises préposés à la confection du Dictionnaire ».
Ou encore : « Il faut parvenir à vendre son papier

1. *Le Fauteuil enchanté.*

noirci un peu plus cher qu'on ne l'a acheté blanc[1]. »

Dans ce « papier noirci », il n'y a pas que des perles, mais c'est en ces articles que Murger fit l'apprentissage de son style à l'apparence primesautière, plein, en son cliquetis, d'amusantes trouvailles d'expressions, de rencontres inattendues, de comparaisons et d'images, de *concetti*, mais qui ont une bonne marque parisienne, de cette manière qui paraissait n'avoir qu'une grâce essentiellement éphémère et qui a, cependant, conservé un joli parfum de jeunesse.

C'est le miracle de l'œuvre de Murger que, dans les parties où il s'est raconté lui-même, où il est tout entier, il ait emmagasiné tant de jeunesse, qu'elle ne se soit pas évaporée, en dépit des années écoulées, en dépit des façons différentes de penser, en dépit d'autres mœurs. « Vingt ans sur le visage, vingt ans dans le cœur, vingt ans partout[2]. »

V. — LES DESSOUS D'UN SUCCÈS

« Vingt ans », c'est là toute la *Vie de Bohème* qui, à partir de 1846, parut dans le *Corsaire*, en une

---

1. Fiorentino a dessiné un portrait de Murger, à l'heure où il semait son esprit au *Corsaire* : « Il était alors fort jeune, mais déjà son front commençait à se dégarnir et sa santé était délicate et languissante. Nous l'aimions tous, et il nous aimait, car il était naturellement doux, bon, affectueux. Il causait à cœur ouvert, il racontait tout haut ses rêveries et ses châteaux en Espagne. Que de fois j'ai regretté qu'il n'y ait pas un sténographe ! Ses manières étaient dignes et polies, sa modestie si simple et si franche qu'on eût dit qu'il ignorait sa valeur. Quand on le plaisantait, sa malice était sans fiel, sa raillerie légère et inoffensive. S'il se fâchait, ses colères ne duraient qu'une seconde, et il avait aussitôt des retours d'une effusion charmante, des tendresses de jeune fille et des ingénuités d'enfant. »

2. *La Scène du gouverneur.*

série de feuilletons payés quinze francs, puis, comme
ils avaient du succès, vingt francs l'article, pour
former ensuite un livre.

Destinée singulière de ce livre-là, qui semblait un
léger bagage pour la postérité. Tant d'autres, ses
contemporains, ont sombré dans l'oubli, encore
qu'ils se fussent mis plus en frais pour durer. Il a
survécu, malgré tout, il s'est fait aimer, il nous est
cher encore. Ce n'est pas faute qu'on ait tenté, ce
qui était bien excessif, de partir en guerre contre lui,
en l'estimant démoralisant, en le transformant en
une apologie de la paresse et du désordre. On les a
épluchés, les faméliques personnages de la *Vie de Bohème*, on les a trouvés peu recommandables et, en
tout cas, bien débraillés, avec l'odeur d'estaminet
attachée à leurs loques fantaisistes. La bohème
n'était plus du tout à la mode, elle n'inspirait plus
que dédain. L'art de faire des dettes, de se plaire à
des farces misérables, de perdre orgueilleusement le
temps, en cet art-là, exposé en vingt-trois leçons, qu'y
avait-il donc qui valût l'attendrissement? Il y eut
des générations de jeunes gens que scandalisa le
défaut de correction de Rodolphe, de Marcel, de
Schaunard et de Colline, et qui boudèrent la *Vie de
Bohème*. C'était un agaçant succès qu'il fallait enterrer une bonne fois.

Mais les années passèrent, et la *Vie de Bohème* ne
fut point enterrée du tout : c'est que, quelles que
fussent les hautaines objections soulevées, elle continuait à dégager une singulière attraction de sympathie. Tout avait vieilli autour du livre de Murger,
et ce livre restait jeune, si vraiment jeune qu'il n'y
avait pas moyen de ne pas éprouver sa séduction et
son ensorcellement.

Il dut sa popularité au théâtre; mais il est arrivé
que c'est la pièce, avec les ficelles dramatiques de
Théodore Barrière, avec l'intrigue conventionnelle
imaginée par lui, qui a des rides, et la représentation en est, en effet, devenue difficile. Il y a à
la scène des procédés qui datent, des lois qui
s'écroulent, des systèmes qui meurent. Que reste-
t-il de l'habileté de l'arrangeur? La solennité du
cadre du Théâtre-Français porta le coup de grâce à la
comédie. Le livre est resté intact; c'est à lui qu'on
est revenu, avec tout ce qu'il a de joli mensonge
greffé sur de l'éternelle vérité. Et la vérité la plus
vraie de toutes, c'est d'avoir vingt ans pendant le
peu de temps qu'on les a. Malgré le dernier chapitre,
un bonheur miraculeux a gardé cet âge-là aux héros
de Murger.

Le tableau de son âpre jeunesse, de sa misère, des
camaraderies qui n'avaient pas que des rires d'insouciance, des lendemains de rares jours ensoleillés,
a montré quelle fut, en écrivant, son aimable volonté
d'illusion. A la connaître de près, cette vie où la
gaîté fut surtout de la fierté, il semble qu'on aime
encore un peu mieux Murger. On le surprend dans
cette opération d'esprit vaillante qui transformait le
frisson en sourire, et il y aurait là, en effet, bien de
la mélancolie, s'il n'y avait pas tant de belle humeur. On saisit vraiment l'œuvre du poète. Un feu
roulant d'esprit pour qu'une larme ne perle pas. « La
Vie de Bohème, a dit un de ceux qui ont le mieux compris Murger, à quelque autre pôle de la littérature
qu'il fût de lui, Paul de Saint-Victor, la *Vie de Bohème*, c'était le bûcher du supplice transformé en
feu d'artifice, l'esprit niant la douleur, l'amour embrassant la misère, le roman comique de la jeu-

nesse enfermée dans la tour de la Faim et chantant
ses tortures. » Mais les aventures de manuscrits brû-
lés pour remplacer le combustible qu'attend un honnête poêle, de chasses à la pièce de cinq francs, de
tableaux qui changent de sujet et de titre, de mauvais tours joués au propriétaire, d'habits cavalière-
ment empruntés, eussent-elles suffi à assurer la rare
fortune du livre? C'est surtout à son fond de sensibilité qu'il la doit, à ce qu'il y a d'émotion sous l'ironie dès qu'il est question des choses du cœur, au
fantôme de l'amour évoqué au delà des amourettes.
« Hélas! dit Rodolphe, lequel vaut le mieux, ou de
se laisser tromper toujours pour avoir cru, ou ne
croire jamais dans la crainte d'être trompé toujours? »
Les liaisons sont fragiles dans la *Vie de Bohême*, et
l'infidélité en est la règle, mais leur souvenir laisse
l'âme en détresse. « C'est une vieille histoire qui
reste toujours nouvelle, et celui à qui elle vient d'arriver en a le cœur brisé », dit Henri Heine, et l'on
peut songer parfois, en effet, à l'*Intermezzo*. Cette
vieille histoire, qui reste toujours nouvelle, Murger,
avec son enjouement sous lequel il y a parfois un sanglot retenu, l'a dite d'une façon qui lui appartient
bien.

La patte un peu lourde de M. Schanne, notable
commerçant du Marais, mais ancien bohème, s'enor-
gueillissant d'avoir été le prototype de Schaunard,
l'auteur de la symphonie sur l'*Influence du bleu
dans les arts*, s'est appesantie sur la *Vie de Bohême*,
et il a prétendu en dévoiler tous les secrets.
M. Schanne était un excellent homme, que j'ai
connu dans sa vieillesse et alors que j'étais tout
jeune, pendant les représentations d'une reprise de
la pièce à l'Ambigu. Il n'en manquait pas une :

c'était comme un sacerdoce qu'il accomplissait, en
souvenir de l'ancien cénacle, dont il avait fait partie.
Au fond, il ne s'intéressait guère qu'au personnage
de Schaunard qui était interprété, cette fois, par un
comédien non sans talent, Georges Richard. Il veillait à l'exactitude du costume, prêtait sa pipe, la fameuse pipe dont il se servait « pour aller dans le
monde », imposait à l'acteur des traditions un peu
surannées. Il éprouvait une joie qui, à ce qu'attestait son assiduité, ne s'affaiblissait pas à se voir représenter sur la scène. Il n'était personne, dans le
théâtre, qui pût ignorer que Schaunard, ç'avait été
lui : s'il l'eût osé, il l'eût crié aux spectateurs. Ainsi
faisait-il deux parts de sa vie : l'une consacrée à
ses affaires, en négociant avisé et en homme sérieux, soucieux de la bonne tenue de sa comptabilité,
l'autre vouée au culte, pour ainsi dire, des souvenirs de sa jeunesse. Les reprises de la *Vie de Bohème* le mirent en goût d'écrire ses Mémoires, —
les Mémoires d'un ex-bohème. On le flattait plus avec
ce titre-là qu'avec ceux auxquels lui donnait droit le
Bottin. Il est bien vrai qu'il avait vécu dans l'intimité de Murger; il est bien vrai qu'il avait connu
ses camarades de pauvreté et qu'il avait même
mangé avec eux un peu de vache enragée, quoiqu'il
eût, lui, une famille, dans laquelle il allait se rem-
plumer aux jours difficiles. Mais, lui, ce n'était pas
un poète. Il le fit bien voir.

Ces *Souvenirs de Schaunard* eurent cette utilité de montrer comment Murger créa vraiment
ses types. M. Schanne mettait sur chacun des personnages le nom de son modèle. Ainsi, lui, il était
Schaunard, il n'y avait pas à revenir là-dessus. Or,
il exagérait. Le Schaunard de la *Vie de Bohème*

est infiniment plus amusant, en sa fantaisie, que
n'avait été M. Schanne, rapin et musicien au temps
où régnait Louis-Philippe. M. Schanne contait ses
aventures et s'attendrissait en les contant... Encore
une que Murger avait oubliée! (Au fait, pourquoi
donc l'avait-il oubliée?) N'était-ce pas lui qui avait
imaginé, au théâtre Bobino, installé dans une loge, de
se déchausser, et d'applaudir en se gantant de ses
bottes? N'était-ce pas lui qui faisait flamber un
punch sur les marches du Panthéon? N'était-ce pas
lui qui, émule de Cabrion, terrorisait son concierge
en faisant descendre devant sa loge une éponge
imbibée d'alcool, qui jouait assez bien le feu follet?
De la bohème, M. Schanne ne se rappelait, d'ailleurs, que les heures joyeuses. Nul, sans doute,
n'avait été meilleur compagnon que lui. Mais quelle
bohème vulgaire et dénuée d'originalité c'eût été que
celle-là!

En pensant apporter son témoignage, M. Schanne
permettait précisément de voir l'œuvre de l'artiste
chez Murger. Assurément, celui-ci avait emprunté
quelques traits, surtout extérieurs, à son ami. Mais
sur ces éléments, son esprit et son imagination (qui
avait en effet besoin, le plus souvent, d'un point de
départ) travaillaient. Il fondait, il amalgamait, il
embellissait quelques particularités relevées chez
les uns et chez les autres, car ce n'était pas le pittoresque qui avait manqué autour de lui, mais il ne
copiait aucun modèle. Il avait vu trop de choses singulières, dans son milieu, pour qu'elles ne se repré-
sentassent point à sa mémoire, mais il suivait, en
toute liberté, la vision qu'il se formait de son personnage, né ainsi de son cerveau autant que de ses
souvenirs, corrigés par son goût. C'était justement

l'artiste qui entrait alors en jeu, modifiant, inventant, arrivant à faire quelque chose de rien, suivant sa vision propre, « idéalisant, donnant les proportions à l'ébauche fournie par la réalité, à laquelle il substituait la vérité supérieure qui fait le type ». Dût-on risquer de chagriner l'ombre de M. Schanne, on peut affirmer que le Schaunard qui n'eût été que lui ne se fût pas littérairement tenu debout.

Même pour Rodolphe, qui est lui-même, Murger ne s'est-il pas « interprété » souvent avec des additions de détails ou des railleries, en ne laissant guère intacte que sa sentimentalité ?

Il y eut sans doute du peintre Tabar[1] dans Marcel, mais Marcel est aussi parfois une autre face de Rodolphe. Tabar avait du cœur et de l'esprit, et il était solidement taillé; en outre, il avait bien rêvé ce *Passage de la mer Rouge* qui devint le sujet de tant de plaisanteries, mais, n'ayant pas commencé ce tableau dont il avait parlé à ses amis, il n'eut pas à le transformer sans cesse. Baudelaire devait, plus tard, manifester son estime pour le talent de Tabar, à propos d'un tableau militaire, les *Fourrageurs*[2] : « Que de verdure et que de belle verdure, doucement ondulée, suivant le mouvement des collines ! L'âme respire ici un parfum compliqué : c'est la fraîcheur végétale, c'est la beauté tranquille d'une nature qui fait rêver plutôt que penser et, en même temps, c'est la contemplation de cette vie ardente, aventureuse où chaque journée appelle un labeur différent. C'est une idylle traversée par la guerre. Les gerbes sont empilées, la moisson nécessaire est faite.

1. Voir sur Tabar les Souvenirs de Jules Breton, la *Vie d'un Artiste*, passim.
2. Salon de 1859.

Les soldats reviennent par bandes, montant et descendant les ondulations du terrain avec une désinvolture nonchalante et régulière. Il est difficile de tirer un meilleur parti d'un sujet aussi simple, aussi poétique ; la nature et l'homme, tout y est vrai et pittoresque... »

Dans Colline, il y eut, — toujours avec l'écart entre les circonstances offertes par la vie et l'imagination, — du Jean Wallon et du Trapadoux. Wallon était un compatriote de Champfleury ; il avait la manie, dont Murger s'est amusé, de porter dans ses poches une bibliothèque. Mais il ne connut pas les privations de la bohème, ou ne les partagea qu'en « amateur », car il avait un domicile familial. Il était discret et réservé. On sait qu'il devait s'adonner à de sérieux travaux d'histoire religieuse, poursuivant le rêve de concilier les doctrines de l'Eglise avec les idées modernes. Il s'était marié à une femme qui partageait ses convictions et s'associait à ses travaux ; elle lui survécut longtemps. Elle souffrait, dans sa rigidité, de la légende qui avait répandu son nom plus que ses ouvrages de savant[1].

Marc Trapadoux, autre philosophe, habitué du

---

[1]. En 1887, elle écrivait à un chroniqueur, M. G. Niel, qui avait fait allusion au passage de Jean Wallon dans la bohème, une lettre, où il y avait un peu de tristesse de ce souvenir, et qui est curieuse à citer :

Paris, ce 16 mai 1887.

Monsieur,

Permettez-moi, en croyant à votre bonne foi, de rectifier, de vous à moi, votre sentiment sur la personnalité de M. Jean Wallon, que vous vous plaisiez, dans votre article d'hier, à représenter comme un des tristes viveurs de la bohème de 48, traînant son impuissance dans de mélancoliques regrets. Il n'en fut rien, Monsieur. Jean Wallon fut un ferme et vaillant esprit, un chercheur passionné de la Vérité qu'il poursuivit en dehors des sectes et des écoles ; un travailleur infatigable voué aux plus austères labeurs ; un cœur généreux, épris des sentiments les plus élevés ; un chrétien militant qui ne voulut point transiger avec sa foi et sut la défendre contre les erreurs de certains partis ; un caractère indépendant, mais qui puisa dans la hauteur de ses principes l'honneur et la dignité de sa vie. Son nom, comme celui d'un Bordas-

café Momus, donna aussi quelque chose de lui à Colline. C'était chez Trapadoux un mélange singulier d'habitudes débraillées et de préoccupations intellectuelles sévères. Il pensait, en faisant une partie de dominos, à son grand ouvrage, l'*Histoire de saint Jean de Dieu*. Il était assez mystérieux dans ses allures, tout en pratiquant la camaraderie avec les jeunes littérateurs. Il s'était lié particulièrement avec Wallon, dont les études se rapprochaient des siennes. Son paletot, jadis vert, qui n'avait plus que l'épaisseur d'une dentelle, tant il était usé, était fameux. Mais il ne s'apercevait pas que ce vêtement, vieux serviteur fidèle, mais à bout de forces, ne le garantissait plus guère. Il lui suffisait en effet, assurait-il, de le transformer par la pensée en une chaude pelisse. Il affirmait qu'il n'y avait qu'à se figurer fortement une chose pour en éprouver la sensation. Ainsi une seule bûche faisait-elle tout son hiver, et dans son bizarre logis de la rue Bréa, on le surprenait, en effet, les jambes étendues devant cette bûche non allumée et semblant goûter béatement une bienfaisante chaleur. Ainsi dînait-il en respirant l'odeur des cuisines des Tuileries, et dédaignait-il un peu les dîneurs qui se contentaient d'un repas pris dans une des gargotes de la bohème.

Demoulin, peut ne pas être connu de la foule : il n'est pas ignoré de ce petit nombre qui, partout, est l'élite, et attache plus de prix à l'originalité de la pensée, à sa puissance, qu'aux succès faciles des rhéteurs.

Je ne doute point, Monsieur, que vous ne pardonniez à sa veuve, à celle qui pendant trente-trois années partagea sa vie, d'avoir voulu rétablir, non pour le public, mais pour vous seul, une mémoire qui a laissé sa trace ici-bas et est entrée dans une vie où n'arrivent que les forts, ceux qui font leur tâche.

Veuillez bien recevoir, Monsieur, l'expression de ma considération très distinguée.

C. WALLON.

(*Intermédiaire des chercheurs et des curieux*, LXIIIᵉ vol., nᵒ 1279, 10 janvier 1911.)

Mais il n'imaginait pas, par exemple, le goût de l'absinthe. Ses facultés créatrices de sensations s'arrêtaient là, et il lui fallait le réel parfum de la verte liqueur. En quoi il différait fort de Murger, qui était particulièrement sobre, et de ses amis. Il eut une fin assez triste, car il s'en alla mourir dans le Dauphiné, en 1870, dans un état d'hébétement qui ressemblait à l'imbécillité [1].

Quant à Mimi et à Musette, évoquées un jour en de si jolis vers par Théodore de Banville [2], ne sont-elles pas toutes les femmes ? Dans Mimi, il y a de cette Marie qui fut la première et la grande passion de Murger ; il y a de cette Lucile qui, — elle aussi, — devait mourir à l'hôpital et pour laquelle il eut un attachement ; il y eut de toutes celles qui avaient retenu un moment un cœur qui ne pouvait pas rester vide. De là des portraits assez différents selon les souvenirs des amis de Murger, qui confondaient parmi les modèles poétisés par l'auteur de la *Vie de Bohême*. « Très blanche, d'une pâleur mate, avec des lèvres douces, des cheveux châtains comme décolorés et des yeux d'un gris bleu, on voyait qu'elle avait souffert », a dit Théodore de Banville. — « Si son visage avait par moment une expression angé-

---

1. Voir sur Marc Trapadoux, l'étude de M. Simon Brugal, dans *Excentriques disparus*.

2.
> Qui ne les adora, ces fleurs de son poème ?
> Qui de nous, qui de nous, ô rêveuse Mimi,
> Énamourée encor sous le frisson suprême,
> N'a dans un rêve ardent baisé ton front blémi ?
> Et toi, Musette, reine insoucieuse et folle,
> Qui n'a cherché tes yeux, qui n'a redit ton nom,
> Qui sur ta lèvre ouverte au vent, rose corolle,
> Ne retrouve à la fois Juliette et Manon ?
> Oui, tant qu'un vin pourpré frémira dans nos verres
> Ces fillettes vivront, couple frais et vermeil.
> Pourquoi ? C'est qu'elles ont l'âge des primevères
> Et l'actualité d'un rayon de soleil.

(Prologue pour la reprise de la *Vie de Bohème* à l'Odéon, 1865.)

lique, a dit M. Schanne, elle n'en était pas moins
dénuée de tout sens moral... Une petite noceuse,
quoi ! » — « Elle était grêlée comme un gâteau de miel,
a dit M. d'Héricault. Je veux croire qu'elle en avait
la douceur. Elle avait le teint clair, en compensation... Nul air de coquinerie ni d'esprit. Mais Murger
était un robinet d'idéalisme : il le répandait à flots
sur toute jupe crottée. » Mais M. d'Héricault gardait un parti pris de dédain pour tout ce qui con-
cernait Murger. Il était forcé d'avouer, cependant,
« qu'il ne lui avait jamais su une pensée obscène ni
entendu dire un mot cynique ». Il y avait peut-être
mieux qu'à rire de cette sensibilité, dût-elle être
mise en jeu pour de médiocres objets. C'était l'idée
qu'il se faisait de l'amour qu'aimait Murger dans
ces amours renouvelées. Et ses délicatesses instinctives le poussaient en effet à transfigurer la maîtresse
disparue, pour pouvoir pleurer et chérir l'absente,
sans que les réalités heurtassent encore son rêve.
Cela est tout à fait particulier chez lui ; il n'a
guère adoré que des fantômes. On pourrait même
dire qu'il fallait la blessure de la trahison, toute
prévue qu'elle fût dans des liaisons de rencontre,
pour qu'il s'exaltât. Tendre, indulgent pour l'amie
du moment, reconnaissant de son affection même
éphémère, il était peut-être, dans le fait, assez
loin d'elle. C'était à celle qu'il avait perdue qu'il
songeait, parce que celle-là, il pouvait la parer, non
seulement de toutes les séductions, mais de ses
propres façons de sentir et de croire.

Musette ? Un autre aspect de la femme. A quoi
bon chercher un nom ? Murger, ont conté ses
anciens camarades, songea à une belle fille, un
modèle d'atelier, à la fois fantaisiste et positive,

mais peu à peu plus positive que fantaisiste ; on lui
donne une fin tragique, et on assure qu'elle périt
dans le naufrage du paquebot *l'Atlas* en 1863, s'étant
embarquée, avec tout ce qu'elle possédait, pour
aller retrouver sa sœur en Algérie.

Mais ces figures sont tellement œuvre de poète
qu'il est un peu vain de tenter de démêler ce qu'il y
a sous ces masques charmants.

Quant à Phémie, teinturière, M. Schanne devait
être particulièrement bien renseigné. Ce surnom lui
venait de ce qu'elle travaillait dans une fabrique de
fleurs artificielles, et que ce travail lui laissait aux
doigts une belle couleur verte. Mais M. Schanne,
qui en venait, dans son souci d'exactitude, à corriger la *Vie de Bohème*, à reprendre Murger sur les
points même où s'était le plus joliment exercée sa
verve ironique et attendrie, ne paraissait pas autrement fier de cette compagne, désormais inséparable
de la personnalité de Schaunard, et il niait qu'il eût
éprouvé une vive passion pour cette fille aux mains
vertes. Qui sait si, par une de ces transformations qui
sont au fond de la plupart des contes de Murger,
Phémie, dans une nouvelle dramatique, cette fois, ne
deviendra pas « la fille aux mains rouges » ?

Des Musettes et des Mimis, Murger devait faire,
quelque temps après la *Vie de Bohème*, l'oraison
funèbre en se plaignant, lui, le poète et le romancier de la jeunesse, que la jeunesse eût bien changé,
une jeunesse « qui avait découvert un vaccin contre
la gaité ». C'est une des rares pages de Murger qui
finisse sur un ton déclamatoire :

C'est cette jeunesse pétrifiée qui a enseveli dans le luxe
et dans l'oisiveté la race aujourd'hui perdue de ces belles
jeunes filles insoucieuses et laborieuses, qui travaillaient

si gaiement toute la semaine, avec l'espoir d'aller, le matin
du dimanche, baigner leurs doigts endoloris par l'aiguille
dans la rosée d'une touffe de violettes. Leur cœur était certainement moins fortifié qu'une citadelle, leur bonnet changeait souvent la couleur de ses pompons, mais elles n'étaient
pas maussades et ne boudaient pas ni après une querelle,
ni devant une averse, ni en face d'un souper frugal où le
dessert servait de rôti. Elles parlaient un langage qui
n'était pas celui des cours, mais qui n'était pas non plus
celui des tripots ou des bouges. On pouvait les saluer, elles
savaient vous répondre et ne paraissaient pas surprises
qu'on fût poli avec elles. Elles chantaient faux quelquefois,
mais elles aimaient souvent juste, et, à quelque moment
qu'on fouillât dans leur poche, on était sûr d'y trouver un
dé, un morceau de sucre, quelquefois un chapelet, toujours
un billet doux, mais jamais un billet de banque. Que l'on
fouille dans la poche des femmes qui les ont remplacées,
on ne trouvera plus que le billet de banque, le seul billet
doux que sache écrire la jeunesse moderne.

Oh! pauvre fille, ils l'ont jeté et brisé sur le pavé, ton
pot de giroflées dont l'odeur enivrait tout ton voisinage;
ils l'ont éteinte aussi, cette petite lumière qui brillait le soir
au carreau de ta mansarde....

Elle était cependant la joie de l'étudiant penché sur son
livre, la joie du pauvre artiste, la joie du poète, et sa poésie
peut-être. Elle était l'étoile du berger des amours populaires;
ils l'ont éteinte...

Et voici un Murger en colère auquel on n'est
guère habitué; un Murger qui, d'ailleurs, dans cet
accès de soudaine indignation, ne paraît pas très à
son avantage :

Ah! pauvre fille, ces misérables, ils t'ont glacée à leur
contact, ils t'ont donné tous les vices de l'oisiveté, ils t'ont
étouffé le cœur dans leurs mains rudes, comme on étouffe
le chant d'un petit oiseau, ils t'ont condamnée à la lourde
et pénible tâche de les divertir... Mais comme tu te venges
d'eux, plébeienne déchue de ta pauvreté si aimable, comme
tu les maltraites souvent, comme tu les méprises toujours,
comme tu les déshonores quelquefois !... Du balcon de ton

entresol où ils apportent l'odeur du fumier et du cigare, comme tu as plaisir à leur cracher sur la tête — et comme tu as raison !

Qu'avait Murger, ce jour-là, pour modifier ainsi sa manière et grossir sa voix ? Cette véhémence est tout le contraire de lui-même. Il est vrai qu'il défendait son domaine, le monde des vierges folles ayant encore au cœur un brin de poésie et des grisettes sentimentales. Et c'était cependant dans le temps qu'il commençait à traiter d'un peu haut ces heures d'aventure :

> Car, cette route si belle,
> Quand je fis mes premiers pas,
> Maintenant, je la vois telle,
> Telle qu'elle existe, hélas !

Dans le *Corsaire* [1], ces *Scènes de la vie de Bohème* s'étaient échelonnées sur un assez long temps. La première publiée avait été *Un envoyé de la Providence* (l'histoire de l'habit emprunté par Marcel au provincial qui vient se faire peindre par Schaunard). Le lecteur avait un peu le temps d'oublier les personnages, mais on sait que Murger avait le travail lent. Quatre de ces scènes furent données en 1846, sept en 1847, dont le *Manchon de Francine*, les autres en 1848 et en 1849 [2]. Elles formaient un feuilleton qui occupait trois ou quatre numéros.

Leur publication avait été remarquée, mais elle n'avait guère enrichi Murger, si elle lui avait procuré des amitiés nouvelles de jeunes gens, comme celle d'Auguste Vitu, à qui il lui était arrivé cette chose invraisemblable de prêter vingt francs qu'il avait reçus pour un article, celles de Banville ou de

---

1. Le *Corsaire-Satan* devait redevenir, en 1847, le *Corsaire*.
2. Voir les notes de la *Vie de Bohème*.

Charles Monselet, auquel, dans le minable hôtel de
la rue Mazarine où il le recevait, il se plaignait de
ses vêtements informes, en lui disant : « Quand
serons-nous des gentlemen, dans notre costume,
comme nous le sommes au moral ! »

En 1848 encore, il se réfugiait à l'hôpital du Midi [1]
et il était dans une complète détresse. Cette lettre
mélancolique, attestant qu'il manquait de tout et sol-
licitant un si modeste emprunt, en fait foi. Il l'écrivait à M. d'Héricault, alors étudiant frotté de littérature, qu'il avait connu au café Dagneaux, un café
d'aspect assez grave, où une salle était réservée aux
jeunes hommes dont les discussions esthétiques
eussent troublé une clientèle sérieuse. J'ai parlé de
ces notes de M. d'Héricault, qui ont une sorte de
dureté. Le Murger qu'il connut en 1848, il ne put
s'empêcher de le peindre, cependant, sous un aspect
sympathique : « Je fus frappé par une espèce de
distinction morale qui le mettait hors de part ; il avait
non seulement la sensibilité, mais l'instinct de la délicatesse, une timidité juvénile touchante, une bonté
très molle, mais la continuité de la reconnaissance,
la joie d'aimer, joie évidente et attendrissante... Il
était né pour la gentillesse. Il était infatigable dans
ses illusions, et sincère aussi... »

Le don des illusions, il en avait besoin ! Cependant
il y avait des heures où il ne pouvait guère s'abuser
lui-même. Cette lettre est lamentable :

        Mon cher ami,

  M. Guéret, l'interne, est venu me voir et m'a demandé
votre adresse pour aller vous faire ses excuses de ce qu'il

---

1. Voir dans la *Chronique médicale* (1ᵉʳ février 1906) une étude du
Dᵣ Cabanès.

ne s'était point trouvé là les jours où vous êtes venu.
M. Guéret travaille beaucoup, et quitte l'hôpital tous les
jours après la visite pour aller suivre des cours, ce qui
explique comment vous ne l'avez pas rencontré. Nous aurions bien un autre moyen, plus sûr, de communiquer,
mais je ne veux pas vous le proposer, car il est par trop
désagréable ; il faudrait venir à la clinique, les mardis,
jeudis et samedis, de huit à dix heures du matin. N'en
parlons donc pas. Cependant, indiquez la recette à Fauchery [1], qui a le tempérament assez matinal... Du reste,
je vais aviser à trouver le moyen de recevoir mes visites
dans ma salle, car je ne puis même pas aller au parloir
commun attendu que la chirurgie prépare toutes sortes de
maléfices contre ma personne. Je crois même que cette
Saint-Barthélemy aura lieu demain.

Je m'ennuie pour des sommes très chères, tous les
jours. Je mange des choses effrayantes dans des vases dif-
formes, et encore, cette nourriture impossible m'est-elle
servie à des doses impondérables. En conséquence, je
viens de nouveau battre le rappel à la porte de votre
amitié.

Vous seriez vraiment aimable de me procurer :

Un verre ou une chope,
Un couteau (boutique à cinq sous, expressément),
Papier à lettre et enveloppes,
Un mouchoir — ou chiffon de toile — pour mes yeux [2],
Deux sous de tabac à priser,
Deux petits pains de gruau (un sou, et tendres),
Un peu de sucre et un peu de chocolat,
Des allumettes chimiques.

---

1. Fauchery, autre ami de Murger, que poussa le démon de l'aventure.
Il fut, en 48, avec Nadar, volontaire de la Légion polonaise, ce qui lui
valut l'internement dans les casemates de Magdebourg. Puis il alla chercher fortune en Australie ; il ne la trouva pas. Mais il écrivit de là les
Lettres d'un mineur. Il était de ceux pour qui le monde est petit. Il mourut au Japon, après avoir suivi l'expédition de Chine comme correspondant du *Moniteur*. Ce « bohème » fut peut-être le seul qui n'eut
même pas la pensée de prendre sa part du pillage du Palais d'Été. —
Murger avait écrit en collaboration avec lui la *Résurrection de Lazare*.

2. Murger était atteint d'une affection de la glande lacrymale. Un portrait chargé de Carjat, représentant Murger avec son front dégarni et
sa barbe « multicolore », a, selon les habitudes de la caricature, fort
exagéré cette infirmité.

Et des livres, la *Reine Margot* ou un ou deux autres volumes de Dumas.

Vous feriez remettre le paquet bien enveloppé chez le portier de l'hôpital.

Pour comble, je vous prierais de joindre 2 francs et pas davantage. Avec les dits 2 francs, je paierai 1 fr. 25 que je dois, et qui me tourmentent, et il me restera pour acheter des portions de pain — et des portions de complaisance de mon infirmier... Priez Fauchery d'aller voir au *Corsaire* si Virmaitre veut lui donner quelques sous pour moi... Que Fauchery vous remette cet argent, et gardez-le pour me le faire passer métamorphosé en comestible. Dites à Fauchery de vouloir bien tourmenter Vitu qui me doit 20 livres! Je vous serais bien reconnaissant de me faire passer ces petites choses que je vous demande demain mercredi dans la journée.

Il n'est guère rien de plus mélancolique que cette lettre, où Murger, ayant déjà fait ses preuves comme écrivain, ayant donné au public les pages qui, réunies en volume, rendront son nom populaire, demande instamment un « chiffon de toile » pour essuyer ses yeux.

Quand Murger sortit de l'hôpital, ce fut M. d'Héricault (il a tort de le rappeler avec cette cassante ironie) qui l'habilla, avec de vieux vêtements à lui, beaucoup trop grands et trop larges, au point qu'il avait fallu « essayer de feindre un ventre à ce décharné en doublant les culottes avec un coussinet [1]. »

Étrange chose, et qui prouve l'inaltérable douceur de Murger : la révolution de 1848 l'effara, ne lui donna aucun espoir personnel, aucun désir de revanche. Ce pauvre était un homme d'ordre. Il semble même que ce qu'il y avait d'utopique dans la générosité de l'époque ne lui ait inspiré que de l'ironie. Les discours enflammés des clubs où l'on décidait le

---

1. *Murger et son coin.*

bonheur de l'humanité le faisaient sourire. En février 1849, le *Corsaire* publiait de lui un feuilleton,
Son Excellence Gustave Colline, suites des *Scènes de
la vie de Bohème*. Il y raillait les nominations faites
par le gouvernement provisoire, le hasard qui avait
présidé à l'attribution des fonctions. La plaisanterie
est même un peu grosse. Colline a gagné au billard,
dans un café voisin de l'Opéra, le poste d'ambassadeur de la République dans une petite cour d'Allemagne. C'est familièrement que le ministre des Affaires étrangères a donné ses instructions au nouveau
diplomate, tout en sonnant l'huissier pour lui or-
donner d'aller chercher « quatre sous à fumer ». Colline, qui sait vivre, commence par inviter à dîner, sans
façon, les ambassadeurs des Puissances à Paris par
un billet cordial, où il leur annonce « qu'il y aura du
dessert ». Les ambassadeurs ne viennent pas, bien
que, pour donner du lustre à sa réception, il ait
acheté neuf francs cinquante, dans une vente, une
vieille décoration théâtrale représentant un palais :
Marcel s'était pourtant chargé du menu et avait
acquis un melon d'occasion, « mais bien conservé et
faisant l'usage d'un neuf ». Cependant, Colline prend
des leçons de diplomatie avec un ancien de la partie
qui a été au Congrès de Vienne comme garçon
de bureau, et il part pour la cour de la principauté,
emportant avec lui « de la graine de révolution ».
Mais le peuple de la principauté ne se compose que
de quatre-vingt-cinq citoyens contents de leur sort
et le prince, un peu effaré de la présence de cet
envoyé de la République, est un excellent homme.
Colline fait avec lui d'interminables parties de piquet
jusqu'au moment où il est rappelé, et où se termine
sa carrière de personnage officiel.

A la vérité, Murger n'avait nullement cru qu'on touchât à l'aube des temps futurs. La « copie » étant aussi mal rétribuée sous la République que sous Louis-Philippe, il avait gardé son scepticisme, et encore qu'il n'eût rien à défendre, pour lui-même, on le vit plutôt conservateur et réactionnaire [1]. Dans le fait, les événements politiques l'exaspéraient, pour la raison qu'ils détournaient l'attention publique de la littérature, et ils risquaient, selon son expression, de différer davantage le moment où le mot « or » serait pour lui autre chose qu'une rime éventuelle à « Leonor » ou à « Corrégidor ».

C'est cependant sous la République qu'il devait connaître son premier succès tangible, celui qui allait lui donner la notoriété. Il est vrai, que en novembre 1849, on était déjà très loin de février 1848. Par un récent message, Louis-Napoléon venait d'inaugurer le gouvernement personnel, et le nouveau préfet de police Carlier annonçait, dans une proclamation, « vigilance et rigueur contre l'endurcissement des factions ».

Ce succès, c'était la pièce tirée de la *Vie de Bohème*. Murger connaissait depuis quelques années Théodore Barrière, alors petit employé au ministère de la Guerre, au département des cartes, mais n'ayant pas une vocation administrative bien déterminée. Il ne pensait qu'au théâtre. Quelques vaudevilles représentés à la Renaissance, au Gymnase, au Palais-Royal, les *Pages de Louis XII*, *Jeanne de Naples*, *Rosière et nourrice*, lui valaient quelque prestige parmi ses amis. Il habitait aussi le quartier

---

1. « Il nous disait alors à nous-même : « Mon cher, si on formait dans la ville un arrondissement qui serait uniquement habité par des réactionnaires j'irais y poser mon nid. » (Philibert Audebrand, *Soldats, poètes et tribuns*, p. 295.)

Latin, mais non à l'hôtel meublé, et il vivait avec
sa famille rue de La Harpe. C'était un jeune homme
d'aspect assez sévère, sec, nerveux. Si, plus tard, il
devait donner l'impression d'un colonel en bourgeois, il avait l'air, alors, d'un sous-lieutenant en
civil. Il était peu bavard ; un pli sur son front indiquait la volonté. Murger lui témoignait quelque
déférence : un auteur joué, un auteur qui, plus
jeune que lui d'un an, avait pu aborder tant de
théâtres ! Il l'appelait, de bonne foi, « une sommité,
déjà ». A la vérité, c'était Murger qui allait donner
l'occasion à son camarade de se lancer vraiment au
théâtre, par cette collaboration. Mais l'instinct
théâtral de Barrière ne l'avait pas trompé : il y avait
une « pièce » dans la *Vie de Bohème*, pourvu qu'on
l'en fît sortir. Les « caractères » existaient ; il n'y
avait qu'à relier les scènes par le fil ténu d'une
action. Il y avait une telle force de jeunesse dans ces
pages de Murger qu'elles étaient capables de résister
même à l'invention de l'oncle et à celle de la jeune
veuve qui furent introduits dans la fable scénique.

Pendant que la pièce s'écrivait, Murger eut un scrupule. Dans l'*Epilogue des amours de Rodolphe*, paru
dans le *Corsaire* en feuilleton, le 28 novembre 1847,
il avait bien fait mourir Mimi à l'hôpital. Mais, pour
le théâtre, il ne voulait plus de ce dénouement.

Monselet a raconté comment il fut choisi pour
arbitre.

Nous nous acheminâmes tous les trois vers le logis de
Murger, rue Mazarine, un hôtel fort triste, « tenu par Hau-
temule », comme disait l'enseigne. Proudhon, à cette
époque, occupait, dans le même hôtel, une chambre au-
dessus de celle de Henry Murger.
Une fois arrivés, Murger alla mettre le verrou et Barrière

avec un horrible sang-froid, tira de dessous sa redingote cinq cahiers à couverture bleue, représentant cinq actes d'une comédie, qu'il déposa sur une table.

Je devins pâle; j'étais tombé dans une lecture.

Il est vrai que cette comédie avait pour titre la *Vie de Bohème*. Je crois inutile de dire l'émotion dont je fus insensiblement gagné en écoutant cette œuvre folle d'esprit et navrante d'amour. Le dénouement n'était pas alors arrêté. Murger, avec sa douceur accoutumée, inclinait vers la guérison de Mimi; il proposait un voyage en Italie.

Barrière, lui, était pour la mort.

Je fus de l'avis de Barrière... Le meurtre de Mimi fut décidé. Je n'en ai jamais éprouvé de remords. Cette journée est restée dans mon souvenir comme une des meilleures de ma jeunesse.

La pièce fut représentée aux Variétés, le 22 novembre 1849. Le succès n'en fut pas douteux un instant[1]. « Jamais on ne vit un pareil feu d'artifice de mots et de traits, disait Théophile Gautier. A chaque instant étincelle, dans une phrase nette, brève, imagée, une pensée ingénieuse, philosophique ou attendrissante, car, don rare et merveilleux,

---

1. Mais les amis de Murger s'inquiétèrent du mot de Rodolphe au moment où meurt Mimi : « O ma jeunesse, c'est vous qu'on enterre! » Nadar, notamment s'irrita de cet égoïsme d'un jeune homme qui peut penser à lui-même en un tel instant. Mais Murger tenait à ce mot, littérairement. Il hésitait seulement sur « vous » ou « nous ». — Quand parurent, en 1851, les *Scènes de la vie de Bohème* (chez Michel Lévy frères, 2, rue Vivienne), ces mêmes amis furent choqués d'un certain tour de raillerie, introduit dans quelques parties du livre et leur semblant contraster avec son esprit général. Le dernier chapitre surtout les révolta, par une sorte de brutalité dans le rejet du passé, par son apologie du succès. Ils ne pardonnèrent pas, notamment, la phrase : « Marcel avait exposé deux tableaux, dont l'un avait été acheté par un riche Anglais, qui jadis avait été l'amant de Musette. » Eux, les initiés de la Bohème, ils voyaient là comme une manière d'outrage à la vaillance de ces camarades de misère, et, en tout cas, il leur semblait illogique qu'ils eussent tant lutté pour arriver par des moyens un peu trop pratiques. La préface ne laissa pas non plus de les déconcerter. Ils l'expliquèrent cependant par un scrupule de Murger de ne pas rendre trop séduisante, pour des jeunes gens qui n'auraient pas la vocation chevillée dans l'âme, cette Bohème dont sa fantaisie avait fait un amusant milieu.

l'esprit de M. Murger est plein de cœur; et le rire
chez lui touche aux larmes et n'a pas cet éclat sec
et strident qui blesse; le caprice ne nuit en rien
à la vérité; tout est observé, ressenti, souffert, pour
ainsi dire. On voit que cette œuvre a été vécue
avant d'être écrite. » On a trop souvent parlé de l'interprétation première de cette pièce pour qu'il soit
utile d'y revenir : on sait que Mlle Thuillier joua
Mimi avec autant de naturel que de sentiment.
Musette, c'était la jolie Mlle Page, à qui Jacques
Arago, devenu aveugle, adressait ce madrigal :

Hier, dans le foyer, j'écoutais ta parole
Qu'on aime et qu'on bénit, qui charme et qui console.
        J'étais à peine à quelques pas,
Mais ce regard si pur, ces lèvres si vermeilles
Ce front si radieux et mille autres merveilles,
        Que je rêvais tout bas,
Plains-moi, ma belle enfant, je ne les voyais pas!

Phémie, c'était Pauline Potel, très gaie et très
fantaisiste. Mme de Rouvres, c'était Delphine Marquet
qui avait été danseuse et devait être pensionnaire de
la Comédie-Française, puis du Gymnase et de l'Odéon;
on loua sa distinction. Du côté masculin de l'interprétation, le succès fut surtout pour Charles Perey,
dans Schaunard, « étourdissant de verve ». Kopp
(Baptiste) devait faire une longue carrière aux Variétés, se terminant tragiquement par un coup de
pistolet, en 1872. Danterny (Marcel) s'en alla finir
à Constantinople. Paul Laba, qui jouait Rodolphe,
un « enfant de la balle », puisqu'il avait débuté au
théâtre Comte, fut, malgré ses qualités, un comédien
malchanceux. Avant d'entrer aux Variétés, il avait
passé par la Comédie-Française. Cinquante ans de

théâtre ne l'avaient guère enrichi. Il mourut en 1881, dans la détresse.

Les Variétés, qui avaient alors pour directeur Thibaudeau, sortirent avec la *Vie de Bohème* d'une mauvaise passe. Thibaudeau avait eu vainement recours à toutes sortes d'attractions, comme des tableaux vivants, donnés sous le nom des « Divinités aériennes ». La pièce de Murger et Barrière le remit à flot[1].

La situation de Murger se modifiait ; il pouvait enfin réaliser son rêve d'être « chez lui » et de s'habiller correctement[2]. Il alla s'installer rue Notre-Dame-de-Lorette, au numéro 48, et il décrivait avec quelque orgueil son installation :

> Je suis devenu un cavalier fort bien couvert. J'ai loué dans une maison, qui n'est pas un hôtel, un logement confortable, où rayonne tout le luxe moderne, un divan, des chaises pareilles... et des mouchettes !

Mais les droits d'auteur ne s'élevaient pas alors à ce qu'ils produisent aujourd'hui. Il avait d'ailleurs accepté des combinaisons d'avances qui ne laissaient pas de ménager assez mal ses intérêts. Les satisfactions, bien que timides, d'une apparence de confor-

---

1. Le spectacle, en 1849, commençait aux Variétés, à six heures. Prix des places : avant-scènes, 6 francs ; balcon et orchestre, premières loges de face : 5 francs ; stalles de première galerie et d'orchestre : 4 francs ; loges intermédiaires, 3 francs ; deuxièmes loges de côté, 2 fr. 50 ; stalles du pourtour, 2 fr. 50 ; parterre, 2 francs ; deuxièmes galeries, 2 francs ; loges de troisième rang, 1 fr. 50 ; premier amphithéâtre, 1 franc ; deuxième amphithéâtre, 50 centimes.

2. A cette époque, Ph. Audebrand a tracé de lui ce portrait : « La tête d'Henry Murger était un peu massive, assez mal sculptée à la manière d'un macaron, et dénudée aux trois quarts par une calvitie précoce. Les yeux étaient ronds, un peu semblables à ceux des oiseaux nyctalopes ; ils étaient en outre étonnés et malades... La démarche aurait pu être plus vive, mais deux choses étaient charmantes en lui, le sourire et la voix. »

table, qu'il avait vraiment bien gagné, avaient vite épuisé « ces flots du Pactole », et ce mobilier grenat, dont il avait la fierté, il devait avoir quelque peine, la gêne revenue, à le défendre. Ce n'était plus la misère, mais ce devaient être toujours des difficultés, bien qu'il eût conquis sa place dans le monde littéraire, ce qui faisait dire dédaigneusement aux Goncourt : « Murger est en train de passer armes et bagages aux lettrés, gens du monde : on crie à la défection, à la trahison du nouveau Mirabeau [1]. » Les journaux et les théâtres lui étaient ouverts, désormais ; mais il avait le travail pénible, et sa conscience le lui rendait plus difficile encore. Monselet a fait le compte des gains professionnels de Murger et a établi que dans ses années de « prospérité » ils ne dépassèrent guère quatre mille francs. On ne les verra que trop, ces embarras, ces préoccupations d'une échéance, ces inquiétudes, dans la correspondance de Murger avec l'amie qui partagea les dernières années de sa vie [2] et fut une autre Mimi.

VI. — LES AUTRES ŒUVRES

Aux *Scènes de la vie de Bohème*, publiées en volume en 1851, succédèrent, la même année, les *Scènes de la vie de Jeunesse*, où se trouvent le *Souper des funérailles*, la *Maîtresse aux mains rouges*, le *Bonhomme Jadis*, les *Amours d'Olivier*. Ce volume contenait aussi des nouvelles qui ont été, dans les éditions suivantes, distribuées en d'autres recueils.

1. *Journal des Goncourt*, tome I.
2. *Histoire de Murger par trois Buveurs d'eau*. Troisième partie, p. 260-291.

Le *Souper des funérailles* n'est pas un des meilleurs contes de Murger. Comme d'autres, d'ailleurs, il n'a pas un parfait équilibre de composition, mais il suggère une observation. Dans le *Souper des funérailles*, le comte Ulric de Rouvres, pleurant une maîtresse dont il a hâté la fin par une épreuve cruelle, en feignant d'être pauvre, en lui imposant des privations pour être sûr d'être aimé, imagine de ressusciter, pour ainsi dire, sa Rosette, en exigeant d'une jolie fille vénale, qui ressemble à la disparue, qu'elle joue le rôle de celle-ci, qu'elle porte la même petite robe d'indienne bleue à pois blancs, qu'elle chante les mêmes chansons, qu'elle se livre aux mêmes occupations, imagination un peu sadique. Personne n'est moins « sadique » que Murger, et, cependant, cette idée se retrouvera plusieurs fois chez lui. Dans le *Pays latin*, Edouard oblige Mariette à lui rappeler, par ses attitudes, son aspect, ses parfums, les airs qu'il lui fait jouer au piano, l'aimée qu'il a perdue, et ses baisers ne sont vraiment tendres que lorsqu'il se fait illusion, lorsque l'ombre lui rappelle la réalité. Et dans le *Manchon de Francine*, Jacques, après avoir tant pleuré Francine, la fait revivre, en quelque sorte, en Marie, dont la beauté maladive rappelle celle de la disparue. Il embrasse Francine sur les lèvres d'une autre. — Il y a là la trace de ce premier amour de Murger, qui devait toujours le poursuivre, et qui, à travers de nouvelles Mimis, lui faisait rechercher l'image de celle à qui il avait d'abord donné ce caressant surnom.

Le *Bonhomme Jadis* devait, l'année suivante, être transporté à la scène, avec la collaboration de Michel Carré, cette fois, et être accueilli par Arsène

Houssaye à la Comédie-Française, où il allait être
interprété par Provost, Delaunay et Mlle Fix. Le
Bonhomme Jadis, qui est resté au répertoire, ne
connut pas d'abord que des soirées fructueuses.
C'est Delaunay qui a conté que, un soir où on jouait
cette comédie, associée à *Charles VII chez ses
grands vassaux*, la recette ne dépassa pas cent et
quelques francs. Ce n'était pas la faute de ce joli
acte, qui est encore une apologie de la jeunesse, et
où il y a une éblouissante tirade qui est irrésis-
tible[1].

Après les *Scènes de Jeunesse*, et la même année
(Murger est désormais demandé en librairie), vient
le *Pays latin*, une histoire d'amour qui porta aussi
le titre de *Claude et Marianne*. Cette Marianne-
Mariette n'est plus une Musette ou une Mimi, encore qu'elle ne connaisse plus que les passagères
amours. Elle a des rancœurs, d'âpres souvenirs
d'une première liaison, et c'est par une sorte de vengeance contre l'amant qui n'a pas su l'aimer, sincère
et dévouée, qu'elle s'est jetée dans son existence fiévreuse. Sous son apparente insensibilité elle a parfois de secrètes angoisses. Elle est cruelle pour un
étudiant qui l'adore, exagérant encore sa cruauté
pour lui avec l'arrière-pensée de pitié de le guérir
de sa passion, et elle s'attendrit pour la fraîcheur de
sentiments, l'ingénuité d'un autre, par une vague
ambition de réhabilitation, avec la peur aussi, cependant, d'être funeste à ce jeune homme, qui a gardé
un cœur d'enfant. Est-ce pour l'épargner (car Claude,

---

1. Le *Bonhomme Jadis* fut représenté 38 fois en 1852; 16 en 1853;
20 en 1854; 3 en 1855; 6 en 1856; 6 en 1857; 5 en 1858; 1 en 1859; 13 en
1860; 16 en 1861, l'année de la mort de Murger. Le *Bonhomme Jadis* fut
donné une douzaine de fois en moyenne tous les ans jusqu'en 1871. Il
réparaissait l'année suivante sur l'affiche.

là-bas, en son pays, a une petite fiancée), est-ce
parce qu'il est trop tard pour échapper à sa destinée
qu'elle abandonne brusquement Claude et va retrouver l'amant d'autrefois, qu'un hasard lui a ramené ?
Le roman est mélancolique. Les scènes d'hôpital y
tiennent encore quelque place : il n'y avait pas si
longtemps que Murger avait quitté l'hôpital[1].

Le *Pays latin* devait être porté aussi au théâtre,
mais après la mort de Murger, en 1863, et par des
auteurs qui n'avaient ni le doigté ni l'instinct de Barrière, et qui s'étaient mis à trois pour tirer du livre ce
drame en cinq actes, « mêlé de chant », Duvau-
Mousseux, Marenge et Frédéric Voisin. Il fut représenté aux Folies-Dramatiques.

Puis Murger recueille, sous le titre de *Propos de
Ville et de Théâtre*, quelques-uns de ses articles du
Corsaire, ceux qui sont particulièrement frappés au
bon coin et qui portent bien la marque de sa fantaisie.
Ce sont des souvenirs des débuts de sa vie littéraire,
de légères esquisses de coulisses et du bal de l'Opéra,
des mots qui pétillent, de la mousse, de l'esprit de
boulevard.

Cependant, Murger, pour qui l' « enfer parisien »
n'est pas qu'une expressive image, et qui l'a trop
connu, s'est pris de goûts rustiques. La campagne,
aux heures sombres, aux heures de misère noire, il
soupirait après elle, allant la trouver, à pied, faute
de pouvoir s'offrir d'autres moyens de locomotion,
dès qu'il le pouvait. « Oh ! la campagne, la campagne,
disait-il dans une lettre de 1841, quel bonheur ce
serait pour moi ! J'en suis si amoureux que tous les

---

1. Le succès en librairie de Murger s'atteste, dès 1851, par les contre-
façons belges, qui suivent immédiatement la publication à Paris. Voir,
à ce sujet, G. Vicaire, *Manuel de l'amateur de livres du XIXe siècle*.

samedis, en compagnie des Desbrosses, je m'en vais
me promener aux alentours d'ici, pour ne revenir
que le lendemain... J'ai appris à connaître au vrai la
belle étoile... » Dès qu'il en a eu la liberté, Murger
a réalisé son rêve. Une grande tendresse lui est
venue pour Marlotte, qui était encore à « découvrir ».
Il s'y installe presque toute l'année, d'abord à l'auberge, puis « dans une chaumière au loyer débon-
naire », loyer qui lui paraîtra encore lourd parfois,
cependant, — tel billet de lui en fait foi, — car les
dettes l'effrayent. Ce billet est adressé à la dernière Mimi, Anaïs L..., que Murger avait connue
dans sa maison même de la rue Notre-Dame-de-
Lorette. Mariée, elle était séparée de son mari.
Elle avait sacrifié à Murger un sort matériel meilleur, après un flirt où l'écrivain avait déployé cette
gentillesse d'esprit qui était en lui, à côté de l'esprit
tout court.

Vous m'avez dit, lui écrivait-il, que vous désiriez réfléchir ; c'est un grand tort ! La réflexion est une ruse
que l'esprit invente pour empêcher le cœur de suivre un
bon mouvement. Dès qu'on a la force de lutter contre un
sentiment, c'est qu'on ne l'éprouve pas sincèrement. Encore une fois, chère, je vous offre mon cœur fraîchement
remis à neuf. Vous m'avez donné le denier à Dieu, ne
voudriez-vous plus emménager, et faudra-t-il que je remette écriteau? A quoi donc me servira d'avoir fait re-
dorer mes illusions ?

C'était charmant. La liaison fut d'abord une sorte
d'expérience, sans trop de confiance dans l'avenir.
Mais l'amour est un peu comme les créanciers qui
viennent « quand on parle d'eux ». En se disant qu'on
s'aime, même sans le penser, on hâte le moment où
on le pense sans le dire.

Murger et Anaïs se piquent de jeu. « Je commence à croire que mon cœur se met de la partie, dit le poète. C'est malgré moi, je vous le confesse, et je ne comprends guère comment ce pauvre invalide ait encore dessein d'aller faire la périlleuse campagne de l'amour. » Un autre billet se terminera ainsi : « Mieux qu'un amant, ton ami. » Bientôt l'amour et l'amitié constitueront une affection sûre. La jeune femme s'installe à Marlotte; elle est la confidente des travaux et des embarras. Hélas ! en 1859 encore, Murger en est à lui envoyer, étant séparé d'elle passagèrement, un billet comme celui-ci : « Si je trouve vingt francs avant cinq heures, j'irai passer la journée avec toi demain. » Une liaison de dix ans ne va pas sans quelques petits heurts. Mais peu de temps avant sa mort, dans une lettre où il y avait de la tristesse et de la gaîté, Murger écrivait de Marlotte :

Je suis vraiment fatigué, ma pauvre Anaïs, bien plus que tu ne crois; cependant, je me suis disposé au travail, et j'ai fait à mon courage un rappel des classes antérieures. Mais j'ai bien besoin de toi pour m'aider dans cette lutte nouvelle : si je devais, d'ailleurs, vivre sans toi, j'aimerais mieux mettre bas les armes tout de suite. Cette maison me paraît morte sans toi, et machinalement je me penche sur la route à chaque voiture qui passe pour voir si quelque bonne inspiration ne t'amènera pas avant le jour convenu. Ah ! ma chère enfant, mon meilleur outil, c'est l'affection que j'ai pour toi, ne le cassons pas [1].

A Marlotte, Murger s'était mis à chasser, surtout pour s'emplir les poumons du grand air qui lui avait

---

1. Murger eût souhaité épouser son amie, mais le mari d'Anaïs ne se décidait pas à mourir, et le divorce n'existait pas. Les amis de Murger dépeignent cette troisième Mimi comme une femme douce, un peu faible, comme lui, intelligente, s'intéressant aux conversations littéraires. Après la mort de Murger, elle tint, rue Taitbout, un magasin de curiosités. (*Figaro*, 17 juillet 1885.)

si longtemps manqué. Passion sans danger pour le
gibier, car il ne lui était pas redoutable et sa chienne
Mirza ne devait pas avoir une très haute opinion de
lui, au point de vue cynégétique. Il avait emprunté
à M. d'Héricault un fusil qui lui servit du moins, une
fois, à faire un joli mot. Un jour, des gendarmes en
tournée lui dressèrent un procès-verbal pour l'avoir
rencontré chassant (de quelque façon platonique que
ce fût) à une heure interdite. Il fut mandé à Fontainebleau, où on commença à l'interroger sévèrement :

— Vous savez bien, lui dit-on, qu'on ne chasse
pas quand le soleil est couché.

— Il était couché, c'est vrai, répondit Murger...
Mais il ne dormait pas encore.

Ces mots de Murger sont célèbres. C'est encore,
celui, par exemple, jeté dans une conversation avec
Buloz.

— C'est amusant, vos coquins et vos coquines,
lui dit Buloz, on ne connaissait pas ça, mais c'est un
monde bien à part.

— Monsieur Buloz, fit Murger, vous vous appelez
la *Revue des Deux Mondes :* eh bien, vous êtes le
monde, moi, je suis l'autre [1].

Buloz, en effet, en quête de jeunes talents, avait
dépêché à Murger, d'abord un peu inquiet, son secrétaire Victor de Mars. Il l'avait même invité à
dîner [2]. Buloz et Murger n'étaient pas faits pour s'en-

---

1. On attribue à Murger ce projet d'épitaphe de Buloz :
   Quand Buloz au tombeau sera prêt à descendre
   Rien ne saurait le retarder :
   Il n'aura qu'un œil à fermer
   Et pas d'esprit à rendre.
2. Armand de Pontmartin se piqua aussi d'avoir introduit Murger à
la *Revue des Deux Mondes*, ce qui ne devait pas empêcher le critique de
tracer de l'auteur de la *Vie de Bohème* un singulier portrait, et peu flatté,
faisant de lui un hypocrite, un ingrat et un avare.

tendre toujours, mais Murger était lu, et c'était
pour l'autoritaire directeur de la *Revue* une raison
de le ménager, en finissant, d'ailleurs, par obtenir
de lui ce que Monselet appelait en riant « des méta-
phores mortifiées et des périodes repentantes ». Ce
ne fut point tout de suite, cependant, qu'il parvint à
édulcorer Murger, et le *Dernier rendez-vous*, qui
fut une de ses nouvelles de début à la *Revue des Deux
Mondes*, est tout pantelant de souvenirs d'amour
poignants. Murger n'avait pas été chercher un sujet hors de lui-même, et c'était là qu'il contait sa
suprême rencontre désenchantée avec Marie. Entre
parenthèses, dans ses longues nouvelles ou dans ses
romans, on peut constater un procédé de composition assez singulier : un grand récit qui s'inter-
cale au milieu de l'action.

Après la *Vie de Bohème*, l'œuvre la plus commu-
nément connue de Murger est les *Buveurs d'eau*.
Mais les austères « Buveurs d'eau » n'ont pas eu la
même fortune que les rapins de la Bohème. Leur
misère est fière, ils se drapent dans leur orgueil;
ils sont des solitaires obstinés, leur cénacle est
fermé. Ils se font de leur pauvreté un piédestal sur
lequel ils montent pour poser devant leur propre
vanité. Il y a un douloureux écart entre leurs rêves
altiers d'art et leur impuissance à les réaliser. Mais
leur association a précisément pour but de mettre en
commun ces rêves, seul capital, pour les garder in-
tacts, sans concessions, et l'article principal des sta-
tuts de cette petite communauté, où l'on est habitué
à pratiquer l'abstinence, interdit expressément à
ses membres de s'éloigner de la stricte intégrité de
l'art et de se livrer à des productions « dites de
commerce ». Au demeurant, sous la réserve de cette

condition de sincérité dans l'effort, assistance fraternelle. Les associés du groupe sont prêts, allégre-
ment, à supporter des sacrifices pires encore que
ceux qu'ils acceptent, s'il s'agit de faire pour l'un
d'eux une dépense nécessaire, en ce sens seulement
qu'elle l'est à son travail. Ainsi, dans la seconde des
nouvelles des *Buveurs d'eau*, la société se saigne-
t-elle aux quatre veines pour permettre au peintre
Antoine de faire un petit voyage en Normandie, utile
à ses études d'après nature. Chacun de ses camarades s'est volontairement frappé de l'impôt d'une
privation nouvelle. Le président des « Buveurs
d'eau », Lazare, est particulièrement intransigeant.
On le voit, dans la troisième nouvelle, refuser, mourant de faim, l'assistance d'une parente émue de sa
détresse parce que, en venant à son secours, elle
s'est permis de lui donner quelques conseils.

Il y a dans les *Buveurs d'eau* bien des souvenirs
personnels de Murger. On l'y voit lui-même figurer
sous le nom d'Olivier, poète et secrétaire d'un personnage envoyé en France par un gouvernement
étranger. Mais s'il avait retenu de la réalité nombre
de traits, il déforma volontairement l'esprit du
groupe véritable auquel il avait appartenu à vingt
ans. Ce fut à peu près le même travail de l'imagination opérant sur du vrai que dans la *Vie de Bohème*,
mais là sa fantaisie prenait un autre tour, elle ne
souriait plus aussi aisément, elle ramassait des éléments de réalité en des types qui ont du relief, mais
qui ne dégagent plus la large sympathie d'un Marcel
ou d'un Schaunard. On a dit de Murger qu'il avait
tiré sur ses propres troupes. Il est certain que, assis
au café Riche, vêtu « comme tout le monde »,
chaussé de bottes présentables, ayant dans sa garde-

robe un habit noir à lui pour aller dans le monde,
il se trouvait là infiniment mieux qu'au café Momus,
goûtant un sybaritisme qui ne fut d'ailleurs jamais
que relatif. Il mettait même quelque coquetterie, si
l'on veut, dans son divorce avec la bohème, et
quelques aspirations « bourgeoises » se révélaient
en lui. Mais il était sincère en se sentant maintenant une sorte de responsabilité vis-à-vis de la jeunesse qui le lisait, et il croyait devoir combattre les
tendances de quelques artistes, dans la période
d'épreuves, à se faire une vertu de leur inaptitude
à la vie pratique, à se glorifier de leur obscurité
même, à dédaigner avant de lutter.

Les choses ont bien changé d'une façon générale,
depuis le temps où écrivait Murger. Les jeunes dé-
daignent toujours leurs aînés, mais avec une singulière hâte de les remplacer.

Les vrais « Buveurs d'eau », comme on sait,
n'avaient pas cette morgue, dans leur misère. Ils
cherchaient, au contraire, par une petite franc-ma-
çonnerie assez naïve, à s'entr'aider et à se faire la
courte échelle. « Nous réprouvions sans doute le
mercantilisme, a dit l'un des anciens Buveurs d'eau,
mais comme but seulement et non comme moyen de
vivre... Il était non seulement permis, mais encore
recommandé à chaque Buveur d'eau de faire descendre son art jusqu'à la production du pain de quatre
livres. »

Il y a peu de chose à dire du *Roman de toutes les
femmes*, publié en 1854, mais écrit près de dix ans
auparavant, un titre qui promet plus qu'il ne donne.
Mme de Rouvres, une jeune veuve très belle et très
riche, a eu l'idée, assez invraisemblable, de se dégui-
ser en grisette et d'aller vivre six mois dans une man-

sarde. Grisette irréprochable, d'ailleurs, n'ayant que
des curiosités, pour singulières qu'elles soient. Dans
sa mansarde, elle était la voisine de deux jeunes
gens, le médecin Antoine et le peintre Antony. Lequel
aime-t-elle? Elle les aime, à la vérité, tous les deux.
Son incognito ayant été percé à jour, elle se donnera à celui qui aura osé se déclarer, et elle regret-
tera l'autre. Là encore, il y a un grand récit, revenant en arrière, interrompant l'action. Il faut bien
avouer que ce court roman est assez faible, écrit
d'une façon lâche, avec des obscurités de détails. Il
est supérieur, cependant, à *Dona Sirène*, histoire
romantique et, pour tout dire, assez absurde, d'une
jeune Espagnole à qui une vieille bohémienne a pré-
dit qu'elle ne serait heureuse en mariage qu'après
la mort de deux hommes, se faisant tuer pour elle. Il
n'a d'intérêt aujourd'hui que pour permettre de constater que Murger, cherchant sa voie, avait tâté du
roman d'aventures[1]. Mais c'est revenir là à la période
de première jeunesse. En fait, Murger n'est lui-
même que lorsqu'il parle de ce qu'il a vu, dussent
ses souvenirs se transformer et s'éloigner de leur
point de départ.

Madame Olympe n'a pas non plus beaucoup de
raisons de demeurer. C'est l'aventure d'une mondaine
venimeuse, dilettante de la calomnie, ouvrière géniale en scandales, que punit, d'une façon assez inélé-
gante, un jeune homme, vengeur de tous les maux
qu'elle a causés par son infernale méchanceté. C'est
là que, dans une digression, d'ailleurs assez démodée, se trouve le mot souvent cité : « Il vaut mieux
rencontrer deux enterrements qu'une vieille femme,

---

1. *Dona Sirène* n'a paru en librairie qu'en 1875.

et trois créanciers qu'une femme laide. » Il y a,
forcément, un tri à faire dans l'œuvre de Murger.

Les paysages d'*Adeline Protat* attestent toute
l'affection dont Murger s'était pris pour la forêt de
Fontainebleau. Le peintre Lazare, le pensionnaire
de l'auberge du père Protat, dont la fille, par suite
de circonstances particulières, a été élevée avec soin
et est une « demoiselle », le peintre Lazare se
prend de pitié pour une manière de petit sauvage,
Zéphyr, un apprenti sabotier. La conduite de Zéphyr
est étrange, avec ses joies et ses accablements su-
bits. Ne vient-il pas, dans une de ses crises d'un désespoir inexpliqué, de se jeter dans le Loing, dont il
n'a été retiré que par miracle ? Lazare confesse
Zéphyr, et il apprend que l'adolescent, à qui il ne
manque, pour être Chérubin, que la grâce, a conçu
pour Adeline une passion farouche. Lazare cherche
à l'apaiser, à le consoler ; il s'intéresse à lui, et d'autant plus qu'il a vu, du petit sabotier, des sculptures
au couteau qui révèlent un véritable tempérament
d'artiste... Eh bien, cette âme d'artiste, encore
fruste, s'il la développait, si, par une patiente éducation, il faisait de Zéphyr un homme capable de
changer sa destinée, et si, par là, le rêve de cet
amoureux de village devenait moins invraisemblable ?... Mais parle-t-on impunément d'amour,
même pour les autres ? En dépit de ses intentions
droites, Lazare se brûle au jeu qu'il joue ; il s'aperçoit qu'il aime lui-même Adeline, et qu'il est aimé
d'elle... Heureusement que, en découvrant le talent
de sculpteur de Zéphyr, il a éveillé chez celui-ci des
vanités et des ambitions, et cette sorte de trahison
involontaire à l'égard de son protégé sera ainsi
moins cruelle. L'œuvre imprégnée d'un fort parfum

de campagne, est simple et chaste. Ce ne sont là que
les balbutiements de l'amour.

Dans les *Vacances de Camille* (où il y a, sous la
transposition de l'action, des souvenirs personnels),
c'est avec cette gentillesse de sensibilité qui est
propre à Murger, ce réalisme qui devient malgré
lui romanesque, l'histoire d'une rupture et de nouvelles amours. Camille est aussi une manière de
grisette, et, de la grisette, elle a l'étourderie et la
vivacité d'humeur, mais c'est une charmante fille,
droite, loyale et qui a le cœur bien placé. Ce cœur
s'est donné, et il se garde pour celui qui le possède,
un jeune homme, Léon d'Alpuis, qui rend tendresse
pour tendresse. Dans la galerie féminine de Murger,
Camille est une des plus aimables figures, et elle
est dessinée avec délicatesse : Camille a une fierté
simple, une âme saine qui lui fait aimer la franchise,
de l'esprit naturel, de la gaîté. Elle est, pour les
amis de Léon, une bonne camarade, mais elle n'a
jamais songé à se faire un mérite de sa fidélité.
Comment pourrait-elle avoir une pensée qui ne soit
pas à Léon ? Ce sont des années heureuses qui se
passent.

Mais Léon, qui appartient à une famille aisée, qui
a du sérieux et de la tenue, peut-il, quelle que soit
son affection pour Camille, ne pas céder peu à peu,
au moins en apparence, aux sollicitations de ses
parents qui ont songé pour lui à un mariage réunis-
sant « toutes les convenances » ? La fiancée qu'on
lui destine est jolie, au reste. Il se résout à partir
pour la province où on l'attend. Certes, il est décidé
à lutter, Camille lui est trop chère pour qu'il accepte
facilement de la quitter. Cependant, il s'en est allé,
en déguisant son absence sous un prétexte.

Et, tant qu'il se défende, il subit le charme de cette petite fiancée. L'image de Camille s'atténue, s'efface. Il avait été convenu entre les deux amants, car Camille savait bien que la séparation serait, un jour, inévitable, que Léon ne lui mentirait jamais, et la préparerait doucement à l'adieu. Mais Léon n'a pas osé se confier à elle, il a toujours reculé le moment de la douloureuse explication, il a invoqué mille raisons, pour la prolongation de son voyage. Il y avait là à la fois de la pitié et de l'égoïsme, la peur de souffrir en faisant souffrir. Si bien que, pour avoir trop tardé à avouer ce projet de mariage, c'est presque brutalement qu'il l'annonce, quand il devient impossible de se taire.

Camille demeure anéantie, d'abord, bouleversée, épouvantée. « Fini, répète-t-elle, tout est fini, est-ce possible ! » Sa solitude, dans cet appartement où tout rappelle Léon, lui fait horreur. Elle ne cherche pas à se consoler, elle cherche seulement du bruit autour d'elle en priant un voisin, le peintre Théodore Landry, de la conduire au bal de l'Opéra. Les flots du Pactole ne roulent pas chez ce jeune peintre, encore inconnu, mais ayant bonne envie de ne l'être plus, et travaillant avec entrain. Cette prière de Camille ne laisse pas que de l'embarrasser un peu, car cette soirée va creuser un trou redoutable dans son budget, et, d'ailleurs, le fait d'accompagner cette Ariane éplorée ne lui sourit guère. Le brave garçon accepte, cependant, de lui servir de cavalier. Le portrait de ce Théodore est amusant et pittoresque : il n'est bohème, lui, que par sa pauvreté ; il a sa façon d'être raisonnable, sans se piquer d'austérité, n'accordant à la vie sentimentale que la part n'absorbant pas la liberté d'esprit dont il a besoin

pour poursuivre son but. Mais cette part, est-on sûr
toujours de la limiter rigoureusement ?

Ce n'est pas sans quelque effarement que, pour
défendre Camille contre les grossièretés de viveurs
un peu trop en gaîté, il se trouve jeté dans une
querelle, qui a des suites dans une clairière des bois
d'Aulnay. Le récit de ce duel est charmant : Théodore n'a jamais tenu une épée ; cette rencontre ne
l'amuse point et le trouble même un peu, d'autant
qu'il apprend que son adversaire est fort expert aux
armes. — « Dame ! je n'ai pas été à Austerlitz »,
répond-il à un de ses témoins qui lui demande s'il
est sûr de lui. Mais il montre une naïve bravoure,
ne donne pas l'occasion de plaisanter son attitude.
C'est sans reculer d'une semelle qu'il se laisse trans-
percer la poitrine, pensant rester pour mort sur la
place. Camille se désole des conséquences d'une
escapade qu'elle trouve à présent absurde, car elle
n'a éprouvé que lassitude et qu'écœurement dans
cette foule où elle s'était risquée, et son chagrin n'a
trouvé aucun soulagement dans les moyens artifi-
ciels auxquels elle a eu recours. Elle pleure toujours
Léon, tout en étant bien un peu forcée, cependant,
de s'intéresser à ce cordial et bon Théodore, qui a
failli se faire tuer pour elle. Mais elle n'a même pu
venir le soigner : une autre personne s'était installée
à son chevet.

La grâce du roman, son accent de vérité, à travers tous les embellissements du romancier, est dans
la lutte ingénue que soutient Théodore, rétabli,
contre lui-même. Il a eu beau faire, il a eu beau être,
pour ainsi dire, en défiance, il est devenu amoureux
de Camille, et il redoute un peu dans sa vie un amour
sérieux. Il ruse contre des sentiments dont il con-

state la force. De son côté, Camille, bien qu'elle ne puisse encore envisager la possibilité de l'oubli de sa grande douleur, s'étonne des façons de se dérober de Théodore, se sent curieuse de mieux connaître ce voisin, qui semble la fuir, et dont un ami commun ne cesse de lui dire grand bien.

Le rapprochement viendra d'une accusation injuste de Léon : il a quitté Camille, il se marie décidément, mais, ce qui est fort humain, il souffre encore dans sa vanité. Il a appris comment Théodore s'était chevaleresquement battu pour Camille : il en conclut que Théodore avait le droit de prendre sa défense et que son amie s'est bien vite consolée. Il écrit à celle-ci une lettre sarcastique qui la révolte, qui la blesse profondément, elle qui n'a jamais eu de duplicité. Elle refuse, de toute sa fierté indignée, les arrangements pris par Léon en sa faveur. Mais comme elle sent plus encore, maintenant, son isolement, son anxiété de l'avenir ! Théodore, vaincu dans la bataille qui se livre en son cœur, recherche à présent les occasions de voir Camille, de quelques prétextes qu'il colore ce désir. Un hasard heureux, un peu aidé par un amical confident qui s'intéresse aux deux jeunes gens, le fait se loger dans la maison même où Camille, qui s'est mise vaillamment au travail, est venue habiter. On imagine le dénouement, mais il est amené délicatement, sans hâte, par la force des choses, parce que la jeunesse est la jeunesse, parce que le cœur a besoin de vivre, parce qu'il n'est pas de plaie qui ne se cicatrise. En Théodore, bon, sensible et se raillant, parfois, de sa sensibilité, à la fois ambitieux d'arriver et un peu timide devant la vie, il y a des raisons de croire que Murger s'est peint lui-même, au moins en plus d'un trait, et que le fond de l'aventure n'est pas imaginaire.

Rien n'est plus loin de la *Vie de Bohème* que le *Sabot rouge*. Ce n'est plus la gentillesse rustique d'*Adèle Protat*. Cette fois, il y a de l'âpreté dans la peinture des paysans, et l'on dirait que Murger a été hanté de Balzac ; c'est, du moins, cette minutie de détails, une suite de touches reprenant les personnages, leur donnant plus de relief, les complétant. Au reste, il n'y a plus là le moindre rayon de soleil, et les paysans du *Sabot rouge* ne sont pas flattés. Dans ce roman réaliste, il les a même peints plus noirs que nature. Le fermier Derizelles, qui avait épousé une femme ayant du bien, se trouve, celle-ci mourant sans lui avoir rien laissé, à la merci de son fils Isidore, à qui il a bien fallu rendre des comptes à la majorité du jeune homme. Isidore est un être assez fruste, passant sa vie à la chasse. Pour garder la disposition de l'argent qui appartient à son fils, désormais, Derizelles se sert, comme complice, d'une fille de ferme, la Lizon, chargée par lui d'ensorceler ce butor, de prendre sur lui un empire que le fermier utilisera à son profit. Il entre, un moment, dans ses vilaines combinaisons de faire épouser la Lizon à Isidore. Mais il s'aperçoit qu'il s'est trompé, que le mariage de son fils serait, au contraire, une mauvaise opération pour lui : la Lizon avec laquelle il s'est trop engagé, et qui sait trop de choses pour être facilement éconduite, devient gênante. Derizelles n'hésite pas à se débarrasser d'elle par un crime sournois, un crime que ne peut deviner la justice, en la faisant piquer par des mouches charbonneuses introduites dans sa chambre. Mais cette abominable machination ne lui profitera pas longtemps. Par une nuit de janvier, il tombe

dans un fossé dont il ne peut se dépêtrer et est tué
d'un coup de fusil par Isidore, qui l'a pris, dans l'obscurité, pour un braconnier, son ennemi ; Isidore lui-
même, en s'approchant de l'homme qu'il a abattu,
se laisse choir dans le fossé et il y meurt dans une
affreuse agonie. A cette action se mêle le braconnier Cantain, une figure pittoresquement dessinée.
Ce ne sont que des paysans cupides, ivrognes, su-
perstitieux, fraudeurs, brutaux. Seule la silhouette
de Mélie, une jeune fille qui s'est prise d'une assez
inexplicable affection pour ce goujat d'Isidore, et à
laquelle il ne prête nulle attention, apporte là une note
de grâce. Le décor, rude et sauvage, s'harmonise avec
ces êtres farouches ou animés de basses passions, et ce
sont là les paysages d'hiver qui dominent. Par un
contraste avec l'œuvre de début, la dernière est
triste.

VII. — Murger voyageur

Il y a un Murger voyageur, qui n'est pas sans
grâce.

Longtemps, et pour des raisons majeures, ses
voyages ne dépassèrent pas la banlieue. Mais il la
connaissait bien et y faisait de constantes décou-
vertes. Il savait le bon coin pour voir de beaux le-
vers de soleil et pour goûter la fraîcheur des fris-
sonnants matins. Il partait la nuit, à pied, pour ne
rien perdre de la féerie de la nature s'éveillant. Ses
amis ont conté que, bien que la bande qu'il entraînait fût partie joyeuse, emportant des vivres pour
camper, comme des bohémiens, il ne tardait pas à
devenir silencieux, dans une ivresse grave, devant

ces horizons qui s'éclairaient peu à peu, se do-
raient, se veloutaient, devant ces ciels pâles et roses
qui s'irradiaient. Cette campagne des environs de
Paris était encore charmante, n'était pas avilie par
une utilisation pratique, gâtée par de banales cons-
tructions; elle avait sa poésie, surtout dans le silence de l'aube, et Murger la ressentait avec sa sensibilité.

Une excursion dans le Loiret fut sa première
promenade dans un rayon plus éloigné, et elle le ra-
vit. Il avait tant besoin d'espace devant les yeux, en
s'évadant des quatre murs de sa mansarde! Puis ce
fut la Normandie qu'il explora, et il y a, dans la nouvelle intitulée *Hélène*, la trace d'impressions fraîches,
avec une sorte d'ingénuité même devant le grand
spectacle de la mer enfin aperçue, ou bien, une émotion de Parisien attendri devant un petit cimetière
de campagne entourant une ancienne église. Plus
tard, il retourna en Normandie, passant un mois en
compagnie de Gustave Claudin, alors rédacteur en
chef du *Nouvelliste de Rouen*.

La forêt de Fontainebleau devait exercer sur lui
une profonde séduction. Elle le prit tout entier, si
bien qu'il voulut vivre près d'elle autant qu'il le pouvait, en parcourant tous ses sentiers. Ses romans
rustiques sont pleins d'elle, et il en a dit avec amour
tous les aspects, les lointains vaporeux baignés de
vapeurs violettes, les vallons d'où s'élève un brouillard bleu, les collines aux croupes boisées, l'océan de
cimes éternellement agité, les ravineux escarpe-
ments, les rochers qui s'escaladent « comme une
armée de colosses en déroute ».

Mais le chroniqueur se retrouve dans le récit d'un
voyage à Londres, envoyé au *Figaro* bi-hebdoma-

daire, un voyage fait en compagnie de Nadar, c'est-
à-dire avec un camarade de belle humeur. Et c'est
là, en effet, une gaîté aimable, avec une gentillesse
dans la sincérité de l'aveu d'impressions nouvelles.
« J'ai reçu le coup de poing, disait un jour un
ouvrier dont l'imagination venait d'être frappée par
un grand spectacle. Cette figure brutale rend parfaitement la nature de l'étonnement que m'a causé
la vue de cette ville, où le gigantesque paraît se
multiplier lui-même. » D'amusants tableaux du dimanche anglais, de la rue, des théâtres, de la campagne anglaise « qui est bien telle qu'on la représente dans les gravures de steeple chase », des
comparaisons imprévues, le brouillard « mieux imité
qu'à la Porte Saint-Martin », les monuments historiques de Londres, ressemblant assez aux toiles de
fond des décors de l'Ambigu et de la Gaîté, des anec-
dotes, des coins de scènes de mœurs, de spirituelles
variations sur le spleen.

C'est la même indifférence à paraître un peu
naïf, le dédain de toute affectation de blasé dans les
lettres qu'il écrit d'Algérie, son grand voyage de
trois semaines en 1853. Il ne se refuse pas la joie
de s'étonner, ni de se croire en pleines *Mille et une
nuits*, pour avoir débarqué à Alger. Et la première
chose qu'il fait, en bon Parisien, est d'acheter pour
son amie des « souvenirs d'Orient », dussent-ils ne pas
sortir de quelque banalité, une paire de babouches, une
calotte, un bracelet corail et filigrané, un flacon
d'essence de rose. « Merci bien de m'avoir laissé
partir, lui écrit-il, j'ai vu et je verrai encore bien
des choses belles et curieuses, et cela nous profitera
à tous les deux. Je vais aujourd'hui, à deux lieues
d'Alger, visiter le Jardin d'essai : je te ferai un bou-

quet de fleurs rares. Je sais déjà toutes sortes de
mots arabes pour te dire que je t'aime dans la
langue des *Mille et une nuits*. Mais, mignonne, que
c'est loin, l'endroit où je ne puis pas te voir! »

Ce qui est justement charmant, c'est son émer-
veillement de citadin, qui n'oublie pourtant pas Paris
et se le rappelle, même en jouissant d'un pittoresque nouveau. « La ville parisienne qui est dans
le bas n'a aucun caractère. Les deux belles rues
Bab-el-Zoun et Bab-el-Oued sont de chétives rues
Coquenard, mais ce qu'on ne saurait dire, c'est
l'étrange animation qui y règne, le méli-mélo des
costumes, le tohu-bohu des langages, les cris de
toute sorte. Mais ce qui reste à la hauteur du rêve
qu'on en a pu faire, un spectacle vraiment beau, c'est
celui de la haute ville où se trouvent les quartiers
maures et arabes... Ces rues sombres et étroites,
escarpées comme des échelles de meunier, ces fre-
dons de guitares et d'instruments étranges qui
bourdonnent dans les caves des cafés maures et
dans les habitations où on ne peut pas pénétrer, c'est
vraiment un coin de l'Orient. »

L'agrément de ces pages est dans leur aimable bonne
foi. Dans ces échappées vers d'autres horizons, Murger se soucie peu que d'autres les aient contemplés
avant lui. Mais ceux-là ont-ils été, comme lui, des
prisonniers de Paris?

VIII. — La mort de Murger

Il n'est pas douteux que Murger éprouvait quelque
difficulté à se renouveler [1]. Il avait été assez logique

---

[1]. — On ne meurt pas sans raison, disait Auguste Luchet, exprimant
une théorie étrange, mêlée de mysticisme et de philosophie réaliste, un

que la description de la Bohème, de cette existence
paradoxale, le menât à se retremper dans un air
pur, à écrire ses romans de campagne. Mais, de ce
côté aussi, il avait dit à peu près tout ce qu'il avait
à dire. Le *Serment d'Horace*, un acte donné au
Palais-Royal et joué par Ravel et Mlle Deschamps,
n'était qu'une fantaisie. On le voit agiter divers
projets, un drame dont il est question à la Gaîté, une
pièce pour le Vaudeville. Le *Moniteur* lui demande
des feuilletons, mais on sent chez lui quelque inquiétude. Murger a été décoré le 15 avril 1858 [1] (quand
il songe aux premiers essais, datant de la chambre
perchée sur les toits de la rue Montholon ou de
celle de la rue de La Tour-d'Auvergne !) et il a conscience de ses responsabilités littéraires. Il s'alarme
de quelques critiques, pour amicales qu'elles soient :
« M. Murger, écrit Monselet, en parlant de ses derniers romans, vise aujourd'hui au simple, au naturel, à la réalité domestique. Nous n'oserions dire
qu'il a perdu à cette transformation, mais nous
sommes de ceux qui préfèrent la première manière
de l'auteur de la *Vie de Bohème*, alors que, sans

homme, de même qu'un arbre, ne s'en va que lorsqu'il a donné tous les
fruits qu'il devait porter.
— S'il en est ainsi, répondit Henry Murger en pâlissant, mon affaire
est nette. J'ai donné tout ce que j'avais à donner. Par conséquent, je ne
tarderai pas à disparaître. (Ph. Audebrand, *Henry Murger*.)

1. Jules Sandeau écrivit à cette occasion à Henry Murger cette jolie
lettre, communiquée en 1890 à l'*Intermédiaire* par M. Charavay :
« Cela vous était dû depuis longtemps, mon cher Murger. C'est la vérité,
j'en ai été, j'en suis encore aussi heureux que vous. J'aime votre talent,
j'aime votre personne, j'estime votre caractère. Je vous ai vu plus d'une
fois aux prises avec des tristesses que je connaissais déjà pour les avoir
éprouvées moi-même ; si, comme vous dites, j'ai réussi parfois à vous
relever, j'en suis fier. Travaillez, restez fidèle au culte désintéressé de la
Muse (vieux style) ; l'argent n est pas tout, quoi qu'on dise ; l'argent par
exemple n'a jamais donné à personne la douce satisfaction que j'ai res-
sentie en lisant votre bonne lettre.
    « Tout à vous.   « JULES SANDEAU. »

conseil et sans modèle, il ébauchait d'une plume
spirituelle ces vifs croquis de misère et d'amour qui
ont commencé sa réputation. A cette profusion
enjouée de tons audacieux, de saillies alertes a
succédé une touche plus sobre. Les compositions
d'Auguste La Fontaine, de Topffer et de M. Jules
Sandeau ont tenté ce jeune esprit, alors bruyant
comme un tambour de basque. » Cependant, ce sont
ses derniers romans qu'il préfère, peut-être parce
qu'ils lui ont coûté plus de peine encore que les
autres. Il traverse une crise. Il se sent maître de sa
forme, et s'alarme de ne plus retrouver sa verve.

Le roman qu'il a laissé inachevé et dont Arsène
Houssaye a plutôt imaginé qu'il n'a dit le dénouement, les *Roueries de l'ingénue*, est d'une manière
nouvelle qui ne ressemble plus guère à celle qui a
été la sienne. C'est un roman à grandes complica-
tions et où l'on s'assassine un peu : une Italienne
ivre de vengeance, une ligue de haine formée contre
une belle cantatrice, la Costenzina, déjà entrevue
dans une nouvelle dialoguée, la *Nostalgie*[1], de la
passion et du sang, de l'Alexandre Dumas presque,
sans le don des grandes péripéties de celui-ci... On
fait grand accueil à Murger, toutes les portes lui
sont ouvertes... Mais il semble bien qu'il hésite sur
la voie où il doit maintenant s'engager...

La mort ne lui laissera pas le temps de longues
perplexités sur les moyens nécessaires pour maintenir son succès. Elle arrive inopinément, ayant tôt
raison d'un organisme usé : les privations d'antan
ont favorisé le développement du mal.

On est en janvier 1861. Il a fallu revenir de Mar-

1. Murger a une tendance à faire revenir les mêmes personnages dans
quelques-uns de ses romans ou de ses nouvelles.

lotte. Dans sa dernière promenade, Murger est passé
devant le cimetière de Montigny ; il s'y est arrêté et
il a dit à son ami Paul Dhormoys :

— On doit être bien là, pour dormir...

Puis, avec un sourire sur cette pensée mélancolique :

— D'ailleurs, en chassant, vous pourriez déposer
de temps en temps sur ma tombe un perdreau.

A peine revenu à Paris, il s'est occupé de déménager, quittant son pied-à-terre de la rue Véron
pour un logement un peu plus confortable de la rue
Neuve-des-Martyrs[1], au n° 16. L'installation n'est pas
terminée et il n'habite son nouvel appartement que
depuis six jours, quand dans la nuit du 25 au 26 janvier, il est réveillé par une angoissante douleur à la
jambe gauche. On diagnostique une artérite, on reconnaît les menaces de la gangrène. Le Dr Gérard Piogey[2], le médecin ami des artistes, est appelé ; il s'inquiète, il appelle à son tour le Dr Ricord.
On décide de transporter le malade à la maison Dubois ; on lui défend de parler, mais il écrit sur un
bout de papier, au crayon, ce mot doucement rési-
gné, car devant ses yeux repassent ses fréquents
séjours d'hôpital qui lui ont laissé l'expérience de ces
maisons de la souffrance :

— Pourquoi Dubois ? J'aimerais mieux Saint-Louis.
On y est plus *chez soi*.

Mais, cette fois, sans se douter encore de l'extrême gravité de son état, il se sent sérieusement
atteint. A la vérité, la situation est déjà désespérée.
Il s'inquiète, il interroge anxieusement du regard

---

1. La rue Neuve-des-Martyrs a été ensuite la rue de Morée.
2. Voir dans la *Lanterne magique*, de Th. de Banville, le portrait à
la plume du Dr Piogey (p. 384).

les amis qui se pressent autour de son lit et dont
Paul Dhormoys[1] et Nadar, montrant un dévouement
de tous les instants, abrègent les visites. Il cherche
encore à plaisanter, mais il semble bien qu'il faut
mettre au rang des légendes les derniers mots qu'on
lui prête : — « Je suis si faible qu'une mouche
pourrait sans danger m'envoyer ses témoins. »— Ou :
« C'est toi, Bourdin? M'accompagnes-tu dans le
grand voyage? A nous deux, nous ferions un fameux
Figaro là-haut. » — Ou encore, comme un des méde-
cins, par un pieux mensonge, lui faisait espérer sa
convalescence : « Oui, la convalescence de la vie. » Il
en est sans doute de même pour ses suprêmes paroles dans lesquelles on a mis un peu trop de littérature. Il passait de l'accablement au délire, croyait
voir des hommes qui venaient lui tirer la jambe.

— Regarde, là... disait-il à Nadar, il y a un sauvage.

— Et quand ce serait, répondait Nadar, dissimu-
lant ses larmes, ne suis-je pas bon pour un sauvage ?

Ce fut une fin atroce. Pourquoi s'appesantir sur
les détails qu'on a pris une sorte d'âpre plaisir à
conter, comme avec le dilettantisme d'une agonie,
et peut-être en ajoutant quelques particularités à
faire frémir, comme ce morceau de ses lèvres se détachant pendant qu'on les essuyait[2].

Les « mots » semblent difficiles à admettre[3], car
il ne pouvait plus se faire entendre. M. Schanne, qui

1. Paul Dhormoys, qui avait été chancelier de consulat, puis consul,
puis secrétaire à la Chambre des députés, fut préfet dans les premières
années de la République, qu'il n'aimait guère. Il a laissé un volume
assez mordant, la *Comédie politique*, et un roman théâtral, *Sapajou*.
2. Catulle Mendès, cité par la *Chronique Médicale*.
3. « Pas de fleurs, pas de bruit, pas de bohème (A. Delvau) Ou ... »
« Vois-tu, il y a trois choses, l'amour, l'amitié et... » Phrase, selon Aimé
Millet, interrompue par l'agonie.

a parlé lourdement de la Bohème, a parlé avec délicatesse de ces derniers instants de Murger. Trop de camarades, anciens ou récents, étaient venus : Nadar
avait consigné la porte de la chambre du mourant,
ne faisant d'exception que pour quelques intimes.
Murger, en apercevant Schanne, fit un geste demand-
dant qu'il fouillât sous son oreiller. Schanne y trouva
une enveloppe contenant trois billets de cent francs.
C'était un secours du Ministère de l'Instruction publique qui, passant par-dessus les formalités admi-
nistratives, avait fait diligence. Murger, par ce geste,
semblait dire qu'il n'y avait pas à s'inquiéter, qu'il
avait de l'argent.

Quelques heures plus tard, Schanne revenait, et,
constatant avec épouvante les progrès du mal, il
demandait doucement à Murger, comme si on eût
été déjà dans l'ombre, quoiqu'il fît encore jour, s'il
y voyait assez pour le reconnaître. Le moribond répondit par une légère pression de main.

Un peu auparavant, Paul Dhormoys avait introduit dans la chambre Charles d'Héricault. J'ai dit
la dureté, la sécheresse des notes de M. d'Héricault.
Mais comment, à ce dénouement d'une vie qu'il ne
comprit pas toujours, n'eût-il pas été saisi d'une
grande pitié?

Quand j'arrivai, Murger était rouge comme s'il eût été
cuit, couvert d'écailles purulentes. Il étouffait; son souffle
haletant, rauque, incessant, paraissait sortir avec un effort
et une douleur indicibles du fond de ses entrailles. L'odeur
était effroyable. Il était sans grande connaissance. Dhormoys et Nadar étaient là.

En entendant du bruit, il tourna péniblement la tête et
referma les paupières.

— Comment, dit Nadar, tu ne reconnais pas d'Héricault?

Il releva la tête, fixa des regards mornes, comme je me

figurais, quand j'étais petit, les yeux des fantômes dont me parlait le meunier blanc.

Il fit un signe affirmatif. Il se souleva un peu, ouvrit la main gauche et en battit la paume à plusieurs reprises de son pouce droit. Puis il retomba soufflant, râlant, avec un grondement de la gorge qui ébranlait le lit.

Je sortis, Nadar me suivit.

— Qu'est-ce qu'il veut avec son geste? lui demandai-je.

— Je n'en sais rien... c'est étonnant... Ah! bah! je parie que vous lui avez prêté de l'argent.

— Si peu...

— Eh bien, c'est ça. Il veut indiquer qu'il vous en doit, et qu'il voudrait bien vous payer.

Je quittai brusquement la maison, et, dans la rue, je ne pus me retenir de pleurer [1].

Le 28 janvier, à dix heures et demie du soir, tout était fini. Murger n'avait été que bon et doux. On s'en souvint, en s'avisant de ce qui s'en allait, avec ce poète de la jeunesse. Ne l'était-il pas si bien que, ayant mis en scène, une fois, un vieillard, il lui avait laissé encore le cœur tout jeune?

Il y avait foule à ses obsèques, et ce fut un mot d'une étrange ironie que celui de cette bonne femme qui, voyant tant de monde derrière le char funèbre, dit

---

1. Faut-il rappeler le passage cruel, injuste, tranchant, du *Journal* des Goncourt : « Une mort, en y réfléchissant, qui a l'air d'une mort de l'Écriture, d'un châtiment divin contre la Bohème, contre cette vie en révolte avec l'hygiène du corps et de l'âme et qui fait qu'à quarante-deux ans (Murger n'avait que trente-huit ans) un homme s'en va de la vie, n'ayant plus assez de vitalité pour souffrir et ne se plaignant que de l'odeur de viande pourrie qui est dans sa chambre, et qu'il ignore être la sienne. » Les Goncourt n'avaient jamais connu la misère. Ils ne savaient pas ce qu'il y avait eu de courage chez celui-là, que le mal emportait facilement parce que la détresse de sa jeunesse lui avait enlevé la force de résistance contre lui. — Même dédain dans le récit des obsèques : « Nous sommes quinze cents dans la cour de l'hospice Dubois, respirant un air glacé et piétinant dans la boue. La chapelle est trop petite pour contenir le monde descendu du quartier Latin et de la butte Montmartre... Au reste, chez tout ce monde, pas le moindre deuil de cœur. Je n'ai jamais vu un enterrement où, derrière le mort, il soit si peu question de lui. » Ce n'était pas, cependant, le cas pour tous ceux qui suivaient le cercueil.

ingénument : — « Ce doit être le convoi d'un richard! »
Lui qui n'avait même pas pu mourir chez lui [1] !

Mais, au delà de ces tristesses, l'œuvre gardait
son rayonnement. Au reste, cette voix de Murger,
avec tout ce qu'elle avait d'attendri en exaltant la
jeunesse, on l'entendait encore, à peine était-il
couché dans le tombeau. Il n'avait pu voir paraître
ce recueil de ses vers, jetés à tous les vents, qu'il
avait enfin rassemblés, avec quelque sévérité pour
lui-même, car le volume était mince [2]. Il y avait

---

1. Un « reportage » fait par Théophile Gautier, c'est un honneur que
devait avoir Murger. Gautier, le lendemain, avant d'apprécier la figure
littéraire disparue, faisait le récit de l'enterrement :
« La messe, avec accompagnement d'orgue, célébrée, le corbillard,
orné d'un écusson portant l'initiale du nom de Murger brodée en argent,
prit le chemin du cimetière. Les cordons du char étaient tenus par
MM. Edouard Thierry, le baron Taylor, Théodore Barrière et Labiche.
Nommer ceux qui formaient le cortège, ce serait faire le dénombrement
complet de la littérature, des arts et de la critique. M. Camille Doucet
y représentait le ministre d'Etat ; M. Rouland, ministre de l'Instruction
publique, qui honorait Murger de sa bienveillance, avait envoyé son
secrétaire, M. de Larozerie. MM. Sainte-Beuve, Ponsard et Jules Sandeau montraient par leur présence que l'Académie française n'ignorait
pas le talent de l'auteur et en tenait compte. Le poète, qui, vivant, n'eût
pas cru à tant d'honneur, s'en allait bien accompagné vers son dern°°r
asile. Beaucoup d'étudiants, se souvenant que Murger avait chanté « Le
Pays latin », suivaient, mêlés aux gens de lettres et aux artistes. Un
temps sombre, un ciel estompé de brouillard, une terre détrempée ajoutait à l'impression lugubre, et la nature, souvent ironique, semblait,
cette fois, partager la tristesse des hommes.
« En présence d'une foule muette et recueillie, groupée autour de la
fosse ouverte, MM. Edouard Thierry, président de la Société des gens de
lettres, Raymond Deslandes, membre de la Commission des auteurs dramatiques, Auguste Vitu, rédacteur au *Constitutionnel*, ont prononcé des
discours où le talent et le caractère du mort étaient appréciés avec une
vérité sympathique ne sentant en rien les hyperboles de l'oraison funèbre. »
La Société des gens de lettres avait demandé un terrain au Père-
Lachaise pour élever un monument funèbre à Murger. Il fut accordé le
8 juillet 1861. Le monument est d'Aimé Millet.
Murger était membre de la Société des gens de lettres depuis le
26 septembre 1845. Il avait été présenté par Molé-Gentilhomme et Tour-
nachon-Nadar.
2. M. Georges Montorgueil possède, — et nul, à l'occasion, n'en ferait
meilleur usage que lui, — les manuscrits de nombre de poésies de Murger, que le poète ne réunit pas dans ce volume.

tout son cœur dans ces *Nuits d'hiver*. La forme n'en
est pas, certes, impeccable, il y a des rimes pauvres
parfois, mais de ces vers se dégage un charme prenant, et, s'il faut tout dire, peut-être ne serait-il pas
tel s'il y avait là plus de virtuosité :

> Ma plume, en écrivant, a tremblé dans ma main,
> Et quand je souriais, comme une chaude pluie
> Mes larmes effaçaient les mots sur le vélin.

Quel est l'écrivain qui disait qu'il donnerait quatre
de ses livres, de ceux qui lui étaient le plus chers,
pour avoir fait la *Chanson de Musette ?*

Et c'est à la *Vie de Bohème* qu'on en revient toujours, avec Murger. Il ne serait pas tout à fait juste
de dire qu'il ne fut que l' « homme d'un livre ». Mais
en fût-il ainsi, il a donné là de quoi l'aimer. Heureux les écrivains qu'on aime, plus heureux encore
que ceux qu'on admire ! C'est bien le cas de Murger,
restant cher à tous ceux qui sentent battre leur
cœur et à tous ceux qui l'ont senti battre dans leur
poitrine.

Qui résumera jamais mieux l'impression laissée
par son œuvre qu'un autre poète, son ami ? Et tout
Murger n'est-il pas, en effet, dans ces vers dédiés
par Théodore de Banville à une mémoire que ne peut
atteindre l'indifférence :

> Murger, esprit ailé, poète ivre d'aurore,
> Pour Muse, eut cette sœur divine du Printemps,
> La Jeunesse, pour qui les roses vont éclore ;
> Et pour devise, il eut ces mots sacrés : vingt ans !

PAUL GINISTY.

PRÉFACE [1]

Les bohèmes dont il est question dans ce livre n'ont aucun rapport avec les bohèmes dont les dramaturges du boulevard ont fait les synonymes de filous et d'assassins. Ils ne se recrutent pas davantage parmi les montreurs d'ours, les avaleurs de sabres, les marchands de chaînes de sûreté, les professeurs d'*à tout coup l'on gagne*, les négociants des bas-fonds de l'agio et mille autres industriels mystérieux et vagues dont la principale industrie est de n'en point avoir, et qui sont toujours prêts à tout faire, excepté le bien.

La Bohème dont il s'agit dans ce livre n'est point une race née d'aujourd'hui ; elle a existé de tous temps et partout, et peut revendiquer d'illustres origines. Dans l'antiquité grecque, sans remonter plus haut dans cette généalogie, exista un bohème célèbre qui, en vivant au hasard du jour le jour, parcourait les campagnes de l'Ionie florissante en mangeant le pain de l'aumône, et s'arrêtait le soir pour suspendre au foyer de l'hospitalité la lyre harmonieuse qui avait chanté les *Amours d'Hélène* et la *Chute de Troie*. En descendant l'échelle des âges, la Bohème moderne retrouve des aïeux dans toutes les époques artistiques et littéraires. Au moyen âge, elle continue la tradition homérique avec les ménestrels et les improvisateurs, les enfants du gai savoir, tous les vagabonds mélodieux des campagnes de la Touraine, toutes les muses errantes qui, portant sur le dos la besace du nécessiteux et la harpe du trouvère, traversaient, en chantant, les plaines du beau pays où devait fleurir l'églantine de Clémence Isaure.

A l'époque qui sert de transition entre les temps cheva-
leresques et l'aurore de la Renaissance, la Bohème continue
à courir tous les chemins du royaume, et déjà un peu les
rues de Paris. C'est maître Pierre Gringoire, l'ami des truands
et l'ennemi du jeûne; maigre et affamé comme peut l'être
un homme dont l'existence n'est qu'un long carême, il bat
le pavé de la ville, le nez au vent tel qu'un chien qui lève,
flairant l'odeur des cuisines et des rôtisseries; ses yeux,
pleins de convoitises gloutonnes, font maigrir, rien qu'en
les regardant, les jambons pendus aux crochets des charcutiers, tandis qu'il a fait sonner, dans son imagination, et
non dans ses poches, hélas! les dix écus que lui ont promis
messieurs les échevins en paiement de la *très pieuse et très
dévote sotie* qu'il a composée pour le théâtre de la salle du
Palais de Justice. A côté de ce profil dolent et mélancolique
de l'amoureux d'Esméralda, les chroniques de la Bohème
peuvent évoquer un compagnon d'humeur moins ascétique
et de figure plus réjouie; c'est maître François Villon, l'amant
de *la belle qui fut haultmière*. Poëte et vagabond par excellence
celui-là! et dont la poésie, largement imaginée, sans doute à
cause de ces pressentiments que les anciens attribuent à leurs
vates, était sans cesse poursuivie par une singulière préoccupation de la potence, où ledit Villon faillit un jour être
cravaté de chanvre pour avoir voulu regarder de trop près
la couleur des écus du roi. Ce même Villon, qui avait plus
d'une fois essoufflé la maréchaussée lancée à ses trousses,
cet hôte tapageur des bouges de la rue Pierre-Lescot, ce
pique-assiette de la cour du duc d'Égypte, ce Salvator Rosa
de la poésie, a rimé des élégies dont le sentiment navré et
l'accent sincère émeuvent les plus impitoyables, et font
qu'ils oublient le malandrin, le vagabond, et le débauché,
devant cette Muse toute ruisselante de ses propres larmes.

Au reste, parmi tous ceux dont l'œuvre peu connue n'a
été fréquentée que des gens pour qui la littérature française
ne commence pas seulement le jour où « Malherbe vint »,
François Villon a eu l'honneur d'être un des plus dévalisés,
même par les gros bonnets du Parnasse moderne. On s'est
précipité sur le champ du pauvre et on a battu monnaie de
gloire avec son humble trésor. Il est telle ballade écrite au
coin de la borne et sous la gouttière, un jour de froidure,
par le rapsode bohème; telles stances amoureuses impro-

visées dans le taudis où *la belle qui fut haultmière* détachait à tout venant sa ceinture dorée, qui aujourd'hui, métamorphosées en galanteries de beau lieu flairant le musc et l'ambre, figurent dans l'album armorié d'une Chloris aristocratique.

Mais voici le grand siècle de la Renaissance qui s'ouvre. Michel-Ange gravit les échafauds de la Sixtine et regarde d'un air soucieux le jeune Raphaël qui monte l'escalier du Vatican, portant sous son bras les cartons des Loges. Benvenuto médite son *Persée*, Ghiberti ciselle les portes du Baptistère en même temps que Donatello dresse ses marbres sur les ponts de l'Arno ; et pendant que la cité des Médicis lutte de chefs-d'œuvre avec la ville de Léon X et de Jules II, Titien et Véronèse illustrent la cité des Doges ; — Saint-Marc lutte avec Saint-Pierre.

Cette fièvre de génie, qui vient d'éclater tout à coup dans la péninsule italienne avec une violence épidémique, répand sa glorieuse contagion dans toute l'Europe. L'art, rival de Dieu, marche l'égal des rois. Charles-Quint s'incline pour ramasser le pinceau du Titien, et François Ier fait antichambre dans l'imprimerie où Étienne Dolet corrige peut-être les épreuves de *Pantagruel*.

Au milieu de cette résurrection de l'intelligence, la Bohème continue comme par le passé à chercher, suivant l'expression de Balzac, la pâtée et la niche. Clément Marot, devenu le familier des antichambres du Louvre, devient, avant même qu'elle eût été la favorite d'un roi, le favori de cette belle Diane dont le sourire illumina trois règnes. Du boudoir de Diane de Poitiers, la muse infidèle du poète passe dans celui de Marguerite de Valois, faveur dangereuse que Marot paya par la prison. Presque à la même époque, un autre bohème, dont l'enfance avait été, sur la plage de Sorrente, caressée par les baisers d'une muse épique, le Tasse, entrait à la cour du duc de Ferrare comme Marot à celle de François Ier ; mais, moins heureux que l'amant de Diane et de Marguerite, l'auteur de la *Jérusalem* payait de sa raison et de la perte de son génie l'audace de son amour pour une fille de la maison d'Este.

Les guerres religieuses et les orages politiques qui signalèrent en France l'arrivée des Médicis n'arrêtent point l'essor de l'art. Au moment où une balle atteignait, sur les écha-

fauds des *Innocents*, Jean Goujon, qui venait de retrouver le
ciseau païen de Phidias, Ronsard retrouvait la lyre de
Pindare, et fondait, aidé de sa pléiade, la grande école
lyrique française. A cette école du *renouveau* succéda la
réaction de Malherbe et des siens, qui chassèrent de la
langue toutes les grâces exotiques que leurs prédécesseurs
avaient essayé de nationaliser sur le Parnasse. Ce fut un
bohème, Mathurin Régnier, qui défendit un des derniers
les boulevards de la poésie lyrique attaquée par la phalange
des rhéteurs et des grammairiens qui déclaraient Rabelais
barbare et Montaigne obscur. Ce fut ce même Mathurin
Régnier le cynique qui, rajoutant des nœuds au fouet satirique d'Horace, s'écriait indigné en voyant les mœurs de
son époque :

> L'honneur est un vieux saint que l'on ne chôme plus.

Au xviie siècle, le dénombrement de la Bohème contient une partie des noms de la littérature de Louis XIII et
de Louis XIV ; elle compte des membres parmi les beaux
esprits de l'hôtel Rambouillet, où elle collabore à la *guir-
lande de Julie ;* elle a ses entrées au palais Cardinal, où elle
collabore à la tragédie de *Marianne* avec le poète-ministre,
qui fut le Robespierre de la monarchie. Elle jonche de madrigaux la ruelle de Marion Delorme et courtise Ninon
sous les arbres de la place Royale ; elle déjeune le matin
à la taverne des *Goinfres* ou de l'*Épée-Royale*, et soupe le soir
à la table du duc de Joyeuse ; elle se bat en duel sous les
réverbères pour le sonnet d'Uranie contre le sonnet de Job.
La Bohème fait l'amour, la guerre et même de la diplomatie ;
et sur ses vieux jours, lasse des aventures, elle met en
poème le Vieux et le Nouveau Testament, émarge sur
toutes les feuilles de bénéfices, et, bien nourrie de grasses
prébendes, va s'asseoir sur un siège épiscopal ou sur un
fauteuil de l'Académie fondée par l'un des siens.

Ce fut dans la transition du xvie au xviie siècle que
parurent ces deux fiers génies que chacune des nations
où ils vécurent opposent l'un à l'autre dans leurs luttes
de rivalité littéraire, Molière et Shakespeare : ces illustres
bohémiens dont la destinée offre tant de rapprochements.

Les noms les plus célèbres de la littérature du xviii^e
siècle se retrouvent aussi dans les archives de la Bohème,

qui parmi les glorieux de cette époque peut citer Jean-Jacques
et d'Alembert, l'enfant trouvé du parvis Notre-Dame, et
parmi les obscurs, Malfilâtre et Gilbert ; deux réputations
surfaites : car l'inspiration de l'un n'était que le pâle reflet
du pâle lyrisme de Jean-Baptiste Rousseau, et l'inspiration
de l'autre que le mélange d'une impuissance orgueilleuse,
alliée avec une haine qui n'avait même point l'excuse de
l'initiative et de la sincérité, puisqu'elle n'était que l'instrument payé des rancunes et des colères d'un parti.

Nous avons clos à cette époque ce rapide résumé de la Bohème en ses différents âges ; prolégomènes semés de noms
illustres que nous avons placés à dessein en tête de ce
livre ; pour mettre en garde le lecteur contre toute application fausse qu'il pourrait faire préventivement en ren-
contrant ce nom de bohèmes, donné longtemps à des
classes d'avec lesquelles tiennent à honneur de différen-
cier celle dont nous avons essayé de retracer les mœurs et
le langage.

Aujourd'hui comme autrefois, tout homme qui entre dans
les arts, sans autre moyen d'existence que l'art lui-même,
sera forcé de passer par les sentiers de la Bohème. La plupart des contemporains qui étalent les plus beaux blasons
de l'art ont été des bohémiens ; et, dans leur gloire calme
et prospère, ils se rappellent souvent, en le regrettant peut-
être, le temps où, gravissant la verte colline de la jeunesse,
ils n'avaient d'autre fortune, au soleil de leurs vingt ans,
que le courage, qui est la vertu des jeunes, et que l'espérance, qui est le million des pauvres.

Pour le lecteur inquiet, pour le bourgeois timoré, pour
tous ceux qui ne trouvent jamais trop de points sur les i
d'une définition, nous répéterons en forme d'axiome :

« La Bohème, c'est le stage de la vie artistique ; c'est la
préface de l'Académie, de l'Hôtel-Dieu ou de la Morgue. »

Nous ajouterons que la Bohème n'existe et n'est possible
qu'à Paris.

Comme tout état social, la Bohème comporte des nuances
différentes, des genres divers qui se subdivisent eux-
mêmes et dont il ne sera pas inutile d'établir la classifica-
tion.

Nous commencerons par la Bohème ignorée, la plus nombreuse Elle se compose de la grande famille des artistes

pauvres fatalement condamnés à la loi de l'incognito, parce qu'ils ne savent pas ou ne peuvent pas trouver un coin de publicité pour attester leur existence dans l'art, et, par ce qu'ils sont déjà, prouver ce qu'ils pourraient être un jour. Ceux-là, c'est la race des obstinés rêveurs pour qui l'art est demeuré une foi et non un métier, gens enthousiastes convaincus; à qui la vue d'un chef-d'œuvre suffit pour donner la fièvre, et dont le cœur loyal bat hautement devant tout ce qui est beau, sans demander le nom du maître et de l'école. Cette Bohème-là se recrute parmi ces jeunes gens dont on dit qu'ils donnent des espérances, et parmi ceux qui réalisent les espérances données, mais qui, par insouciance, par timidité, ou par ignorance de la vie pratique, s'imaginent que tout est dit quand l'œuvre est terminée et attendent que l'admiration publique et la fortune entrent chez eux par escalade et avec effraction. Ils vivent pour ainsi dire en marge de la société, dans l'isolement et dans l'inertie. Pétrifiés dans l'art, ils prennent à la lettre exacte les symboles du dithyrambe académique qui placent une auréole sur le front des poètes, et, persuadés qu'ils flamboient dans leur ombre, ils attendent qu'on les vienne trouver. Nous avons autrefois connu une petite école composée de ces types si étranges, qu'on a peine à croire à leur existence; ils s'appelaient les disciples de *l'art pour l'art*. Selon ces naïfs, l'art pour l'art consistait à se diviniser entre eux, à ne point aider le hasard qui ne savait même pas leur adresse, et à attendre que les piédestaux vinssent se placer sous leurs pas.

C'est, comme on le voit, le stoïcisme du ridicule. Eh bien, nous l'affirmons encore une fois pour être cru, il existe au sein de la Bohème ignorée des êtres semblables dont la misère excite une pitié sympathique sur laquelle le bon sens vous force à revenir; car si vous leur faites observer tranquillement que nous sommes au XIXᵉ siècle, que la pièce de cent sous est Impératrice de l'humanité, et que les bottes ne tombent pas toutes vernies du ciel, ils vous tournent le dos et vous appellent bourgeois.

Au reste, ils sont logiques dans leur héroïsme insensé; ils ne poussent ni cris ni plaintes, et subissent passivement la destinée obscure et rigoureuse qu'ils se font eux-mêmes. Ils meurent pour la plupart, décimés par cette maladie à qui la science n'ose pas donner son véritable nom, la misère. S'ils le voulaient, cependant, beaucoup pourraient échapper à ce dénoûment fatal qui vient brusquement clore leur vie à un âge où d'ordinaire la vie ne fait que commencer. Il leur suffirait pour cela de quelques concessions faites aux dures lois de la nécessité, c'est-à-dire de savoir dédoubler leur nature, d'avoir en eux deux êtres : le poëte, rêvant toujours sur les hautes cimes où chante le chœur des voix inspirées; et l'homme, ouvrier de sa vie sachant se pétrir le pain quotidien. Mais cette qualité, qui existe presque toujours chez les natures bien trempées dont elle est un des caractères distinctifs, ne se rencontre pas chez la plupart de ces jeunes gens que l'orgueil, un orgueil bâtard, a rendus invulnérables à tous les conseils de la raison. Aussi meurent-ils jeunes, laissant quelquefois après eux une œuvre que le monde admire plus tard, et qu'il eût sans doute applaudie plus tôt si elle n'était pas restée invisible.

Il en est dans les luttes de l'art à peu près comme à la guerre : toute la gloire conquise rejaillit sur le nom des chefs ; l'armée se partage pour récompense les quelques lignes d'un ordre du jour. Quant aux soldats frappés dans le combat, on les enterre là où ils sont tombés, et une seule épitaphe suffit pour vingt mille morts.

De même aussi la foule, qui a toujours les yeux fixés vers ce qui s'élève, n'abaisse jamais son regard jusqu'au monde souterrain où luttent les obscurs travailleurs; leur existence s'achève inconnue, et, sans avoir même quelquefois la consolation de sourire à une œuvre terminée, ils s'en vont de la vie ensevelis dans un linceul d'indifférence.

Il existe dans la Bohème ignorée une autre fraction; elle se compose de jeunes gens qu'on a trompés ou qui se sont trompés eux-mêmes. Ils prennent une fantaisie pour une vocation, et, poussés par une fatalité homicide, ils meurent les uns victimes d'un perpétuel accès d'orgueil, les autres idolâtres d'une chimère.

Et ici, qu'on nous permette une courte digression.

Les voies de l'art, si encombrées et si périlleuses, malgré l'encombrement et malgré les obstacles, sont pourtant chaque jour de plus en plus encombrées, et par conséquent jamais la Bohème ne fut plus nombreuse.

Si on cherchait parmi toutes les raisons qui ont pu déterminer cette affluence, on pourrait peut-être trouver celle-ci.

Beaucoup de jeunes gens ont pris au sérieux les déclamations faites à propos des artistes et des poètes malheureux. Les noms de Gilbert, de Malfilâtre, de Chatterton, de Moreau, ont été trop souvent, trop imprudemment, et surtout trop inutilement jetés en l'air. On a fait de la tombe de ces infortunés une chaire du haut de laquelle on prêchait le martyre de l'art et de la poésie.

> Adieu, trop inféconde terre,
> Fléaux humains, soleil glacé!
> Comme un fantôme solitaire,
> Inaperçu j'aurai passé.

Ce chant désespéré de Victor Escousse, asphyxié par l'orgueil que lui avait inoculé un triomphe factice, est devenu un certain temps la *Marseillaise* des volontaires de l'art, qui allaient s'inscrire au martyrologe de la médiocrité.

Car toutes ces funèbres apothéoses, ce *requiem* louangeur, ayant tout l'attrait de l'abîme pour les esprits faibles et les vanités ambitieuses, beaucoup, subissant cette fatale attraction, ont pensé que la fatalité était la moitié du génie; beaucoup ont rêvé ce lit d'hôpital où mourut Gilbert, espérant qu'ils y deviendraient poètes comme il le devint un quart d'heure avant de mourir, et croyant que c'était là une étape obligée pour arriver à la gloire.

On ne saurait trop blâmer ces mensonges immoraux, ces paradoxes meurtriers, qui détournent d'une voie où ils auraient pu réussir tant de gens qui viennent finir misérablement dans une carrière où ils gênent ceux à qui une vocation réelle donne seulement le droit d'entrer.

Ce sont ces prédications dangereuses, ces inutiles exaltations posthumes qui ont créé la race ridicule des incompris, des poètes pleurards dont la muse a toujours les yeux rouges et les cheveux mal peignés, et toutes les médiocrités impuissantes qui, enfermées sous l'écrou de l'inédit, appellent la muse marâtre et l'art bourreau.

Tous les esprits vraiment puissants ont leur mot à dire et le disent en effet tôt ou tard. Le génie ou le talent ne sont pas des accidents imprévus dans l'humanité; ils ont une raison d'être, et par cela même ne sauraient rester toujours dans l'obscurité; car si la foule ne va pas au-devant d'eux, ils savent aller au-devant d'elle. Le génie, c'est le soleil : tout le monde le voit. Le talent, c'est le diamant qui peut rester longtemps perdu dans l'ombre, mais qui toujours est aperçu par quelqu'un. On a donc tort de s'apitoyer aux lamentations et aux rengaines de cette classe d'intrus et d'inutiles entrés dans l'art malgré l'art lui-même, et qui composent dans la Bohème une catégorie dans laquelle la paresse, la débauche et le parasitisme forment le fond des mœurs.

AXIOME

« La Bohème ignorée n'est pas un chemin, c'est un cul-de-sac. »

En effet, cette vie-là est quelque chose qui ne mène à rien. C'est une misère abrutie, au milieu de laquelle l'intelligence s'éteint comme une lampe dans un lieu sans air; où le cœur se pétrifie dans une misanthropie féroce, et où les meilleures natures deviennent les pires. Si on a le malheur d'y rester trop longtemps et de s'engager trop avant dans cette impasse, on ne peut plus en sortir, ou on en sort par des brèches dangereuses, et pour retomber dans une Bohème voisine, dont les mœurs appartiennent à une autre juridiction que celle de la physiologie littéraire.

Nous citerons encore une singulière variété de bohèmes qu'on pourrait appeler amateurs. Ceux-là ne sont pas les moins curieux. Ils trouvent la vie de bohème une existence pleine de séductions : ne pas dîner tous les jours, coucher à la belle étoile sous les larmes des nuits pluvieuses et s'habiller de nankin dans le mois de décembre leur paraît le paradis de la félicité humaine, et pour s'y introduire ils désertent, celui-ci le foyer de la famille, celui-là l'étude conduisant à un résultat certain. Ils tournent brusquement le dos à un avenir honorable pour aller courir les aventures de l'existence de hasard. Mais comme les plus robustes ne tiendraient pas à un régime qui rendrait Hercule poitrinaire, ils ne tardent pas à quitter la partie, et, repiquant des deux vers le rôti paternel, ils s'en retournent épouser leur petite cousine, et s'établir notaires dans une ville de trente mille âmes; et le soir, au coin de leur feu, ils ont la satisfaction de raconter leur *misère d'artiste*, avec l'emphase d'un voyageur qui raconte une chasse au tigre. D'autres s'obstinent et mettent de l'amour-propre; mais une fois qu'ils ont épuisé les ressources du crédit que trouvent toujours les fils de famille, ils sont plus malheureux que les vrais bohèmes, qui, n'ayant jamais eu d'autres ressources, ont au moins celles que donne l'intelligence. Nous avons connu un de ces bohèmes amateurs, qui, après avoir resté trois ans dans la Bohème et s'être brouillé avec sa famille, est mort un beau matin, et a été conduit à la fosse commune dans le corbillard des pauvres: — il avait dix mille francs de rente !

Inutile de dire que ces bohémiens-là n'ont d'aucune façon rien de commun avec l'art, et qu'ils sont les plus obscurs parmi les plus inconnus de la Bohème ignorée.

Nous arrivons maintenant à la vraie Bohème; à celle qui fait en partie le sujet de ce livre. Ceux qui la composent sont vraiment les appelés de l'art, et ont chance d'être aussi ses élus. Cette Bohème-là est comme les autres hérissée de dangers; deux gouffres la bordent de chaque côté: la misère et le doute. Mais, entre ces deux gouffres, il y a du moins un chemin menant à un but que les bohémiens peuvent toucher du regard, en attendant qu'ils le touchent du doigt.

C'est la Bohème officielle: ainsi nommée parce que ceux qui en font partie ont constaté publiquement leur existence, qu'ils ont signalé leur présence dans la vie ailleurs que sur un registre d'état civil; qu'enfin, pour employer une expression de leur langage, leurs noms sont sur l'affiche; qu'ils sont connus sur la place littéraire et artistique, et que leurs produits, qui portent leur marque, y ont cours, — à des prix modérés, il est vrai.

Pour arriver à leur but, qui est parfaitement déterminé, tous les chemins sont bons, et les bohèmes savent mettre à profit jusqu'aux accidents de la route. Pluie ou poussière, ombre ou soleil, rien n'arrête ces hardis aventuriers, dont tous les vices sont doublés d'une vertu. L'esprit toujours tenu en éveil par leur ambition, qui bat la charge devant eux et les pousse à l'assaut de l'avenir; sans relâche aux prises avec la nécessité, leur invention, qui marche toujours mèche allumée, fait sauter l'obstacle qu'à peine il les gêne. Leur existence de chaque jour est une œuvre de génie, un problème quotidien qu'ils parviennent toujours à résoudre à l'aide d'audacieuses mathématiques. Ces gens-là se feraient prêter de l'argent par Harpagon, et auraient trouvé des truffes sur le radeau de la Méduse. Au besoin ils savent aussi pratiquer l'abstinence avec toute la vertu d'un anachorète ; mais qu'il leur tombe un peu de fortune entre les mains, vous les voyez aussitôt cavalcader sur les plus ruineuses fantaisies, aimant les plus belles et les plus jeunes, buvant des meilleurs et des plus vieux, et ne trouvant jamais assez de fenêtres par où jeter leur argent. Puis, quand leur dernier écu est mort et enterré, ils recommencent à dîner, à la table d'hôte du hasard où leur couvert est toujours mis et, précédés d'une meute de ruses, braconnant dans toutes les industries qui se rattachent à l'art, chassent, du matin au soir, cet animal féroce qu'on appelle la pièce de cinq francs.

Les bohèmes savent tout, et vont partout, selon qu'ils ont des bottes vernies ou des bottes crevées. On les rencontre un jour accoudés à la cheminée d'un salon du monde, et le lendemain attablés sous les tonnelles des guinguettes dansantes. Ils ne sauraient faire dix pas sur le boulevard sans rencontrer un ami, et trente pas n'importe où sans rencontrer un créancier.

La Bohème parle entre elle un langage particulier, emprunté aux causeries de l'atelier, au jargon des coulisses et aux discussions des bureaux de rédaction. Tous les éclectismes de style se donnent rendez-vous dans cet idiome inouï, où les tournures apocalyptiques coudoient le coq-à-l'âne, où la rusticité du dicton populaire s'allie à des périodes extravagantes sorties du même moule où Cyrano coulait ses tirades matamores ; où le paradoxe, cet enfant gâté de la littérature moderne, traite la raison comme on traite Cassandre dans les pantomimes ; où l'ironie a la violence des acides les plus prompts, et l'adresse de ces tireurs qui font mouche les yeux bandés ; argot intelligent quoique inintelligible pour tous ceux qui n'en ont pas la clef, et dont l'audace dépasse celle des langues les plus libres. Ce vocabulaire de Bohème est l'enfer de la rhétorique et le paradis du néologisme.

Telle est, en résumé, cette vie de Bohème, mal connue des puritains du monde, décriée par les puritains de l'art, insultée par toutes les médiocrités craintives et jalouses qui n'ont pas assez de clameurs, de mensonges et de calomnies pour étouffer les voix et les noms de ceux qui arrivent par ce vestibule de la renommée en attelant l'audace à leur talent.

Vie de patience et de courage, où l'on ne peut lutter que revêtu d'une forte cuirasse d'indifférence à l'épreuve des sots et des envieux, où l'on ne doit pas, si l'on ne veut trébucher en chemin, quitter un seul moment l'orgueil de soi-même, qui sert de bâton d'appui ; vie charmante et vie terrible, qui a ses victorieux et ses martyrs, et dans laquelle on ne doit entrer qu'en se résignant d'avance à subir l'impitoyable loi du *væ victis !*

Mai, 1850.

H. M.

Scènes
de la
Vie de Bohème

I

Comment fut institué le cénacle de la Bohème

Voici comment le hasard, que les sceptiques appellent l'homme d'affaires du bon Dieu, mit un jour en contact les individus dont l'association fraternelle devait plus tard constituer le cénacle formé de cette fraction de la *Bohème*, que l'auteur de ce livre a essayé de faire connaître au public.

Un matin, — c'était le 8 avril, — Alexandre Schaunard(1), qui cultivait les deux arts libéraux de la peinture et de la musique, fut brusquement réveillé par le carillon que lui sonnait un coq du voisinage qui lui servait d'horloge.

— Sacrebleu ! s'écria Schaunard, — ma pendule à plumes avance, il n'est pas possible qu'il soit déjà aujourd'hui.

En disant ces mots, il sauta précipitamment hors d'un meuble de son industrieuse invention et qui, — jouant le rôle de lit pendant la nuit, — ce n'est pas pour dire, mais il le jouait bien mal — remplissait pendant le jour le rôle de tous les autres

meubles absents par suite du froid rigoureux qui
avait signalé le précédent hiver — une espèce de
meuble maître Jacques, comme on voit.

Pour se garantir des morsures d'une bise matinale,
Schaunard passa à la hâte un jupon de satin rose
semé d'étoiles en pailleté, et qui lui servait de robe
de chambre. Cet oripeau avait été, une nuit de bal
masqué, oublié chez l'artiste par une *folie* qui avait
commis celle de se laisser prendre aux fallacieuses promesses de Schaunard, — lequel, déguisé en marquis
de Mondor, faisait résonner dans ses poches les sonorités séductrices d'une douzaine d'écus — monnaie de
fantaisie, découpée à l'emporte-pièce dans une plaque
de métal, et empruntée aux accessoires d'un théâtre.

Lorsqu'il eut vêtu sa toilette d'intérieur, l'artiste
alla ouvrir sa fenêtre et son volet. — Un rayon de
soleil, pareil à une flèche de lumière, pénétra brusquement dans la chambre et le força à écarquiller
ses yeux encore voilés par les brumes du sommeil ;
— en même temps cinq heures sonnèrent à un clocher
d'alentour.

— C'est l'aurore elle-même, murmura Schaunard,
— c'est étonnant. Mais, ajouta-t-il en consultant un
calendrier accroché à son mur, — il n'y a pas moins
erreur. — Les indications de la science affirment qu'à
cette époque de l'année le soleil ne doit se lever qu'à
cinq heures et demie ; — il n'est que cinq heures, et
le voilà déjà debout. — Zèle coupable, cet astre est
dans son tort, — je porterai plainte au bureau des
Longitudes. — Cependant, ajouta-t-il, il faudrait commencer à m'inquiéter un peu ; c'est bien aujourd'hui
le lendemain d'hier ; et comme hier était le 7, à moins
que Saturne ne marche à reculons, ce doit être aujourd'hui le 8 avril ; — et si j'en crois les discours de

ce papier, dit Schaunard en allant relire une formule
de congé par huissier, affichée à la muraille, c'est aujourd'hui à midi précis que je dois avoir vidé ces lieux
et compté ès mains de M. Bernard, mon propriétaire,
une somme de soixante-quinze francs pour trois
termes échus, — et qu'il me réclame dans une fort
mauvaise écriture. — J'avais, comme toujours, es-
péré que le hasard se chargerait de liquider cette affaire — mais il paraîtrait qu'il n'a pas eu le temps. —
Enfin — j'ai encore six heures devant moi; — en les
employant bien, peut-être que... Allons... allons, en
route... ajouta Schaunard.

Il se disposait à vêtir un paletot dont l'étoffe, pri-
mitivement à longs poils, était atteinte d'une profonde
calvitie, lorsque tout à coup — comme s'il eût été
mordu par une tarentule — il se mit à exécuter dans
sa chambre une chorégraphie de sa composition qui,
dans les bals publics, lui avait souvent mérité les
honneurs de la gendarmerie.

— Tiens, — tiens, s'écria-t-il, c'est particulier
comme l'air du matin vous donne des idées, il me
semble que je suis sur la piste de mon air ! Voyons.

Et Schaunard, à moitié nu, alla s'asseoir devant son
piano. Et après avoir réveillé l'instrument endormi
par un orageux placage d'accords, — il commença
tout en monologuant à poursuivre sur le clavier la
phrase mélodique qu'il cherchait depuis si longtemps.

— *Do, sol, mi, do, la, si, do, ré,* — boum, boum. *Fa,
ré, mi, ré.* — Aïe, aïe, il est faux comme Judas, ce *ré,*
fit Schaunard en frappant avec violence sur la note
aux sons douteux. — Voyons le mineur... Il doit dé-
peindre adroitement le chagrin d'une jeune personne
qui effeuille une marguerite blanche dans un lac bleu.
— Voilà une idée qui n'est pas en bas âge. — Enfin,

puisque c'est la mode, et qu'on ne trouverait pas un
éditeur qui osât publier une romance où il n'y aurait
pas de lac bleu, il faut s'y conformer... *Do, sol, mi, do,
la, si, do, ré*, — je ne suis pas mécontent de ceci, ça
donne assez l'idée d'une pâquerette, surtout aux gens
qui sont forts en botanique. — *La, si, do, ré*, — gredin
de *ré*, va ! — Maintenant, pour bien faire comprendre
le lac bleu, il faudrait quelque chose d'humide, d'a-
zuré, de clair de lune — car la lune en est aussi ; —
tiens, mais ça vient — n'oublions pas le cygne, — *fa,
mi, la, sol*, continua Schaunard en faisant clapoter les
notes cristallines de l'octave d'en bas. — Reste l'adieu
de la jeune fille qui se décide à se jeter dans le lac bleu
— pour rejoindre son bien-aimé enseveli sous la neige ;
ce dénouement n'est pas clair, murmura Schaunard,
mais il est intéressant. — Il faudrait quelque chose
de tendre, de mélancolique, — ça vient, ça vient, —
voilà une douzaine de mesures qui pleurent comme
des Madeleines, — ça fend le cœur ! — Brr, brr, fit
Schaunard en frissonnant dans son jupon semé d'é-
toiles, — si ça pouvait fendre le bois : — il y a dans
mon alcôve une solive qui me gêne beaucoup quand
j'ai du monde... à dîner ; je ferais un peu de feu avec...
la, la... ré, mi — car je sens que l'inspiration m'arrive
enveloppée dans un rhume de cerveau. Ah! bah !
tant pis !... continuons à noyer ma jeune fille.

   Et tandis que ses doigts tourmentaient le clavier pal-
pitant, Schaunard, l'œil allumé, l'oreille tendue, pour-
suivait sa mélodie qui, pareille à un sylphe insaisissable, voltigeait au milieu du brouillard sonore que
les vibrations de l'instrument semblaient dégager
dans la chambre.

   — Voyons maintenant, reprit Schaunard, comment ma musique s'accroche avec les paroles de mon

poète — et il fredonna d'une voix désagréable, ce fragment de poésie employée spécialement pour les opéras-comiques et les légendes de mirliton :

La blonde jeune fille,
Vers le ciel étoilé,
En ôtant sa mantille,
Jette un regard voilé,
Et dans l'onde *azurée*
Du lac aux flots d'*argent*
. . . .

— Comment, comment ! fit Schaunard transporté d'une juste indignation, l'onde azurée d'un lac d'argent — je ne m'étais pas encore aperçu de celle-là — c'est trop romantique à la fin — ce poète est un idiot — il n'a jamais vu d'argent ni de lac. — Sa ballade est stupide, d'ailleurs ; la coupe des vers me gênait pour ma musique ; — à l'avenir je composerai mes poèmes moi-même ; et pas plus tard que tout de suite, comme je me sens en train, je vais fabriquer une maquette de couplets pour y adapter ma mélodie.

Et Schaunard, prenant sa tête entre ses deux mains, prit l'attitude grave d'un mortel qui entretient des relations avec les Muses. Au bout de quelques minutes de ce concubinage sacré, il avait mis au monde une de ces difformités que les faiseurs de libretti appellent avec raison des *monstres*, et qu'ils improvisent assez facilement pour servir de canevas provisoire à l'inspiration du compositeur.

Seulement le monstre de Schaunard avait le sens commun et exprimait assez clairement l'inquiétude éveillée dans son esprit par l'arrivée brutale de cette date : — le 8 avril.

Voici ce couplet :

> Huit et huit font seize,
> J'pose six et r'tiens un.
> Je serais bien aise
> De trouver quelqu'un,
> De pauvre et d'honnête,
> Qui m'prête huit cents francs
> Pour payer mes dettes
> Quand j'aurai le temps.

> REFRAIN

> Et quand sonnerait au cadran *suprême*
> Midi moins un quart,
> Avec probité je payerais mon *terme* (*ter*)
> A monsieur Bernard.

— Diable, dit Schaunard en relisant sa composition — *terme* et *suprême* — voilà des rimes qui ne
sont pas millionnaires, mais je n'ai point le temps de
les enrichir. — Essayons maintenant comment les
notes se marieront avec les syllabes.

Et avec cet affreux organe nasal qui lui était particulier, il reprit de nouveau l'exécution de sa romance.
Satisfait sans doute du résultat qu'il venait d'obtenir,
Schaunard se félicita par une grimace jubilatoire qui,
semblable à un accent circonflexe, se mettait à cheval
sur son nez chaque fois qu'il était content de lui-même.
Mais cette orgueilleuse béatitude n'eut pas une longue
durée.

Onze heures sonnèrent au clocher prochain ; —
chaque coup du timbre entrait dans la chambre et
s'y perdait en sons railleurs qui semblaient dire au
malheureux Schaunard : — Es-tu prêt ?

L'artiste bondit sur sa chaise. — Le temps court
comme un cerf, dit-il... il ne me reste plus que trois
quarts d'heure pour trouver mes soixante-quinze

francs et mon nouveau logement. — Je n'en viendrai jamais à bout — ça rentre trop dans le domaine de la magie. — Voyons, je m'accorde cinq minutes pour trouver, et s'enfonçant la tête entre les deux genoux il descendit dans les abîmes de la réflexion.

Les cinq minutes s'écoulèrent, et Schaunard redressa la tête sans avoir rien trouvé qui ressemblât à soixante-quinze francs.

— Je n'ai décidément qu'un parti à prendre pour sortir d'ici, — c'est de m'en aller tout naturellement; il fait beau temps, mon ami le hasard se promène peut-être au soleil. Il faudra bien qu'il me donne l'hospitalité jusqu'à ce que j'aie trouvé le moyen de me liquider avec M. Bernard.

Schaunard, ayant bourré de tous les objets qu'elles pouvaient contenir les poches de son paletot, profondes comme des caves, noua ensuite dans un foulard quelques effets de linge et quitta sa chambre, non sans adresser en quelques paroles touchantes ses adieux à son domicile.

Comme il traversait la cour, le portier de la maison, qui semblait le guetter, l'arrêta soudain.

— Hé, monsieur Schaunard, s'écria-t-il en barrant le passage à l'artiste, est-ce que vous n'y pensez pas ? C'est aujourd'hui le 8.

> — Huit et huit font seize,
> J'pose six et r'tiens un,

fredonna Schaunard, — je ne pense qu'à ça !

— C'est que vous êtes un peu en retard pour votre déménagement, dit le portier, il est onze heures et demie, et le nouveau locataire à qui on a loué votre chambre peut arriver d'un moment à l'autre. — Faudrait voir à se dépêcher !

— Alors, répondit Schaunard, — laissez-moi donc passer, je vais chercher une voiture de déménagement.

— Sans doute, mais auparavant de déménager il y a une petite formalité à remplir. J'ai ordre de ne pas vous laisser enlever un cheveu sans que vous ayez payé les trois termes échus. — Vous êtes en mesure probablement ?

— Parbleu ! dit Schaunard — en faisant un pas en avant.

— Alors, reprit le portier, si vous voulez entrer dans ma loge, je vais vous donner vos quittances.

— Je les prendrai en revenant.

— Mais pourquoi pas tout de suite ? dit le portier avec insistance.

— Je vais chez le changeur. — Je n'ai pas de monnaie.

— Ah ! ah ! reprit l'autre avec inquiétude, — vous allez chercher de la monnaie ? Alors, pour vous obliger, je garderai ce petit paquet que vous avez sous le bras et qui pourrait vous embarrasser.

— Monsieur le concierge, dit Schaunard avec dignité — est-ce que vous vous méfieriez de moi, par hasard ? — Croyez-vons donc que j'emporte mes meubles dans un mouchoir ?

— Pardonnez-moi, monsieur, répliqua le portier en baissant un peu le ton, c'est ma consigne. — M. Bernard m'a expressément recommandé de ne pas vous laisser enlever un cheveu avant que vous ne l'ayez payé.

— Mais regardez donc, dit Schaunard en ouvrant son paquet — ce ne sont pas des cheveux — ce sont des chemises que je porte à la blanchisseuse qui demeure à côté du changeur, à vingt pas d'ici.

— C'est différent, fit le portier après avoir examiné le contenu du paquet. Sans indiscrétion, monsieur Schaunard, pourrais-je vous demander votre nouvelle adresse ?

— Je demeure rue de Rivoli, répondit froidement l'artiste qui, ayant mis le pied dans la rue, gagna le large au plus vite.

— Rue de Rivoli — murmura le portier en se fourrant les doigts dans son nez — c'est bien drôle qu'on lui ait loué rue de Rivoli, et qu'on ne soit pas même venu prendre des renseignements ici — c'est bien drôle ça. Enfin il n'emportera toujours pas ses meubles sans payer. Pourvu que l'autre locataire n'arrive pas emménager juste au moment où M. Schaunard déménagera ! Ça me ferait un *aria* dans mes escaliers. — Allons, bon — fit-il tout à coup en passant la tête au travers du vasistas, le voilà justement, mon nouveau locataire.

Suivi d'un commissionnaire qui paraissait ne point plier sous son faix, un jeune homme coiffé d'un chapeau blanc Louis XIII venait en effet d'entrer sous le vestibule.

— Monsieur — demanda-t-il au portier qui était allé au-devant de lui — mon appartement est-il libre ?

— Pas encore, monsieur — mais il va l'être. La personne qui l'occupe est allée chercher la voiture qui doit la déménager. Au reste, en attendant, monsieur pourrait faire déposer ses meubles dans la cour.

— Je crains qu'il ne pleuve — répondit le jeune homme en mâchant tranquillement un bouquet de violettes qu'il tenait entre les dents; mon mobilier pourrait s'abîmer. Commissionnaire, ajouta-t-il, en s'adressant à l'homme qui était resté derrière lui, porteur d'un crochet chargé d'objets dont le portier

ne s'expliquait pas bien la nature — déposez cela sous
le vestibule et retournez à mon ancien logement
prendre ce qu'il y reste encore de meubles précieux
et d'objets d'art.

Le commissionnaire rangea au long d'un mur plusieurs châssis d'une hauteur de six ou sept pieds et
dont les feuilles, reployées en ce moment les unes
sur les autres, paraissaient pouvoir se développer à
volonté.

— Tenez! dit le jeune homme au commissionnaire
en ouvrant à demi l'un des volets et en lui désignant
un accroc qui se trouvait dans la toile, voilà un malheur — vous m'avez étoilé ma grande glace de Venise
— tâchez de faire attention dans votre second voyage,
— prenez garde surtout à ma bibliothèque.

— Qu'est-ce qu'il veut dire avec sa glace de Venise?
marmotta le portier en tournant d'un air inquiet autour des châssis posés contre le mur — je ne vois pas
de glace, mais c'est une plaisanterie sans doute — je
ne vois qu'un paravent — enfin nous allons bien voir
ce qu'on va apporter au second voyage.

— Est-ce que votre locataire ne va pas bientôt me
laisser la place libre? Il est midi et demi, et je voudrais
emménager, dit le jeune homme.

— Je ne pense pas qu'il tarde maintenant, répondit
le portier; — au reste, il n'y a pas encore de mal
puisque vos meubles ne sont pas arrivés, ajouta-t-il
en appuyant sur ces mots.

Le jeune homme allait répondre, lorsqu'un dragon
en fonction de planton entra dans la cour.

— M. Bernard — demanda-t-il en tirant une lettre
d'un grand portefeuille de cuir qui lui battait les
flancs.

— C'est ici, répondit le portier.

— Voici une lettre pour lui, dit le dragon, donnez-m'en le reçu, et il tendit au concierge un bulletin de dépêches — que celui-ci alla signer dans sa loge.

— Pardon si je vous laisse seul, dit le portier au jeune homme qui se promenait dans la cour avec impatience — mais voici une lettre du ministère pour M. Bernard, mon propriétaire, et je vais la lui monter.

Au moment où son portier entrait chez lui, M. Bernard était en train de se faire la barbe.

— Que me voulez-vous, Durand?

— Monsieur, répondit celui-ci en soulevant sa casquette, c'est un planton qui vient d'apporter cela pour vous — ça vient du ministère. — Et il tendit à M. Bernard la lettre dont l'enveloppe était timbrée au sceau du département de la Guerre.

— O mon Dieu! — fit M. Bernard, tellement ému qu'il faillit se faire une entaille avec son rasoir — du ministère de la Guerre. — Je suis sûr que c'est ma nomination au grade de chevalier de la Légion d'honneur que je sollicite depuis si longtemps; — enfin on rend justice à ma bonne tenue. — Tenez, Durand, dit-il en fouillant dans la poche de son gilet, voilà cent sous pour boire à ma santé. Tiens, je n'ai pas ma bourse sur moi — je vais vous les donner tout à l'heure — attendez.

Le portier fut tellement ému par cet accès de générosité foudroyante, auquel son propriétaire ne l'avait pas habitué, qu'il remit sa casquette sur sa tête.

Mais M. Bernard, qui en d'autres moments aurait sévèrement blâmé cette infraction aux lois de la hiérarchie sociale, ne parut pas s'en apercevoir. — Il mit ses lunettes, rompit l'enveloppe avec l'émotion respectueuse d'un vizir qui reçoit un firman du sultan, et

commença la lecture de la dépêche. Aux premières
lignes, une grimace épouvantable creusa des plis cra-
moisis dans la graisse de ses joues monacales, et ses
petits yeux lancèrent des étincelles qui faillirent mettre
le feu aux mèches de sa perruque en broussailles.
Enfin tous ses traits étaient tellement bouleversés
qu'on eût dit que sa figure venait d'éprouver un tremblement de terre.

Voici quel était le contenu de la missive écrite sur
papier à tête du ministère de la Guerre — apportée à
franc étrier par un dragon, et de laquelle M. Durand
avait donné un reçu au Gouvernement.

Monsieur et propriétaire,

La politesse qui, si l'on en croit la mythologie, est
l'aïeule des belles manières, m'oblige à vous faire savoir
que je me trouve dans la cruelle nécessité de ne pouvoir
point satisfaire à l'usage qu'on a de payer son terme —
quand on le doit surtout. — Jusqu'à ce matin j'avais caressé
l'espérance de pouvoir célébrer ce beau jour — en acquit-
tant les trois quittances de mon loyer. — Chimère, illusion, idéal! — Tandis que je sommeillais sur l'oreiller de
la sécurité — le guignon — *ananké* en grec — le guignon
dispersait mes espérances. Les rentrées sur lesquelles je
comptais – Dieu, que le commerce va mal!!! — ne se
sont pas opérées — et sur les sommes considérables que
je devais toucher je n'ai encore reçu que trois francs —
qu'on m'a prêtés — je ne vous les offre pas. — Des jours
meilleurs viendront pour notre belle France et pour moi
— n'en doutez pas, monsieur. Dès qu'ils auront lui, je
prendrai des ailes pour aller vous en avertir et retirer de
votre immeuble les choses précieuses que j'y ai laissées, et
que je mets sous votre protection et celle de la loi qui,
avant un an, vous en interdit le négoce, au cas où vous
voudriez le tenter afin de rentrer dans les sommes pour
lesquelles vous êtes crédité sur le registre de ma probité.
Je vous recommande spécialement mon piano — et le grand

cadre dans lequel se trouvent soixante boucles de cheveux dont les couleurs différentes parcourent toute la
gamme des nuances capillaires, et qui ont été enlevées sur
le front des Grâces par le scalpel de l'Amour.

Vous pouvez donc, monsieur et propriétaire, disposer
des lambris sous lesquels j'ai habité. Je vous en octroie
ma permission ici-bas revêtue de mon seing.

                              Alexandre SCHAUNARD.

Lorsqu'il eut achevé cette épître que l'artiste avait
écrite dans le bureau d'un de ses amis, employé au
ministère de la Guerre, M. Bernard la froissa avec
indignation ; et comme son regard tomba sur le père
Durand qui attendait la gratification promise, il lui
demanda brutalement ce qu'il faisait là.

— J'attends, monsieur !

— Quoi ?

— Mais la générosité que monsieur..... à cause de
la bonne nouvelle! balbutia le portier.

— Sortez. Comment, drôle! vous restez devant moi
la tête couverte ?

— Mais, monsieur...

— Allons, pas de réplique, sortez, — ou plutôt non,
attendez-moi. — Nous allons monter dans la chambre
de ce gredin d'artiste, qui déménage sans me payer.

— Comment, fit le portier, M. Schaunard !

— Oui, continua le propriétaire dont la fureur allait
comme chez Nicolet. — Et s'il a emporté le moindre
objet, je vous chasse, entendez-vous, — je vous
châââsse.

— Mais c'est impossible ça, murmura le pauvre
portier. — M. Schaunard n'est pas déménagé, — il
est allé chercher de la monnaie pour payer monsieur,
et commander la voiture qui doit emporter ses
meubles.

— Emporter ses meubles ! exclama M. Bernard ; — courons, — je suis sûr qu'il est en train ; il vous a tendu un piège pour vous éloigner de votre loge et faire son coup, imbécile que vous êtes.

— Ah ! mon Dieu ! imbécile que je suis ! s'écria le père Durand tout tremblant devant la colère olympienne de son supérieur qui l'entraînait dans l'escalier.

Comme ils arrivaient dans la cour, le portier fut apostrophé par le jeune homme au chapeau blanc :

— Ah çà ! concierge, s'écria-t-il, est-ce que je ne vais pas bientôt être mis en possession de mon domicile ? — est-ce aujourd'hui le 8 avril ? — n'est-ce pas ici que j'ai loué, et ne vous ai-je pas donné le denier à Dieu, — oui ou non ?

— Pardon, monsieur, pardon, — dit le propriétaire, — je suis à vous, Durand, ajouta-t-il en se tournant vers son portier, je vais répondre moi-même à monsieur. — Courez là-haut, ce gredin de Schaunard est sans doute rentré pour faire ses paquets ; — vous l'enfermerez si vous le surprenez, et vous redescendrez pour aller chercher la garde.

Le père Durand disparut dans l'escalier.

— Pardon, monsieur, dit en s'inclinant le propriétaire au jeune homme avec qui il était resté seul, à qui ai-je l'avantage de parler ?

— Monsieur, — je suis votre nouveau locataire, j'ai loué une chambre dans cette maison au sixième, et je commence à m'impatienter que ce logement ne soit pas vacant.

— Vous me voyez désolé, monsieur, répliqua M. Bernard, — une difficulté s'élève entre moi et un de mes locataires, celui que vous devez remplacer.

— Monsieur, monsieur, s'écria d'une fenêtre située

au dernier étage de la maison, le père Durand ;
M. Schaunard n'y est pas... mais sa chambre y est...
Imbécile — que je suis, je veux dire qu'il n'a rien
emporté, — pas un cheveu, monsieur.

— C'est bien, descendez — répondit M. Bernard.

— Mon Dieu, reprit-il en s'adressant au jeune homme,
un peu de patience, je vous prie. Mon portier va descendre à la cave les objets qui garnissent la chambre
de mon locataire insolvable, et dans une demi-heure
vous pourrez en prendre possession, — d'ailleurs vos
meubles ne sont pas encore arrivés.

— Pardon, monsieur, répondit tranquillement le
jeune homme...

M. Bernard regarda autour de lui et n'aperçut que
les grands paravents qui avaient déjà inquiété son
portier.

— Comment, pardon.. comment... murmura-t-il,
mais je ne vois rien.

— Voilà, répondit le jeune homme en déployant les
feuilles du châssis et en offrant à la vue du propriétaire ébahi un magnifique intérieur de palais avec
colonnes de jaspe, bas-reliefs, et tableaux de grands
maîtres.

— Mais vos meubles ? — demanda M. Bernard.

— Les voici, répondit le jeune homme en indiquant
le mobilier somptueux qui se trouvait peint dans le
palais qu'il venait d'acheter à l'hôtel Bullion, où il
faisait partie d'une vente de décorations d'un théâtre
de société...

— Monsieur, reprit le propriétaire, j'aime à croire
que vous avez des meubles plus sérieux que ceux-ci...

— Comment, du Boule tout pur !

— Vous comprenez qu'il me faut des garanties
pour mes loyers.

— Fichtre! — un palais ne vous suffit pas pour répondre du loyer d'une mansarde ?

— Non, monsieur, je veux des meubles, — des vrais meubles en acajou !

— Hélas! monsieur, — ni l'or ni l'acajou ne nous rendent heureux, a dit un ancien. — Et puis, moi, je ne peux pas le souffrir, c'est un bois trop bête, — tout le monde en a.

— Mais enfin, monsieur, vous avez bien un mobilier, quel qu'il soit?

— Non — ça prend trop de place dans les appartements, — dès qu'on a des chaises on ne sait plus où s'asseoir.

— Mais cependant vous avez un lit ! Sur quoi reposez-vous?

— Je me repose sur la Providence, monsieur!

— Pardon, — encore une question, dit M. Bernard, — votre profession, s'il vous plaît?

En ce moment même le commissionnaire du jeune homme, arrivant de son second voyage, entrait dans la cour. — Parmi les objets dont étaient chargés ses crochets, on remarquaait un chevalet.

— Ah! monsieur, s'écria le père Durand, — avec terreur; et il montrait le chevalet au propriétaire. — C'est un peintre!

— Un artiste, — j'en étais sûr, — exclama à son tour M. Bernard, — et les cheveux de sa perruque se dressèrent d'effroi, — un peintre!!! Mais vous n'avez donc pas pris d'information sur monsieur? reprit-il en s'adressant au portier. Vous ne saviez donc pas ce qu'il faisait !

— Dame, répondit le pauvre homme, il m'avait donné *cinque* francs de *dernier* à Dieu; est-ce que je pouvais me douter...

— Quand vous aurez fini, — demanda à son tour
le jeune homme.

— Monsieur, reprit M. Bernard en chaussant ses lunettes d'aplomb sur son nez, puisque vous n'avez pas
de meubles, vous ne pouvez pas emménager. La loi
autorise à refuser un locataire qui n'a pas de garantie.

— Et ma parole donc? fit l'artiste avec dignité.

— Ça ne vaut pas des meubles... Vous pouvez chercher un logement ailleurs. — Durand va vous rendre
votre denier à Dieu.

— Hein? fit le portier avec stupeur — je l'ai mis à
la caisse d'épargne.

— Mais, monsieur, reprit le jeune homme, — je ne
puis pas trouver un autre logement à la minute. Don-
nez-moi au moins l'hospitalité pour un jour.

— Allez loger à l'hôtel, répondit M. Bernard. — A
propos, ajouta-t-il vivement en faisant une réflexion
subite. — Si vous le voulez, — je vous louerai en
garni la chambre que vous deviez occuper, — et où
se trouvent les meubles de mon locataire insolvable.
— Seulement vous savez que dans ce genre de location le loyer se paye d'avance.

— Il s'agirait de savoir ce que vous allez me
demander pour ce bouge, dit l'artiste forcé d'en passer par là.

— Mais le logement est très convenable, le loyer
sera de 25 francs par mois, en faveur des circonstances.
— On paye d'avance.

— Vous l'avez déjà dit — cette phrase ne mérite
pas les honneurs du bis, — fit le jeune homme en
fouillant dans sa poche. — Avez-vous la monnaie de
cinq cents francs.

— Hein? demanda le propriétaire stupéfait, vous
dites?...

— Eh bien, — la moitié de mille, quoi ! — Est-ce que vous n'en avez jamais vu ? ajouta l'artiste en faisant passer le billet devant les yeux du propriétaire et du portier, qui, à cette vue, parurent perdre l'équilibre.

— Je vais vous faire rendre, reprit M. Bernard respectueusement : — ce ne sera que 20 francs à prendre, puisque Durand vous rendra le denier à Dieu.

— Je le lui laisse, dit l'artiste, — à la condition qu'il viendra tous les matins me dire le jour et la date du mois, — le quartier de la lune, — le temps qu'il fera et la forme de gouvernement sous laquelle nous vivrons.

— Ah ! monsieur, s'écria le père Durand en décrivant une courbe de 90 degrés.

— C'est bon, brave homme, vous me servirez d'almanach. — En attendant, vous allez aider mon commissionnaire à m'emménager.

— Monsieur, dit le propriétaire, je vais vous envoyer votre quittance.

Le soir même, le nouveau locataire de M. Bernard, le peintre Marcel, était installé dans le logement du fugitif Schaunard transformé en palais.

Pendant ce temps-là, ledit Schaunard battait dans Paris ce qu'il appelait le rappel de la monnaie.

Schaunard avait élevé l'emprunt à la hauteur d'un art. — Prévoyant le cas où il aurait à *opprimer* des étrangers, il avait appris la manière d'emprunter 5 francs dans toutes les langues du globe. — Il avait étudié à fond le répertoire des ruses que le métal emploie pour échapper à ceux qui le pourchassent ; et, mieux qu'un pilote ne connaît les heures de marée, il savait les époques où les *eaux* étaient basses ou hautes, — c'est-à-dire les jours où ses amis et connaissances avaient l'habitude de recevoir de l'argent. Aussi il y avait une telle maison où en le voyant entrer le matin on ne disait pas : — Voilà M. Schaunard, mais bien : voilà le 1er ou le 15 du mois. Pour faciliter et égaliser en même temps cette espèce de dîme qu'il allait prélever, lorsque la nécessité l'y forçait, sur les gens qui avaient le moyen de la lui payer, Schaunard avait dressé par ordre de quartiers et d'arrondissements un tableau alphabétique où se trouvaient les noms de tous ses amis et connaissances. En regard de chaque nom étaient inscrits le maximum de la somme qu'il pouvait leur emprunter relativement à leur état de fortune, les époques où ils étaient en fonds et l'heure des repas avec le menu ordinaire de la maison. Outre ce tableau, Schaunard avait encore une petite tenue de livres parfaitement en ordre et sur laquelle il tenait état des sommes qui lui étaient prêtées jusqu'aux plus minimes fractions, car il ne voulait pas se grever au delà d'un certain chiffre qui était encore au bout de la plume d'un oncle normand dont il devait hériter. Dès qu'il devait 20 francs à un individu, Schaunard arrêtait son compte et le soldait intégralement d'un seul coup, dût-il pour s'acquitter emprunter à ceux auxquels il devait moins. De cette manière il entretenait toujours sur la place un certain crédit qu'il appelait sa dette flottante ; et comme on savait qu'il avait l'habitude de rendre dès que ses ressources personnelles le lui permettaient, on l'obligeait volontiers quand on le pouvait.

Or, depuis onze heures du matin qu'il était parti de chez lui pour tâcher de grouper les 75 francs nécessaires, il n'avait encore réuni qu'un petit écu dû à la

collaboration des lettres M. V. et R. de sa fameuse
liste : tout le reste de l'alphabet, ayant comme lui un
terme à payer, l'avait renvoyé des fins de sa demande.

A six heures, un appétit violent sonna la cloche du
dîner dans son estomac, — il était alors à la barrière
du Maine, où demeurait la lettre U. — Schaunard
monta chez la lettre U où il avait son rond de serviette, — quand il y avait des serviettes.

— Où allez-vous, monsieur, lui dit le portier en
l'arrêtant au passage.

— Chez M. U..., répondit l'artiste.

— Il n'y est pas.

— Et madame ?

— Elle n'y est pas non plus : ils m'ont chargé de
dire à un de leurs amis qui devait venir chez eux ce
soir qu'ils étaient allés dîner en ville ; — au fait, dit
le portier, si c'est vous qu'ils attendaient, voici
l'adresse qu'ils ont laissée. Et il tendit à Schaunard un
bout de papier sur lequel son ami U... avait écrit :

« Nous sommes allés dîner chez Schaunard, —
rue ..., n° ... ; — viens nous retrouver. »

— Très bien, dit celui-ci en s'en allant, quand
le hasard s'en mêle, il fait de singuliers vaudevilles.
Schaunard se ressouvint alors qu'il se trouvait à deux
pas d'un petit bouchon où deux ou trois fois il s'était
nourri pour pas bien cher, et se dirigea vers cet établissement, situé chaussée du Maine, et connu dans la
basse Bohème sous le nom de *la Mère Cadet*. C'est un
cabaret mangeant dont la clientèle ordinaire se compose des rouliers de la route d'Orléans, des canta-
trices de Montparnasse et des jeunes premiers de
Bobino. — Dans la belle saison, les rapins des nombreux ateliers qui avoisinent le Luxembourg, les
hommes de lettres inédits, les folliculaires des

gazettes mystérieuses, viennent en chœur dîner chez
la Mère Cadet, célèbre par ses gibelottes, sa choucroûte authentique, et un petit vin blanc qui sent la
pierre à fusil.

Schaunard alla se placer sous les bosquets : on
appelle ainsi chez *la Mère Cadet* le feuillage clair-
semé de deux ou trois arbres rachitiques dont on a
fait plafonner la verdure maladive(²).

— Ma foi, tant pis, dit Schaunard en lui-même, je
vais me donner une bosse et faire un Balthazar intime.

Et, sans faire ni une ni deux, il commanda une
soupe, une demi-choucroûte et deux demi-gibelottes :
il avait remarqué qu'en fractionnant la portion on
gagnait au moins un quart sur l'entier.

La commande de cette carte attira sur lui les regards
d'une jeune personne, vêtue de blanc, coiffée de fleurs
d'oranger et chaussée de souliers de bal, — un voile
en imitation — d'imitation — flottait sur des épaules
qui auraient bien dû garder l'incognito. C'était une
cantatrice du théâtre Montparnasse, dont les coulisses
donnent pour ainsi dire dans la cuisine de *la Mère
Cadet*. Elle était venue prendre son repas pendant un
entr'acte de la *Lucie*, et achevait en ce moment, par
une demi-tasse, un dîner composé exclusivement d'un
artichaut à l'huile et au vinaigre.

— Deux gibelottes, mâtin! dit-elle tout bas à la
fille qui servait de garçon, — voilà un jeune homme
qui se nourrit bien. — Combien dois-je, Adèle ?

— Quatre d'artichaut, quatre de demi-tasse et un
sou de pain. Ça nous fait neuf sous.

— Voilà, dit la cantatrice, — et elle sortit en fredonnant :

        Cet amour que Dieu me donne !..

— Tiens elle donne le *la*, dit alors un personnage
mystérieux assis à la même table que Schaunard, et
à demi caché par un rempart de bouquins.

— Elle le donne? dit Schaunard; — je crois plutôt
qu'elle le garde, moi. — Aussi on n'a pas idée de ça, —
ajouta-t-il en indiquant du doigt l'assiette où *Lucia
di Lammermoor* avait consommé ses artichauts, —
faire mariner son fausset dans du vinaigre!

— C'est un acide violent, ajouta le personnage qui
avait déjà parlé. — La ville d'Orléans en produit qui
jouit d'une grande réputation.

Schaunard examina attentivement ce particulier,
qui jetait ainsi des hameçons à la causerie. Le regard
fixe de ses grands yeux bleus, qui semblaient toujours
chercher quelque chose, donnait à sa physionomie le
caractère de placidité béate qu'on remarque chez les
séminaristes. Son visage avait le ton d'un vieil ivoire,
sauf les joues, qui étaient tamponnées d'une couche
de couleur brique pilée. Sa bouche paraissait avoir
été dessinée par un élève de *premiers principes*, à
qui on aurait poussé le coude. Les lèvres, retroussées
un peu à la façon de la race nègre, laissaient voir des
dents de chien de chasse, et son menton asseyait ses
deux plis sur une cravate blanche, dont l'une des
pointes menaçait les astres, tandis que l'autre s'en
allait piquer en terre. D'un feutre chauve, aux bords
prodigieusement larges, ses cheveux s'échappaient en
cascades blondes. Il était vêtu d'un paletot noisette à
pèlerine, dont l'étoffe, réduite à la trame, avait les ru-
gosités d'une râpe. Des poches béantes de ce paletot
s'échappaient des liasses de papiers et de brochures.
Sans se préoccuper de l'examen dont il était l'objet,
il savourait une choucroûte garnie en laissant échapper tout haut des signes de satisfaction. Tout en man-

geant, il lisait un bouquin ouvert devant lui, et sur
lequel il faisait de temps en temps des annotations
avec un crayon qu'il portait à l'oreille.

— Eh bien, s'écria tout à coup Schaunard en frappant sur son verre avec son couteau, — et ma gibe-
lotte !

— Monsieur, répondit la fille, qui arriva avec une
assiette à la main, — il n'y en a plus ; voici la dernière,
et c'est monsieur qui l'a demandée, ajouta-t-elle en
posant le plat en face de l'homme aux bouquins.

— Sacrebleu ! s'écria Schaunard. Et il y avait tant
de désappointement mélancolique dans ce : Sacrebleu,
que l'homme aux bouquins en fut touché intérieurement. Il détourna le rempart de livres qui s'élevait
entre lui et Schaunard ; et, mettant l'assiette entre
eux deux, il lui dit avec les plus douces cordes de sa
voix :

— Monsieur, oserais-je vous prier de partager
ce mets avec moi ?.

— Monsieur, répondit Schaunard, je ne veux pas
vous priver.

— Vous me priverez donc du plaisir de vous être
agréable ?

— S'il en est ainsi, monsieur...

Et Schaunard avança son assiette.

— Permettez-moi de ne pas vous offrir la tête, dit
l'étranger.

— Ah ! monsieur, s'écria Schaunard, je ne souffri-
rai pas... — Mais en ramenant son assiette vers lui
il s'aperçut que l'étranger lui avait justement servi
la portion qu'il disait vouloir garder pour lui.

— Eh bien, qu'est-ce qu'il me chante, alors, avec sa
politesse ? grogna Schaunard en lui-même.

— Si la tête est la plus noble partie de l'homme,

dit l'étranger, c'est la partie la plus désagréable du
lapin. Aussi avons-nous beaucoup de personnes qui ne
peuvent pas la souffrir. Moi, c'est différent, je l'adore.

— Alors, dit Schaunard, je regrette vivement que
vous vous soyez privé pour moi.

— Comment?... Pardon, fit l'homme aux bouquins,
c'est moi qui ai gardé la tête. J'ai même eu l'honneur
de vous faire observer que...

— Permettez, dit Schaunard, en lui mettant son
assiette sous le nez. Qu'est-ce que c'est que ce mor-
ceau-là?

— Juste ciel! — Que vois-je! ô dieux! — Encore
une tête! C'est un lapin bicéphale! s'écria l'étranger.

— Bicé... dit Schaunard.

— ... phale. — Ça vient du grec. — Au fait, M. de
Buffon, qui mettait des manchettes, cite des exemples
de cette singularité. — Eh bien, ma foi, je ne suis pas
fâché d'avoir mangé du phénomène.

Grâce à cet incident, la conversation était définitivement engagée. — Schaunard, qui ne voulait pas
rester en reste de politesse, demanda un litre de supplément. L'homme aux bouquins en fit venir un autre.
— Schaunard offrit de la salade, l'homme aux bouquins offrit du dessert. A huit heures du soir, il y avait
six litres vides sur la table. En causant, la franchise,
arrosée par les libations du petit bleu, les avait poussés l'un l'autre à se faire leur biographie, et ils se
connaissaient déjà comme s'ils ne s'étaient jamais
quittés. L'homme aux bouquins, après avoir écouté
les confidences de Schaunard, lui avait appris qu'il
s'appelait Gustave Colline; il exerçait la profession
de philosophe, et vivait en donnant des leçons de mathématique, de scolastique, de botanique, et de plusieurs sciences en *ique*.

Le peu d'argent qu'il gagnait à courir ainsi le cachet, Colline le dépensait en achats de bouquins. Son pale-tot noisette était connu de tous les étalagistes du quai, depuis le pont de la Concorde jusqu'au pont Saint-Michel. Ce qu'il faisait de tous ces livres, si nombreux que la vie d'un homme n'aurait pas suffi pour les lire, personne ne le savait, et il le savait moins que personne. Mais ce tic avait pris chez lui les proportions d'une passion ; et lorsqu'il rentrait chez lui le soir sans y rapporter un nouveau bouquin, il refaisait pour son usage le mot de Titus, et disait : « J'ai perdu ma journée. » Ses manières câlines et son langage, qui offrait une mosaïque de tous les styles, les calembours terribles dont il émaillait sa conversation, avaient séduit Schaunard, qui demanda sur-le-champ à Colline la permission d'ajouter son nom à ceux qui composaient la fameuse liste dont nous avons parlé.

Ils sortirent de chez *la mère Cadet* (³) à neuf heures du soir, passablement gris tous les deux, et ayant la démarche de gens qui viennent de dialoguer avec les bouteilles.

Colline offrit le café à Schaunard, et celui-ci accepta à la condition qu'il se chargerait des alcools. Ils montèrent dans un café situé rue Saint-Germain-l'Auxerrois (⁴), et portant l'enseigne de *Momus*, dieu des jeux et des ris *.

Au moment où ils entraient dans l'estaminet, une discussion très-vive venait de s'engager entre deux habitués de l'endroit. L'un d'eux était un jeune homme dont la figure se perdait au fond d'un énorme buisson de barbe multicolore. Comme une antithèse à cette abondance de *poil mentonnier*, une calvitie précoce

---

* Voir les *Confessions de Sylvius*, par CHAMPFLEURY.

avait dégarni son front, qui ressemblait à un genou, et dont un groupe de cheveux, si rares qu'on aurait pu les compter, essayait vainement de cacher la nudité. Il était vêtu d'un habit noir tonsuré aux coudes, et laissant voir, quand il levait le bras trop haut, des ventilateurs pratiqués à l'embouchure des manches. Son pantalon avait pu être noir, — mais ses bottes, qui n'avaient jamais été neuves, paraissaient avoir déjà fait plusieurs fois le tour du monde dans les pieds du Juif errant.

Schaunard avait remarqué que son nouvel ami Colline et le jeune homme à grande barbe s'étaient salués.

— Vous connaissez ce monsieur? demanda-t-il au philosophe.

— Pas absolument, répondit celui-ci; seulement je le rencontre quelquefois à la Bibliothèque. Je crois que c'est un homme de lettres.

— Il en a l'habit, du moins, répliqua Schaunard

Le personnage avec lequel discutait ce jeune homme était un individu d'une quarantaine d'années, voué au coup de foudre apoplectique, comme l'indiquait une grosse tête enfoncée immédiatement entre les deux épaules, sans la transition du cou. L'idiotisme se lisait en lettres majuscules sur son front déprimé, couvert d'une petite calotte noire. Il s'appelait M. Mouton, et était employé à la mairie du IVe arrondissement, où il tenait le registre des décès.

— Monsieur Rodolphe! s'écriait-il avec un organe d'eunuque, en secouant le jeune homme qu'il avait empoigné par un bouton de son habit, — voulez-vous que je vous dise mon opinion? Eh bien, tous les journaux, ça ne sert à rien. — Tenez, une supposition. Je suis un père de famille, moi, n'est-ce pas?...

bon... — Je viens faire ma partie de dominos au café.
— Suivez bien mon raisonnement.

— Allez, allez, dit Rodolphe.

— Eh bien, continua le père Mouton, en scandant chacune de ses phrases par un coup de poing qui faisait frémir les chopes et les verres placés sur la table, — eh bien, je tombe sur les journaux, bon... — Qu'est-ce que je vois? L'un qui dit blanc, l'autre qui dit noir, et patati et patata. — Qu'est-ce que ça me fait à moi? Je suis un bon père de famille qui vient pour faire...

— Sa partie de dominos, — dit Rodolphe.

— Tous les soirs, continua M. Mouton. Eh bien, une supposition : vous comprenez...

— Très bien! dit Rodolphe.

— Je lis un article qui n'est pas de mon opinion. Ça me met en colère, et je me mange les sangs, parce que, voyez-vous, monsieur Rodolphe, tous les journaux, c'est des menteries. — Oui, des menteries! hurla-t-il dans son fausset le plus aigu, et les journalistes sont des brigands, des folliculaires.

— Cependant, monsieur Mouton...

— Oui, des brigands, continua l'employé. — C'est eux qui sont cause des malheurs de tout le monde; ils ont fait la révolution et les assignats; à preuve Murat.

— Pardon, dit Rodolphe, vous voulez dire Marat.

— Mais non, mais non, reprit M. Mouton; Murat, — puisque j'ai vu son enterrement quand j'étais petit.

— Je vous assure...

— Même qu'on a fait une pièce au cirque, là.

— Eh bien, précisément, dit Rodolphe; c'est Murat.

— Mais qu'est-ce que je vous dis depuis une heure?

s'écria l'obstiné Mouton. — Murat, qui travaillait dans
une cave, quoi ! — Eh bien, une supposition. Est-
ce que les Bourbons n'ont pas bien fait de le guilloti-
ner, puisqu'il avait trahi?

— Qui? guillotiné! trahi! quoi? s'écria Rodolphe
en empoignant à son tour M. Mouton par le bouton de
sa redingote.

— Eh bien ! Marat...

— Mais non, mais non, monsieur Mouton, Murat.

— Entendons-nous, sacrebleu !

— Certainement, Marat, une canaille. Il a trahi
l'empereur en 1815. — C'est pourquoi je dis que tous
les journaux sont les mêmes, continua M. Mouton en
rentrant dans la thèse de ce qu'il appelait une explication. — Savez-vous ce que je voudrais, moi, monsieur Rodolphe? Eh bien, une supposition... Je voudrais un bon journal... Ah! pas grand... Bon! et qui
ne ferait pas de phrases... Là !

— Vous êtes exigeant, interrompit Rodolphe. Un
journal sans phrases !

— Eh bien, oui ; suivez mon idée.

— Je tâche.

— Un journal qui dirait tout simplement la santé du
roi et les biens de la terre. Car, enfin, à quoi cela sert-
il, toutes vos gazettes, qu'on n'y comprend rien? Une
supposition, moi je suis à la mairie, n'est-ce pas? Je
tiens mon registre, bon! Eh bien, c'est comme si
on venait me dire : « Monsieur Mouton, vous inscrivez
les décès. Eh bien, faites ci, faites ça. — Eh bien,
quoi, ça? — quoi, ça? quoi! ça? — Eh bien, les
journaux, c'est la même chose, acheva-t-il pour
conclure.

— Évidemment, dit un voisin qui avait compris.

Et M. Mouton, ayant reçu les félicitations de

quelques habitués qui partageaient son avis, alla reprendre sa partie de dominos.

— Je l'ai remis à sa place, dit-il en indiquant Rodolphe, qui était retourné s'asseoir à la même table où se trouvaient Schaunard et Colline.

— Quelle buse! dit celui-ci aux deux jeunes gens en leur désignant l'employé.

— Il a une bonne tête, avec ses paupières en capote de cabriolet et ses yeux en boule de loto, fit Schaunard en tirant un brûle-gueule merveilleusement culotté.

— Parbleu! monsieur, dit Rodolphe, vous avez là une bien jolie pipe.

— Oh! j'en ai une plus belle pour aller dans le monde, reprit négligemment Schaunard. — Passez-moi donc du tabac, Colline.

— Tiens! s'écria le philosophe, je n'en ai plus.

— Permettez-moi de vous en offrir, — dit Rodolphe en tirant de sa poche un paquet de tabac qu'il déposa sur la table.

A cette gracieuseté, Colline crut devoir répondre par l'offre d'une tournée de quelque chose.

Rodolphe, accepta. La conversation tomba sur la littérature. Rodolphe, interrogé sur sa profession déjà trahie par son habit, confessa ses rapports avec les muses et fit venir une seconde tournée. — Comme le garçon allait remporter la bouteille, Schaunard le pria de vouloir bien l'oublier. — Il avait entendu résonner dans l'une des poches de Colline le duo argentin de deux pièces de cinq francs. Rodolphe eut bientôt atteint le niveau d'expansion où se trouvaient les deux amis, et leur fit à son tour ses confidences.

Ils auraient sans doute passé la nuit au café, si on

n'était venu les prier de se retirer. Ils n'avaient
point fait dix pas dans la rue, et ils avaient mis un
quart d'heure pour les faire, qu'ils furent surpris par
une pluie torrentielle. — Colline et Rodolphe demeuraient aux deux extrémités opposées de Paris, l'un
dans l'île Saint-Louis, et l'autre à Montmartre.

Schaunard, qui avait complètement oublié qu'il
était sans domicile, leur offrit l'hospitalité.

— Venez chez moi, dit-il, je loge ici près ; nous
passerons la nuit à causer littérature et beaux-arts

— Tu feras de la musique, et Rodolphe nous dira de
ses vers, dit Colline.

— Ma foi, oui, ajouta Schaunard, il faut rire, nous
n'avons qu'un temps à vivre.

Arrivé devant sa maison, que Schaunard eut
quelque difficulté à reconnaître, il s'assit un instant
sur une borne en attendant Rodolphe et Colline qui
étaient entrés chez un marchand de vins encore ouvert
pour y prendre les premiers éléments d'un souper.
Quand ils furent de retour, Schaunard frappa plusieurs fois à la porte, car il se souvenait vaguement
que le portier avait l'habitude de le faire attendre. La
porte s'ouvrit enfin, et le père Durand, plongé dans
les douceurs du premier sommeil, et ne se rappelant
pas que Schaunard n'était plus son locataire, ne se
dérangea aucunement quand celui-ci lui eut crié son
nom par le vasistas.

Quand ils furent arrivés tous trois en haut de l'escalier, dont l'ascension avait été aussi longue que
difficile, Schaunard, qui marchait en avant, jeta un
cri d'étonnement en trouvant la clef sur la porte de
sa chambre.

— Qu'est-ce qu'il y a ? demanda Rodolphe.

— Je n'y comprends rien, murmura-t-il, je trouve

sur ma porte la clef que j'avais emportée ce matin.
— Ah ! nous allons bien voir. — Je l'avais mise dans
ma poche. Eh ! parbleu ! la voilà encore ! s'écria-t-il
en montrant une clef.

    — C'est de la magie !
    — De la fantasmagorie, dit Colline.
    — De la fantaisie, ajouta Rodolphe.
    — Mais, reprit Schaunard, dont la voix accusait un
commencement de terreur, entendez-vous ?
    — Quoi ?
    — Quoi ?
    — Mon piano — qui joue tout seul, — *ut la mi re
do, la si sol ré.* — Gredin de *ré*, va ! il sera toujours
faux.
    — Mais ce n'est pas chez vous, sans doute, — lui
dit Rodolphe, — qui ajouta bas à l'oreille de Colline
sur qui il appuya lourdement, — il est gris.
    — Je le crois. — D'abord, ce n'est pas un piano, —
c'est une flûte.
    — Mais, vous aussi, vous êtes gris, mon cher, ré-
pondit le poète au philosophe, qui s'était assis sur le
carré. — C'est un violon.
    — Un vio... Peuh ! dis donc, Schaunard, bredouilla
Colline, en tirant son ami par les jambes. Elle est
bonne, celle-là ! Voilà monsieur qui prétend que c'est
un vio...
    — Sacrebleu ! s'écria Schaunard, au comble de
l'épouvante, — mon piano joue toujours ; c'est de la
magie !
    — De la fantasma...gorie, hurla Colline en lais-
sant tomber l'une des bouteilles qu'il tenait à la
main.
    — De la fantaisie, glapit à son tour Rodolphe.
Au milieu de ce charivari, la porte de la chambre

s'ouvrit subitement, et l'on vit paraître sur le seuil
un personnage qui tenait à la main un flambeau à
trois branches où brûlait de la bougie rose.

— Que désirez-vous, messieurs? demanda-t-il en
saluant courtoisement les trois amis.

— Ah! ciel, qu'ai-je fait! je me suis trompé; ce
n'est pas ici chez moi, fit Schaunard.

— Monsieur, ajoutèrent ensemble Colline et Rodolphe, en s'adressant au personnage qui était venu
ouvrir, veuillez excuser notre ami; il est gris jusqu'à
la troisième capucine.

Tout à coup un éclair de lucidité traversa l'ivresse
de Schaunard; — il venait de lire sur sa porte une
ligne écrite avec du blanc d'Espagne :

Je suis venue trois fois pour chercher mes étrennes.

PHÉMIE.

— Mais si, mais si, au fait, — je suis chez moi! —
s'écria-t-il; voilà bien la carte de visite que Phémie
est venue me mettre au jour de l'an : — c'est bien ma
porte.

— Mon Dieu! monsieur, dit Rodolphe, je suis vraiment confus.

— Croyez, monsieur, ajouta Colline, que de mon
côté je collabore activement à la confusion de mon
ami.

Le jeune homme ne pouvait s'empêcher de rire :

— Si vous voulez entrer chez moi un instant, répondit-il, sans doute que votre ami, dès qu'il aura vu
les lieux, reconnaîtra son erreur.

— Volontiers. — Et le poète et le philosophe, prenant Schaunard chacun par un bras, l'introduisirent
dans la chambre, ou plutôt dans le palais de Marcel,
qu'on aura sans doute reconnu.

Schaunard promena vaguement sa vue autour de lui, en murmurant :

C'est étonnant, — comme mon séjour est embelli.

— Eh bien, es-tu convaincu maintenant ? lui demanda Colline. — Mais Schaunard ayant aperçu le piano s'en était approché et faisait des gammes.

— Hein, vous autres, — écoutez-moi ça, dit-il en faisant résonner les accords... A la bonne heure ! l'animal a reconnu son maître : *si la sol, fa mi ré.* — Ah ! gredin de *ré !* — tu seras toujours le même, va !

— Je disais bien que c'était mon instrument.

— Il insiste, dit Colline à Rodolphe.

— Il insiste, répéta Rodolphe à Marcel.

— Et ça donc, ajouta Schaunard en montrant le jupon semé d'étoiles, — qui était jeté sur une chaise, ce n'est pas mon ornement peut-être ! ah ! Et il regardait Marcel sous le nez. — Et ça, continua-t-il en détachant du mur le congé par huissier dont il a été parlé plus haut. — Et il se mit à lire : « En conséquence, « M. Schaunard sera tenu de vider les lieux, et de les « rendre en bon état de réparations locatives, le huit « avril avant midi. — Et je lui ai signifié le présent « acte dont le coût est de cinq francs. » Ah ! ah ! ce n'est donc pas moi qui suis M. Schaunard, à qui on donne congé par huissier, — les honneurs du timbre, dont le coût est de cinq francs. — Et ça encore, continua-t-il en reconnaissant ses pantoufles dans les pieds de Marcel, — ce ne sont donc pas mes babouches, — présent d'une main chère ? — A votre tour, monsieur, dit-il à Marcel, expliquez votre présence dans mes lares.

— Messieurs, répondit Marcel, en s'adressant particulièrement à Colline et Rodolphe, — monsieur, et il désignait Schaunard, — monsieur est chez lui, — je le confesse.

— Ah ! exclama Schaunard, — c'est heureux.

— Mais, continua Marcel, moi aussi je suis chez moi.

— Cependant, monsieur, interrompit Rodolphe, si notre ami reconnaît...

— Oui, continua Colline, si notre ami...

— Et si de votre côté vous vous souvenez que... ajouta Rodolphe, comment se fait-il...

— Oui, reprit Colline — écho — comment il se fait !...

— Veuillez vous asseoir, messieurs, répliqua Marcel, je vais vous expliquer le mystère.

— Si nous arrosions l'explication ? hasarda Colline.

— En cassant une croûte, ajouta Rodolphe.

Les quatre jeunes gens se mirent à table et donnèrent l'assaut à un morceau de veau froid que leur avait cédé le marchand de vin.

Marcel expliqua alors ce qui s'était passé le matin, entre lui et le propriétaire, quand il était venu pour emménager.

— Alors, dit Rodolphe, monsieur a parfaitement raison, nous sommes chez lui.

— Vous êtes chez vous, dit poliment Marcel.

Mais il fallut un travail énorme pour faire comprendre à Schaunard ce qui s'était passé. Un incident comique vint encore compliquer la situation. Schaunard, en cherchant quelque chose dans un buffet, y découvrit la monnaie du billet de cinq cents francs que Marcel avait changé le matin à M. Bernard.

— Ah ! j'en étais bien sûr ! s'écria-t-il, que le hasard ne m'abandonnerait pas. Je me rappelle maintenant... que j'étais sorti ce matin pour courir après lui. A cause du terme, c'est vrai, il sera venu pendant mon absence. Nous nous sommes croisés, voilà tout. Comme j'ai bien fait de laisser la clef sur mon tiroir !

— Douce folie ! murmura Rodolphe en voyant Schaunard qui dressait les espèces en piles égales.

— Songe, mensonge, telle est la vie, ajouta le philosophe.

Marcel riait.

Une heure après, ils étaient endormis tous les quatre.

Le lendemain, à midi, ils se réveillèrent et parurent d'abord très étonnés de se trouver ensemble : Schaunard, Colline et Rodolphe n'avaient pas l'air de se reconnaître et s'appelaient Monsieur. Il fallut que Marcel leur rappelât qu'ils étaient venus ensemble la veille.

En ce moment le père Durand entra dans la chambre.

— Monsieur, dit-il à Marcel, c'est aujourd'hui le neuf avril mil huit cent quarante..., il y a de la boue dans les rues, et S. M. Louis-Philippe est toujours roi de France et de Navarre. — Tiens ! s'écria le père Durand en apercevant son ancien locataire, monsieur Schaunard ! Par où êtes-vous venu ?

— Par le télégraphe, répondit Schaunard.

— Mais dites donc, reprit le portier, vous êtes encore un farceur, vous ?...

— Durand, dit Marcel, je n'aime pas que la livrée se mêle à ma conversation ; vous irez chez le restaurant voisin et vous ferez monter à déjeuner pour quatre personnes. Voici la carte, ajouta-t-il en donnant un bout de papier sur lequel il avait indiqué son menu. Sortez.

— Messieurs, reprit Marcel aux trois jeunes gens,

vous m'avez offert à souper hier soir, permettez-moi
de vous offrir à déjeuner ce matin, non pas chez moi,
mais chez nous, ajouta-t-il en tendant la main à
Schaunard.

A la fin du déjeuner, Rodolphe demanda la parole.

— Messieurs, dit-il, permettez-moi de vous quitter...

— Oh! non, dit sentimentalement Schaunard, ne
nous quittons jamais.

— C'est vrai, on est très bien ici, ajouta Colline.

— ... de vous quitter un moment, continua Rodolphe; c'est demain que paraît *l'Echarpe d'Iris*, un
journal de modes dont je suis rédacteur en chef; et il
faut que j'aille corriger mes épreuves. Je reviens
dans une heure.

— Diable! dit Colline, — ça me fait penser que j'ai
une leçon à donner à un prince indien qui est venu à
Paris pour apprendre l'arabe.

— Vous irez demain, dit Marcel.

— Oh! non, répondit le philosophe, — le prince
doit me payer aujourd'hui. — Et puis, je vous
avouerai que cette belle journée serait gâtée pour
moi, si je n'allais pas faire un petit tour à la halle aux
bouquins.

— Mais tu reviendras? demanda Schaunard.

— Avec la rapidité d'une flèche lancée d'une main
sûre, répondit le philosophe, qui aimait les images
excentriques. — Et il sortit avec Rodolphe.

— Au fait, dit Schaunard resté seul avec Marcel,
au lieu de me dorloter sur l'oreiller du *far niente*, —
si j'allais chercher quelque or pour apaiser la cupi-
dité de M. Bernard?

— Mais, dit Marcel avec inquiétude : vous comp-
tez donc toujours déménager?

— Dame! reprit Schaunard, il faut bien, puisque j'ai congé par huissier, coût cinq francs.

— Mais, continua Marcel, si vous déménagez, est-ce que vous emporterez vos meubles?

— J'en ai la prétention, je ne laisserai pas un cheveu, comme dit M. Bernard.

— Diable! ça va me gêner, fit Marcel, moi qui ai loué votre chambre en garni.

— Tiens, c'est vrai, au fait, reprit Schaunard. Ah bah! ajouta-t-il avec mélancolie, rien ne prouve que je trouverai mes soixante-quinze francs aujourd'hui ni demain, ni après.

— Mais attendez donc, s'écria Marcel, j'ai une idée.

— Exhibez, dit Schaunard.

— Voici la situation : légalement ce logement est à moi puisque j'ai payé un mois d'avance.

— Le logement, oui, mais les meubles, — si je paye, je les enlève légalement; et, si cela était possible, je les enlèverais même extralégalement, dit Schaunard.

— De façon, continua Marcel, que vous avez des meubles et pas de logement, et que moi j'ai un logement et pas de meubles.

— Voilà, fit Schaunard.

— Moi, ce logement me plaît, reprit Marcel.

— Et moi donc, ajouta Schaunard, il ne m'a jamais plus plu.

— Vous dites?

— Plus plu pour davantage. Oh! je connais ma langue.

— Eh bien, nous pouvons arranger cette affaire-là, reprit Marcel; restez avec moi, je fournirai le logement, vous fournirez les meubles.

— Et les termes ? dit Schaunard.

— Puisque j'ai de l'argent aujourd'hui, — je les payerai ; la prochaine fois, ce sera votre tour. Réfléchissez.

— Je ne réfléchis jamais, surtout pour accepter une proposition qui m'est agréable ; j'accepte d'emblée : au fait, la peinture et la musique sont sœurs.

— Belles-sœurs, dit Marcel.

En ce moment rentrèrent Colline et Rodolphe, qui s'étaient rencontrés.

Marcel et Schaunard leur firent part de leur association.

— Messieurs, s'écria Rodolphe en faisant sonner son gousset, j'offre à dîner à la compagnie.

— C'est précisément ce que j'allais avoir l'honneur de proposer, fit Colline en tirant de sa poche une pièce d'or qu'il se fourra dans l'œil. — Mon prince m'a donné ça pour acheter une grammaire indoustan-arabe, que je viens de payer six sous, comptant.

— Et moi, dit Rodolphe, je me suis fait avancer trente francs par le caissier de *l'Écharpe d'Iris* sous le prétexte que j'en avais besoin pour me faire vacciner.

— C'est donc le jour des recettes, dit Schaunard, il n'y a que moi qui n'ai pas étrenné, c'est humiliant.

— En attendant, reprit Rodolphe, je maintiens mon offre du dîner.

— Et moi aussi, dit Colline.

— Eh bien, dit Rodolphe, nous allons tirer à pile ou face quel sera celui qui payera la carte.

— Non, s'écria Schaunard, j'ai mieux que ça, mais infiniment mieux à vous offrir pour vous tirer d'embarras.

— Voyons !

— Rodolphe payera le dîner et Colline offrira un souper.

— Voilà ce que j'appellerai de la jurisprudence Salomon, s'écria le philosophe.

— C'est pis que les noces de Gamache, ajouta Marcel.

Le dîner eut lieu dans un restaurant provençal de la rue Dauphine, célèbre par ses garçons littéraires et son *ayoli*. Comme il fallait faire de la place pour le souper, on but et on mangea modérément. La connaissance ébauchée la veille entre Colline et Schaunard, et plus tard avec Marcel, devint plus intime ; chacun des quatre jeunes gens arbora le drapeau de son opinion dans l'art ; tous quatre reconnurent qu'ils avaient courage égal et même espérance. En causant et en discutant, ils s'aperçurent que leurs sympathies étaient communes, qu'ils avaient tous dans l'esprit la même habileté d'escrime comique, qui égaye sans blesser, et que toutes les belles vertus de la jeunesse n'avaient point laissé de place vide dans leur cœur, facile à mettre en émoi par la vue ou le récit d'une belle chose. Tous quatre, partis du même point pour aller au même but, ils pensèrent qu'il y avait dans leur réunion autre chose que le quiproquo banal du hasard, et que ce pouvait bien être aussi la Providence, tutrice naturelle des abandonnés, qui leur mettait ainsi la main dans la main, et leur soufflait tout bas à l'oreille l'évangélique parabole, qui devrait être l'unique charte de l'humanité : « Soutenez-vous et aimez-vous les uns les autres ».

A la fin du repas, qui se termina dans une espèce de gravité, Rodolphe se leva pour porter un toast

à l'avenir, et Colline lui répondit par un petit discours
qui n'était tiré d'aucun bouquin, n'appartenait par
aucun point au beau style, et parlait tout simplement
le bon patois de la naïveté qui fait si bien comprendre
ce qu'il dit si mal.

— Est-il bête, ce philosophe ! murmura Schaunard,
qui avait le nez dans son verre, voilà qu'il me force
à mettre de l'eau dans mon vin.

Après le dîner, on alla prendre le café à *Momus*, où
on avait déjà passé la soirée, la veille. Ce fut à comp-
er de ce jour-là que l'établissement devint inhabi-
table pour les autres habitués.

Après le café et les liqueurs, le clan bohème, définitivement fondé, retourna au logement de Marcel,
qui prit le nom d'*Élysée* Schaunard. Pendant que
Colline allait commander le souper qu'il avait promis, les autres se procuraient des pétards, des fu-
sées et d'autres pièces pyrotechniques ; et, avant de
se remettre à table, on tira par les fenêtres un superbe
feu d'artifice qui mit toute la maison sens dessus
dessous, et pendant lequel les quatre amis chantaient
à tue-tête :

> Célébrons, célébrons, célébrons ce beau jour !

Le lendemain matin ils se retrouvèrent ensemble
de nouveau, mais sans en paraître étonnés, cette fois.
Avant de retourner chacun à leurs affaires, ils allèrent de compagnie déjeuner frugalement au café
Momus, où ils se donnèrent rendez-vous pour le soir,
et où on les vit pendant longtemps revenir assidûment tous les jours.

Tels sont les principaux personnages qu'on verra
reparaître dans les petites histoires dont se compose
ce volume, qui n'est pas un roman, et n'a d'autre pré-

tention que celle indiquée par son titre; car les *Scènes de la Vie de bohème* ne sont en effet que des études de mœurs dont les héros appartiennent à une classe mal jugée jusqu'ici, et dont le plus grand défaut est le désordre; et encore peuvent-ils donner pour excuse que ce désordre même est une nécessité que leur fait la vie.

II

Un envoyé de la Providence (¹).

Schaunard et Marcel, qui s'étaient vaillamment mis à la besogne dès le matin, suspendirent tout à coup leur travail.

— Sacrebleu! qu'il fait faim ! dit Schaunard. Et il ajouta négligemment : — Est-ce qu'on ne déjeune pas aujourd'hui ?

Marcel parut très étonné de cette question, plus que jamais inopportune.

— Depuis quand déjeune-t-on deux jours de suite? dit-il. C'était hier jeudi. Et il compléta sa réponse en désignant de son appui-main ce commandement de l'Église :

> Vendredi chair **ne mangeras**,
> Ni autre chose pareillement.

Schaunard ne trouva rien à répondre et se mit à son tableau, lequel représentait une plaine habitée par un arbre rouge et un arbre bleu qui se donnent une poignée de branches. Allusion transparente aux douceurs de l'amitié, et qui ne laissait pas en effet que d'être très philosophique.

En ce moment, le portier frappa à la porte. Il apportait une lettre pour Marcel.

— C'est trois sous, dit-il.

— Vous êtes sûr? répliqua l'artiste. C'est bon, vous nous les devrez.

Et il lui ferma la porte au nez.

Marcel avait pris la lettre et rompu le cachet. Aux premiers mots, il se mit à faire dans l'atelier des sauts d'acrobate et entonna à tue-tête la célèbre romance suivante, qui indiquait chez lui l'apogée de la jubilation :

> Y' avait quat' jeunes gens du quartier;
> Ils étaient tous les quat' malades.
> On les a m'nés à l'Hôtel-Dieu,
> Eu ! eu! eu! eu!

— Eh bien, oui, dit Schaunard en continuant :

> On les a mis dans un grand lit,
> Deux à la tête et deux au pied.

— Nous savons ça!

Marcel reprit :

> Ils virent arriver un' petit' sœur,
> Eur! eur! eur! eur!

— Si tu ne te tais pas, dit Schaunard, qui ressentait déjà des symptômes d'aliénation mentale, je vais t'exécuter l'allégro de ma symphonie sur *l'influence du bleu dans les arts.*

Et il s'approcha de son piano.

Cette menace produisit l'effet d'une goutte d'eau froide tombée dans un liquide en ébullition.

Marcel se calma comme par enchantement.

— Tiens! dit-il en passant la lettre à son ami. Vois.

C'était une invitation à dîner d'un député, protecteur éclairé des arts et en particulier de Marcel, qui avait fait le portrait de sa maison de campagne.

— C'est pour aujourd'hui, dit Schaunard, il est malheureux que le billet ne soit pas bon pour deux personnes. Mais au fait, j'y songe, ton député est ministériel; tu ne peux pas, tu ne dois pas accepter: tes principes te défendent d'aller manger un pain trempé dans les sueurs du peuple.

— Bah! dit Marcel, mon député est centre gauche; il a voté l'autre jour contre le gouvernement. D'ailleurs, il doit me faire avoir une commande, et il m'a promis de me présenter dans le monde; et puis, vois-tu, ça a beau être vendredi, je me sens pris d'une voracité Ugoline, et je veux dîner aujourd'hui, voilà.

— Il y a encore d'autres obstacles, reprit Schaunard qui ne laissait pas que d'être un peu jaloux de la bonne fortune qui tombait à son ami. Tu ne peux pas aller dîner en ville en vareuse rouge et avec un bonnet de débardeur.

— J'irai emprunter les habits de Rodolphe ou de Colline.

— Jeune insensé, oublies-tu que nous sommes passé le vingt du mois, et qu'à cette époque les habits de ces messieurs sont *cloués* et *surcloués*?

— Je trouverai au moins un habit noir d'ici cinq heures, dit Marcel.

— J'ai mis trois semaines pour en trouver un quand

j'ai été à la noce de mon cousin ; et c'était au commencement de janvier.

— Eh bien, j'irai comme ça, reprit Marcel en marchant à grands pas. Il ne sera pas dit qu'une misérable question d'étiquette m'empêchera de faire mon premier pas dans le monde.

— A propos de ça, interrompit Schaunard, prenant beaucoup de plaisir à faire du chagrin à son ami, et des bottes ?

Marcel sortit dans un état d'agitation impossible à décrire. Au bout de deux heures, il rentrait chargé d'un faux col.

— Voilà tout ce que j'ai pu trouver, dit-il piteusement.

— Ce n'était pas la peine de courir pour si peu, répondit Schaunard, il y a ici du papier de quoi en faire une douzaine.

— Mais, dit Marcel en s'arrachant les cheveux, nous devons avoir des effets, que diable !

Et il commença une longue perquisition dans tous les coins des deux chambres.

Après une heure de recherche, il réalisa un costume ainsi composé :

Un pantalon écossais,

Un chapeau gris,

Une cravate rouge,

Un gant jadis blanc,

Un gant noir.

— Ça te fera deux gants noirs au besoin, dit Schaunard. Mais quand tu seras habillé, tu auras l'air du spectre solaire. Après ça, quand on est coloriste !

Pendant ce temps-là, Marcel essayait les bottes.

Fatalité ! Elles étaient toutes deux du même pied !

L'artiste, désespéré, avisa alors dans un coin une

vieille botte dans laquelle on mettait les vessies usées. Il s'en empara.

— De *Garrick* en *Syllabe*, dit son ironique compagnon : celle-ci est pointue et l'autre est carrée.

— Ça ne se verra pas, je les vernirai.

— C'est une idée ! Il ne te manque plus que l'habit noir de rigueur.

— Oh ! dit Marcel en se mordant les poings, pour en avoir un, je donnerais dix ans de ma vie et ma main droite, vois-tu !

Ils entendirent de nouveau frapper à la porte. Marcel ouvrit.

— Monsieur Schaunard? dit un étranger en restant sur le seuil.

— C'est moi, répondit le peintre en le priant d'entrer.

— Monsieur, dit l'inconnu, porteur d'une de ces honnêtes figures qui sont le type du provincial, mon cousin m'a beaucoup parlé de votre talent pour le portrait; et, étant sur le point de faire un voyage aux colonies, où je suis délégué par les raffineurs de la ville de Nantes, je désirerais laisser un souvenir de moi à ma famille. C'est pourquoi je suis venu vous trouver.

— O sainte Providence !... murmura Schaunard. Marcel, donne un siège à monsieur...

— M. Blancheron, reprit l'étranger; Blancheron de Nantes, délégué de l'industrie sucrière, ancien maire de V..., capitaine de la garde nationale, et auteur d'une brochure sur la question des sucres.

— Je suis fort honoré d'avoir été choisi par vous, dit l'artiste en s'inclinant devant le délégué des raffineurs. Comment désirez-vous avoir votre portrait ?

— A la miniature, comme ça, reprit M. Blanche-

ron, en indiquant un portrait à l'huile; car, pour le
délégué comme pour beaucoup d'autres, ce qui n'est
pas peinture en bâtiments est miniature, il n'y a pas
de milieu. Cette naïveté donna à Schaunard la mesure du bonhomme auquel il avait affaire, surtout
quand celui-ci eut ajouté qu'il désirait que son portrait fût peint avec des couleurs fines.

— Je n'en emploie jamais d'autres, dit Schaunard.
De quelle grandeur Monsieur désire-t-il son portrait?

— Grand comme ça, répondit M. Blancheron en montrant une toile de vingt. Mais dans quel prix ça va-t-il?

— De cinquante à soixante francs; cinquante sans
les mains, soixante avec.

— Diable! mon cousin m'avait parlé de trente
francs.

— C'est selon la saison, dit le peintre; les couleurs
sont beaucoup plus chères à différentes époques.

— Tiens! c'est donc comme le sucre?

— Absolument.

— Va donc pour cinquante francs, dit M. Blancheron.

— Vous avez tort, pour dix francs de plus vous auriez les mains, dans lesquelles je placerais votre brochure sur la question sucrière, ce qui serait flatteur.

— Ma foi, vous avez raison.

— Sacrebleu! dit en lui-même Schaunard, s'il continue, il va me faire éclater, et je le blesserai avec un
de mes morceaux.

— As-tu remarqué? lui glissa Marcel à l'oreille.

— Quoi?

— Il a un habit noir.

— Je comprends et je coupe dans tes idées. Laisse-
moi faire.

— Eh bien, monsieur, dit le délégué, quand com-

mencerons-nous ? Il ne faudrait pas tarder, car je
pars prochainement.

— J'ai moi-même un petit voyage à faire ; après-
demain je quitte Paris. Donc, si vous le voulez, nous
allons commencer tout de suite. Une bonne séance
avancera la besogne.

— Mais il va bientôt faire nuit, et on ne peut pas
peindre aux lumières, dit M. Blancheron.

— Mon atelier est disposé pour qu'on y puisse travailler à toute heure... reprit le peintre. — Si vous
voulez ôter votre habit et prendre la pose, nous allons commencer.

— Oter mon habit ! Pourquoi faire?

— Ne m'avez-vous pas dit que vous destiniez votre
portrait à votre famille ?

— Sans doute.

— Eh bien, alors, vous devez être représenté dans
votre costume d'intérieur, en robe de chambre. C'est
l'usage, d'ailleurs.

— Mais je n'ai pas de robe de chambre ici.

— Mais j'en ai, moi. Le cas est prévu, dit Schaunard en présentant à son modèle un haillon historié
de taches de peintures et qui fit tout d'abord hésiter
l'honnête provincial.

— Ce vêtement est bien singulier, dit-il.

— Et bien précieux, répondit le peintre. C'est un
vizir turc qui en a fait présent à M. Horace Vernet,
qui me l'a donné à moi. Je suis son élève.

— Vous êtes élève de Vernet? dit Blancheron.

— Oui, monsieur, je m'en vante. — Horreur, murmura-t-il en lui-même, je renie mes dieux.

— Il y a de quoi, jeune homme, reprit le délégué en
endossant la robe de chambre qui avait une si noble
origine.

— Accroche l'habit de Monsieur au portemanteau, dit Schaunard à son ami avec un clignement d'yeux significatif.

— Dis donc, murmura Marcel en se jetant sur sa proie et en désignant Blancheron, il est bien bon ! si tu pouvais en garder un morceau ?

— Je tâcherai ! mais ce n'est pas ça, habille-toi vite et file. Sois de retour à dix heures, je le garderai jusque-là. Surtout rapporte-moi quelque chose dans tes poches.

— Je t'apporterai un ananas, dit Marcel en se sauvant.

Il s'habilla à la hâte. L'habit lui allait comme un gant, puis il sortit par la seconde porte de l'atelier.

Schaunard s'était mis à la besogne. Comme la nuit était tout à fait venue, M. Blancheron entendit sonner six heures et se souvint qu'il n'avait pas dîné. Il en fit la remarque au peintre.

— Je suis dans le même cas ; mais, pour vous obliger, je m'en passerai ce soir. Pourtant j'étais invité dans une maison du faubourg Saint-Germain, dit Schaunard. Mais nous ne pouvons pas nous déranger, ça compromettrait la ressemblance.

Il se mit à l'œuvre.

— Après ça, dit-il tout à coup, nous pouvons dîner sans nous déranger. Il y a en bas un excellent restaurant qui nous montera ce que nous voudrons.

Et Schaunard attendit l'effet de son trio de pluriels.

— Je partage votre idée, dit M. Blancheron, et en revanche j'aime à croire que vous me ferez l'honneur de me tenir compagnie à table.

Schaunard s'inclina.

— Allons, se dit-il à lui-même, c'est un brave homme, un véritable envoyé de la Providence. Vou-

lez-vous faire la carte? demanda-t-il à son amphi-
tryon.

— Vous m'obligerez de vous charger de ce soin,
répondit poliment celui-ci.

— Tu t'en repentiras, Nicolas, chanta le peintre en
descendant les escaliers quatre à quatre.

Il entra chez le restaurateur, se mit au comptoir et
rédigea un menu dont la lecture fit pâlir le Vatel en
boutique.

— Du bordeaux à l'ordinaire.

— Qu'est-ce qui payera?

— Pas moi, probablement, dit Schaunard, mais un
mien oncle que vous verrez là-haut, un fin gourmet.
Ainsi tâchez de vous distinguer, et que nous soyons
servis dans une demi-heure, et dans de la porcelaine
surtout!...

. . . .

A huit heures, M. Blancheron sentait déjà le besoin
d'épancher dans le sein d'un ami ses idées sur l'industrie sucrière, et il récita à Schaunard la brochure
qu'il avait écrite.

Celui-ci l'accompagna sur le piano.

A dix heures, M. Blancheron et son ami dansaient
le galop et se tutoyaient.

A onze heures, ils jurèrent de ne jamais se quitter
et firent chacun un testament où ils se léguaient réci-
proquement leur fortune.

A minuit, Marcel rentra et les trouva dans les
bras l'un de l'autre; ils fondaient en pleurs. Et il y
avait déjà un demi-pouce d'eau dans l'atelier. Marcel
se heurta à la table et vit les splendides débris du
superbe festin. Il regarda les bouteilles, elles étaient
parfaitement vides.

Il voulut réveiller Schaunard, mais celui-ci le menaça de le tuer s'il voulait lui ravir Blancheron, dont il se faisait un oreiller.

— Ingrat! dit Marcel en tirant de la poche de son habit une poignée de noisettes. Moi qui lui apportais à dîner!

III

Les amours de carême.

Un soir de carême, Rodolphe rentra chez lui de bonne heure avec l'intention de travailler. Mais à peine se fut-il mis à table et eut-il trempé sa plume dans l'encrier, qu'il fut distrait par un bruit singulier ; et, appliquant l'oreille à l'indiscrète cloison qui le séparait de la chambre voisine, il écouta et distingua parfaitement un dialogue alterné de baisers et autres amoureuses onomatopées.

— Diable ! pensa Rodolphe en regardant sa pendule, il n'est pas tard... et ma voisine est une Juliette qui garde ordinairement son Roméo bien après le chant de l'alouette. Je ne pourrai pas travailler cette nuit.

Et, prenant son chapeau, il sortit.

En remettant la clef dans la loge, il trouva la femme du portier emprisonnée à demi dans les bras d'un galant. La pauvre femme fut tellement effarouchée qu'elle resta plus de cinq minutes sans pouvoir tirer le cordon.

— Au fait, pensa Rodolphe, il y a des moments où les portières redeviennent des femmes.

En ouvrant la porte, il trouva dans l'angle un sapeur-pompier et une cuisinière en sortie qui se tenaient la main et échangeaient les arrhes d'amour.

— Eh ! parbleu ! dit Rodolphe en faisant allusion au guerrier et à sa robuste compagne, voilà des hérétiques qui ne songent guère que nous sommes dans le carême.

Et il prit chemin pour se rendre chez un de ses amis qui habitait le voisinage.

— Si Marcel est chez lui, se disait-il, nous passerons la soirée à dire du mal de Colline. Il faut bien faire quelque chose...

Comme il frappait un vigoureux appel, la porte s'entre-bâilla à demi, et un jeune homme simplement vêtu d'un lorgnon et d'une chemise se présenta.

— Je ne peux pas te recevoir, dit-il à Rodolphe.

— Pourquoi ? demanda celui-ci.

— Tiens ! dit Marcel, en désignant une tête féminine qui venait d'apparaître derrière un rideau : voici ma réponse.

— Elle n'est pas belle, répondit Rodolphe auquel on venait de refermer la porte sur le nez.

— Ah ! çà, se dit-il quand il fut dans la rue, que faire ? Si j'allais chez Colline ? Nous passerions la soirée à dire du mal de Marcel.

En traversant la rue de l'Ouest, ordinairement obscure et peu fréquentée, Rodolphe distingua une ombre qui se promenait mélancoliquement en mâchant des rimes entre ses dents.

— Hé ! hé ! dit Rodolphe, quel est ce sonnet qui fait le pied de grue ? Tiens, Colline !

— Tiens, Rodolphe ! Où vas-tu ?

— Chez toi.

— Tu ne m'y trouveras pas.

— Qu'est-ce que tu fais là ?

— J'attends.

— Et qu'est-ce que tu attends?

— Ah! dit Colline avec une emphase railleuse, que peut-on attendre quand on a vingt ans, qu'il y a des étoiles au ciel et des chansons dans l'air ?

— Parle en prose.

— J'attends une femme.

— Bonsoir, fit Rodolphe qui continua son chemin tout en mologuant. — Ouais ! disait-il, est-ce donc aujourd'hui la Saint-Cupidon, et ne pourrai-je faire un pas sans me heurter à des amoureux? Cela est immoral et scandaleux. Que fait donc la police?

Comme le Luxembourg (¹) était encore ouvert, Rodolphe y entra pour abréger son chemin. Au milieu des allées désertes, il voyait souvent fuir devant lui, comme effrayés par le bruit de ses pas, des couples mystérieusement enlacés et cherchant, comme a dit un poète :

La double volupté du silence et de l'ombre.

— Voilà, dit Rodolphe, une soirée qui a été copiée dans un roman. Et cependant, pénétré malgré lui d'un charme langoureux, il s'assit sur un banc et regarda sentimentalement la lune.

Au bout de quelque temps, il était entièrement sous le joug d'une fièvre hallucinée. Il lui sembla que les dieux et héros de marbre qui peuplent le jardin quittaient leurs piédestaux pour s'en aller faire la cour aux déesses et héroïnes leurs voisines; et il entendit distinctement le gros Hercule faire un madrigal à la Velléda, dont la tunique lui parut singulièrement raccourcie.

Du banc où il était assis, il aperçut le cygne du

bassin qui se dirigeait vers une nymphe d'alentour.

— Bon! pensa Rodolphe, qui acceptait toute cette mythologie, voilà Jupiter qui va au rendez-vous de Léda. Pourvu que le gardien ne les surprenne pas!

Puis il se prit le front dans les mains et s'enfonça plus avant les aubépines du sentiment. Mais, à ce beau moment de son rêve, Rodolphe fut subitement réveillé par un gardien qui s'approcha de lui et lui frappa sur l'épaule.

— Il faut sortir, monsieur, dit-il.

— C'est heureux, pensa Rodolphe. Si je restais encore ici cinq minutes, j'aurais dans le cœur plus de *vergiss-mein-nicht* qu'il n'y en a sur les bords du Rhin ou dans les romans d'Alphonse Karr.

Et, prenant sa course, il sortit en toute hâte du Luxembourg, fredonnant à voix basse une romance sentimentale, qui était pour lui la Marseillaise de l'amour.

Une demi-heure après, — ne sais comment, — il était au *Prado* (²) attablé devant du punch et causant avec un grand garçon célèbre par son nez, qui, par un singulier privilège, est aquilin de profil et camard de face, un maître nez qui ne manque pas d'esprit, et a eu assez d'aventures galantes pour pouvoir en pareil cas donner un bon avis et être utile à son ami.

— Donc, disait Alexandre Schaunard, l'homme au nez... vous êtes amoureux?

— Oui, mon cher... ça m'a pris tout à l'heure, subitement, comme un grand mal de dents qu'on aurait au cœur.

— Passez-moi le tabac, dit Alexandre.

— Figurez-vous, continua Rodolphe, que depuis deux heures je ne rencontre que des amoureux, des hommes et des femmes deux par deux. J'ai eu l'idée d'entrer dans le Luxembourg, où j'ai vu toutes sortes de fantasmagories ; ça m'a remué le cœur extraordinairement ; il m'y pousse des élégies ; je bêle et je roucoule ; je me métamorphose moitié agneau, moitié pigeon. Regardez donc un peu, je dois avoir de la laine et des plumes.

— Qu'est-ce que vous avez donc bu ? dit Alexandre impatienté... vous me faites poser, vous.

— Je vous assure que je suis de sang-froid, dit Rodolphe. C'est-à-dire, non. Mais je vous annoncerai que j'ai besoin d'embrasser quelque chose... Voyez-vous, Alexandre, l'homme ne doit pas vivre seul : en un mot il faut que vous m'aidiez à trouver une femme... Nous allons faire le tour du bal, et la première que je vous montrerai, vous irez lui dire que je l'aime.

— Pourquoi n'allez-vous pas le lui dire vous-même ? répondit Alexandre avec sa superbe basse nasale.

— Eh ! mon cher, dit Rodolphe, je vous assure que j'ai tout à fait oublié comment on s'y prend pour dire ces choses-là. De tous mes romans d'amour, ce sont mes amis qui ont écrit la préface, et quelques-uns même le dénouement. Je n'ai jamais su commencer.

— Il suffit de savoir finir, dit Alexandre ; mais je vous comprends. J'ai vu une jeune fille qui aime le hautbois, vous pourrez peut-être lui convenir.

— Ah ! reprit Rodolphe, je voudrais bien qu'elle eût des gants blancs et des yeux bleus.

— Diable ! des yeux bleus, je ne dis pas... mais les gants... vous savez qu'on ne peut pas avoir tout à la fois... Cependant, allons dans le quartier de l'aristocratie.

— Tenez, dit Rodolphe en entrant dans le salon où se tiennent les élégantes du lieu, en voici une qui paraît bien douce... et il indiquait une jeune fille, assez élégamment mise, qui se tenait dans un coin.

— C'est bon! répondit Alexandre, restez un peu en arrière ; je vais lui lancer pour vous le brûlot de la passion. Quand il faudra venir... je vous appellerai.

Pendant dix minutes, Alexandre entretint la jeune fille qui, de temps en temps, partait en joyeux éclats de rire et finit par lancer à Rodolphe un sourire qui voulait assez dire : — Venez, votre avocat a gagné la cause.

— Allez donc, dit Alexandre, la victoire est à nous, la petite n'est sans doute pas cruelle ; mais ayez l'air naïf pour commencer.

— Vous n'avez pas besoin de me recommander cela.

— Alors, passez-moi un peu de tabac, dit Alexandre, et allez vous asseoir près d'elle.

— Mon Dieu! dit la jeune fille, quand Rodolphe eut pris place à ses côtés, comme votre ami est drôle, il parle comme un cor de chasse.

— C'est qu'il est musicien, répondit Rodolphe...

Deux heures après, Rodolphe et sa compagne étaient arrêtés devant une maison de la rue Saint-Denis.

— C'est ici que je demeure, dit la jeune fille.

— Eh bien, chère Louise, quand vous reverrai-je, et où?

— Chez vous, demain soir, à huit heures.

— Bien vrai?

— Voilà ma promesse, répondit Louise en tendant ses joues fraîches à Rodolphe qui mordit à même dans ces beaux fruits mûrs de jeunesse et de santé.

Rodolphe rentra chez lui *ivre fou.*

— Ah! dit-il en parcourant sa chambre à grands pas, ça ne peut pas se passer comme ça; il faut que je fasse des vers.

Le lendemain matin, son portier trouva dans la

chambre une trentaine de feuilles de papier en tête
desquelles s'étalait avec majesté cet alexandrin solitaire :

> O l'amour ! ô l'amour ! prince de la jeunesse !

Ce jour-là — le lendemain — contre ses habitudes,
Rodolphe s'était réveillé de fort bonne heure, et, bien
qu'ayant peu dormi, il se leva sur-le-champ.

— Ah ! s'écria-t-il, c'est donc aujourd'hui le grand
jour... Mais douze heures d'attente... Avec quoi combler ces douze éternités?... Et comme son regard
était tombé sur son bureau, il lui sembla voir frétiller
sa plume qui avait l'air de lui dire : Travaille !

— Ah ! bien oui, travaille, foin de la prose !... Je ne
veux pas rester ici, ça pue l'encre.

Il fut s'installer dans un café où il était sûr de ne
point rencontrer d'amis.

— Ils verraient que je suis amoureux, pensa-t-il, et
me plumeraient d'avance mon idéal. Après un repas
très succinct, il courut au chemin de fer et monta
dans un wagon.

Au bout d'une demi-heure, il était dans les bois de
Ville-d'Avray.

Rodolphe se promena toute la journée, lâché à travers la nature rajeunie, et ne revint à Paris qu'au
tomber de la nuit.

Après avoir fait mettre en ordre le temple qui allait
recevoir son idole, Rodolphe fit une toilette de circonstance, et regretta beaucoup de ne pouvoir s'habiller en blanc.

De sept à huit heures, il fut en proie à la fièvre
aiguë de l'attente. Supplice lent qui lui rappela ses
jours anciens, et les anciennes amours qui les avaient

charmés. Puis, suivant son habitude, il rêva déjà une
grande passion, un amour en dix volumes, un véritable poème lyrique avec clairs de lune, soleils cou-
chants, rendez-vous sous les saules, jalousies, soupirs,
et le reste. Et il en était ainsi chaque fois que le
hasard amenait une femme à sa porte, et pas une ne
l'avait quitté sans emporter au front une auréole et
au cou un collier de larmes.

— Elles aimeraient mieux un chapeau ou des bottines, lui disaient ses amis ; mais Rodolphe s'obstinait, et jusqu'ici les nombreuses écoles qu'il avait
commises n'avaient pu le guérir. Il attendait toujours
une femme qui voulût bien poser en idole, un ange
en robe de velours à qui il pourrait tout à son aise
adresser des sonnets écrits sur feuilles de saule.

Enfin Rodolphe entendit sonner « l'heure sainte » ;
et comme le dernier coup résonnait sur le timbre de
métal, il crut voir l'*Amour* et la *Psyché* qui surmon-
taient sa pendule enlacer leurs corps d'albâtre. Au
même moment, on frappa deux coups timides à la
porte.

Rodolphe alla ouvrir ; c'était Louise. — Je suis de
parole, dit-elle, vous voyez !

Rodolphe ferma les rideaux et alluma une bougie
neuve.

Pendant ce temps, la petite s'était débarrassée de
son châle et de son chapeau, qu'elle alla poser sur le
lit. L'éblouissante blancheur des draps la fit sourire
— et presque rougir.

Louise était plutôt gracieuse que jolie ; sa fraîche
figure offrait un piquant mélange de naïveté et de
malice. C'était quelque chose comme un motif de
Greuze arrangé par Gavarni. Toute la jeunesse at-
trayante de la jeune fille était adroitement mise en

relief par une toilette qui, bien que très simple, attestait chez elle cette science innée de coquetterie que toutes les femmes possèdent, depuis leur premier lange jusqu'à leur robe de noce. Louise paraissait en outre avoir particulièrement étudié la théorie des attitudes, et prenait devant Rodolphe, qui l'examinait en artiste, une foule de poses séduisantes dont le maniérisme avait souvent plus de grâce que le naturel : ses pieds, finement chaussés, étaient d'une exiguïté satisfaisante... même pour un romantique épris des miniatures andalouses ou chinoises. Quant à ses mains, leur délicatesse attestait l'oisiveté. En effet, depuis six mois, elles n'avaient plus à redouter les morsures de l'aiguille. Pour tout dire, Louise était un de ces oiseaux volages et passagers qui, par fantaisie et souvent par besoin, font pour un jour, ou plutôt une nuit, leur nid dans les mansardes du quartier latin et y demeurent volontiers quelques jours, si on sait les retenir par un caprice — ou par des rubans.

Après avoir causé une heure avec Louise, Rodolphe lui montra comme exemple le groupe de l'Amour et de Psyché.

— Est-ce pas Paul et Virginie ? dit-elle.

— Oui, répondit Rodolphe, qui ne voulut pas d'abord la contrarier par une contradiction.

— Ils sont bien imités, répondit Louise.

— Hélas ! pensa Rodolphe en la regardant, la pauvre enfant n'a guère de littérature. Je suis sûr qu'elle se borne à l'orthographe du cœur, celle qui ne met point d's au pluriel. — Il faudra que je lui achète un Lhomond.

Cependant, comme Louise se plaignait d'être gênée dans sa chaussure, il l'aida obligeamment à délacer ses bottines.

Tout à coup, la lumière s'éteignit.

— Tiens, s'écria Rodolphe, qui donc a soufflé la bougie ?

Un joyeux éclat de rire lui répondit.

Quelques jours après, Rodolphe rencontra dans la rue un de ses amis.

— Que fais-tu donc ? lui demanda celui-ci. On ne te voit plus.

— Je fais de la poésie intime, répondit Rodolphe.

Le malheureux disait vrai. Il avait voulu demander à Louise plus que la pauvre enfant ne pouvait lui donner. Musette, elle n'avait point les sons d'une lyre. Elle parlait, pour ainsi dire, le patois de l'amour, et Rodolphe voulait absolument en parler le beau langage. Aussi ne se comprenaient-ils guère.

Huit jours après, au même bal où elle avait trouvé Rodolphe... Louise rencontra un jeune homme blond, qui la fit danser plusieurs fois, et à la fin de la soirée il la reconduisit chez lui.

C'était un étudiant de seconde année, il parlait très bien la prose du plaisir, avait de jolis yeux et le gousset sonore.

Louise lui demanda du papier et de l'encre, et écrivit à Rodolphe une lettre ainsi conçue :

« Ne conte plus sur moi du tou, je t'embrâse pour la dernière foi. Adieu.

« Louise. »

Comme Rodolphe lisait ce billet le soir, en rentrant chez lui, sa lumière mourut tout à coup.

— Tiens, dit Rodolphe en manière de réflexion, c'est la bougie que j'ai allumée le soir où Louise est venue : elle devait finir avec notre liaison. Si j'avais su, je l'aurais choisie plus longue, ajouta-t-il avec un

accent moitié dépit, moitié regret, et il déposa le
billet de sa maîtresse dans un tiroir qu'il appelait
quelquefois les catacombes de ses amours.

Un jour, étant chez Marcel, Rodolphe ramassa à
terre, pour allumer sa pipe, un morceau de papier
sur lequel il reconnut l'écriture et l'orthographe de
Louise.

— J'ai, dit-il à son ami, un autographe de la même
personne ; seulement, il y a deux fautes de moins
que dans le tien. Est-ce que cela ne prouve pas qu'elle
m'aimait mieux que toi ?

— Ça prouve que tu es un niais, lui répondit Marcel : les blanches épaules et les bras blancs n'ont pas
besoin de savoir la grammaire.

IV

Ali-Rodolphe, ou le Turc par nécessité.

Frappé d'ostracisme par un propriétaire inhospita-
lier, Rodolphe vivait depuis quelque temps plus errant
que les nuages, et perfectionnait de son mieux l'art
de se coucher sans souper, ou de souper sans se coucher ; son cuisinier s'appelait le Hasard, et il logeait
fréquemment à l'auberge de la Belle Étoile.

Il y avait pourtant deux choses qui n'abandonnaient
point Rodolphe au milieu de ces pénibles traverses,
c'étaient sa bonne humeur, et le manuscrit du *Vengeur*, drame qui avait fait des stations dans tous les
lieux dramatiques de Paris.

Un jour, Rodolphe, conduit au *violon* pour cause
de chorégraphie trop macabre, se trouva nez à nez
avec un oncle à lui, le sieur Monetti, poêlier-fumiste,
sergent de la garde nationale, et que Rodolphe n'avait
pas vu depuis une éternité (¹).

Touché des malheurs de son neveu, l'oncle Monetti

promit d'améliorer sa position, et nous allons voir
comme, si le lecteur ne s'effraye pas d'une ascension
de six étages.

Donc prenons la rampe et montons. Ouf ! cent
vingt-cinq marches. Nous voici arrivés. Un pas de
plus nous sommes dans la chambre, un autre, nous
n'y serions plus, c'est petit, mais c'est haut ; au reste,
bon air et belle vue.

Le mobilier se compose de plusieurs cheminées à
la prussienne, de deux poêles, de fourneaux économiques, quand on n'y fait pas de feu surtout, d'une
douzaine de tuyaux en fer rouge ou en tôle, et d'une
foule d'appareils de chauffage ; citons encore, pour
clore l'inventaire, un hamac suspendu à deux clous
fichés dans la muraille, une chaise de jardin amputée
d'une jambe, un chandelier orné de sa bobèche, et
divers autres objets d'art et de fantaisie.

Quant à la seconde pièce — le balcon — deux
cyprès nains, mis en pots, la transforment en parc
pour la belle saison.

Au moment où nous entrons, l'hôte du lieu, jeune
homme habillé en Turc d'opéra-comique, achève un
repas dans lequel il viole effrontément la loi du pro-
phète, ainsi que l'indique la présence d'un ex-jam-
bonneau et d'une bouteille ci-devant pleine de vin.
Son repas terminé, le jeune Turc s'étendit à l'orien-
tale sur le carreau, et se mit à fumer nonchalamment
un narghileh marqué J. G. Tout en s'abandonnant à
la béatitude asiatique, il passait de temps en temps
sa main sur le dos d'un magnifique chien de Terre-
Neuve, qui aurait sans doute répondu à ses caresses
s'il n'eût été en terre cuite.

Tout à coup un bruit de pas se fit entendre dans le
corridor, et la porte de la chambre s'ouvrit, donnant

entrée à un personnage qui, sans mot dire, alla droit à l'un des poêles servant de secrétaire, ouvrit la porte du four et en tira un rouleau de papiers qu'il considéra avec attention.

— Comment ! s'écria le nouveau venu avec un fort accent piémontais, tu n'as pas achevé encore le chapitre des Ventouses ?

— Permettez, mon oncle. répondit le Turc, le chapitre des Ventouses est un des plus intéressants de votre ouvrage, et demande à être étudié avec soin. Je l'étudie.

— Mais, malheureux, tu me dis toujours la même chose. Et mon chapitre des Calorifères, où en est-il ?

— Le calorifère va bien. Mais, à propos, mon oncle, si vous pouviez me donner un peu de bois, cela ne me ferait pas de peine. C'est une petite Sibérie ici. J'ai tellement froid, que je ferais tomber le thermomètre au-dessous de zéro, rien qu'en le regardant.

— Comment, tu as déjà consumé un fagot ?

— Permettez, mon oncle, il y a fagots et fagots, et le vôtre était bien petit.

— Je t'enverrai une bûche économique. Ça garde la chaleur.

— C'est précisément pourquoi ça n'en donne pas.

— Eh bien, dit le Piémontais en se retirant, je te ferai monter un petit cotret. Mais je veux mon chapitre des Calorifères pour demain.

— Quand j'aurai du feu, ça m'inspirera, dit le Turc, qu'on venait de renfermer à double tour.

Si nous faisions une tragédie, ce serait ici le moment de faire apparaître le confident. Il s'appellerait Noureddin ou Osman, et d'un air à la fois discret et protecteur il s'avancerait auprès de notre héros

et lui tirerait adroitement les vers du nez à l'aide de
ceux-ci :

> Quel funeste chagrin vous occupe, seigneur?
> A votre auguste front, pourquoi cette pâleur?
> Allah se montre-t-il à vos desseins contraire?
> Ou le farouche Ali, par un ordre sévère,
> A-t-il sur d'autres bords, en apprenant vos feux,
> Eloigné la beauté qui sut charmer vos yeux?

Mais nous ne faisons point de tragédie, et, malgré
le besoin que nous avons d'un confident, — il faut
nous en passer.

Notre héros n'est point ce qu'il paraît être, ie
turban ne fait pas le Turc. Ce jeune homme est
notre ami Rodolphe, recueilli par son oncle, pour
lequel il rédige actuellement un manuel du *Parfait
fumiste*. En effet, M. Monetti, passionné pour son
art, avait consacré ses jours à la fumisterie. Ce
digne Piémontais avait arrangé pour son usage une
maxime faisant à peu près pendant à celle de Cicéron
— et dans ses beaux moments d'enthousiasme, il
s'écriait : *Nascuntur poë…liers*. Un jour, pour l'utilité des races futures, il avait songé à formuler un
code théorique des principes d'un art dans la pratique
duquel il excellait, et il avait, comme nous l'avons vu,
choisi son neveu — pour encadrer le fond de ses idées
dans la forme qui pût les faire comprendre. — Rodolphe était nourri, couché, logé, etc… et devait, à
l'achèvement du *Manuel*, recevoir une gratification de
100 écus.

Dans les premiers jours, pour encourager son neveu
au travail, Monetti lui avait généreusement fait une
avance de 50 francs. — Mais Rodolphe, qui n'avait point
vu une pareille somme depuis près d'un an, était sorti
à moitié fou, accompagné de ses écus, et il resta

trois jours dehors; le quatrième il rentrait, seul!

Monetti, qui avait hâte de voir achever son *Manuel*, car il comptait obtenir un brevet, craignait de nouvelles escapades de la part de son neveu; et pour le forcer à travailler, en l'empêchant de sortir, il lui enleva ses vêtements et lui laissa en place le déguisement sous lequel nous l'avons vu tout à l'heure.

Cependant, le fameux *Manuel* n'en allait pas moins *piano*, *piano*, Rodolphe manquant absolument des cordes nécessaires à ce genre de littérature. L'oncle se vengeait de cette indifférence paresseuse en matière de cheminées, en faisant subir à son neveu une foule de misères. — Tantôt il lui abrégeait ses repas, et souvent il le privait de tabac à fumer.

Un dimanche, après avoir péniblement sué sang et encre sur le fameux chapitre des Ventouses, Rodolphe brisa sa plume qui lui brûlait les doigts, et s'en alla se promener dans son parc.

Comme pour le narguer et exciter encore son envie, il ne pouvait hasarder un seul regard autour de lui sans apercevoir à toutes les fenêtres une figure de fumeur.

Au balcon doré d'une maison neuve, un lion en robe de chambre mâchait entre ses dents le panatellas aristocratique. Un étage au-dessus, un artiste chassait devant lui le brouillard odorant d'un tabac levantin qui brûlait dans une pipe à bouquin d'ambre. A la fenêtre d'un estaminet, un gros Allemand faisait mousser la bière et repoussait avec une précision mécanique les nuages opaques s'échappant d'une pipe de Cudmer. D'un autre côté, des groupes d'ouvriers se rendant aux barrières passaient en chantant, le *brûle-gueule* aux dents. Enfin, tous les autres piétons qui emplissaient la rue fumaient.

— Hélas! disait Rodolphe avec envie, excepté moi

et les cheminées de mon oncle, tout le monde fume à cette heure dans la création.

Et Rodolphe, le front appuyé sur la barre du balcon, songea combien la vie était amère.

Tout à coup un éclat de rire sonore et prolongé se fit entendre au-dessous de lui. Rodolphe se pencha un peu en avant pour voir d'où sortait cette fusée de folle joie, et il *s'aperçut* qu'il avait été aperçu par la locataire occupant l'étage inférieur, Mlle Sidonie, jeune première au théâtre du Luxembourg.

Mlle Sidonie s'avança sur sa terrasse en roulant entre ses doigts, avec une habileté castillane, un petit papier gonflé d'un tabac blond qu'elle tirait d'un sac en velours brodé.

— Oh! la belle tabatière, murmura Rodolphe avec une admiration contemplative.

— Quel est cet *Ali-Baba*? pensait de son côté Mlle Sidonie.

Et elle rumina tout bas un prétexte pour engager la conversation avec Rodolphe, qui, de son côté, cherchait à en faire autant.

— Ah! mon Dieu! s'écria Mlle Sidonie, comme si elle se parlait à elle-même, Dieu! que c'est ennuyeux! je n'ai pas d'allumettes.

— Mademoiselle, voulez-vous me permettre de vous en offrir? dit Rodolphe en laissant tomber sur le balcon deux ou trois allumettes chimiques roulées dans du papier.

— Mille remerciements, répondit Sidonie en allumant sa cigarette.

— Mon Dieu, mademoiselle... continua Rodolphe, en échange du léger service que *mon bon ange* m'a permis de vous rendre, oserai-je vous demander?

— Comment, il demande déjà! pensa Sidonie eu

regardant Rodolphe avec plus d'attention. — Ah ! dit-elle... ces Turcs ! on les dit volages, mais bien agréables. Parlez, monsieur, fit-elle ensuite en relevant la tête vers Rodolphe : Que désirez-vous ?

— Mon Dieu, mademoiselle, je vous demanderai la charité d'un peu de tabac ; il y a deux jours que je n'ai fumé. Une pipe seulement...

— Avec plaisir, monsieur... Mais comment faire ? Veuillez prendre la peine de descendre un étage.

— Hélas ! cela ne m'est point possible... Je suis en-fermé ; mais il me reste la liberté d'employer un moyen très simple, dit Rodolphe.

Et il attacha sa pipe à une ficelle, et la laissa glisser jusqu'à la terrasse, où M\ Sidonie la bourra elle-même avec abondance. Rodolphe procéda ensuite, avec len-teur et circonspection, à l'ascension de sa pipe, qui lui arriva sans encombre.

— Ah ! mademoiselle, dit-il à Sidonie, combien cette pipe m'eût semblé meilleure si j'avais pu l'allu-mer au feu de vos yeux !

Cette agréable plaisanterie en était au moins à la centième édition, mais M\ Sidonie ne la trouva pas moins superbe.

— Vous me flattez ! crut-elle devoir répondre.

— Ah ! mademoiselle, je vous assure que vous me paraissez belle comme les trois Grâces.

— Décidément, *Ali-Baba* est bien galant, pensa Sidonie... Est-ce que vous êtes vraiment Turc ? de-manda-t-elle à Rodolphe.

— Point par vocation, répondit-il, mais par néces-sité ; je suis auteur dramatique, madame.

— Et moi artiste, reprit Sidonie ; puis elle ajouta : Monsieur mon voisin, voulez-vous me faire l'honneur de venir dîner et passer la soirée chez moi ?

— Ah! mademoiselle, dit Rodolphe, bien que cette proposition m'ouvre le ciel, il m'est impossible de l'accepter. Comme j'ai eu l'honneur de vous le dire, je suis enfermé par mon oncle, le sieur Monetti, poêlier-fumiste, dont je suis actuellement le secrétaire.

— Vous n'en dînerez pas moins avec moi, répliqua Sidonie ; écoutez bien ceci : je vais rentrer dans ma chambre et frapper à mon plafond. A l'endroit où je frapperai, vous regarderez et vous trouverez les traces d'un *judas* qui existait et a été condamné depuis : trouvez le moyen d'enlever la pièce de bois qui bouche le trou, et, quoique chacun chez nous, nous serons presque ensemble...

Rodolphe se mit à l'œuvre sur-le-champ. Après cinq minutes de travail, une communication était établie entre les deux chambres.

— Ah! fit Rodolphe, le trou est petit, mais il y aura toujours assez de place pour que je puisse vous passer mon cœur.

— Maintenant, dit Sidonie, nous allons dîner... Mettez le couvert chez vous, je vais vous passer les plats.

Rodolphe laissa glisser dans la chambre son turban attaché à une ficelle et le remonta chargé de comestibles, puis le poète et l'actrice se mirent à dîner ensemble, chacun de son côté. Des dents, Rodolphe dévorait le pâté, et des yeux Mlle Sidonie.

— Hélas! mademoiselle, dit Rodolphe, quand ils eurent achevé leur repas, grâce à vous, mon estomac est satisfait. Ne satisferez-vous pas de même la fringale de mon cœur qui est à jeun depuis si longtemps?

— Pauvre garçon! dit Sidonie. Et montant sur un meuble, elle apporta jusqu'aux lèvres de Rodolphe sa main que celui-ci *ganta* de baisers.

— Ah ! s'écria le jeune homme, quel malheur que vous ne puissiez faire comme saint Denis, qui avait le droit de porter sa tête dans ses mains.

Après le dîner commença une conversation amoroso-littéraire. Rodolphe parla du *Vengeur*, et Mlle Sidonie en demanda la lecture. Penché au bord du trou, Rodolphe commença à déclamer son drame à l'actrice qui, pour être plus à portée, s'était assise dans un fauteuil échafaudé sur sa commode. Mlle Sidonie déclara *le Vengeur* un chef-d'œuvre ; et, comme elle était un peu *maîtresse* au théâtre, elle promit à Rodolphe de lui faire recevoir sa pièce.

Au moment le plus tendre de l'entretien, l'oncle Monetti fit entendre dans le corridor son pas léger, comme celui du *commandeur*. Rodolphe n'eut que le temps de fermer le judas.

— Tiens, dit Monetti à son neveu, voici une lettre qui court après toi depuis un mois.

— Voyons, dit Rodolphe. — Ah ! mon oncle, s'écria-t-il, mon oncle, je suis riche ! Cette lettre m'annonce que j'ai remporté un prix de trois cents francs à une académie de Jeux floraux. Vite ma redingote et mes *affaires*, que j'aille cueillir mes lauriers ! On m'attend au Capitole.

— Et mon chapitre des Ventouses ? dit Monetti froidement.

— Eh ! mon oncle, il s'agit bien de cela ! Rendez-moi mes *affaires*. Je ne peux pas sortir dans cet équipage...

— Tu ne sortiras que lorsque mon *Manuel* sera terminé, dit l'oncle, en enfermant Rodolphe à double tour.

Resté seul, Rodolphe ne balança point longtemps sur le parti qu'il avait à prendre... Il attacha solide-

ment à son balcon une couverture transformée en
corde à nœuds ; et, malgré le péril de la tentative, il
descendit, à l'aide de cette échelle improvisée, sur la
terrasse de Mlle Sidonie.

— Qui est là ? s'écria celle-ci en entendant Rodolphe
frapper à ses carreaux.

— Silence, répondit-il, ouvrez...

— Que voulez-vous ? qui êtes-vous ?

— Pouvez-vous le demander ? Je suis l'auteur du
Vengeur, et je viens rechercher mon cœur que j'ai
laissé tomber dans votre chambre, par le judas.

— Malheureux jeune homme, dit l'actrice, vous
auriez pu vous tuer !

— Écoutez, Sidonie... continua Rodolphe... en
montrant la lettre qu'il venait de recevoir..., vous le
voyez, la fortune et la gloire me sourient... Que
l'amour fasse comme elles !. . . . .
. . . .

Le lendemain matin, à l'aide d'un déguisement
masculin que lui avait fourni Sidonie, Rodolphe pouvait s'échapper de la maison de son oncle... Il courut
chez le correspondant de l'académie des Jeux floraux
recevoir une églantine d'or de la force de 100 écus,
qui vécurent à peu près ce que vivent les roses.

Un mois après, M. Monetti était convié, de la part de
son neveu, à assister à la première représentation du
Vengeur. Grâce au talent de Mlle Sidonie, la pièce eut
dix-sept représentations et rapporta quarante francs
à son auteur.

Quelque temps après, c'était dans la belle saison,
Rodolphe demeurait avenue de Saint-Cloud, dans le
troisième arbre à gauche en sortant du bois de Boulogne, sur la cinquième branche.

V

L'écu de Charlemagne.

Vers la fin du mois de décembre, les facteurs de l'administration Bidault furent chargés de distribuer environ cent exemplaires d'un billet de faire part dont voici une copie que nous certifions sincère et véritable :

M

MM. Rodolphe et Marcel vous prient de leur faire l'honneur de venir passer la soirée chez eux, samedi prochain, veille de Noël. — On rira!

P.-S. — Nous n'avons qu'un temps à vivre ! ♪

PROGRAMME DE LA FÊTE

A 7 heures, ouverture des salons; conversation vive et animée.

A 8 heures, entrée et promenade dans les salons des spirituels auteurs de la *Montagne en couches*, comédie refusée au théâtre de l'Odéon.

A 8 heures et demie M. Alexandre Schaunard, virtuose distingué, exécutera sur le piano l'*Influence du bleu dans les Arts*, symphonie imitative.

A 9 heures, première lecture du Mémoire sur l'abolition de la peine de la tragédie.

A 9 heures et demie, M. Gustave Colline, philosophe hyperphysique, et M. Schaunard entameront une discussion de philosophie et de métapolitique comparées. — Afin d'éviter toute collision entre les deux antagonistes, ils seront attachés l'un et l'autre.

A 10 heures, M. Tristan, homme de lettres, racontera ses premières amours. — M. Alexandre Schaunard l'accompagnera sur le piano.

A 10 heures et demie, deuxième lecture du Mémoire sur l'abolition de la peine de la tragédie.

A 11 heures, récit d'une chasse au casoar, par un prince étranger.

DEUXIÈME PARTIE

A minuit, M. Marcel, peintre d'histoire, se fera bander les yeux, et improvisera au crayon blanc l'entrevue de Napoléon et de Voltaire dans les Champs-Elysées. M. Rodolphe improvisera également un parallèle entre l'auteur de *Zaïre* et l'auteur de la *Bataille d'Austerlitz*.

A minuit et demi, M. Gustave Colline, modestement déshabillé, imitera les jeux athlétiques de la quatrième olympiade.

A 1 heure du matin, troisième lecture du Mémoire sur l'abolition de la peine de la tragédie, et quête au profit des auteurs tragiques qui se trouveront un jour sans emploi.

A 2 heures, ouverture des jeux et organisation des quadrilles, qui se prolongeront jusqu'au matin.

A 6 heures, lever du soleil, et chœur final.

Pendant toute la durée de la fête, des ventilateurs joueront.

N. B. — Toute personne qui voudrait lire ou réciter des vers sera immédiatement mise hors des salons et livrée entre les mains de la police ; on est également prié de ne pas emporter les bouts de bougie.

Deux jours après, des exemplaires de cette lettre étaient en circulation dans les troisièmes dessous de la littérature et des arts, et y déterminaient une profonde rumeur.

Cependant, parmi les invités, il s'en trouvait quelques-uns qui mettaient en doute les splendeurs annoncées par les deux amis.

— Je me méfie beaucoup, disait un de ces sceptiques : j'ai été quelquefois aux mercredis de Rodolphe, rue de la Tour-d'Auvergne, on ne pouvait s'asseoir que moralement, et on buvait de l'eau peu filtrée dans des poteries éclectiques.

— Cette fois, dit un autre, ce sera très sérieux. Marcel m'a montré le plan de la fête, et ça promet un effet magique.

— Est-ce que vous aurez des femmes ?

— Oui, Phémie Teinturière a demandé à être reine de la fête, et Schaunard doit amener des dames du monde.

Voici, en quelques mots, l'origine de cette fête qui causait une si grande stupéfaction dans le monde bohémien qui vit au delà des ponts. Depuis environ un an, Marcel et Rodolphe avaient annoncé ce somptueux gala, qui devait toujours avoir lieu *samedi prochain;* mais des circonstances pénibles avaient forcé leur promesse à faire le tour de cinquante-deux semaines, si bien qu'ils en étaient arrivés à ne pouvoir faire un pas sans se heurter à quelque ironie de leurs amis, parmi lesquels il s'en trouvait même d'assez indiscrets pour formuler d'énergiques réclamations. La chose commençant à prendre le caractère d'une *scie*, les deux amis résolurent d'y mettre fin en se liquidant des engagements qu'ils avaient pris. C'est ainsi qu'ils avaient envoyé l'invitation plus haut,

— Maintenant, avait dit Rodolphe, il n'y a plus à reculer, nous avons brûlé nos vaisseaux, il nous reste devant nous huit jours pour trouver les cent francs qui nous sont indispensables pour faire bien les choses.

— Puisqu'il les faut, nous les aurons, avait répondu Marcel.

Et avec l'insolente confiance qu'ils avaient dans le hasard, les deux amis s'endormirent convaincus que leurs cent francs étaient déjà en route, la route de l'impossible.

Cependant la surveille du jour désigné pour la fête, et comme rien n'était encore arrivé, Rodolphe pensa qu'il serait peut-être plus sûr d'aider le hasard, s'il ne voulait pas rester en affront quand l'heure serait venue d'allumer les lustres. Pour plus de facilité, les deux amis modifièrent progressivement les somptuosités du programme qu'ils s'étaient imposé.

Et de modification en modification, après avoir fait subir force deleatur à l'article Gâteaux, après avoir soigneusement revu et diminué l'article Rafraîchissements, le total des frais se trouva réduit à quinze francs.

La question était simplifiée, mais non encore résolue.

— Voyons, voyons, dit Rodolphe, il faut maintenant employer les grands moyens, d'abord nous ne pouvons pas faire relâche cette fois.

— Impossible! reprit Marcel.

— Combien y a-t-il de temps que j'ai entendu le récit de la bataille Studzianka ?

— Deux mois à peu près.

— Deux mois, bon, c'est un délai honnête — mon oncle n'aura pas à se plaindre. J'irai demain me faire raconter la bataille de Studzianka, ce sera cinq francs, ça, c'est sûr.

— Et moi, dit Marcel, j'irai vendre un *Manoir aban-donné* au vieux Médicis. Ça sera cinq francs aussi. Si j'ai assez de temps pour mettre trois tourelles et un moulin, ça ira peut-être à dix francs, et nous aurons notre budget.

Et les deux amis s'endormirent, rêvant que la princesse de Belgiojoso les priait de changer leurs jours de réception pour ne point lui enlever ses habitués.

Éveillé dès le grand matin, Marcel prit une toile et procéda vivement à la construction d'un *Manoir aban-donné*, article qui lui était particulièrement demandé par un brocanteur de la place du Carrousel. De son côté, Rodolphe alla rendre visite à son oncle Monetti, qui excellait dans le récit de la retraite de Russie, et auquel Rodolphe procurait, cinq ou six fois par an, dans les circonstances graves, la satisfaction de narrer ses campagnes, moyennant un prêt de quelque argent que le vétéran-poêlier-fumiste ne disputait pas trop quand on savait montrer beaucoup d'enthousiasme à l'audition de ses récits.

Sur les deux heures, Marcel, le front bas et portant sous ses bras une toile, rencontra, place du Carrou sel, Rodolphe qui venait de chez son oncle ; son attitude annonçait une mauvaise nouvelle.

— Eh bien, demanda Marcel, as-tu réussi ?

— Non, mon oncle est allé voir le musée de Versailles. Et toi.

— Cet animal de Médicis ne veut plus de *Châteaux en ruine ;* il m'a demandé un *Bombardement de Tanger.*

— Nous sommes perdus de réputation si nous ne donnons pas notre fête, murmura Rodolphe. Qu'est-ce que pensera mon ami le critique influent, si je lui fais mettre une cravate blanche et des gants jaunes pour rien ?

Et tous deux rentrèrent à l'atelier en proie à de vives inquiétudes.

En ce moment quatre heures sonnaient à la pendule d'un voisin.

— Nous n'avons plus que trois heures devant nous, dit Rodolphe.

— Mais, s'écria Marcel en s'approchant de son ami, es-tu bien sûr, très sûr qu'il ne nous reste pas d'argent ici?... hein?

— Ni ici ni ailleurs. D'où viendrait ce reliquat ?

— Si nous cherchions sous les meubles... dans les fauteuils? On prétend que les émigrés cachaient leurs trésors, du temps de Robespierre. Qui sait!... Notre fauteuil a peut-être appartenu à un émigré, et puis il est si dur, que j'ai souvent eu l'idée qu'il renfermait des métaux... Veux-tu en faire l'autopsie?

— Ceci est du vaudeville, reprit Rodolphe d'un ton où la sévérité se mêlait à l'indulgence.

Tout à coup Marcel, qui avait continué ses fouilles dans tous les coins de l'atelier, poussa un grand cri de triomphe.

— Nous sommes sauvés, s'écria-t-il, j'étais bien sûr qu'il y avait des valeurs ici... Tiens, vois !

Et il montrait à Rodolphe une pièce de monnaie grande comme un écu et à moitié rongée par la rouille et le vert-de-gris.

C'était une monnaie carlovingienne de quelque valeur artistique. Sur la légende heureusement conservée, on pouvait lire la date du règne de Charlemagne.

— Ça, ça vaut trente sous, dit Rodolphe en jetant un coup d'œil dédaigneux sur la trouvaille de son ami.

— Trente sous bien employés font beaucoup d'effet, répondit Marcel. Avec douze cents hommes, Bonaparte a fait rendre les armes à dix mille Autrichiens. L'adresse égale le nombre. Je m'en vais changer l'écu de Charlemagne chez le père Médicis. N'y a-t-il pas encore quelque chose à vendre ici? Tiens, au fait, si j'emportais le moulage du tibia de Jaconowski, le tambour-major russe, ça ferait masse.

— Emporte le tibia. Mais c'est désagréable, il ne va pas rester un seul objet d'art ici.

Pendant l'absence de Marcel, Rodolphe, bien décidé à donner la soirée quand même, alla trouver son ami Colline, le philosophe hyperphysique qui demeurait à deux pas de chez lui.

— Je viens te prier, lui dit-il, de me rendre un service. — En ma qualité de maître de maison, il faut absolument que j'aie un habit noir, et... je n'en ai pas... prête-moi le tien.

— Mais, fit Colline en hésitant, en ma qualité d'invité, j'ai besoin de mon habit noir aussi, moi.

— Je te permets de venir en redingote.

— Je n'ai jamais eu de redingote, tu le sais bien.

— Eh bien, écoute, ça peut s'arranger autrement. Au besoin, tu pourrais ne pas venir à ma soirée, et me prêter ton habit noir.

— Tout ça, c'est désagréable; puis je suis sur le programme, je ne peux pas manquer.

— Il y a bien d'autres choses qui manqueront, dit Rodolphe. Prête-moi ton habit noir; et si tu veux venir, viens comme tu voudras... en bras de chemise... tu passeras pour un fidèle domestique.

— Oh! non, dit Colline en rougissant. Je mettrai mon paletot noisette. Mais enfin, c'est bien désagréable tout ça.

Et comme il aperçut Rodolphe qui s'était déjà emparé du fameux habit noir, il lui cria :

— Mais attends donc. Il y a quelques petites choses dedans.

L'habit de Colline mérite une mention. D'abord cet habit était complètement bleu, et c'était par habitude que Colline disait mon habit noir. Et comme il était alors le seul de la bande possédant un habit, ses amis avaient également la coutume de dire en parlant du vêtement officiel du philosophe : l'habit noir de Colline. En outre, ce vêtement célèbre avait une forme particulière, la plus bizarre qu'on pût voir : les basques très longues, attachées à une taille très courte, possédaient deux poches, véritables gouffres, dans lesquelles Colline avait l'habitude de loger une trentaine de volumes qu'il portait éternellement sur lui, ce qui faisait dire à ses amis que, pendant les vacances des bibliothèques, les savants et les hommes de lettres pouvaient aller chercher des renseignements dans les basques de l'habit de Colline, bibliothèque toujours ouverte aux lecteurs.

Ce jour-là, par extraordinaire, l'habit de Colline ne contenait qu'un volume in-quarto de Bayle, un traité des facultés hyperphysiques en trois volumes, un tome de Condillac, deux volumes de Swedenborg et l'*Essai sur l'homme* de Pope. Quand il en eut débarrassé son habit-bibliothèque, il permit à Rodolphe de s'en vêtir.

— Tiens, dit celui-ci, la poche gauche est encore bien lourde; tu as laissé quelque chose.

— Ah ! dit Colline, c'est vrai; j'ai oublié de vider la poche aux langues étrangères. Et il en retira deux grammaires arabes, un dictionnaire malais et un *Parfait Bouvier* en chinois, sa lecture favorite.

Quand Rodolphe rentra chez lui, il trouva Marcel qui jouait au palet avec des pièces de cinq francs, au nombre de trois. Au premier moment, Rodolphe repoussa la main que lui tendait son ami, il croyait à un crime.

— Dépêchons-nous, dépêchons-nous, dit Marcel... Nous avons les quinze francs demandés... Voici comment : j'ai rencontré un antiquaire chez Médicis. Quand il a vu ma pièce, il a failli se trouver mal : c'était la seule qui manquât à son médaillier. Il a envoyé dans tous les pays pour combler cette lacune, et il avait perdu tout espoir. Aussi, quand il a eu bien examiné mon écu de Charlemagne, il n'a pas hésité un seul moment à m'offrir cinq francs. Médicis m'a poussé du coude, son regard a complété le reste. Il voulait dire : « Partageons le bénéfice de la vente, et je surenchéris. » Nous avons monté jusqu'à trente francs. J'en ai donné quinze au Juif, et voilà le reste. Maintenant nos invités peuvent venir, nous sommes en mesure de leur donner des éblouissements. — Tiens, tu as un habit noir, toi?

— Oui, dit Rodolphe, l'habit de Colline.

Et comme il fouillait dans la poche pour prendre son mouchoir, Rodolphe fit tomber un petit volume de *mandchou*, oublié dans la poche aux littératures étrangères.

Sur-le-champ les deux amis procédèrent aux préparatifs. On rangea l'atelier ; on fit du feu dans le poêle ; un châssis de toile, garni de bougies, fut suspendu au plafond en guise de lustre ; un bureau fut placé au milieu de l'atelier pour servir de tribune aux orateurs ; l'on plaça devant l'unique fauteuil, qui devait être occupé par le critique influent, et l'on disposa sur une table tous les volumes, romans, poèmes, feuilletons dont les auteurs devaient honorer la soirée de leur présence. Afin d'éviter toute collision entre les différents corps de gens de lettres, l'atelier avait été, en outre, disposé en quatre compartiments, à l'entrée de chacun desquels, sur quatre écriteaux fabriqués en toute hâte, on lisait :

CÔTÉ DES POÈTES   **ROMANTIQUES**
CÔTÉ DES PROSATEURS   **CLASSIQUES**

Les dames devaient occuper un espace pratiqué au centre.

— Ah çà! mais ça manque de chaises, dit Rodolphe.

— Oh! fit Marcel, il y en a plusieurs sur le carré qui sont accrochées le long du mur. Si nous les cueillions !

— Certainement qu'il faut les cueillir, dit Rodolphe en allant s'emparer des sièges qui appartenaient à quelque voisin.

Six heures sonnèrent; les deux amis allèrent dîner en toute hâte et remontèrent procéder à l'éclairage des salons. Ils en demeurèrent éblouis eux-mêmes. A sept heures, Schaunard arriva accompagné de trois dames qui avaient oublié de prendre leurs diamants et leurs chapeaux. L'une d'elles avait un châle rouge, taché de noir. Schaunard la désigna particulièrement à Rodolphe.

— C'est une femme très comme il faut, dit-il, une Anglaise que la chute des Stuarts a forcée à l'exil; elle vit modestement en donnant des leçons d'anglais. Son père a été chancelier sous Cromwell, à ce qu'elle m'a dit; faut être poli avec elle; ne la tutoie pas trop.

Des pas nombreux se firent entendre dans l'escalier, c'étaient les invités qui arrivaient; ils parurent étonnés de voir du feu dans le poêle.

L'habit noir de Rodolphe allait au-devant des dames et leur baisait la main avec une grâce toute régence;

quand il y eut une vingtaine de personnes, Schaunard demanda s'il n'y aurait pas une tournée de quelque chose.

— Tout à l'heure, dit Marcel; nous attendons l'arrivée du critique influent pour allumer le punch.

A huit heures, tous les invités étaient au complet, et l'on commença à exécuter le programme. Chaque divertissement était alterné d'une tournée de quelque chose — on n'a jamais su quoi.

Vers les dix heures, on vit apparaître le gilet blanc du critique influent; il ne resta qu'une heure et fut très sobre dans sa consommation.

Sur le minuit, comme il n'y avait plus de bois et qu'il faisait très froid, les invités qui étaient assis tiraient au sort à qui jetterait sa chaise au feu.

A une heure, tout le monde était debout.

Une aimable gaieté ne cessa point de régner parmi les invités. On n'eut aucun accident à regretter, sinon un accroc fait à la poche aux langues étrangères de l'habit de Colline, et un soufflet que Schaunard appliqua à la fille du chancelier de Cromwell.

Cette mémorable soirée fut pendant huit jours l'objet de la chronique du quartier; et Phémie Teinturière, qui avait été reine de la fête, avait l'habitude de dire en en parlant à ses amies : — C'était fièrement beau; il y avait de la bougie, ma chère.

VI

Mademoiselle Musette.

Mlle Musette était une jolie fille de vingt ans (¹), qui,
peu de temps après son arrivée à Paris, était devenue
ce que deviennent les jolies filles quand elles ont la
taille fine, beaucoup de coquetterie, un peu d'ambition et guère d'orthographe. Après avoir fait longtemps la joie des soupers du quartier Latin où elle
chantait d'une voix toujours très fraîche, sinon très
juste, une foule de rondes campagnardes qui lui va-
lurent le nom sous lequel l'ont depuis célébrée les
plus fins lapidaires de la rime, Mlle Musette quitta
brusquement la rue de La Harpe pour aller habiter
les hauteurs cythéréennes du quartier Bréda.

Elle ne tarda pas à devenir une des lionnes de l'aristocratie du plaisir, et s'achemina peu à peu vers cette
célébrité qui consiste à être citée dans les Courriers
de Paris, ou lithographiée chez les marchands d'es-
tampes.

Cependant Mlle Musette était une exception parmi les femmes au milieu desquelles elle vivait. Nature instinctivement élégante et poétique, comme toutes les femmes vraiment femmes, elle aimait le luxe et toutes les jouissances qu'il procure ; sa coquetterie avait d'ardentes convoitises pour tout ce qui était beau et distingué : fille du peuple, elle n'eût été aucunement dépaysée au milieu des somptuosités les plus royales. Mais Mlle Musette, qui était jeune et belle, n'aurait jamais voulu consentir à être la maîtresse d'un homme qui ne fût pas comme elle jeune et beau. On lui avait vu une fois refuser bravement les offres magnifiques d'un vieillard si riche, qu'on l'appelait le Pérou de la Chaussée-d'Antin, et qui avait mis un escalier d'or aux pieds des fantaisies de Musette. Intelligente et spirituelle, elle avait aussi en répugnance les sots et les niais, quels que fussent leur âge, leur titre et leur nom.

C'était donc une brave et belle fille que Musette, qui, en amour, adoptait la moitié du célèbre aphorisme de Champfort : « L'amour est l'échange de deux fantaisies. » Aussi, jamais ses liaisons n'avaient été précédées d'un de ces honteux marchés qui déshonorent la galanterie moderne. Comme elle le disait elle-même, Musette jouait franc jeu, et exigeait qu'on lui rendît la monnaie de sa sincérité.

Mais si ses fantaisies étaient vives et spontanées, elles n'étaient jamais assez durables pour arriver à la hauteur d'une passion. Et la mobilité excessive de ses caprices, le peu de soin qu'elle apportait à regarder la bourse et les bottes de ceux qui lui en voulaient conter, apportaient une grande mobilité dans son existence, qui était une perpétuelle alternative de coupés bleus et d'omnibus, d'entre-sol et de cin-

quième étage, de robes de soie et de robes d'indienne.
O fille charmante ! poème vivant de jeunesse, au rire
sonore et au chant joyeux ! cœur pitoyable, battant
pour tout le monde sous la guimpe entre-bâillée, ô
M¹¹ᵉ Musette ! vous qui êtes la sœur de Bernerette et
de Mimi Pinson ! il faudrait la plume d'Alfred de
Musset pour raconter dignement votre insouciante et
vagabonde course dans les sentiers fleuris de la jeunesse ; et certainement il aurait voulu vous célébrer
aussi, si, comme moi, il vous avait entendue chanter
de votre jolie voix fausse ce rustique couplet d'une de
vos rondes favorites :

> C'était un beau jour de printemps
> Que je me déclarai l'amant,
> L'amant d'une brunette
> Au cœur de Cupidon,
> Portant fine cornette,
> Posée en papillon.

L'histoire que nous allons raconter est un des épisodes les plus charmants de la vie de cette charmante
aventurière, qui a jeté tant de bonnets par-dessus
tant de moulins.

A une époque où elle était la maîtresse d'un jeune
conseiller d'État, qui lui avait galamment mis entre
les mains la clef de son patrimoine, M¹¹ᵉ Musette avait
l'habitude de donner une fois par semaine des soirées
dans son joli salon de la rue de La Bruyère. Ces soirées ressemblaient à la plupart des soirées parisiennes,
avec cette différence qu'on s'y amusait ; quand il n'y
avait pas assez de place, on s'asseyait les uns sur les
autres, et il arrivait souvent aussi que le même verre
servait pour un couple. Rodolphe, qui était l'ami de
Musette et qui ne fut jamais que son ami (ils n'ont

jamais su pourquoi ni l'un ni l'autre), Rodolphe demanda à Musette la permission de lui amener son ami, le peintre Marcel ; un garçon de talent, ajouta-t-il, à qui l'avenir est en train de broder un habit d'académicien.

— Amenez, dit Musette.

Le soir où ils devaient aller ensemble chez Musette, Rodolphe monta chez Marcel pour le prendre. L'artiste faisait sa toilette.

— Comment, dit Rodolphe, tu vas dans le monde avec une chemise de couleur ?

— Est-ce que ça blesse l'usage ? dit tranquillement Marcel.

— Si ça le blesse ? mais jusqu'au sang, malheureux.

— Diable, fit Marcel en regardant sa chemise qui était à fond blanc, avec vignettes représentant des sangliers poursuivis par une meute, c'est que je n'en ai pas d'autre ici. — Ah bah ! tant pis ; je prendrai un faux col ; et comme *Mathusalem* boutonne jusqu'au cou, on ne verra pas la couleur de mon linge.

— Comment, dit Rodolphe avec inquiétude, tu vas encore mettre *Mathusalem ?*

— Hélas ! répondit Marcel, il le faut bien : Dieu le veut, et mon tailleur aussi ; d'ailleurs il a une garniture de boutons neuve, et je l'ai reprisé tantôt avec du noir de pêche.

Mathusalem était simplement l'habit de Marcel ; il le nommait ainsi parce que c'était le doyen de sa garde-robe. *Mathusalem* était fait à la dernière mode d'il y a quarante ans, il était en outre d'un vert atroce ; mais, aux lumières, Marcel affirmait qu'il jouait le noir.

Au bout de cinq minutes, Marcel était habillé ; il était mis avec le mauvais goût le plus parfait : tenue de rapin allant dans le monde.

M. Casimir Bonjour([2]) ne sera jamais si étonné le jour
où on lui apprendra son élection à l'Institut, que ne
furent étonnés Marcel et Rodolphe en arrivant à la
maison de Mlle Musette. Voici la cause de leur étonnement : Mlle Musette, qui depuis quelque temps
s'était brouillée avec son amant le conseiller d'État,
avait été délaissée par lui dans un moment fort grave.
Poursuivie par ses créanciers et par son propriétaire,
ses meubles avaient été saisis et descendus dans la
cour de la maison pour être enlevés et vendus le lendemain. Malgré cet incident, Mlle Musette n'eut pas un
moment l'idée de fausser compagnie à ses invités, et
ne décommanda point la soirée. Elle fit gravement
disposer la cour en salon, mit un tapis sur le pavé,
prépara tout comme à l'ordinaire, s'habilla pour recevoir, et invita tous les locataires à sa petite fête, à la
splendeur de laquelle le bon Dieu voulut bien contri-
buer pour les illuminations.

Cette bouffonnerie eut un succès énorme ; jamais
les soirées de Musette n'avaient eu tant d'entrain et de
gaieté ; on dansait et on chantait encore, que les commissionnaires vinrent enlever meubles, tapis et di-
vans, et force fut alors à la compagnie de se retirer.

Musette reconduisait tout son monde en chantant :

> On en parlera longtemps, la ri ra,
> De ma soirée de jeudi.
> On en parlera longtemps, la ri ri.

Marcel et Rodolphe restèrent seuls avec Musette,
qui était remontée dans son appartement, où il ne
restait plus que le lit.

— Ah çà ! mais, dit Musette, ça n'est pas déjà si
gai mon aventure ; il va falloir que j'aille loger à

l'hôtel de la Belle Étoile. Je le connais, cet hôtel; il y a furieusement des courants d'air.

— Ah! madame, dit Marcel, si j'avais les dons de Plutus, je voudrais vous offrir un temple plus beau que celui de Salomon. Mais...

— Vous n'êtes pas Plutus, mon ami. C'est égal, je vous sais gré de l'intention. — Ah bah! ajouta-t-elle en parcourant son appartement du regard, je m'ennuyais ici, moi; et puis le mobilier était vieux. Voilà près de six mois que je l'avais! Mais ce n'est pas tout, ça; après le bal on soupe, que je soupçonne.

— Soupe-çonnons donc, dit Marcel, qui avait la maladie du calembour, le matin surtout, où il était terrible.

Comme Rodolphe avait gagné quelque argent au lansquenet qui s'était fait pendant la nuit, il emmena Musette et Marcel dans un restaurant qui venait d'ouvrir.

Après le déjeuner, les trois convives, qui n'avaient aucune envie d'aller dormir, parlèrent d'aller achever la journée à la campagne; et comme ils se trouvaient près du chemin de fer, ils montèrent dans le premier convoi près de partir, qui les descendit à Saint-Germain.

Toute la journée, ils coururent les bois, et ne revinrent à Paris qu'à sept heures du soir, et cela, malgré Marcel, qui soutenait qu'il ne devait être que midi et demi, et que, s'il faisait nuit, c'était parce que le temps était couvert.

Pendant toute la nuit de la fête et tout le reste de la journée, Marcel, dont le cœur était un salpêtre qu'un seul regard allumait, s'était épris de Mlle Musette, et lui avait fait une cour *colorée*, comme il disait à Rodolphe. Il avait été jusqu'à proposer à la belle fille

de lui racheter un mobilier plus beau que l'ancien,
avec le produit de la vente de son fameux tableau du
Passage de la mer Rouge. Aussi l'artiste voyait-il avec
peine arriver le moment où il faudrait se séparer de
Musette, qui, tout en se laissant baiser les mains, le
cou et divers autres accessoires, se bornait à le repousser doucement toutes les fois qu'il voulait pénétrer
dans son cœur avec effraction.

En arrivant à Paris, Rodolphe avait laissé son ami
avec la jeune fille, qui pria l'artiste de l'accompagner
jusqu'à sa porte.

— Me permettrez-vous de venir vous voir ? demanda
Marcel ; je vous ferai votre portrait.

— Mon cher, dit la jolie fille, je ne peux pas vous
donner mon adresse, puisque je n'en aurai peut-être
plus demain ; mais j'irai vous voir, et je vous raccom-
moderai votre habit qui a un trou si grand, qu'on
pourrait déménager au travers sans payer.

— Je vous attendrai comme le Messie, dit Marcel.

— Pas si longtemps, dit Musette en riant.

— Quelle charmante fille, disait Marcel en s'en
allant lentement ; c'est la déesse de la gaieté. Je ferai
deux trous à mon habit.

Il n'avait pas fait trente pas qu'il se sentit frapper
sur l'épaule : c'était Mlle Musette.

— Mon cher monsieur Marcel, lui dit-elle, êtes-vous
chevalier français ?

— Je le suis ; Rubens et ma dame, voilà ma devise.

— Eh bien, alors, oyez ma peine et y compatissez,
noble sire, reprit Musette, qui était un peu teintée de
littérature, bien qu'elle se livrât sur la grammaire à
d'horribles Saint-Barthélemy ; mon propriétaire a emporté la clef de mon appartement, et il est onze
heures du soir : comprenez-vous ?

— Je comprends, dit Marcel en offrant son bras à Musette. Il la conduisit à son atelier, situé quai aux Fleurs. Musette tombait de sommeil; mais elle eut encore assez de force pour dire à Marcel en lui serrant la main : — Vous vous rappellerez de ce que vous m'avez promis.

— O Musette! charmante fille, dit l'artiste d'une voix un peu émue, vous êtes ici sous un toit hospitalier; dormez en paix, bonne nuit; moi, je m'en vais.

— Pourquoi? dit Musette, les yeux presque fermés; je n'ai point peur, je vous assure; d'abord il y a deux chambres, je me mettrai sur votre canapé.

— Mon canapé est trop dur pour y dormir, ce sont des cailloux cardés. Je vous donne l'hospitalité chez moi, et je vais aller la demander pour moi à un ami qui demeure là sur mon carré; c'est plus prudent, dit-il. Je tiens ordinairement ma parole; mais j'ai vingt-deux ans et vous dix-huit, ô Musette... et je m'en vais. Bonsoir.

Le lendemain matin, à huit heures, Marcel rentra chez lui avec un pot de fleurs qu'il avait été acheter au marché. Il trouva Musette qui s'était jetée tout habillée sur le lit et dormait encore. Au bruit qu'il fit, elle se réveilla et tendit la main à Marcel.

— Brave garçon, lui dit-elle.

— Brave garçon, répéta Marcel, n'est-il point là un synonyme à ridicule?

— Oh! fit Musette, pourquoi me dites-vous cela? Ce n'est pas aimable; au lieu de me dire des méchancetés, offrez-moi donc ce joli pot de fleurs.

— C'est en effet à votre intention que je l'ai monté, dit Marcel. Prenez-le donc, et en retour de mon hospitalité chantez-moi une de vos jolies chansons; l'écho de ma mansarde gardera peut-être quelque

chose de votre voix, et je vous entendrai encore
quand vous serez partie.

— Ah çà! mais vous voulez donc me mettre à la
porte? dit Musette. Et si je ne veux pas m'en aller,
moi! Écoutez, Marcel, je ne monte pas à trente-six
échelles pour dire ma façon de penser. Vous me plai-
sez et je vous plais. Ça n'est pas de l'amour, mais c'en
est peut-être de la graine. Eh bien, je ne m'en vais
pas, je reste et je resterai ici tant que les fleurs que
vous venez de me donner ne se faneront pas.

— Ah! s'écria Marcel, mais elles seront flétries dans
deux jours! si j'avais su, j'aurais pris des immortelles.

Depuis quinze jours Musette et Marcel demeuraient
ensemble et menaient, bien qu'ils fussent souvent
sans argent, la plus charmante vie du monde. Musette
sentait pour l'artiste une tendresse qui n'avait rien de
commun avec ses passions antérieures, et Marcel commençait à craindre qu'il ne fût amoureux sérieusement de sa maîtresse. Ignorant qu'elle-même redou-
tait fort d'être très éprise de lui, il regardait chaque
matin l'état dans lequel se trouvaient les fleurs dont
la mort devait amener la rupture de leur liaison; et il
avait grand'peine à s'expliquer leur fraîcheur chaque
jour nouvelle. Mais il eut bientôt la clef du mystère : une nuit, en se réveillant, il ne trouva plus
Musette à côté de lui. Il se leva, courut dans la
chambre et aperçut sa maîtresse qui profitait chaque
nuit de son sommeil pour arroser les fleurs et les
empêcher de mourir.

VII

Les flots du Pactole (¹).

C'était le 19 mars... Et, dût-il attendre l'âge avancé
de M. Raoul-Rochette qui a vu bâtir Ninive (²), Rodolphe
n'oubliera jamais cette date, car ce fut ce jour-là
même, jour de Saint-Joseph, à trois heures de rele-
vée, que notre ami sortait de chez un banquier, où il
venait de toucher une somme de cinq cents francs en
espèces sonnantes et ayant cours.

Le premier usage que Rodolphe fit de cette tranche
du Pérou, qui venait de tomber dans sa poche, fut de
ne point payer ses dettes ; attendu qu'il s'était juré à
lui-même d'aller à l'économie et de ne faire aucun
extra. Il avait d'ailleurs à ce sujet des idées extrêmement arrêtées, et disait qu'avant de songer au superflu il fallait s'occuper du nécessaire ; c'est pourquoi il
ne paya point ses créanciers et acheta une pipe turque,
qu'il convoitait depuis longtemps.

Muni de cette emplette, il se dirigea vers la de-

meure de son ami Marcel qui le logeait depuis quelque
temps. En entrant dans l'atelier de l'artiste, les poches
de Rodolphe carillonnaient comme un clocher de village le jour d'une grande fête. En entendant ce bruit
inaccoutumé, Marcel pensa que c'était un de ses voisins, grand joueur à la baisse, qui passait en revue ses
bénéfices d'agio, et il murmura :

— Voilà encore cet intrigant d'à côté qui recommence ses épigrammes. Si cela doit durer, je donnerai congé. Il n'y a pas moyen de travailler avec un
pareil vacarme. Cela donne des idées de quitter l'état
d'artiste pauvre pour se faire quarante voleurs.

Et sans se douter le moins du monde que son ami
Rodolphe était métamorphosé en Crésus, Marcel se
remit à son tableau du *Passage de la mer Rouge*, qui
était sur le chevalet depuis tantôt trois ans.

Rodolphe, qui n'avait pas encore dit un mot, rumi-
nant tout bas une expérience qu'il allait faire sur son
ami, se disait en lui-même : — Nous allons bien rire
tout à l'heure ; ah ! que ça va donc être gai, mon
Dieu !

Et il laissa tomber une pièce de cinq francs à terre.

Marcel leva les yeux et regarda Rodolphe, qui était
sérieux comme un article de la *Revue des Deux Mondes*.

L'artiste ramassa la pièce avec un air très satisfait
et lui fit un très gracieux accueil, car, bien que rapin,
il savait vivre et était fort civil avec les étrangers.
Sachant, du reste, que Rodolphe était sorti pour aller
chercher de l'argent, Marcel, voyant que son ami
avait réussi dans ses démarches, se borna à en admirer le résultat, sans lui demander à l'aide de quels
moyens il avait été obtenu.

Il se remit donc sans mot dire à son travail, et
acheva de noyer un Égyptien dans les flots de la mer

Rouge. Comme il accomplissait cet homicide, Rodolphe laissa tomber une seconde pièce de cinq francs. Et, observant la figure que le peintre allait faire, il se mit à rire dans sa barbe qui est tricolore, comme chacun sait.

Au bruit sonore du métal, Marcel, comme frappé d'une commotion électrique, se leva subitement et s'écria :

— Comment! il y a un second couplet?

Une troisième pièce roula sur le carreau, puis une autre, puis une autre encore : enfin tout un quadrille d'écus se mit à danser dans la chambre.

Marcel commençait à donner des signes visibles d'aliénation mentale, et Rodolphe riait comme le parterre du Théâtre-Français à la première représentation de *Jeanne de Flandre*. Tout à coup, et sans aucuns ménagements, Rodolphe fouilla à pleines mains dans ses poches, et les écus commencèrent un *steeple-chase* fabuleux. C'était le débordement du Pactole, le bacchanal de Jupiter entrant chez Danaé.

Marcel était immobile, muet, l'œil fixe ; l'étonnement amenait peu à peu chez lui une métamorphose pareille à celle dont la curiosité rendit jadis la femme de Lot victime ; et comme Rodolphe jetait sur le carreau sa dernière pile de 100 francs, l'artiste avait déjà tout un côté du corps salé.

Rodolphe, lui, riait toujours. Et auprès de cette orageuse hilarité, les tonnerres d'un orchestre de M. Sax eussent semblé des soupirs d'enfant à la mamelle.

Ébloui, strangulé, stupéfié par l'émotion, Marcel pensa qu'il rêvait ; et pour chasser le cauchemar qui l'obsédait, il se mordit le doigt jusqu'au sang, ce qui lui procura une douleur atroce au point de le faire crier.

Il s'aperçut alors qu'il était parfaitement éveillé ; et, voyant qu'il foulait l'or à ses pieds, il s'écria, comme dans les tragédies : — En croirai-je mes yeux?

Puis il ajouta, en prenant la main de Rodolphe dans la sienne :

— Donne-moi l'explication de ce mystère.

— Si je te l'expliquais, ce n'en serait plus un.

— Mais encore ?

— Cet or est le fruit de mes sueurs, dit Rodolphe en ramassant l'argent, qu'il rangea sur une table ; puis, se reculant de quelques pas, il considéra avec respect les cinq cents francs rangés en piles et il pensait en lui-même :

— C'est donc maintenant que je vais réaliser mes rêves?

— Il ne doit pas y avoir loin de six mille francs, disait Marcel, en contemplant les écus qui tremblaient sur la table. — J'ai une idée. Je vais charger Rodolphe d'acheter mon *Passage de la mer Rouge*.

Tout à coup Rodolphe prit une pose théâtrale et, avec une grande solennité dans le geste et la voix, il dit à l'artiste :

— Écoute-moi, Marcel, la fortune que j'ai fait briller à tes regards n'est point le résultat de viles manœuvres, je n'ai point trafiqué de ma plume, je suis riche mais honnête ; cet or m'a été donné par une main généreuse, et j'ai fait serment de l'utiliser à acquérir par le travail une position sérieuse pour l'homme vertueux. Le travail est le plus saint des devoirs.

— Et le cheval est le plus noble des animaux, dit Marcel en interrompant Rodolphe. Ah çà ! ajouta-t-il, que signifie ce discours, et d'où tires-tu cette prose? des carrières de l'école du bon sens, sans doute.

— Ne m'interromps point et fais trêve à tes raille-

ries, dit Rodolphe, elles s'émousseraient d'ailleurs sur
la cuirasse d'une invulnérable volonté dont je suis
revêtu désormais.

— Voyons, assez de prologue comme cela. Où
veux-tu en venir?

— Voici quels sont mes projets. A l'abri des embarras matériels de la vie, je vais travailler sérieusement; j'achèverai ma *grande machine*, et je me pose-
rai carrément dans l'opinion. D'abord, je renonce à la
bohème, je m'habille comme tout le monde, j'aurai
un habit noir, et j'irai dans les salons. Si tu veux
marcher dans ma voie, nous continuerons à demeurer
ensemble, mais il faudra adopter mon programme.
La plus stricte économie présidera à notre existence.
En sachant nous arranger, nous avons devant nous
trois mois de travail assuré sans aucune préoccupation. Mais il faut de l'économie.

— Mon ami, dit Marcel, l'économie est une science
qui est seulement à la portée des riches, ce qui fait que
toi et moi nous en ignorons les premiers éléments.
Cependant, en faisant une avance de fonds de six francs,
nous achèterons les œuvres de M. Jean-Baptiste Say,
qui est un économiste très distingué, et il nous en-
seignera peut-être la manière de pratiquer cet art...
Tiens, tu as une pipe turque, toi?

— Oui, dit Rodolphe, je l'ai achetée vingt-
cinq francs.

— Comment! tu mets vingt-cinq francs à une
pipe... et tu parles d'économie?...

— Et ceci en est certainement une, répondit Rodolphe : je cassais tous les jours une pipe de deux
sous; à la fin de l'année, cela constituait une dépense bien plus forte que celle que je viens de faire..
C'est donc en réalité une économie.

— Au fait, dit Marcel, tu as raison... je n'aurais
pas trouvé celle-là.

En ce moment une horloge voisine sonna six heures.

— Dînons vite, dit Rodolphe, je veux, dès ce soir,
me mettre en route. Mais, à propos de dîner, je fais
une réflexion : nous perdons tous les jours un temps
précieux à faire notre cuisine ; or, le temps est la richesse du travailleur, il faut donc en être économe.
A compter d'aujourd'hui nous prendrons nos repas en
ville.

— Oui, dit Marcel, il y a à vingt pas d'ici un excellent restaurant, il est un peu cher ; mais comme il est
notre voisin, la course sera moins longue, et nous
nous rattraperons sur le gain de temps.

— Nous irons aujourd'hui, dit Rodolphe ; mais
demain ou après, nous aviserons à adopter une mesure
encore plus économique... Au lieu d'aller au restaurant, nous prendrons une cuisinière.

— Non, non, interrompit Marcel, nous prendrons
plutôt un domestique qui sera en même temps notre
cuisinier. Vois un peu les immenses avantages qui en
résulteront. D'abord, notre ménage sera toujours fait,
il cirera nos bottes, il lavera mes pinceaux, il fera nos
commissions, je tâcherai même de lui inculquer le
goût des beaux-arts et j'en ferai mon rapin. De cette
façon, à nous deux, nous économiserons au moins
six heures par jour en soins et en occupations qui seraient d'autant nuisibles à notre travail.

— Ah ! fit Rodolphe, j'ai une autre idée, moi...
Mais allons dîner.

Cinq minutes après, les deux amis étaient installés
dans un des cabinets du restaurant voisin, et continuaient à deviser d'économie.

— Voici quelle est mon idée : si, au lieu de prendre

un domestique, nous prenions une maîtresse ? hasarda Rodolphe.

— Une maîtresse pour deux, fit Marcel avec effroi, ce serait de l'avarice portée jusqu'à la prodigalité, et nous dépenserions nos économies à acheter des couteaux pour nous égorger l'un l'autre. Je préfère le domestique ; d'abord, cela donne de la considération.

— En effet, dit Rodolphe, nous nous procurerons un garçon intelligent ; et s'il a quelque teinture d'orthographe, je lui apprendrai à rédiger.

— Ça lui sera une ressource pour ses vieux jours, dit Marcel en additionnant la carte qui se montait à quinze francs. Tiens, dit-il, c'est assez cher. Habituellement, nous dînions pour trente sous à nous deux.

— Oui, reprit Rodolphe, mais nous dînions mal, et nous étions obligés de souper le soir. A tout prendre, c'est donc une économie.

— Tu es comme le plus fort, murmura l'artiste vaincu par ce raisonnement, tu as toujours raison. Est-ce que nous travaillons ce soir ?

— Ma foi, non. Moi, je vais aller voir mon oncle, dit Rodolphe ; c'est un brave homme, je lui apprendrai ma nouvelle position, et il me donnera de bons conseils. Et toi, où vas-tu, Marcel ?

— Moi, je vais aller chez le vieux Médicis pour lui demander s'il n'a pas de restaurations de tableaux à me confier. A propos, donne-moi donc cinq francs.

— Pourquoi faire ?

— Pour passer le pont des Arts.

— Ah ! ceci est une dépense inutile, et, quoique peu considérable, elle s'éloigne de notre principe.

— J'ai tort, en effet, dit Marcel, je passerai par le Pont-Neuf... mais je prendrai un cabriolet.

Et les deux amis se quittèrent en prenant chacun

un chemin différent, qui, par un singulier hasard, les conduisit tous deux au même endroit, où ils se retrouvèrent.

— Tiens, tu n'as donc pas trouvé ton oncle? demanda Marcel.

— Tu n'as donc point vu Médicis? demanda Rodolphe.

Et ils éclatèrent de rire.

Cependant ils rentrèrent chez eux de très bonne heure, le lendemain.

Deux jours après, Rodolphe et Marcel étaient complètement métamorphosés. Habillés tous deux comme des mariés de première classe, ils étaient si beaux, si reluisants, si élégants, que, lorsqu'ils se rencontraient dans la rue, ils hésitaient à se reconnaître l'un l'autre.

Leur système d'économie était, du reste, en pleine vigueur ; mais l'organisation du travail avait bien de la peine à se réaliser. Ils avaient pris un domestique(³). C'était un grand garçon de trente-quatre ans, d'origine suisse, et d'une intelligence qui rappelait celle de Jocrisse. Du reste, il n'était pas né pour être domestique ; et si un de ses maîtres lui confiait quelque paquet un peu apparent à porter, Baptiste rougissait avec indignation, et faisait faire la course par un commissionnaire. Cependant Baptiste avait des qualités ; ainsi, quand on lui donnait un lièvre, il en faisait un civet au besoin. En outre, comme il avait été distillateur avant d'être valet, il avait conservé un grand amour pour son art, et dérobait une grande partie du temps qu'il devait à ses maîtres à chercher la composition d'un nouveau vulnéraire supérieur, auquel il voulait donner son nom ; il réussissait aussi dans le brou de noix. Mais où Baptiste n'avait pas de rival,

c'était dans l'art de fumer les cigares de Marcel et de
les allumer avec les manuscrits de Rodolphe.

Un jour Marcel voulut faire poser Baptiste en costume de Pharaon pour son tableau du *Passage de la
mer Rouge*. A cette proposition, Baptiste répondit
par un refus absolu et demanda son compte.

— C'est bien, dit Marcel, je vous le réglerai ce soir,
votre compte.

Quand Rodolphe rentra, son ami lui déclara qu'il
fallait renvoyer Baptiste.

— Il ne nous sert absolument à rien, dit-il.

— Il est vrai, répondit Marcel, c'est un objet d'art
vivant.

— Il est bête à faire cuire.

— Il est paresseux.

— Il faut le renvoyer.

— Renvoyons-le.

— Cependant il a bien quelques qualités. Il fait très
bien le civet.

— Et le brou de noix, donc. Il est le Raphaël du
brou de noix.

— Oui ; mais il n'est bon qu'à cela, et cela ne peut
nous suffire. Nous perdons tout notre temps en discussions avec lui.

— Il nous empêche de travailler.

— Il est cause que je ne pourrai pas avoir achevé
mon *Passage de la mer Rouge* pour le Salon. Il a refusé de poser pour Pharaon.

— Grâce à lui, je n'ai point pu achever le travail
qu'on m'avait demandé. Il n'a pas voulu aller à la
Bibliothèque chercher les notes dont j'avais besoin.

— Il nous ruine.

— Décidément nous ne pouvons pas le garder.

— Renvoyons-le... Mais alors il faudra le payer.

— Nous le payerons, mais qu'il parte ; donne-moi de l'argent, que je fasse son compte.

— Comment ! de l'argent ! Mais ce n'est pas moi qui tiens la caisse, c'est toi.

— Du tout, c'est toi. Tu t'es chargé de l'intendance générale, dit Rodolphe.

— Mais je t'assure que je n'ai pas d'argent ! exclama Marcel.

— Est-ce qu'il n'y en aurait déjà plus ! C'est impossible, on ne peut pas dépenser cinq cents francs en huit jours, surtout quand on vit, comme nous l'avons fait, avec l'économie la plus absolue, et qu'on se borne au strict nécessaire. (C'est au strict superflu qu'il aurait dû dire.) Il faut vérifier les comptes, reprit Rodolphe ; nous retrouverons l'erreur.

— Oui, dit Marcel ; mais nous ne retrouverons pas l'argent. C'est égal, consultons les livres de dépense.

Voici le spécimen de cette comptabilité, qui avait été commencée sous les auspices de la sainte Économie :

— Le 19 mars. — En recette, 500 francs. En dépense : une pipe turque, 25 francs ; dîner, 15 francs ; dépenses diverses, 40 francs.

— Qu'est-ce que c'est que ces dépenses-là ? dit Rodolphe à Marcel qui lisait.

— Tu sais bien, répondit celui-ci, c'est le soir où nous ne sommes rentrés chez nous que le matin. Du reste, cela nous a économisé du bois et de la bougie.

— Après ? Continue.

— Du 20 mars. — Déjeuner, 1 fr. 50 ; tabac, 0 fr. 20 ; dîner, 2 francs ; un lorgnon, 2 fr. 50. — Oh ! dit Marcel, c'est pour ton compte le lorgnon ? Qu'avais-tu besoin d'un lorgnon, tu y vois parfaitement...

— Tu sais bien que j'avais à faire un compte rendu

du Salon dans l'*Écharpe d'Iris ;* il est impossible de faire de la critique de peinture sans lorgnon ; c'était une dépense légitime. — Après...

— Une canne en jonc...

—Ah! ça, c'est pour ton compte, fit Rodolphe ; tu n'avais pas besoin de canne.

— C'est tout ce qu'on a dépensé le 20, fit Marcel sans répondre. — Le 21, nous avons déjeuné en ville, et dîné aussi, et soupé aussi.

— Nous n'avons pas dû beaucoup dépenser ce jour-là !

— En effet, fort peu... A peine 30 francs.

—Mais à quoi donc, alors ?

— Je ne sais plus, dit Marcel ; c'est marqué sous la rubrique dépenses diverses.

— Un titre vague et perfide, interrompit Rodolphe.

Le 22. — C'est le jour d'entrée de Baptiste ; nous lui avons donné un à-compte de 5 francs sur ses appointements ; pour l'orgue de Barbarie, 50 centimes ; pour le rachat de quatre petits enfants chinois condamnés à être jetés dans le fleuve Jaune, par des parents d'une barbarie incroyable, 2 fr. 40.

— Ah çà ! dit Rodolphe, explique-moi un peu la contradiction qu'on remarque dans cet article. Si tu donnes aux orgues de Barbarie, pourquoi insultes-tu les parents barbares ? Et d'ailleurs quelle nécessité de racheter des petits Chinois ? S'ils avaient été à l'eau-de-vie, seulement.

— Je suis né généreux, répliqua Marcel, va, continue ; jusqu'à présent on ne s'est que très peu éloigné du principe de l'économie.

Du 23. — Il n'y a rien de marqué. — Du 24. — Idem. Voilà deux bons jours. — Du 25. — Donné à Baptiste, à-compte sur ses appointements, 3 francs.

— Il me semble qu'on lui donne bien souvent de l'argent, fit Marcel en manière de réflexion.

— On lui devra moins, répondit Rodolphe. — Continue.

— Du 26 mars. — Dépenses diverses et utiles au point de vue de l'art, 36 fr. 40.

— Qu'est-ce qu'on peut donc avoir acheté de si utile? dit Rodolphe; je ne me souviens pas, moi. 36 fr. 40, qu'est-ce que ça peut donc être ?

— Comment! tu ne te souviens pas?... C'est le jour où nous sommes montés sur les tours de Notre-Dame pour voir Paris à vol d'oiseau...

— Mais ça coûte 8 sous pour monter aux tours, dit Rodolphe.

— Oui, mais en descendant, nous avons été dîner à Saint-Germain.

— Cette rédaction pèche par la limpidité.

— Du 27, il n'y a rien de marqué.

— Bon! voilà de l'économie.

— Du 28. Donné à Baptiste, à-compte sur ses gages, 6 francs.

— Ah! cette fois, je suis sûr que nous ne devons plus rien à Baptiste. Il se pourrait même qu'il nous dût... Il faudra voir.

— Du 29. Tiens, on n'a pas marqué le 29; la dépense est remplacée par un commencement d'article de mœurs.

— Le 30. Ah! nous avions du monde à dîner; forte dépense le 30 : 55 francs. — Le 31, c'est aujourd'hui, nous n'avons encore rien dépensé. — Tu vois, dit Marcel en achevant, que les comptes ont été tenus très exactement. — Le total ne fait pas 500 francs.

— Alors, il doit rester de l'argent en caisse.

— On peut voir, dit Marcel en ouvrant un tiroir.

Non, dit-il, il n'y a plus rien. Il n'y a qu'une araignée.

— Araignée du matin, chagrin, fit Rodolphe.

— Où diable a pu passer tant d'argent? reprit Marcel atterré en voyant la caisse vide.

— Parbleu! c'est bien simple, dit Rodolphe, on a tout donné à Baptiste.

— Attends donc, s'écria Marcel en fouillant dans le tiroir où il aperçut un papier. — La quittance du dernier terme! s'écria-t-il.

— Bah! fit Rodolphe, comment est-elle arrivée là?

— Et acquittée encore, ajouta Marcel; c'est donc toi qui as payé le propriétaire?

— Moi! allons donc, dit Rodolphe.

— Cependant, que signifie?...

— Mais je t'assure...

« Quel est donc ce mystère? » chantèrent-ils tous deux en chœur sur l'air du finale de la *Dame blanche*.

Baptiste, qui aimait la musique, accourut aussitôt.

Marcel lui montra la quittance.

— Ah! oui, fit Baptiste négligemment, j'avais oublié de vous le dire, c'est le propriétaire qui est venu ce matin pendant que vous étiez sortis. Je l'ai payé, pour lui éviter la peine de revenir.

— Où avez-vous trouvé de l'argent?

— Ah! monsieur, fit Baptiste, je l'ai *prise* dans le tiroir qui était ouvert; j'ai même pensé que ces Messieurs l'avaient laissé ouvert dans cette intention, et je me suis dit : Mes maîtres ont oublié de me dire en sortant : Baptiste, le propriétaire viendra toucher son terme de loyer, il faudra le payer; et j'ai fait comme si l'on m'avait commandé, sans qu'on m'ait commandé.

— Baptiste! dit Marcel avec une colère blanche,

vous avez outrepassé nos ordres; à compter d'aujourd'hui, vous ne faites plus partie de notre maison. Baptiste, rendez votre livrée !

Baptiste ôta la casquette de toile cirée qui composait sa livrée, et la rendit à Marcel.

— C'est bien, dit celui-ci ; maintenant vous pouvez partir...

— Et mes gages?

— Comment dites-vous, drôle? Vous avez reçu plus qu'on ne vous devait. Je vous ai donné 14 francs en quinze jours à peine. Qu'est-ce que vous faites de tant d'argent? Vous entretenez donc une danseuse?

— De corde, ajouta Rodolphe.

— Je vais donc rester abandonné, dit le malheureux domestique, sans abri pour garantir ma tête !

— Reprenez votre livrée, répondit Marcel ému malgré lui. Et il rendit la casquette à Baptiste.

— C'est pourtant ce malheureux qui a dilapidé notre fortune, dit Rodolphe en voyant sortir le pauvre Baptiste. Où dînerons-nous aujourd'hui?

— Nous le saurons demain, répondit Marcel.

VIII

Ce que coûte une pièce de cinq francs.

Un samedi soir, dans le temps où il n'était pas encore en ménage avec Mlle Mimi, qu'on verra paraître bientôt, Rodolphe fit connaissance à sa table d'hôte d'une marchande à la toilette en chambre, appelée Mlle Laure. Ayant appris que Rodolphe était rédacteur en chef de l'*Écharpe d'Iris* et du *Castor*, journaux de fashion, la modiste, dans l'espérance d'obtenir des réclames pour ses produits, lui fit une foule d'agaceries significatives. A ces provocations, Rodolphe avait répondu par un feu d'artifice de madrigaux à rendre jaloux Benserade, Voiture et tous les Ruggieri du style galant ; et à la fin du dîner, Mlle Laure, ayant appris que Rodolphe était poète, lui donna clairement à entendre qu'elle n'était pas éloignée de l'accepter pour son Pétrarque. Elle lui accorda même, sans circonlocution, un rendez-vous pour le lendemain.

— Parbleu ! se disait Rodolphe en reconduisant Mlle Laure, voilà certainement une aimable personne. Elle me paraît avoir de la grammaire et une garde-robe assez cossue. Je suis tout disposé à la rendre heureuse.

Arrivée à la porte de sa maison, Mlle Laure quitta le bras de Rodolphe en le remerciant de la peine qu'il avait bien voulu prendre en l'accompagnant dans un quartier aussi éloigné.

— Oh! madame, répondit Rodolphe en s'inclinant jusqu'à terre, j'aurais désiré que vous demeurassiez à Moscou ou aux îles de la Sonde, afin d'avoir plus longtemps le plaisir d'être votre cavalier.

— C'est un peu loin, répondit Laure en minaudant.

— Nous aurions pris par les boulevards, madame, dit Rodolphe. Permettez-moi de vous baiser la main sur la personne de votre joue, continua-t-il en embrassant sa compagne sur les lèvres, avant que Laure eût pu faire résistance.

— Oh ! monsieur, exclama-t-elle, vous allez trop vite.

— C'est pour arriver plus tôt, dit Rodolphe. En amour, les premiers relais doivent être franchis au galop.

— Drôle de corps ! pensa la modiste en rentrant chez elle.

— Jolie personne ! disait Rodolphe en s'en allant.

Rentré chez lui, il se coucha à la hâte, et fit les rêves les plus doux. Il se vit ayant à son bras, dans les bals, dans les théâtres et aux promenades Mlle Laure vêtue de robes plus splendides que celles ambitionnées par la coquetterie de Peau-d'Ane.

Le lendemain à onze heures, selon son habitude, Rodolphe se leva. Sa première pensée fut pour Mlle Laure.

— C'est une femme très bien, murmura-t-il, je suis sûr qu'elle a été élevée à Saint-Denis. Je vais donc enfin connaître la bonheur d'avoir une maîtresse qui ne soit pas grêlée. Décidément, je ferai des sacrifices pour elle, je m'en vais aller toucher mon argent à l'*Écharpe d'Iris*, j'achèterai des gants et je mènerai Laure dîner dans un restaurant où on donne des serviettes. — Mon habit n'est pas très beau, dit-il en se vêtissant; mais bah! le noir, ça habille si bien!

Et il sortit pour se rendre au bureau de l'*Écharpe d'Iris*. En traversant la rue, il rencontra un omnibus sur les panneaux duquel était collée une affiche où on lisait :

AUJOURD'HUI DIMANCHE, GRANDES EAUX A VERSAILLES.

Le tonnerre tombant aux pieds de Rodolphe ne lui aurait pas causé une impression plus profonde que la vue de cette affiche.

— Aujourd'hui dimanche, je l'avais oublié, s'écriat-il, je ne pourrai pas trouver d'argent. Aujourd'hui dimanche!!! Mais tout ce qu'il y a d'écus à Paris est en route pour Versailles.

Cependant, poussé par un de ces espoirs fabuleux auxquels l'homme s'accroche toujours, Rodolphe courut à son journal, comptant qu'un bienheureux hasard y aurait amené le caissier.

M. Boniface était venu, en effet, un instant, mais il était reparti immédiatement.

— Pour aller à Versailles, dit à Rodolphe le garçon de bureau.

— Allons, dit Rodolphe, c'est fini... Mais voyons, pensa-t-il, mon rendez-vous n'est que pour ce soir. Il est midi, j'ai donc cinq heures pour trouver cinq francs, vingt sous l'heure, comme les chevaux du bois de Boulogne. — En route.

Comme il se trouvait dans le quartier où demeurait un journaliste qu'il appelait le critique influent, Rodolphe songea à faire près de lui une tentative.

— Je suis sûr de le trouver, celui-là, dit-il en montant l'escalier; c'est son jour de feuilleton, il n'y a pas de danger qu'il sorte. Je lui emprunterai cinq francs.

— Tiens! c'est vous, dit l'homme de lettres en voyant Rodolphe, vous arrivez bien; j'ai un petit service à vous demander.

— Comme ça se trouve! pensa le rédacteur de l'*Echarpe d'Iris*.

— Étiez-vous à l'Odéon, hier?

— Je suis toujours à l'Odéon.

— Vous avez vu la pièce nouvelle, alors?

— Qui l'aurait vue? Le public de l'Odéon, c'est moi.

— C'est vrai, dit le critique : vous êtes une des cariatides de ce théâtre. Le bruit court même que c'est vous qui en fournissez la subvention. Eh bien, voilà ce que j'ai à vous demander : le compte rendu de la nouvelle pièce.

— C'est facile; j'ai une mémoire de créancier.

— De qui est-ce, cette pièce? demanda le critique à Rodolphe pendant que celui-ci écrivait.

— C'est d'un monsieur.

— Ça ne doit pas être fort.

— Moins fort qu'un Turc, assurément.

— Alors, ça n'est pas robuste. Les Turcs, voyez-vous, ont une réputation usurpée de force, ils ne pourraient pas être Savoyards.

— Qu'est-ce qui les en empêcherait?

— Parce que tous les Savoyards sont Auvergnats. et que les Auvergnats sont commissionnaires. Et puis. il n'y a plus de Turcs, sinon aux bals masqués des barrières et aux Champs-Élysées, où ils vendent des dattes. Le Turc est un préjugé. J'ai un de mes amis qui connaît l'Orient, il m'a assuré que tous les nationaux étaient venus au monde dans la rue Coquenard.

— C'est joli, ce que vous dites là, dit Rodolphe.

— Vous trouvez ? fit le critique. Je vais mettre ça dans mon feuilleton.

— Voilà mon analyse; c'est carrément fait, reprit Rodolphe.

— Oui, mais c'est court.

— En mettant des tirets, et en développant votre opinion critique, ça prendra de la place.

— Je n'ai guère le temps, mon cher, et puis mon opinion critique ne prend pas assez de place.

— Vous mettrez un adjectif tous les trois mots.

— Est-ce que vous ne pourriez pas me faufiler à votre analyse une petite ou plutôt une longue appréciation de la pièce, hein? demanda le critique.

— Dame, dit Rodolphe, j'ai bien mes idées sur la tragédie, mais je vous préviens que je les ai imprimées trois fois dans le *Castor* et l'*Écharpe d'Iris*.

— C'est égal, combien ça fait-il de lignes, vos idées?

— Quarante lignes.

— Fichtre! Vous avez de grandes idées, vous ! Eh bien, prêtez-moi donc vos quarante lignes.

— Bon! pensa Rodolphe, si je lui fais pour vingt francs de *copie*, il ne pourra pas me refuser cinq francs. Je dois vous prévenir, dit-il au critique, que mes idées ne sont pas absolument neuves. Elles sont un peu râpées au coude. Avant de les imprimer, je les ai hurlées dans tous les cafés de Paris, et il n'y a pas un garçon qui ne les sache par cœur.

— Oh! *quéque* ça me fait!... Vous ne me connais-

sez donc pas? Est-ce qu'il y a quelque chose de neuf
au monde ! excepté la vertu.

— Voilà ! dit Rodolphe quand il eut achevé.

— Foudre et tempête ! Il manque encore deux colonnes... Avec quoi combler cet abîme? s'écria le
critique. Tandis que vous y êtes, fournissez-moi donc
quelques paradoxes !

— Je n'en ai pas sur moi, dit Rodolphe : mais je
puis vous en prêter quelques-uns ; seulement, ils ne
sont pas de moi ; je les ai achetés cinquante centimes
à un de mes amis qui était dans la misère. Ils n'ont
encore que peu servi.

— Très bien ! dit le critique.

— Ah ! fit Rodolphe en se mettant de nouveau à
écrire, je vais certainement lui demander dix francs
— en ce temps-ci, les paradoxes sont aussi chers que
les perdreaux. Et il écrivit une trentaine de lignes où
on remarquait des balivernes sur les pianos, les poissons rouges, l'école du bon sens et le vin du Rhin,
qui était appelé un vin de toilette.

— C'est très joli, dit le critique ; faites-moi donc
l'amitié d'ajouter que le bagne est l'endroit du monde
où on trouve le plus d'honnêtes gens.

— Tiens, pourquoi ça ?

— Pour faire deux lignes. Bon, voilà qui est fait,
dit le critique influent, en appelant son domestique
pour qu'il portât son feuilleton à l'imprimerie.

— Et maintenant, dit Rodolphe, poussons-lui la
botte ! Et il articula gravement sa demande.

— Ah ! mon cher, dit le critique, je n'ai pas un sou
ici. Lolotte me ruine en pommade, et tout à l'heure
elle m'a dévalisé jusqu'à mon dernier as pour aller à
Versailles, voir les Néréides et les monstres d'airain
vomir des jets liquides.

— A Versailles ! Ah çà ! mais, dit Rodolphe, c'est donc une épidémie ?

— Mais pourquoi avez-vous besoin d'argent ?

— Voilà le poème, reprit Rodolphe. J'ai ce soir, à cinq heures, rendez-vous avec une femme du monde, une personne distinguée, qui ne sort qu'en omnibus. Je voudrais unir ma destinée à la sienne pour quelques jours, et il me paraît décent de lui faire goûter les douceurs de la vie. — Dîner, bal, promenades, etc., il me faut absolument cinq francs ; si je ne les trouve pas, la littérature française est déshonorée dans ma personne.

— Pourquoi n'emprunteriez-vous pas cette somme à cette dame même ? s'écria le critique.

— La première fois, ce n'est guère possible. Il n'y a que vous qui puissiez me tirer de là.

— Par toutes les momies d'Égypte, je vous jure ma grande parole d'honneur qu'il n'y a pas ici de quoi acheter une pipe d'un sou ou une virginité. Cependant, j'ai là quelques bouquins que vous pourriez aller *laver.*

— Aujourd'hui dimanche, impossible ; la mère Mansut, Lebigre, et toutes les piscines des quais et de la rue Saint-Jacques sont fermées. Qu'est-ce que c'est que vos bouquins ? Des volumes de poésie, avec le portrait de l'auteur en lunettes ? Mais ça ne s'achète pas, ces choses-là.

— A moins qu'on n'y soit condamné par la cour d'assises, dit le critique. Attendez donc, voilà encore des romances et des billets de concert ; en vous y prenant adroitement, vous pourriez peut-être en faire de la monnaie.

— J'aimerais mieux autre chose, un pantalon, par exemple.

— Allons! dit le critique, prenez encore ce Bossuet et le plâtre de M. Odilon Barrot; ma parole d'honneur, c'est le denier de la veuve.

— Je vois que vous y mettez de la bonne volonté, dit Rodolphe. J'emporte les trésors ; mais si j'en tire trente sous, je considérerai cela comme le treizième travail d'Hercule.

Après avoir fait environ quatre lieues, Rodolphe, à l'aide d'une éloquence dont il avait le secret dans les grandes occasions, parvint à se faire prêter deux francs par sa blanchisseuse, sur la consignation des volumes de poésies, des romances et du portrait de M. Barrot.

— Allons, dit-il en repassant les ponts, voilà la sauce ; maintenant il faut trouver le fricot. Si j'allais chez mon oncle !

Une demi-heure après il était chez son oncle Monetti, lequel lut sur la physionomie de son neveu de quoi il allait être question. Aussi se mit-il en garde, et prévint toute demande par une série de récriminations telles que celles-ci : — Les temps sont durs, le pain est cher, les créanciers ne payent pas, les loyers qu'il faut payer, le commerce dans le marasme, etc., — toutes les hypocrites litanies des boutiquiers.

— Croirais-tu, dit l'oncle, que j'ai été forcé d'emprunter de l'argent à mon garçon de boutique pour payer un billet?

— Il fallait envoyer chez moi, dit Rodolphe. Je vous aurais prêté de l'argent ; j'ai reçu deux cents francs, il y a trois jours.

— Merci, mon garçon, dit l'oncle, mais tu as besoin de ton avoir. — Ah! pendant que tu es ici, tu devrais bien, toi qui as une si belle main, me copier des factures que je veux envoyer toucher.

— Voilà cinq francs qui me coûteront cher, dit

Rodolphe en se mettant à la besogne qu'il abrégea.

— Mon cher oncle, dit-il à Monetti, je sais combien vous aimez la musique, et je vous apporte des billets de concert.

— Tu es bien aimable, mon garçon. Veux-tu dîner avec moi?...

— Merci, mon oncle, je suis attendu à dîner faubourg Saint-Germain; je suis même très contrarié, parce que je n'ai pas le temps d'aller chez moi prendre de l'argent pour acheter des gants.

— Tu n'as pas de gants? Veux-tu que je te prête les miens? dit l'oncle.

— Merci, nous n'avons pas la même main; seulement vous m'obligeriez de me prêter...

— Vingt-neuf sous pour en acheter? Certainement, mon garçon, les voilà. Quand on va dans le monde, il faut y aller bien mis. Mieux vaut faire envie que pitié, disait ta tante. Allons, je vois que tu te lances, tant mieux... Je t'aurais bien donné plus, reprit-il, mais c'est tout ce que j'ai dans mon comptoir; il faudrait que je monte en haut; et je ne peux pas laisser la boutique seule : à chaque instant il vient des acheteurs.

— Vous disiez que le commerce n'allait pas?

L'oncle Monetti fit semblant de ne pas entendre, et dit à son neveu, qui empochait les vingt-neuf sous :

— Ne te presse pas pour me les rendre.

— Quel cancre! fit Rodolphe en se sauvant. Ah çà! fit-il, il manque encore trente et un sous. Où les trouver? Mais j'y songe, allons au carrefour de la Providence.

Rodolphe appelait ainsi le point le plus central de Paris, c'est-à-dire le Palais-Royal. Un endroit où il est presque impossible de rester dix minutes sans rencontrer dix personnes de connaissance, — des créan-

ciers surtout. Rodolphe alla donc se mettre en faction
au perron du Palais-Royal. Cette fois, la Providence
fut longue à venir. Enfin, Rodolphe put l'apercevoir.
Elle avait un chapeau blanc, un paletot vert et une
canne à pomme d'or ; — une Providence très bien mise.

C'était un garçon obligeant et riche, quoique phalanstérien.

— Je suis ravi de vous voir, dit-il à Rodolphe ;
venez donc me conduire un peu, nous causerons.

— Allons, je vais subir le supplice du phalanstère,
murmura Rodolphe en se laissant entraîner par le chapeau blanc, qui, en effet, le *phalanstérina* à outrance.

Comme ils approchaient du pont des Arts, Rodolphe
dit à son compagnon :

— Je vous quitte, n'ayant pas de quoi acquitter cet
impôt.

— Allons donc, dit l'autre en retenant Rodolphe et
en jetant deux sous à l'invalide.

— Voilà le moment venu, pensait le rédacteur de
l'*Écharpe d'Iris* en traversant le pont ; et, arrivé au bout,
devant l'horloge de l'Institut, Rodolphe s'arrêta court,
montra le cadran avec un geste désespéré et s'écria :

— Sacrebleu ! cinq heures moins le quart ! je suis
perdu !

— Qu'y a-t-il ? dit l'autre étonné.

— Il y a, dit Rodolphe, que grâce à vous, qui
m'avez entraîné malgré moi jusqu'ici, j'ai manqué un
rendez-vous.

— Important ?

— Je crois bien, de l'argent que je devais aller chercher à cinq heures... aux Batignolles... Jamais je n'y
serai... Sacrebleu ! comment faire ?...

— Parbleu ! dit le phalanstérien, c'est bien simple,
venez chez moi, je vous en prêterai.

— Impossible, vous demeurez à Montrouge, et j'ai une affaire à six heures Chaussée-d'Antin... Sacrebleu!...

— J'ai quelques sous sur moi, dit timidement la Providence... mais très peu.

— Si j'avais de quoi prendre un cabriolet, peut-être arriverais-je à temps aux Batignolles.

— Voilà le fond de ma bourse, mon cher, trente et un sous.

— Donnez vite, donnez, que je me sauve! dit Rodolphe qui venait d'entendre sonner cinq heures, et il se hâta de courir au lieu de son rendez-vous.

— Ç'a été dur à tirer, fit-il en comptant sa monnaie. Cent sous, juste comme de l'or. Enfin, je suis paré, et Laure verra qu'elle a affaire à un homme qui sait vivre. Je ne veux pas rapporter un centime chez moi ce soir. Il faut réhabiliter les lettres, et prouver qu'il ne leur manque que de l'argent pour être riches.

Rodolphe trouva Mlle Laure au rendez-vous.

— A la bonne heure, dit-il. Pour l'exactitude, c'est une femme Bréguet.

Il passa la soirée avec elle, et fondit bravement ses cinq francs au creuset de la prodigalité. Mlle Laure était enchantée de ses manières, et voulut bien ne s'apercevoir que Rodolphe ne la reconduisait pas chez elle qu'au moment où il la faisait entrer dans sa chambre à lui.

— C'est une faute que je fais, dit-elle. N'allez point m'en faire repentir par une ingratitude qui est l'apanage de votre sexe.

— Madame, dit Rodolphe, je suis connu pour ma constance. C'est au point que tous mes amis s'étonnent de ma fidélité, et m'ont surnommé le général Bertrand de l'amour.

IX

Les violettes du pôle ([1].)

En ce temps-là, Rodolphe était très amoureux de
sa cousine Angèle, qui ne pouvait pas le souffrir, et
le thermomètre de l'ingénieur Chevalier marquait
douze degrés au-dessous de zéro.

Mlle Angèle était la fille de M. Monetti, le poêlier-
fumiste dont nous avons eu l'occasion de parler déjà.
Mlle Angèle avait dix-huit ans, et arrivait de la Bourgogne, où elle avait passé cinq années près d'une
parente qui devait lui laisser son bien après sa mort.
Cette parente était une vieille femme qui n'avait
jamais été ni jeune ni belle, mais qui avait toujours
été méchante, quoique dévote — ou parce que.
Angèle qui, à son départ, était une charmante enfant dont l'adolescence portait déjà le germe d'une
charmante jeunesse, revint au bout de cinq années
changée en une belle, mais froide, mais sèche et
indifférente personne. La vie retirée de province, les
pratiques d'une dévotion outrée et l'éducation à prin-

cipes mesquins qu'elle avait reçue, avaient empli son esprit de préjugés vulgaires et absurdes, rétréci son imagination, et fait de son cœur une espèce d'organe qui se bornait à accomplir sa fonction de balancier. Angèle avait, pour ainsi dire, de l'eau bénite au lieu de sang dans les veines. A son retour, elle accueillit son cousin avec une réserve glaciale, et il perdit son temps toutes les fois qu'il essaya de faire vibrer en elle la tendre corde des ressouvenirs — souvenirs du temps où ils avaient ébauché tous deux cette amourette à la Paul et Virginie qui est traditionnelle entre cousin et cousine. Cependant, Rodolphe était très amoureux de sa cousine Angèle, qui ne pouvait pas le souffrir ; et ayant appris un jour que la jeune fille devait aller prochainement au bal de noces d'une de ses amies, il s'était enhardi jusqu'au point de promettre à Angèle un bouquet de violettes pour aller à ce bal. Et, après avoir demandé la permission à son père, Angèle accepta la galanterie de son cousin, en insistant toutefois pour avoir des violettes blanches.

Rodolphe, tout heureux de l'amabilité de sa cousine, gambadait et chantonnait en regagnant son *mont Saint-Bernard*. C'est ainsi qu'il appelait son domicile. On verra pourquoi, tout à l'heure. Comme il traversait le Palais-Royal, en passant devant la boutique de Mme Provost, — la célèbre fleuriste, — Rodolphe vit des violettes blanches à l'étalage, et par curiosité il entra pour en demander le prix. Un bouquet présentable ne coûtait pas moins de dix francs, mais il y en avait qui coûtaient davantage.

— Diable ! dit Rodolphe, dix francs, et rien que huit jours devant moi pour trouver ce million. Il y aura du tirage ; mais c'est égal, ma cousine aura son bouquet. J'ai mon idée.

Cette aventure se passait au temps de la genèse
littéraire de Rodolphe. Il n'avait alors d'autre revenu
qu'une pension de quinze francs par mois, qui lui
était faite par un de ses amis, un grand poète qui,
après un long séjour à Paris, était devenu, à l'aide de
protections, maître d'école en province. Rodolphe,
qui avait eu la prodigalité pour marraine, dépensait
toujours sa pension en quatre jours; et, comme il ne
voulait pas abandonner la sainte et peu productive
profession de poète élégiaque, il vivait le reste du
temps de cette manne hasardeuse qui tombe lentement des corbeilles de la Providence. Ce carême ne
l'effrayait pas ; il le traversait gaiement, grâce à une
sobriété stoïque, et aux trésors d'imagination qu'il
dépensait chaque jour pour atteindre le 1er du mois,
— ce jour de Pâques qui terminait son jeûne. A cette
époque Rodolphe habitait rue Contrescarpe-Saint-
Marcel, dans un grand bâtiment qui s'appelait autrefois l'hôtel de l'*Éminence grise*, parce que le père
Joseph, l'âme damnée de Richelieu, y avait habité,
disait-on. Rodolphe logeait tout en haut de cette
maison, une des plus élevées qui soient à Paris. Sa
chambre, disposée en forme de belvédère, était une
délicieuse habitation pendant l'été ; mais, d'octobre
à avril, c'était un petit Kamtchatka. Les quatre vents
cardinaux,qui pénétraient par les quatre croisées dont
chaque face était percée, y venaient exécuter de farouches quatuors durant toute la mauvaise saison.
Comme une ironie, on remarquait encore une cheminée dont l'immense ouverture semblait être une entrée d'honneur réservée à Borée et à toute sa suite.
Aux premières atteintes du froid, Rodolphe avait re-
couru à un système particulier de chauffage : il avait
mis en coupe réglée le peu de meubles qu'il avait, et,

au bout de huit jours, son mobilier se trouva considérablement abrégé, il ne lui restait plus que le lit et deux chaises; il est vrai de dire que ces meubles étaient en fer et, par ainsi, naturellement assurés contre l'incendie. Rodolphe appelait cette manière de se chauffer, déménager par la cheminée.

On était donc au mois de janvier, et le thermomètre, qui marquait douze degrés au quai des Lunettes, en aurait marqué deux ou trois de plus s'il avait été transporté dans le belvédère que Rodolphe avait surnommé le *mont Saint-Bernard*, le *Spitzberg*, la *Sibérie*.

Le soir où il avait promis des violettes blanches à sa cousine, Rodolphe fut pris d'une grande colère en rentrant chez lui : les quatre vents cardinaux avaient encore cassé un carreau en jouant aux quatre coins dans la chambre. C'était le troisième dégât de ce genre depuis quinze jours. Aussi Rodolphe s'emporta en imprécations furibondes contre Éole et toute sa famille de Brise-Tout. Après avoir bouché cette brèche nouvelle avec un portrait d'un de ses amis, Rodolphe se coucha tout habillé entre les deux planches cardées qu'il appelait ses matelas, et toute la nuit il rêva violettes blanches.

Au bout de cinq jours, Rodolphe n'avait encore trouvé aucun moyen qui pût l'aider à réaliser son rêve, et c'était le surlendemain qu'il devait donner le bouquet à sa cousine. Pendant ce temps-là, le thermomètre était encore descendu, et le malheureux poète se désespérait en songeant que les violettes étaient peut-être renchéries. Enfin, la Providence eut pitié de lui, et voici comment elle vint à son secours.

Un matin, Rodolphe alla à tout hasard demander à déjeuner à son ami, le peintre Marcel, et il le trouva

en conversation avec une femme en deuil. C'était une
veuve du quartier; elle avait perdu son mari récem-
ment, et elle venait demander combien on lui prendrait pour peindre sur le tombeau qu'elle avait fait
élever au défunt une *main d'homme*, au-dessous de
laquelle on écrirait :

JE T'ATTENDS, MON ÉPOUSE CHÉRIE

Pour obtenir le travail à meilleur compte, elle fit
même observer à l'artiste qu'à l'époque où Dieu l'en-
verrait rejoindre son époux il aurait à peindre une
seconde main, sa main à elle, ornée d'un bracelet,
avec une nouvelle légende qui serait ainsi conçue :

NOUS VOILA DONC ENFIN RÉUNIS...

— Je mettrai cette clause dans mon testament,
disait la veuve, et j'exigerai que ce soit à vous que la
besogne soit confiée.

— Puisque c'est ainsi, madame, répondit l'artiste,
j'accepte le prix que vous me proposez... mais c'est
dans l'espérance de la *poignée de main*. N'allez pas
m'oublier dans votre testament.

— Je désirerais que vous me donniez cela le plus
tôt possible, dit la veuve; néanmoins, prenez votre
temps, et n'oubliez pas la cicatrice au pouce. Je veux
une main vivante.

— Elle sera parlante, madame, soyez tranquille, fit
Marcel en reconduisant la veuve. Mais au moment de
sortir, celle-ci revint sur ses pas.

— J'ai encore un renseignement à vous demander,
monsieur le peintre; je voudrais faire écrire sur la
tombe de mon mari une *machine* en vers, où on ra-
conterait sa bonne conduite et les dernières paroles

qu'il a prononcées à son lit de mort. — Est-ce distingué ?

— C'est très distingué ; on appelle ça une épitaphe, c'est très distingué !

— Vous ne connaîtriez pas quelqu'un qui pourrait me faire cela à bon marché ? Il y a bien mon voisin, M. Guérin, l'écrivain public, mais il me demande les yeux de la tête.

Ici Rodolphe lança un coup d'œil à Marcel, qui comprit sur-le-champ.

— Madame, dit l'artiste en désignant Rodolphe, un hasard heureux a amené ici la personne qui peut vous être utile en cette douloureuse circonstance. Monsieur est un poète distingué, et vous ne pourriez mieux trouver.

— Je tiendrais à ce que ce soit très triste, dit la veuve, et que l'orthographe fût bien mise.

— Madame, répondit Marcel, mon ami sait l'orthographe sur le bout du doigt : au collège, il avait tous les prix.

— Tiens, dit la veuve, mon petit-neveu a eu aussi un prix ; il n'a pourtant que sept ans.

— C'est un enfant bien précoce, répliqua Marcel.

— Mais, dit la veuve en insistant, monsieur sait-il faire des vers tristes ?

— Mieux que personne, madame, car il a eu beaucoup de chagrins dans sa vie. Mon ami excelle dans les vers tristes, c'est ce que les journaux lui reprochent toujours.

— Comment ! s'écria la veuve, on parle de lui dans les journaux ; alors, il est bien aussi savant que M. Guérin, l'écrivain public.

— Oh ! bien plus ! Adressez-vous à lui, madame, vous ne vous en repentirez pas.

Après avoir expliqué au poète le sens de l'inscription en vers qu'elle voulait faire mettre sur la tombe de son mari, la veuve convint de donner dix francs à Rodolphe, si elle était contente; seulement, elle voulait avoir les vers très vite. Le poète promit de les lui envoyer le lendemain même par son ami.

— O bonne fée Artémise, s'écria Rodolphe quand la veuve fut partie, je te promets que tu seras contente; je te ferai bonne mesure de lyrisme funèbre, et l'orthographe sera mieux mise qu'une duchesse. O bonne vieille, puisse, pour te récompenser, le ciel te faire vivre cent sept ans, comme la bonne eau-de-vie !

— Je m'y oppose, s'écria Marcel.

— C'est vrai, dit Rodolphe, j'oubliais que tu as encore sa main à peindre après sa mort, et qu'une pareille longévité te ferait perdre de l'argent. — Et il leva les mains en disant : — Ciel, n'exaucez pas ma prière ! Ah ! j'ai une fière chance d'être venu ici, ajouta-t-il.

— Au fait, qu'est-ce que tu me voulais ? dit Marcel.

— J'y resonge, et maintenant surtout que je suis forcé de passer la nuit pour faire cette poésie, je ne puis me dispenser de ce que je venais te demander : 1° à dîner; 2° du tabac, de la chandelle ; et 3° ton costume d'ours blanc.

— Est-ce que tu vas au bal masqué ? C'est ce soir le premier, en effet.

— Non ; mais tel que tu me vois, je suis aussi gelé que la grande armée pendant la retraite de Russie. Certainement mon paletot de lasting vert et mon pantalon en mérinos écossais sont très jolis, mais c'est trop printanier, et bon pour habiter sous l'équateur; lorsqu'on demeure sous le pôle, comme moi, un costume d'ours blanc est plus convenable, je dirai même plus, il est exigible.

— Prends le *martin*, dit Marcel, c'est une idee; il est chaud comme braise, et tu seras là-dedans comme un pain dans un four.

Rodolphe habitait déjà la peau de l'animal fourré.

— Maintenant, dit-il, le thermomètre va être furieusement vexé.

— Est-ce que tu vas sortir comme ça? dit Marcel à son ami, après qu'ils eurent achevé un dîner vague, servi dans de la vaisselle timbrée à cinq centimes.

— Parbleu! dit Rodolphe, je me moque pas mal de l'opinion, d'ailleurs, c'est aujourd'hui le commencement du carnaval. Et il traversa tout Paris avec l'attitude grave du quadrupède dont il habitait le poil. En passant devant le thermomètre de l'ingénieur Chevalier, Rodolphe alla lui faire un pied de nez.

Rentré chez lui, non sans avoir causé une grande frayeur à son portier, le poète alluma sa chandelle, et eut grand soin de l'entourer d'un papier transparent pour prévenir les malices des aquilons; et sur-le-champ il se mit à la besogne. Mais il ne tarda pas à s'apercevoir que si son corps était préservé à peu près du froid, ses mains ne l'étaient pas; et il n'avait point écrit deux vers de son épitaphe, qu'une onglée féroce vint lui mordre les doigts, qui lâchèrent la plume.

— L'homme le plus courageux ne peut pas lutter contre les éléments, dit Rodolphe en tombant anéanti sur sa chaise. César a passé le Rubicon, mais il n'aurait point passé la Bérésina.

Tout à coup le poète poussa un cri de joie du fond de sa poitrine d'ours, et il se leva si brusquement, qu'il renversa une partie de son encre sur la blancheur de sa fourrure : il avait eu une idée, renouvelée de Chatterton.

Rodolphe tira de dessous son lit un amas considérable de papiers, parmi lesquels se trouvaient une
dizaine de manuscrits énormes de son fameux drame
du *Vengeur*. Ce drame, auquel il avait travaillé deux
ans, avait été fait, défait, refait tant de fois, que les
copies réunies formaient un poids de sept kilogrammes.
Rodolphe mit de côté le manuscrit le plus récent et
traîna les autres devant la cheminée.

— J'étais bien sûr que j'en trouverais le placement,
s'écria-t-il..., avec de la patience ! Voilà certainement
un joli cotret de prose. Ah ! si j'avais pu prévoir ce qui
arrive, j'aurais fait un prologue et aujourd'hui j'aurais
plus de combustible... Mais bah ! on ne peut pas tout
prévoir.

Et il alluma dans sa cheminée quelques feuilles du
manuscrit à la flamme desquelles il se dégourdit les
mains. Au bout de cinq minutes, le premier acte du
Vengeur était *joué* et Rodolphe avait écrit trois vers
de son épitaphe.

Rien au monde ne saurait peindre l'étonnement
des quatre vents cardinaux en apercevant du feu dans
la cheminée.

— C'est une illusion, souffla le vent du nord qui
s'amusa à rebrousser le poil de Rodolphe.

— Si nous allions souffler dans le tuyau, reprit un
autre vent, ça ferait fumer la cheminée.

Mais comme ils allaient commencer à tarabuster le
pauvre Rodolphe, le vent du sud aperçut M. Arago à
une fenêtre de l'Observatoire, où le savant faisait du
doigt une menace au quatuor d'aquilons.

Aussi le vent du sud cria à ses frères : « Sauvons-
nous bien vite, l'almanach marque un temps calme
pour cette nuit ; nous nous trouvons en contravention

avec l'Observatoire et, si nous ne sommes pas rentrés à minuit, M. Arago nous fera mettre en retenue. »

Pendant ce temps-là, le deuxième acte du *Vengeur* brûlait avec le plus grand succès. Et Rodolphe avait écrit dix vers. Mais il ne put en écrire que deux pendant la durée du troisième acte.

— J'avais toujours pensé que cet acte-là était trop court, murmura Rodolphe, mais il n'y a qu'à la représentation qu'on s'aperçoive d'un défaut. Heureusement que celui-ci va durer plus longtemps : il y a vingt-trois scènes, dont la scène du trône, qui devait être celui de ma gloire... La dernière tirade de la scène du trône s'envolait en flammèches comme Rodolphe avait encore un sixain à écrire.

— Passons au quatrième acte, dit-il, en prenant un air de feu. Il durera bien cinq minutes, c'est tout monologue. — Il passa au dénouement, qui ne fit que flamber et s'éteindre. Au même moment, Rodolphe encadrait dans un magnifique élan de lyrisme les dernières paroles du défunt en l'honneur de qui il venait de travailler. — Il en restera pour une seconde représentation, dit-il, en poussant sous son lit quelques autres manuscrits.

. . . .

Le lendemain, à huit heures du soir, Mlle Angèle faisait son entrée au bal, ayant à la main un superbe bouquet de violettes blanches, au milieu desquelles s'épanouissaient deux roses, blanches aussi. Toute la nuit, ce bouquet valut à la jeune fille des compliments des femmes, et des madrigaux des hommes. Aussi Angèle sut-elle un peu gré à son cousin qui lui avait procuré toutes ces petites satisfactions d'amour-propre, et elle aurait peut-être pensé à lui davantage sans les galantes persécutions d'un parent de la mariée

qui avait dansé plusieurs fois avec elle. C'était un
jeune homme blond, et porteur d'une de ces superbes
paires de moustaches relevées en crocs, qui sont des
hameçons où s'accrochent les cœurs novices. Le jeune
homme avait déjà demandé à Angèle qu'elle lui donnât
les deux roses blanches qui restaient de son bouquet
effeuillé par tout le monde... Mais Angèle avait refusé,
pour oublier à la fin du bal les deux fleurs sur une
banquette, où le jeune homme blond courut les
prendre.

A ce moment-là il y avait quatorze degrés de froid
dans le belvédère de Rodolphe, qui, appuyé à sa fenêtre, regardait du côté de la barrière du Maine les
lumières de la salle de bal où dansait sa cousine Angèle, qui ne pouvait pas le souffrir.

X

Le Cap des Tempêtes.

Il y a dans les mois qui commencent chaque nouvelle saison des époques terribles : — le 1er et le 15 ordinairement. Rodolphe, qui ne pouvait voir sans effroi approcher l'une ou l'autre de ces deux dates, les appelait *le Cap des Tempêtes*. Ce jour-là, ce n'est point l'Aurore qui ouvre les portes de l'Orient, ce sont des créanciers, des propriétaires, des huissiers et autres gens de sac...oches Ce jour-là commence par une pluie de mémoires, de quittances, de billets, et se termine par une grêle de protêts, — *Dies iræ!*

Or, le matin d'un 15 avril, Rodolphe dormait fort paisiblement... et rêvait qu'un de ses oncles lui léguait par testament toute une province du Pérou, les Péruviennes avec.

Comme il nageait en plein dans un Pactole imaginaire, un bruit de clef tournant dans la serrure vint interrompre l'héritier présomptueux au moment le plus reluisant de son rêve doré.

Rodolphe se dressa sur son lit, les yeux et l'esprit
encore ensommeillés, et il regarda autour de lui.

Il aperçut alors vaguement, debout au milieu de sa
chambre, un homme qui venait d'entrer, et quel
homme ?

Cet étranger matinal avait un chapeau à trois
cornes, sur le dos une sacoche, et à la main un grand
portefeuille ; il était vêtu d'un habit à la française,
couleur gris de lin, et paraissant fort essoufflé d'avoir
gravi les cinq étages. Ses manières étaient très af-
fables, et sa démarche sonore comme pourrait être
celle d'un comptoir de changeur qui entrerait en
locomotion.

Rodolphe fut un instant effrayé, et, vu le chapeau
à trois cornes et l'habit, il pensa voir un sergent de
ville.

Mais la vue de la sacoche passablement garnie le
fit revenir de son erreur.

— Ah ! j'y suis, pensa-t-il, c'est un acompte sur
mon héritage, cet homme vient des Iles... Mais alors
pourquoi n'est-il pas nègre ? Et faisant un signe à
l'homme, il lui dit en désignant la sacoche :

— Je sais ce que c'est. Mettez ça là. Merci.

L'homme était un garçon de la Banque de France.
A l'invitation de Rodolphe, il répondit en mettant
sous les yeux de celui-ci un petit papier hiéroglyphé
de signes et de chiffres multicolores.

— Vous voulez un reçu ? dit Rodolphe. — C'est
juste. Passez-moi la plume et l'encre. Là, sur la
table.

— Non, je viens recevoir, répondit le garçon de
recette, un effet de cent cinquante francs. C'est aujourd'hui le 15 avril.

— Ah ! reprit Rodolphe en examinant le billet..

Ordre Birmann. C'est mon tailleur... Hélas ! ajouta-t-il avec mélancolie en portant alternativement les yeux sur une redingote jetée sur son lit et sur le billet, les causes s'en vont, mais les effets reviennent. Comment ! c'est aujourd'hui le 15 avril? C'est extraordinaire ! Je n'ai pas encore mangé de fraises !

Le garçon de recette, ennuyé de ces lenteurs, sortit en disant à Rodolphe : — Vous avez jusqu'à quatre heures pour payer.

— Il n'y a pas d'heure pour les honnêtes gens, répondit Rodolphe. — L'intrigant, ajouta-t-il avec regret en suivant des yeux le financier en tricorne, il remporte son sac.

Rodolphe ferma les rideaux de son lit, et essaya de reprendre le chemin de son héritage ; mais il se trompa de route, et entra tout enorgueilli dans un songe, où le directeur du Théâtre-Français venait, chapeau bas, lui demander un drame pour son théâtre, et Rodolphe, qui connaissait les usages, demandait des primes. Mais au moment même où le directeur paraissait vouloir s'exécuter, le dormeur fut de nouveau éveillé à demi par l'entrée d'un nouveau personnage, autre créature du 15 avril.

C'était M. Benoît — le mal nommé — maître de l'hôtel garni où logeait Rodolphe : M. Benoît était à la fois le propriétaire, le bottier et l'usurier de ses locataires ; ce matin-là, M. Benoît exhalait une affreuse odeur de mauvaise eau-de-vie et de quittance échue. Il avait à la main un sac — vide.

— Diable ! pensa Rodolphe... ce n'est plus le directeur des *Français*... il aurait une cravate blanche et le sac serait plein !

— Bonjour, monsieur Rodolphe... fit M. Benoît en s'approchant du lit.

— Monsieur Benoît.., bonjour. Quel événement me procure l'avantage de votre visite ?

— Mais je venais vous dire que c'est aujourd'hui le 15 avril.

— Déjà ! Comme le temps passe ! C'est extraordinaire ; il faudra que j'achète un pantalon de nankin. Le 15 avril ! ah ! mon Dieu ! je n'y aurais jamais songé sans vous, monsieur Benoît. Combien je vous dois de reconnaissance !

— Vous me devez aussi cent soixante-deux francs, reprit M. Benoît ; et il se fait temps de régler ce petit compte...

— Je ne suis pas absolument pressé, il ne faut pas vous gêner, monsieur Benoît... Je vous donnerai du temps... Petit compte deviendra grand...

— Mais, dit le propriétaire, vous m'avez déjà remis plusieurs fois...

— En ce cas, réglons, réglons, monsieur Benoît, cela m'est absolument indifférent, aujourd'hui ou demain, et puis nous sommes tous mortels... Réglons.

Un aimable sourire illumina les rides du propriétaire ; et il n'y eut pas jusqu'à son sac vide qui ne se gonflât d'espérance.

— Qu'est-ce que je vous dois ? demanda Rodolphe.

— D'abord, nous avons trois mois de loyer à vingt-cinq francs ; ci, soixante-quinze francs.

— Sauf erreur, dit Rodolphe. Après ?

— Plus, trois paires de bottes à vingt francs.

— Un instant... un instant, monsieur Benoît, ne confondons pas ; je n'ai plus affaire au propriétaire, mais au bottier, je veux un compte à part... Les chiffres sont chose grave, il ne faut pas s'embrouiller.

— Soit ; dit M. Benoît, adouci par l'espoir qu'il avait de mettre enfin un acquit au bas de ses mé-

moires. — Voici une note particulière pour la chaussure. Trois paires de bottes à vingt francs; — ci,
soixante francs.

Rodolphe jeta un regard de pitié sur une paire de
bottes fourbues. — Hélas ! pensa-t-il, elles auraient
servi au *Juif errant* qu'elles ne seraient point pires...
C'est pourtant en courant après Marie qu'elles se sont
usées ainsi... Continuez, monsieur Benoît...

— Nous disons soixante francs, reprit celui-ci. Plus,
argent prêté, — vingt-sept francs...

— Halte-là, monsieur Benoît. Nous sommes conve-
nus que chaque saint aurait sa niche... C'est à titre
d'ami que vous m'avez prêté de l'argent. Or donc, s'il
vous plaît, quittons le domaine de la chaussure, et
entrons dans les domaines de la confiance et de
l'amitié qui exigent un compte à part. A combien se
monte votre amitié pour moi ?

— Vingt-sept francs...

— Vingt-sept francs. Vous avez un ami à bon marché, monsieur Benoît. Enfin... nous disons donc,
soixante-quinze, soixante, et vingt-sept... Tout cela
fait ?

— Cent soixante-deux francs, dit M. Benoît en présentant les trois notes.

— Cent soixante-deux francs, fit Rodolphe... c'est
extraordinaire. Quelle belle chose que l'addition ! Eh
bien, monsieur Benoît, maintenant que le compte est
réglé, nous pouvons être tranquilles tous les deux,
nous savons à quoi nous en tenir. Le mois prochain,
je vous demanderai votre acquit, et comme, pendant
ce temps, la confiance et l'amitié que vous avez en
moi ne pourront que s'augmenter, au cas où cela serait nécessaire, vous pourrez m'accorder un nouveau
délai. Cependant, si le propriétaire et le bottier étaient

par trop pressés, je prierai l'ami de leur faire entendre
raison. C'est extraordinaire, monsieur Benoît; mais
toutes les fois que je songe à votre triple caractère de
propriétaire, de bottier et d'ami, je suis tenté de
croire à la sainte trinité.

En écoutant Rodolphe, le maître d'hôtel était devenu à la fois rouge, vert, jaune et blanc ; et à chaque
nouvelle raillerie de son locataire, cet arc-en-ciel de
la colère allait se fonçant de plus en plus sur son visage.

— Monsieur, dit-il, je n'aime pas qu'on se moque
de moi. J'ai attendu assez longtemps... Je vous donne
congé, et si ce soir vous ne m'avez pas donné d'argent...
je verrai ce que j'aurai à faire.

— De l'argent! de l'argent! Est-ce que je vous en
demande, moi? dit Rodolphe; et puis d'ailleurs, j'en
aurais que je ne vous en donnerais pas... Un vendredi,
ça porte malheur.

La colère de M. Benoît tournait à l'ouragan ; et si le
mobilier ne lui eût pas appartenu, il aurait sans doute
fracturé les membres de quelque fauteuil.

Cependant il sortit en proférant des menaces.

— Vous oubliez votre sac, lui cria Rodolphe en le
rappelant.

— Quel métier! murmura le malheureux jeune
homme quand il fut seul. J'aimerais mieux dompter
des lions.

— Mais, reprit Rodolphe en sautant hors du lit, et
en s'habillant à la hâte, je ne peux pas rester ici. L'invasion des alliés va se continuer. Il faut fuir, il faut
même déjeuner. Tiens, si j'allais voir Schaunard. Je
lui demanderai un couvert et je lui emprunterai quelques sous. Cent francs peuvent me suffire... Allons
chez Schaunard.

En descendant l'escalier, Rodolphe rencontra M. Benoît qui venait de subir de nouveaux échecs chez ses autres locataires, ainsi que l'attestait son sac vide, un objet d'art.

— Si l'on vient me demander, vous direz que je suis à la campagne... dans les Alpes... dit Rodolphe. Ou bien, non, dites que je ne demeure plus ici.

— Je dirai la vérité, murmura M. Benoît, en donnant à ses paroles une accentuation très significative.

Schaunard demeurait à Montmartre. C'était tout Paris à traverser. Cette pérégrination était des plus dangereuses pour Rodolphe. — Aujourd'hui, se disait-il, les rues sont pavées de créanciers. — Pourtant, il ne prit point les boulevards extérieurs comme il en avait envie. Une espérance fantastique l'encouragea, au contraire, à suivre l'itinéraire dangereux du centre parisien. Rodolphe pensait que, dans un jour où les millions se promenaient en public sur le dos des garçons de recette, il se pourrait bien faire qu'un billet de mille francs, abandonné sur le chemin, attendît son Vincent de Paul. Aussi Rodolphe marchait-il doucement, les yeux à terre. Mais il ne trouva que deux épingles.

Au bout de deux heures, il arriva chez Schaunard.

— Ah ! c'est toi, dit celui-ci.

— Oui, je viens te demander à déjeuner.

— Ah ! mon cher, tu arrives mal ; ma maîtresse vient de venir, et il y a quinze jours que je ne l'ai vue ; si tu étais arrivé seulement dix minutes plus tôt...

— Mais tu n'as pas une centaine de francs à me prêter ? reprit Rodolphe.

— Comment ! toi aussi, répondit Schaunard qui était au comble de l'étonnement... tu viens me demander de l'argent ! Tu te mêles à mes ennemis !

— Je te le rendrai lundi.

— Ou à la Trinité. Mon cher, tu oublies donc quel jour nous sommes ? Je ne puis rien pour toi. Mais il n'y a rien de désespéré, la journée n'est pas achevée. Tu peux encore rencontrer la Providence, elle ne se lève jamais avant midi.

— Ah ! reprit Rodolphe : la Providence a trop de besogne auprès des petits oiseaux. Je m'en vais aller voir Marcel.

Marcel demeurait alors rue de Bréda. Rodolphe le trouva très triste en contemplation devant son grand tableau qui devait représenter le *Passage de la mer Rouge*.

— Qu'as-tu ? demanda Rodolphe en entrant. Tu parais tout mortifié.

— Hélas ! fit le peintre en procédant par allégorie, voilà quinze jours que je suis dans la semaine sainte.

Pour Rodolphe, cette réponse était transparente comme de l'eau de roche.

— Harengs salés et radis noirs ! Très bien ! Je me souviens. (En effet, Rodolphe avait la mémoire encore salée des souvenirs d'un temps où il avait été réduit à la consommation exclusive de ce poisson.) — Diable ! diable ! fit-il, ceci est grave ! Je venais t'emprunter cent francs.

— Cent francs ! fit Marcel... Tu feras donc toujours de la fantaisie... Me venir demander cette somme my-thologique, à une époque où l'on est toujours sous l'équateur de la nécessité ! Tu as pris du hatchich...

— Hélas ! dit Rodolphe, je n'ai rien pris du tout, et il laissa son ami au bord de la mer Rouge.

De midi à quatre heures, Rodolphe mit tour à tour le cap sur toutes les maisons de connaissance ; il par-

courut les quarante-huit quartiers et fit environ huit
lieues, mais sans aucun succès. L'influence du 15 avril
se faisait partout sentir avec une égale rigueur; cependant on approchait de l'heure du dîner. Mais il ne
paraissait guère que le dîner approchât avec l'heure,
et il sembla à Rodolphe qu'il était sur le radeau de *la
Méduse*.

Comme il traversait le Pont-Neuf, il eut tout à coup
une idée : — Oh! oh! se dit-il... en retournant sur ses
pas... le 15 avril... le 15 avril... Mais j'ai une invitation à dîner pour aujourd'hui. En fouillant dans sa
poche, il en tira un billet imprimé, ainsi conçu :

BARRIÈRE DE LA VILLETTE

AU GRAND VAINQUEUR

Salon de 300 couverts

—

BANQUET ANNIVERSAIRE

EN L'HONNEUR DE LA NAISSANCE

DU

MESSIE HUMANITAIRE

le 15 avril 184...

Bon pour une Personne

—

N. B. — On n'a droit qu'à une demi-bouteille de vin.

— Je ne partage pas les opinions des disciples du
Messie ([1]), se dit Rodolphe... Mais je partagerai volontiers leur nourriture. Et avec une vélocité d'oiseau il
dévora la distance qui le séparait de la barrière.

Quand il arriva dans les salons du *Grand Vainqueur*,
la foule était immense... Le salon de 300 couverts

contenait 500 personnes. — Un vaste horizon de veau
aux carottes se déroulait à la vue de Rodolphe.

On commença enfin à servir le potage.

Comme les convives portaient leur cuiller à leur
bouche, cinq ou six personnes en bourgeois et plusieurs sergents de ville firent irruption dans la salle,
un commissaire à leur tête.

— Messieurs, dit le commissaire... par ordre de
l'autorité supérieure, le banquet ne peut avoir lieu.
Je vous somme de vous retirer.

— Oh! dit Rodolphe en sortant avec tout le monde,
oh! la fatalité qui vient renverser mon potage!

Il reprit tristement le chemin de son domicile, et y
arriva sur les onze heures du soir.

M. Benoît l'attendait.

— Ah! c'est vous, dit le propriétaire. Avez-vous
songé à ce que je vous ai dit ce matin? m'apportez-
vous de l'argent?

— Je dois en recevoir cette nuit; je vous en donnerai demain matin, répondit Rodolphe en cherchant
sa clef, et son flambeau dans la case. Il ne trouva
rien.

— Monsieur Rodolphe, dit M. Benoît, j'en suis bien
fâché, mais j'ai loué votre chambre, et je n'en ai pas
d'autre qui soit disponible, il faut voir ailleurs.

Rodolphe avait l'âme grande, et une nuit à la belle
étoile ne l'effrayait pas. D'ailleurs, en cas de mauvais
temps, il pouvait coucher dans une loge d'avant-scène
à l'Odéon, ainsi que cela lui était arrivé déjà. Seulement, il réclama *ses affaires* à M. Benoît, lesquelles
affaires consistaient en une liasse de papiers.

— C'est juste, dit le propriétaire : je n'ai pas le
droit de vous retenir ces choses-là, elles sont restées
dans le secrétaire. Montez avec moi; si la personne

qui a pris votre chambre n'est pas couchée, nous pourrons entrer.

La chambre avait été louée dans la journée à une
jeune fille qui s'appelait Mimi et avec qui Rodolphe
avait jadis commencé un duo de tendresse.

Ils se reconnurent sur-le-champ. Rodolphe parla
tout bas à l'oreille de Mimi, et lui serra doucement la
main. — Voyez comme il pleut ! dit-il en indiquant le
bruit de l'orage qui venait d'éclater.

Mlle Mimi alla droit à M. Benoît, qui attendait dans
un coin de la chambre.

— Monsieur, lui dit-elle en désignant Rodolphe...
monsieur est la personne que j'attendais ce soir. Ma
porte est défendue.

— Ah ! fit M. Benoît avec une grimace. C'est bien.

Pendant que Mlle Mimi préparait à la hâte un souper improvisé, minuit sonna.

— Ah ! dit Rodolphe en lui-même, le 15 avril est
passé, j'ai enfin doublé mon cap des Tempêtes. —
Chère Mimi, fit le jeune homme en attirant la belle
fille dans ses bras et l'embrassant sur le cou à l'endroit de la nuque, il ne vous aurait pas été possible
de me laisser mettre à la porte. — Vous avez la **bosse**
de l'hospitalité (²).

XI

Un café de la Bohème.

Voici par quelle suite de circonstances Carolus Barbemuche, homme de lettres et philosophe platonicien,
devint membre de la Bohème en la vingt-quatrième
année de son âge.

En ce temps-là, Gustave Colline le grand philosophe,
Marcel le grand peintre, Schaunard le grand musicien, et Rodolphe le grand poète, comme ils s'appelaient entre eux, fréquentaient régulièrement le
café *Momus*, où on les avait surnommés *les quatre
mousquetaires*, à cause qu'on les voyait toujours ensemble. En effet, ils venaient, s'en allaient ensemble,
jouaient ensemble, — et quelquefois aussi ne payaient
pas leur consommation, toujours avec un ensemble
digne de l'orchestre du Conservatoire.

Ils avaient choisi pour se réunir une salle où quarante personnes eussent été à l'aise ; mais on les trouvait toujours seuls, car ils avaient fini par rendre le
lieu inabordable aux habitués ordinaires.

Le consommateur de passage qui s'aventurait dans cet antre y devenait, dès son entrée, la victime du farouche quatuor, et, la plupart du temps, se sauvait sans achever sa gazette et sa demi-tasse, dont des aphorismes inouïs sur l'art, le sentiment et l'économie politique faisaient tourner la crème. Les conversations des quatre compagnons étaient de telle nature que le garçon qui les servait était devenu idiot à la fleur de l'âge.

Cependant les choses arrivèrent à un tel point d'arbitraire, que le maître du café perdit enfin patience, et il monta un soir faire gravement l'exposé de ses griefs :

1° M. Rodolphe venait dès le matin déjeuner, et emportait dans *sa* salle tous les journaux de l'établissement ; il poussait même l'exigence jusqu'à se fâcher quand il trouvait les bandes rompues, ce qui faisait que les autres habitués, privés des organes de l'opinion, demeuraient jusqu'au dîner ignorants comme des carpes en matière politique. — La société Bosquet savait à peine les noms des membres du dernier cabinet.

M. Rodolphe avait même obligé le café à s'abonner au *Castor*, dont il était rédacteur en chef. Le maître de l'établissement s'y était d'abord refusé; mais comme M. Rodolphe et sa compagnie appelaient tous les quarts d'heure le garçon, et criaient à haute voix : « *Le Castor !* apportez-nous *le Castor !* » quelques autres abonnés, dont la curiosité était excitée par ces demandes acharnées, demandèrent aussi *le Castor*. On prit donc un abonnement au *Castor*, — journal de la chapellerie, qui paraissait tous les mois, orné d'une vignette et d'un article de philosophie en *Variétés*, par Gustave Colline.

2° Ledit M. Colline et son ami M. Rodolphe se dé-
lassaient des travaux de l'intelligence en jouant au
trictrac depuis dix heures du matin jusqu'à minuit ; et
comme l'établissement ne possédait qu'une seule table
de trictrac, les autres personnes se trouvaient lésées
dans leur passion pour ce jeu par l'accaparement de
ces messieurs, qui, chaque fois qu'on venait le leur
demander, se bornaient à répondre :

— Le trictrac est en lecture ; qu'on repasse demain.

La société Bosquet se trouvait donc réduite à se
raconter ses premières amours ou à jouer au piquet.

3° M. Marcel, oubliant qu'un café est un lieu public,
s'est permis d'y transporter son chevalet, sa boîte à
peindre et tous les instruments de son art. Il pousse
même l'inconvenance jusqu'à appeler des modèles de
sexes divers.

Ce qui peut affliger les mœurs de la société Bosquet.

4° Suivant l'exemple de son ami, M. Schaunard
parle de transporter son piano dans le café et n'a pas
craint d'y faire chanter en chœur un motif tiré de sa
symphonie, — l'*Influence du bleu dans les arts*.
M. Schaunard a été plus loin, il a glissé dans la lanterne qui sert d'enseigne au café un transparent sur
lequel on lit :

**Cours gratuit de musique vocale et instrumentale,
à l'usage des deux sexes.**

S'adresser au comptoir.

Ce qui fait que ledit comptoir est tous les soirs en-
combré de personnes d'une mise négligée, qui viennent
s'informer *par où qu'on passe.*

En outre, M. Schaunard y donne des rendez-vous à
une dame qui s'appelle Phémie Teinturière et qui a
toujours oublié son bonnet.

Aussi M. Bosquet le jeune a-t-il déclaré qu'il ne mettrait plus les pieds dans un établissement où l'on outrageait ainsi la nature.

5° Non contents de ne faire qu'une consommation très modérée, ces messieurs ont essayé de la modérer davantage. Sous prétexte qu'ils ont surpris le moka de l'établissement en adultère avec de la chicorée, ils ont apporté un filtre à esprit-de-vin, et rédigent eux-mêmes leur café, qu'ils édulcorent avec du sucre acquis au dehors à bas prix, — ce qui est une insulte faite au laboratoire.

6° Corrompu par les discours de ces messieurs, le garçon *Bergami* (ainsi nommé à cause de ses favoris), oubliant son humble naissance et bravant toute retenue, s'est permis d'adresser à la dame de comptoir une pièce de vers dans laquelle il l'excite à l'oubli de ses devoirs de mère et d'épouse ; — au désordre de son style, on a reconnu que cette lettre avait été écrite sous l'influence pernicieuse de M. Rodolphe et de sa littérature.

En conséquence, et malgré le regret qu'il éprouve, le directeur de l'établissement se voit dans la nécessité de prier la société Colline de choisir un autre endroit pour y établir ses conférences révolutionnaires.

Gustave Colline, qui était le Cicéron de la bande, prit la parole et, *a priori*, prouva au maître du café que ses doléances étaient ridicules et mal fondées; qu'on lui faisait grand honneur en choisissant son établissement pour en faire un foyer d'intelligence; que son départ et celui de ses amis causeraient la ruine de sa maison, élevée par leur présence à la hauteur de café artistique et littéraire.

— Mais, dit le maître du café, vous et ceux qui viennent vous voir, vous consommez si peu.

— Cette sobriété dont vous vous plaignez est un argument en faveur de nos mœurs, répliqua Colline. Au reste, il ne tient qu'à vous que nous fassions une dépense plus considérable ; il suffira de nous ouvrir un compte.

— Nous fournirons le registre, dit Marcel.

Le cafetier n'eut pas l'air d'entendre, et demanda quelques éclaircissements à propos de la lettre incendiaire que Bergami avait adressée à sa femme. Rodolphe, accusé d'avoir servi de secrétaire à cette passion illicite, s'innocenta avec vivacité.

— D'ailleurs, ajouta-t-il, la vertu de Madame était une sûre barrière qui...

— Oh ! dit le cafetier... avec un sourire d'orgueil, ma femme a été élevée à Saint-Denis.

Bref, Colline acheva de l'enferrer complètement dans les replis de son éloquence insidieuse, et tout s'arrangea sur la promesse que les quatre amis ne feraient plus leur café eux-mêmes, que l'établissement recevrait désormais le *Castor* gratis, que Phémie Teinturière mettrait un bonnet ; que le trictrac serait abandonné à la société Bosquet, tous les dimanches, de midi à deux heures, et surtout qu'on ne demanderait pas de nouveaux crédits.

Tout alla bien pendant quelques jours.

La veille de Noël, les quatre amis arrivèrent au café accompagnés de leurs épouses.

Il y avait Mlle Musette ; Mlle Mimi, la nouvelle maîtresse de Rodolphe, une adorable créature dont la voix bruyante avait l'éclat des cymbales ; et Phémie Teinturière, l'idole de Schaunard. Ce soir-là, Phémie Teinturière avait un bonnet. Quant à Mme Colline, qu'on ne voyait jamais, elle était comme toujours restée chez elle, occupée à mettre des virgules aux manuscrits de son époux. Après le café qui fut, par extraordinaire, escorté d'un bataillon de petits verres, on demanda du punch. Peu habitué à ces grandes manières, le garçon se fit répéter deux fois l'ordre. Phémie, qui n'avait jamais été au café, paraissait extasiée et ravie de boire dans des verres à patte. Marcel disputait Musette à propos d'un chapeau neuf dont il suspectait l'origine. Mimi et Rodolphe, encore dans la lune de miel de leur ménage, avaient ensemble une causerie muette alternée d'étranges sonorités. Quant à Colline, il allait de femme en femme égrener avec une bouche en cœur toutes les galantes verroteries de style ramassées dans la collection de l'*Almanach des Muses*.

Pendant que cette joyeuse compagnie se livrait ainsi aux jeux et aux ris, un personnage étranger, assis au fond de la salle, à une table isolée, observait le spectacle animé qui se passait devant lui, avec des yeux dont le regard était étrange.

Depuis quinze jours environ, il venait ainsi tous les soirs : c'était de tous les consommateurs le seul qui avait pu résister au vacarme effroyable que faisaient les bohémiens. Les *scies* les plus farouches l'avaient trouvé inébranlable ; il restait là toute la soirée, fumant sa pipe avec une régularité mathématique, les yeux fixes comme s'il gardait un trésor, et l'oreille ouverte à tout ce qui se disait autour de lui. Au demeurant, il paraissait doux et fortuné, car il possédait une montre retenue en esclavage dans sa poche par une chaîne d'or. Et un jour que Marcel s'était rencontré avec lui au comptoir, il l'avait surpris changeant un louis pour payer sa consommatiou. Dès ce moment, les quatre amis le désignèrent sous le nom du *capitaliste*.

Tout à coup, Schaunard, qui avait la vue excellente, fit remarquer que les verres étaient vides.

— Parbleu! dit Rodolphe, c'est aujourd'hui le réveillon; nous sommes tous bons chrétiens, il faut faire un extra.

— Ma foi, oui, fit Marcel; demandons des choses surnaturelles.

— Colline, ajouta Rodolphe, sonne un peu le garçon.

Colline agita la sonnette avec frénésie.

— Qu'allons-nous prendre? dit Marcel.

Colline se courba en deux comme un arc et dit en montrant les femmes :

— C'est à ces dames qu'il appartient de régler l'ordre et la marche des rafraîchissements.

— Moi, dit Musette, en faisant claquer sa bouche, je ne craindrais pas du champagne.

— Es-tu folle? exclama Marcel, du champagne, ce n'est pas du vin d'abord.

— Tant pis, j'aime ça, ça fait du bruit.

— Moi, dit Mimi, en câlinant Rodolphe d'un regard, — j'aime mieux du *beaune*, dans un petit panier.

— Perds-tu la tête? fit Rodolphe.

— Non, je veux la perdre, répondit Mimi, sur qui le beaune exerçait une influence particulière. Son amant fut foudroyé par ce mot.

— Moi, dit Phémie Teinturière en se faisant rebondir sur l'élastique divan, je voudrais bien du *parfait amour*. C'est bon pour l'estomac.

Schaunard articula d'une voix nasale quelques mots qui firent tressaillir Phémie sur sa base.

— Ah! bah! dit le premier Marcel, faisons pour cent mille francs de dépense, une fois par hasard.

— Et puis, ajouta Rodolphe, le comptoir se plaint

qu'on ne consomme pas assez. Il faut le plonger dans l'étonnement.

— Oui, dit Colline, livrons-nous à un festin splendide, d'ailleurs nous devons à ces dames l'obéissance la plus passive, l'amour vit de dévouement, le vin est le jus du plaisir, le plaisir est le devoir de la jeunesse, les femmes sont des fleurs, on doit les arroser. Arrosons ! Garçon ! garçon ! et Colline se pendit au cordon de sonnette avec une agitation fiévreuse.

Le garçon arriva rapide comme les aquilons.

Quand il entendit parler de champagne, et de beaune, et de liqueurs diverses, sa physionomie exécuta toutes les gammes de la surprise.

— J'ai des trous dans l'estomac, dit Mimi, je prendrais bien du jambon.

— Et moi des sardines et du beurre, ajouta Musette.

— Et moi des radis, fit Phémie, avec un peu de viande autour...

— Dites donc tout de suite que vous voulez souper, alors, reprit Marcel.

— Ça nous irait assez, reprirent les femmes.

— Garçon ! montez-nous ce qu'il faut pour souper, dit Colline gravement.

Le garçon était devenu tricolore à force de surprise.

Il descendit lentement au comptoir et fit part au maître du café des choses extraordinaires qu'on venait de lui demander.

Le cafetier crut que c'était une plaisanterie, mais, à un nouvel appel de la sonnette, il monta lui-même et s'adressa à Colline, pour qui il avait une certaine estime. Colline lui expliqua qu'on désirait célébrer chez lui la solennité du réveillon, et qu'il voulût bien faire servir ce qu'on lui avait demandé.

Le cafetier ne répondit rien, il s'en alla à reculons
en faisant des nœuds à sa serviette. Pendant un quart
d'heure il se consulta avec sa femme, et, grâce à
l'éducation libérale qu'elle avait reçue à Saint-Denis,
cette dame, qui avait un faible pour les beaux-arts et
les belles-lettres, engagea son époux à faire servir le
souper.

— Au fait, dit le cafetier, ils peuvent bien avoir de
l'argent, une fois par hasard. Et il donna ordre au
garçon de monter en haut tout ce qu'on lui demandait. Puis il s'abîma dans une partie de piquet avec un
vieil abonné. — Fatale imprudence!

Depuis dix heures jusqu'à minuit, le garçon ne fit
que monter et descendre les escaliers. A chaque instant on lui demandait des suppléments. Musette se
faisait servir à l'anglaise et changeait de couvert à
chaque bouchée; Mimi buvait de tous les vins dans
tous les verres; Schaunard avait dans le gosier un
Sahara inaltérable; Colline exécutait des feux croisés
avec ses yeux, et, tout en coupant sa serviette avec
ses dents, pinçait le pied de la table, qu'il prenait pour
les genoux de Phémie. Quant à Marcel et Rodolphe,
ils ne quittaient point les étriers du sang-froid, et
voyaient, non sans inquiétude, arriver l'heure du dénoûment.

Le personnage étranger considérait cette scène
avec une curiosité grave; de temps en temps, on
voyait sa bouche s'ouvrir comme pour un sourire;
puis on entendait un bruit pareil à celui d'une fenêtre
qui grince en se fermant. C'était l'étranger qui riait
en dedans.

A minuit moins le quart, la dame de comptoir envoya l'addition. Elle atteignait des hauteurs exagérées, 25 fr. 75.

— Voyons, dit Marcel, nous allons tirer au sort quel sera celui qui ira parlementer avec le cafetier. Ça va être grave. — On prit un jeu de dominos et on tira au plus gros dé.

Le sort désigna malheureusement Schaunard comme plénipotentiaire. Schaunard était excellent virtuose, mais mauvais diplomate. Il arriva justement au comptoir comme le cafetier venait de perdre avec son vieil habitué. Fléchissant sous la honte de trois capotes, Momus était d'une humeur massacrante, et aux premières ouvertures de Schaunard il entra dans une violente colère. Schaunard était bon musicien, mais il avait un caractère déplorable. Il répondit par des insolences à double détente. La querelle s'envenima, et le cafetier monta en haut signifier qu'on eût à le payer, sans quoi l'on ne sortirait pas. Colline essaya d'intervenir avec son éloquence modérée ; mais en apercevant une serviette avec laquelle Colline avait fait de la charpie, la colère du cafetier redoubla, et, pour se garantir, il osa même porter une main profane sur le paletot noisette du philosophe et sur les pelisses des dames.

Un feu de peloton d'injures s'engagea entre les bohémiens et le maître de l'établissement.

Les trois femmes parlaient amourettes et chiffons.

Le personnage étranger se dérangeait de son impassibilité ; peu à peu il s'était levé, avait fait un pas, puis deux, et marchait comme une personne naturelle ; il s'avança près du cafetier, le prit à part et lui parla tout bas. Rodolphe et Marcel le suivaient du regard. Le cafetier sortit enfin en disant à l'étranger :

— Certainement que je consens, monsieur Barbemuche, certainement ; arrangez-vous avec eux. M. Barbemuche retourna à sa table pour prendre son cha-

peau, le mit sur sa tête, fit une conversion à droite et
en trois pas arriva près de Rodolphe et de Marcel, ôta
son chapeau, s'inclina devant les hommes, envoya un
salut aux dames, tira son mouchoir, se moucha et prit
la parole d'une voix timide :

— Pardon, messieurs, de l'indiscrétion que je vais
commettre, dit-il. Il y a longtemps que je brûle du
désir de faire votre connaissance, mais je n'avais pas
trouvé jusqu'ici d'occasion favorable pour me mettre
en rapport avec vous. Me permettrez-vous de saisir
celle qui se présente aujourd'hui ?

— Certainement, certainement, fit Colline qui
voyait venir l'étranger.

Rodolphe et Marcel saluèrent sans rien dire.

La délicatesse trop exquise de Schaunard faillit tout
perdre.

— Permettez, monsieur, dit-il avec vivacité, vous
n'avez pas l'honneur de nous connaître, et les convenances s'opposent à ce que... Auriez-vous la bonté de
me donner une pipe de tabac ? Du reste, je serai de
l'avis de mes amis...

— Messieurs, reprit Barbemuche, je suis comme
vous un disciple des beaux-arts. Autant que j'ai pu
m'en apercevoir en vous entendant causer, nos goûts
sont les mêmes, j'ai le plus vif désir d'être de vos
amis, et de pouvoir vous retrouver ici chaque soir...
Le propriétaire de cet établissement est un brutal,
mais je lui ai dit deux mots, et vous êtes libres de vous
retirer... J'ose espérer que vous ne me refuserez pas
les moyens de vous retrouver en ces lieux, en acceptant le léger service que...

La rougeur de l'indignation monta au visage de
Schaunard.

— Il spécule sur notre situation, dit-il ; nous ne

pouvons pas accepter. Il a payé notre addition : je
vais lui jouer les vingt-cinq francs au billard, et je lui
rendrai des points.

Barbemuche accepta la proposition et eut le bon esprit de perdre ; mais ce beau trait lui gagna l'estime de
la bohème.

On se quitta en se donnant rendez-vous pour le lendemain.

— Comme ça, disait Schaunard à Marcel, nous ne
lui devons rien ; notre dignité est sauvegardée.

— Et nous pouvons presque exiger un nouveau
souper, ajouta Colline.

la bohème.

XII

Une réception dans la Bohème.

Le soir où il avait, dans un café, soldé sur sa cas-
sette particulière la note d'un souper consommé par
les bohèmes, Carolus s'était arrangé de façon à se
faire accompagner par Gustave Colline. Depuis qu'il
assistait aux réunions des quatre amis dans l'estaminet où il les avait tirés d'embarras, Carolus avait
spécialement remarqué Colline, et éprouvait déjà une
sympathie attractive pour ce Socrate, dont il devait plus
tard devenir le Platon. C'est pourquoi il l'avait choisi
tout d'abord pour être son introducteur dans le cénacle. Chemin faisant, Barbemuche offrit à Colline
d'entrer prendre quelque chose dans un café qui se
trouvait encore ouvert. Non seulement Colline refusa,
mais encore il doubla le pas en passant devant ledit
café, et renfonça soigneusement sur ses yeux son
feutre hyperphysique.

— Pourquoi ne voulez-vous pas entrer là ? dit Barbemuche, en insistant avec une politesse de bon goût.

— J'ai des raisons, répliqua Colline : il y a dans cet établissement une dame de comptoir qui s'occupe beaucoup de sciences exactes, et je ne pourrais m'empêcher d'avoir avec elle une discussion fort prolongée, ce que j'essaye d'éviter en ne passant jamais dans cette rue à midi, ni aux autres heures de soleil. Oh ! c'est bien simple, répondit naïvement Colline, j'ai habité ce quartier avec Marcel.

— J'aurais pourtant bien voulu vous offrir un verre de punch et causer un instant avec vous. Ne connaîtriez-vous pas dans les alentours un endroit où vous pourriez entrer sans être arrêté par des difficultés... mathématiques ? ajouta Barbemuche, qui jugea à propos d'être énormément spirituel.

Colline rêva un instant.

— Voici un petit local où ma situation est plus nette, dit-il. — Et il indiquait un marchand de vin.

Barbemuche fit la grimace et parut hésiter.

— Est-ce un lieu convenable ? fit-il.

Vu son attitude glaciale et réservée, sa parole rare, son sourire discret, et vu surtout sa chaîne à breloques et sa montre, Colline s'était imaginé que Barbemuche était employé dans une ambassade, et il pensa qu'il craignait de se compromettre en entrant dans un cabaret.

— Il n'y a pas de danger que nous soyons vus, dit-il, à cette heure tout le corps diplomatique est couché.

Barbemuche se décida à entrer, mais au fond de l'âme il aurait bien voulu avoir un faux nez. Pour plus de sûreté, il demanda un cabinet et eut soin d'attacher une serviette aux carreaux de la porte vitrée. Ces précautions prises, il parut moins inquiet et

fit venir un bol de punch. Excité un peu par la chaleur du breuvage, Barbemuche devint plus commu-
nicatif ; et, après avoir donné quelques détails sur lui-
même, il osa articuler l'espérance qu'il avait conçue
de faire officiellement partie de la société des bohèmes, et il sollicitait l'appui de Colline pour l'aider
dans la réussite de ce dessein ambitieux.

Colline répondit que pour son compte il se tenait
tout à la disposition de Barbemuche, mais qu'il ne
pouvait cependant rien assurer d'une manière absolue.

— Je vous promets ma voix, dit-il, mais je ne puis
prendre sur moi de disposer de celle de mes camarades.

— Mais, fit Barbemuche, pour quelles raisons
refuseraient-ils de m'admettre parmi eux?

Colline déposa sur la table le verre qu'il se disposait à porter à sa bouche, et d'un air très sérieux
parla à peu près ainsi à l'audacieux Carolus :

— Vous cultivez les beaux-arts? demanda Colline.

— Je laboure modestement ces nobles champs de
l'intelligence, répondit Carolus, qui tenait à arborer
les couleurs de son style.

Colline trouva la phrase bien mise, et s'inclina :

— Vous connaissez la musique? fit-il.

— J'ai joué de la contre-basse.

— C'est un instrument philosophique, il rend des
sons graves. Alors, si vous connaissez la musique, vous
comprenez qu'on ne peut pas, sans blesser les lois de
l'harmonie, introduire un cinquième exécutant dans
un quatuor; autrement ça cesse d'être un quatuor.

— Ça devient un quintette, répondit Carolus.

— Vous dites? fit Colline.

— Quintette

— Parfaitement, de même que, si, à la Trinité, ce

divin triangle, vous ajoutez une autre personne, ça
ne sera plus la Trinité, ce sera un carré, et voilà une
religion fêlée dans son principe !

— Permettez, dit Carolus, dont l'intelligence commençait à trébucher parmi toutes les ronces du raisonnement de Colline, je ne vois pas bien...

— Regardez et suivez-moi... continua Colline,
connaissez-vous l'astronomie?

— Un peu ; je suis bachelier.

— Il y a une chanson là-dessus, fit Colline : « Bachelier, dit Lisette... » Je ne me souviens plus de
l'air... Alors, vous devez savoir qu'il y a quatre points
cardinaux. Eh bien, s'il surgissait un cinquième point
cardinal, toute l'harmonie de la nature serait bouleversée. C'est ce qu'on appelle un cataclysme. Vous
comprenez ?

— J'attends la conclusion.

— En effet, la conclusion est le terme du discours,
de même que la mort est le terme de la vie, et que le
mariage est le terme de l'amour. Eh bien, mon cher
monsieur, moi et mes amis nous sommes habitués à
vivre ensemble, et nous craignons de voir rompre par
l'introduction d'un autre, l'harmonie qui règne dans
notre concert de mœurs, d'opinions, de goûts et de
caractères. Nous devons être un jour les quatre points
cardinaux de l'art contemporain ; je vous le dis sans
mitaines ; et, habitués à cette idée, cela nous gênerait
de voir un cinquième point cardinal...

— Cependant, quand on est quatre, on peut bien
être cinq, hasarda Carolus.

— Oui, mais on n'est plus quatre.

— Le prétexte est futile.

— Il n'y a rien de futile en ce monde, tout est dans
tout, les petits ruisseaux font les grandes rivières, les

petites syllabes font des alexandrins, et les mon-
tagnes sont faites de grains de sable ; c'est dans la
Sagesse des Nations, il y en a un exemplaire sur le quai.

— Vous croyez alors que ces messieurs feront des
difficultés pour m'admettre à l'honneur de leur compagnie intime?

— Je le *crains*, de cheval, fit Colline qui ne ratait
jamais cette plaisanterie.

— Vous avez dit?... demanda Carolus étonné.

— Pardon... c'est une paillette ! Et Colline reprit :
Dites-moi, mon cher monsieur, quel est, dans les nobles
champs de l'intelligence, le sillon que vous creusez
de préférence?

— Les grands philosophes et les bons auteurs classiques sont mes modèles ; je me nourris de leur étude.
Télémaque m'a le premier inspiré la passion qui me
dévore.

— *Télémaque*, il est beaucoup sur le quai, fit Colline. On l'y trouve à toute heure, je l'ai acheté cinq
sous, parce que c'était une occasion ; cependant je
consentirais à m'en défaire pour vous obliger. Au
reste, bon ouvrage, et bien rédigé, pour le temps.

— Oui, monsieur, continua Carolus, la haute philosophie et la saine littérature, voilà où j'aspire.
A mon sens, l'art est un sacerdoce.

— Oui, oui, oui... dit Colline, il y a aussi une chanson là-dessus. Et il se mit à chanter :

> Oui, l'art est un sacerdoce
> Et sachons nous en servir.

— Je crois que c'est dans *Robert le Diable*, ajouta-t-il.

— Je disais donc que, l'art étant une fonction solennelle, les écrivains doivent incessamment...

— Pardon, monsieur, interrompit Colline qui

entendait sonner une heure avancée, il va être demain matin, et je crains de rendre inquiète une personne qui m'est chère ; d'ailleurs, murmura-t-il à lui-même, je lui avais promis de rentrer... c'est son jour!

— En effet, il est tard, dit Carolus ; retirons-nous.

— Vous logez loin? demanda Colline.

— Rue Royale-Saint-Honoré, n° 10...

Colline avait eu autrefois occasion d'aller dans cette maison, et se ressouvint que c'était un magnifique hôtel.

— Je parlerai de vous à ces messieurs, dit-il à Carolus en le quittant, et soyez sûr que j'userai de toute mon influence pour qu'ils vous soient favorables... Ah! permettez-moi de vous donner un conseil.

— Parlez, dit Carolus.

— Soyez aimable et galant avec Mlles Mimi, Musette et Phémie ; ces dames exercent une autorité sur mes amis, et, en sachant les mettre sous la pression de leurs maîtresses, vous arriveriez plus facilement à obtenir ce que vous voulez de Marcel, Schaunard et Rodolphe.

— Je tâcherai, dit Carolus.

Le lendemain, Colline tomba au milieu du phalanstère bohème : c'était l'heure du déjeuner, et le déjeuner était arrivé avec l'heure. Les trois ménages étaient à table et se livraient à une orgie d'artichauts à la poivrade.

— Fichtre! dit Colline, on fait bonne chère, ici, ça ne pourra pas durer. Je viens, dit-il ensuite, comme ambassadeur du mortel généreux que nous avons rencontré hier soir au café.

— Enverrait-il déjà redemander l'argent qu'il a avancé pour nous? demanda Marcel.

— Oh! fit Mlle Mimi, je n'aurais pas cru ça de lui, il a l'air si comme il faut!

— Il ne s'agit pas de ça, répondit Colline; ce jeune homme désire être des nôtres, il veut prendre des actions dans notre société, et avoir une part dans les bénéfices, bien entendu.

Les trois bohèmes levèrent la tête et s'entre-regardèrent.

— Voilà, termina Colline; maintenant la discussion est ouverte

— Quelle est la position sociale de ton protégé? demanda Rodolphe.

— Ce n'est pas mon protégé, répliqua Colline; hier soir, en vous quittant, vous m'aviez prié de le suivre; de son côté, il m'a invité à l'accompagner, ça se trouvait parfaitement bien. Je l'ai donc suivi; il m'a abreuvé une partie de la nuit d'attentions et de liqueurs fines, mais j'ai néanmoins gardé mon indépendance.

— Très bien, dit Schaunard.

— Esquisse-nous quelques-uns des traits principaux de son caractère, fit Marcel.

— Grandeur d'âme, mœurs austères, a peur d'entrer chez les marchands de vin, bachelier ès lettres, hostie de candeur, joue de la contre-basse, nature qui change quelquefois cinq francs.

— Très bien, dit Schaunard.

— Quelles sont ses espérances?

— Je vous l'ai déjà dit, son ambition n'a pas de bornes; il aspire à nous tutoyer.

— C'est-à-dire qu'il veut nous exploiter, répliqua Marcel. Il veut être vu montant dans nos carrosses.

— Quel est son art? demanda Rodolphe.

— Oui, continua Marcel, de quoi joue-t-il?

— Son art? dit Colline, de quoi il joue? Littérature et philosophie mêlées.

— Quelles sont ses connaissances philosophiques ?

— Il pratique une philosophie départementale. Il appelle l'art un sacerdoce.

— Il dit sacerdoce ? fit Rodolphe avec épouvante.

— Il le dit.

— Et en littérature quelle est sa voie ?

— Il fréquente *Télémaque*.

— Très bien, dit Schaunard en mâchant le foin des artichauts.

— Comment ! très bien, imbécile ? interrompit Marcel ; ne t'avise pas de répéter cela dans la rue.

Schaunard, contrarié de cette réprimande, donna par-dessous la table un coup de pied à Phémie, qu'il venait de surprendre faisant une invasion dans sa sauce.

— Encore une fois, dit Rodolphe, quelle est sa condition dans le monde ? de quoi vit-il ? son nom ? sa demeure ?

— Sa condition est honorable ; il est professeur de toutes sortes de choses au sein d'une riche famille. Il s'appelle Carolus Barbemuche, mange ses revenus dans des habitudes de luxe et loge rue Royale, dans un hôtel.

— Un hôtel garni ?

— Non, il y a des meubles.

— Je demande la parole, dit Marcel. Il est évident pour moi que Colline est corrompu ; il a vendu d'avance son vote pour une somme quelconque de petits verres. N'interromps pas, fit Marcel, en voyant le philosophe se lever pour protester, tu répondras tout à l'heure. Colline, âme vénale, vous a présenté cet étranger sous un aspect trop favorable pour qu'il soit l'image de la vérité. Je vous l'ai dit, j'entrevois les desseins de cet étranger. Il veut spéculer sur nous.

Il s'est dit : Voilà des gaillards qui font leur chemin ; faut me fourrer dans leur poche, j'arriverai avec eux au débarcadère de la renommée.

— Très bien, dit Schaunard ; est-ce qu'il n'y a plus de sauce?

— Non, répondit Rodolphe, l'édition est épuisée.

— D'un autre côté, continua Marcel, ce mortel insidieux que patronne Colline n'aspire peut-être à l'honneur de notre intimité qu'avec de coupables pensées. Nous ne sommes pas seuls ici, messieurs, continua l'orateur en jetant sur les femmes un regard éloquent ; et le protégé de Colline, en s'introduisant à notre foyer sous le manteau de la littérature, pourrait bien n'être qu'un séducteur félon. Réfléchissez ! Pour moi, je vote contre l'admission.

— Je demande la parole, pour une rectification seulement, dit Rodolphe. Dans son improvisation remarquable, Marcel a dit que le nommé Carolus voulait, dans le but de nous déshonorer, s'introduire chez nous sous le *manteau de la littérature*.

— C'était une figure parlementaire, fit Marcel.

— Je blâme cette figure ; elle est mauvaise. La littérature n'a pas de manteau.

— Puisque je fais ici les fonctions de rapporteur, dit Colline en se levant, je soutiendrai les conclusions de mon rapport. La jalousie qui le dévore égare les sens de notre ami Marcel, le grand artiste est insensé...

— A l'ordre ! hurla Marcel.

— ...Insensé, au point que lui, si bon dessinateur, vient d'introduire dans son discours une figure dont le spirituel orateur qui m'a succédé à cette tribune a relevé les incorrections.

— Colline est un idiot, s'écria Marcel en donnant

sur la table un violent coup de poing qui détermina une profonde sensation parmi les assiettes, Colline n'entend rien en matière de sentiment, il est incompétent dans la question, il a un vieux bouquin à la place du cœur.

(Rires prolongés chez Schaunard.)

Pendant tout ce tumulte, Colline secouait gravement les torrents d'éloquence contenus aux plis de sa cravate blanche. Quand le silence fut rétabli, il continua ainsi son discours :

— Messieurs, je vais d'un seul mot faire évanouir dans vos esprits les craintes chimériques que les soupçons de Marcel auraient pu y faire naître à l'endroit de Carolus.

— Essaye un peu de faire évanouir, dit Marcel en raillant.

— Ce ne sera pas plus difficile que ça, répondit Colline en éteignant d'un souffle l'allumette avec laquelle il venait d'allumer sa pipe.

(Parlez, parlez, crièrent en masse Schaunard, Rodolphe et les femmes, pour qui le débat offrait un grand intérêt.)

— Messieurs, dit Colline, bien que j'aie été personnellement et violemment attaqué dans cette enceinte, bien qu'on m'ait accusé d'avoir vendu l'influence que je puis exercer parmi vous, pour des spiritueux, fort de ma conscience, je ne répondrai pas aux attaques qu'on fait à ma probité, à ma loyauté, à ma moralité. (Émotion.) Mais, il est une chose que je veux faire respecter, moi. (L'orateur se donne deux coups de poings sur le ventre.) C'est ma prudence bien connue de vous qu'on a voulu mettre en doute. On m'accuse de vouloir faire pénétrer parmi vous un mortel ayant le dessein d'être hostile à votre honheur... sentimen-

tal. Cette supposition est une insulte à la vertu de ces
dames, et, de plus, une insulte à leur bon goût. Carolus Barbemuche est fort laid. (Dénégation visible
sur le visage de Phémie Teinturière, rumeur sous
la table. C'est Schaunard qui corrige à coups
de pied la franchise compromettante de sa jeune
amie.)

— Mais, continua Colline, ce qui va réduire en
poudre le misérable argument dont mon adversaire
se fait une arme contre Carolus en exploitant vos terreurs, c'est que ledit Carolus est philosophe *platonicien*. (Sensation au banc des hommes, tumulte au
banc des femmes.)

— Platonicien, qu'est-ce ça veut dire? demanda
Phémie.

— C'est la maladie des hommes qui n'osent pas
embrasser les femmes, dit Mimi. J'ai eu un amant
comme ça, je l'ai gardé deux heures

— Des bêtises, quoi! fit Mlle Musette.

— Tu as raison, ma chère, lui dit Marcel, le plato-
nisme en amour, c'est de l'eau dans du vin, vois-tu!
Buvons notre vin pur.

— Et vive la jeunesse! ajouta Musette.

La déclaration de Colline avait déterminé une
réaction favorable envers Carolus. Le philosophe voulut profiter du bon mouvement opéré par son éloquente et adroite inculpation.

— Maintenant, continua-t-il, je ne vois pas quelles
seraient justement les préventions qu'on pourrait élever contre ce jeune mortel, qui, après tout, nous a
rendu service. Quant à moi, qu'on accuse d'avoir agi
à l'étourdie en voulant l'introduire parmi nous, je
considère cette opinion comme attentatoire à ma
dignité. J'ai agi dans cette affaire avec la prudence

du serpent; et si un vote motivé ne me conserve pas
cette prudence, j'offre ma démission.

— Voudrais-tu poser la question de cabinet? dit
Marcel.

— Je la pose, dit Colline.

Les trois bohèmes se consultèrent, et d'un commun
accord on s'entendit pour restituer au philosophe le
caractère de haute prudence qu'il réclamait. Colline
laissa ensuite la parole à Marcel, lequel, revenu un
peu de ses préventions, déclara qu'il voterait peut-
être pour les conclusions du rapporteur. Mais, avant
de passer au vote décisif qui ouvrirait à Carolus l'intimité de la bohème, Marcel fit mettre aux voix cet
amendement :

« Comme l'introduction d'un nouveau membre dans
le cénacle était chose grave, qu'un étranger pouvait y
apporter des éléments de discorde, en ignorant les
mœurs, les caractères et les opinions de ses camarades, chacun des membres passerait une journée
avec ledit Carolus, et se livrerait à une enquête sur
sa vie, ses goûts, sa capacité littéraire et sa garde-
robe. Les bohémiens se communiqueraient ensuite
leurs impressions particulières, et l'on statuerait après
sur le refus ou l'admission; en outre, avant cette
admission, Carolus devrait subir un noviciat d'un
mois, c'est-à-dire qu'il n'aurait pas avant cette époque
le droit de les tutoyer et de leur donner le bras dans
la rue. Le jour de la réception arrivé, une fête splendide serait donnée aux frais du récipiendaire. Le budget de ces réjouissances ne pourrait pas s'élever à
moins de douze francs. »

Cet amendement fut adopté à la majorité de
trois voix contre une, celle de Colline, qui trouvait
qu'on ne s'en rapportait pas assez à lui, et que cet

amendement attentait de nouveau à sa prudence.

Le soir même, Colline alla exprès de très bonne heure au café, afin d'être le premier à voir Carolus.

Il ne l'attendit pas longtemps. Carolus arriva bientôt, portant à la main trois énormes bouquets de roses.

— Tiens ! dit Colline avec étonnement, que comptez-vous faire de ce jardin ?

— Je me suis souvenu de ce que vous m'avez dit hier, vos amis viendront sans doute avec leurs dames, et c'est à leur intention que j'apporte ces fleurs ; elles sont fort belles.

— En effet... il y en a au moins pour quinze sous.

— Y pensez-vous ? reprit Carolus : au mois de décembre ! Si vous disiez quinze francs.

— Ah ! ciel ! s'écria Colline, un trio d'écus pour ces simples dons de Flore, quelle folie ! Vous êtes donc parent des Cordillières ? Eh bien, mon cher monsieur, voilà quinze francs que nous allons être forcés d'effeuiller par la fenêtre.

— Comment ! que voulez-vous dire ?

Colline raconta alors les soupçons jaloux que Marcel avait fait concevoir à ses amis, et instruisit Carolus de la violente discussion qui avait eu lieu le matin entre les bohèmes à propos de son introduction dans le cénacle. J'ai protesté que vos intentions étaient immaculées, ajouta Colline, mais l'opposition n'a pas été moins vive. Gardez-vous donc de renouveler les soupçons jaloux qu'on a pu concevoir sur vous en étant trop galant avec ces dames, et, pour commencer, faisons disparaître ces bouquets. Et Colline prit les roses et les cacha dans une armoire qui servait de débarras. — Mais ce n'est pas tout, reprit-il : ces messieurs désirent, avant de se lier intimement avec

vous, se livrer chacun en particulier à une enquête
sur votre caractère, vos goûts, etc. — Puis, pour que
Barbemuche ne heurtât pas trop ses amis, Colline lui
traça rapidement un portrait moral de chacun des
bohèmes. — Tâchez de vous trouver d'accord avec
eux séparément, ajouta le philosophe, et à la fin ils
seront tous pour vous.

Carolus consentit à tout.

Les trois amis arrivèrent bientôt, accompagnés de
leurs épouses.

Rodolphe se montra poli avec Carolus, Schaunard
fut familier, Marcel resta froid. Pour Carolus, il s'efforça d'être gai et affectueux avec les hommes, en
étant très indifférent avec les femmes.

En se quittant le soir, Barbemuche invita Rodolphe
à dîner pour le lendemain. Seulement, il le pria de
venir chez lui à midi.

Le poète accepta.

— Bon, se dit-il à lui-même, c'est moi qui commen-
cerai l'enquête.

Le lendemain, à l'heure convenue, Rodolphe se
rendit chez Carolus. Barbemuche logeait en effet dans
un fort bel hôtel de la rue Royale, et y occupait une
chambre où régnait un certain confortable. Seulement, Rodolphe parut étonné de voir, bien qu'on fût
en plein jour, les volets fermés, les rideaux tirés et
deux bougies allumées sur une table. Il en demanda
des explications à Barbemuche.

— L'étude est fille du mystère et du silence, répondit celui-ci. On s'assit et on causa. Au bout d'une
heure de conversation, Carolus, avec une patience et
une adresse oratoire infinies, sut amener une phrase
qui, malgré sa forme humble, n'était rien moins qu'une
sommation faite à Rodolphe d'avoir à écouter un petit

opuscule qui était le fruit des veilles dudit Carolus.

Rodolphe comprit qu'il était pris. Curieux, en outre, de voir la couleur du style de Barbemuche, il s'inclina poliment, en assurant qu'il était enchanté de ce que...

Carolus n'attendit pas le reste de la phrase. — Il courut mettre le verrou à la porte de la chambre, la ferma à clef en dedans, et revint près de Rodolphe. Il prit ensuite un petit cahier dont le format étroit et le peu d'épaisseur amenèrent un sourire de satisfaction sur la figure du poète.

— C'est là le manuscrit de votre ouvrage? demanda-t-il.

— Non, répondit Carolus, c'est le catalogue de mes manuscrits, et je cherche le numéro de celui que vous me permettez de vous lire... Voilà : *Don Lopez, ou la Fatalité*, n° 14. C'est sur le troisième rayon, dit Carolus, et il alla ouvrir une petite armoire dans laquelle Rodolphe aperçut avec épouvante une grande quantité de manuscrits. Carolus en prit un, ferma l'armoire et vint s'asseoir en face du poète.

Rodolphe jeta un coup d'œil sur l'un des quatre cahiers dont se composait l'ouvrage, écrit sur un papier format du Champ de Mars.

— Allons, se dit-il, ce n'est pas en vers... mais ça s'appelle *Don Lopez!*

Carolus prit le premier cahier et commença ainsi sa lecture :

« Par une froide nuit d'hiver, deux cavaliers, enveloppés dans les plis de leurs manteaux et montés sur des mules indolentes, cheminaient côte à côte sur l'une des routes qui traversent la solitude affreuse des déserts de la Sierra Moréna... »

— Où suis-je? pensa Rodolphe atterré par ce début.

Carolus continua ainsi la lecture du premier chapitre, écrit tout dans ce style.

Rodolphe écoutait vaguement et songeait à trouver un moyen de s'évader.

— Il y a bien la fenêtre, se disait-il en lui-même ; mais, outre qu'elle est fermée, nous sommes au quatrième. Ah ! je comprends maintenant toutes ces précautions.

— Que dites-vous de mon premier chapitre ? demanda Carolus, je vous en supplie, ne me ménagez pas les critiques.

Rodolphe crut se rappeler qu'il avait entendu des lambeaux de philosophie déclamatoire sur le suicide, proférés par le nommé Lopez, héros du roman, et il répondit à tout hasard :

— La grande figure de don Lopez est étudiée avec conscience ; ça rappelle la *Profession de foi du vicaire savoyard ;* la description de la mule de don Alvar me plaît infiniment ; on dirait une ébauche de Géricault. Le paysage offre de belles lignes ; quant aux idées, c'est de la graine de J.-J. Rousseau semée dans le terrain de Lesage. Seulement, permettez-moi une observation. Vous mettez trop de virgules, et vous abusez du mot *dorénavant ;* c'est un joli mot qui fait bien de temps en temps ; ça donne de la couleur, mais il ne faut pas en abuser.

Carolus prit son second cahier et relut encore une fois le titre de *Don Lopez ou la Fatalité.*

— J'ai connu un don Lopez jadis, dit Rodolphe ; il vendait des cigarettes et du chocolat de Bayonne, c'était peut-être un parent du vôtre... Continuez...

A la fin du second chapitre, le poète interrompit Carolus.

— Est-ce que vous ne vous sentez pas un peu de mal à la gorge ? lui demanda-t-il.

— Aucunement, répondit Carolus ; vous allez savoir l'histoire d'Inésille.

— J'en suis très curieux... Cependant, si vous étiez fatigué, dit le poète, il ne faudrait pas...

— Chapitre III ! dit Carolus d'une voix claire.

Rodolphe examina attentivement Carolus et s'aperçut qu'il avait le cou très court et le teint sanguin. — J'ai encore un espoir, pensa le poète après qu'il eut fait cette découverte. C'est l'apoplexie.

— Nous allons passer au chapitre IV. Vous aurez l'obligeance de me dire ce que vous pensez de la scène d'amour.

Et Carolus reprit sa lecture.

Dans un moment où il regardait Rodolphe pour lire sur sa figure l'effet que produisait son dialogue, Carolus aperçut le poète qui, incliné sur sa chaise, tendait la tête dans l'attitude d'un homme qui écoute des sons lointains.

— Qu'avez-vous ? lui demanda-t-il.

— Chut ! dit Rodolphe : n'entendez-vous pas ? Il me semble qu'on crie au feu ! Si nous allions voir ?

Carolus écouta un instant, mais n'entendit rien.

— L'oreille m'aura tinté, fit Rodolphe, continuez ; don Alvar m'intéresse prodigieusement ; c'est un noble jeune homme.

Carolus continua à lire et mit toute la musique de son organe sur cette phrase du jeune don Alvar :

« O Inésille, qui que vous soyez, ange ou démon, et quelle que soit votre patrie, ma vie est à vous, et je vous suivrai, fût-ce au ciel, fût-ce en enfer. »

En ce moment on frappa à la porte, et une voix appela Carolus du dehors.

— C'est mon portier, dit-il en allant entre-bâiller sa porte. — C'était en effet le portier ; il apportait une

lettre; Carolus l'ouvrit avec précipitation. — Fâcheux
contretemps, dit-il; nous sommes obligés de remettre
la lecture à une autre fois; je reçois une nouvelle qui
me force à sortir sans retard.

— Oh! pensa Rodolphe, voilà une lettre qui tombe
du ciel; je reconnais le cachet de la Providence.

— Si vous voulez, reprit Carolus, nous ferons ensemble la course à laquelle m'oblige ce message, après
quoi nous irons dîner.

— Je suis à vos ordres, dit Rodolphe.

Le soir, quand il revint dans le cénacle, le poète fut
interrogé par ses amis à propos de Barbemuche.

— Es-tu content de lui? T'a-t-il bien traité? demandèrent Marcel et Schaunard.

— Oui, mais ça m'a coûté cher, dit Rodolphe.

— Comment? Est-ce que Carolus t'aurait fait payer?
demanda Schaunard avec une indignation croissante.

— Il m'a lu un roman dans l'intérieur duquel on se
nomme don Lopez et don Alvar, et où les jeunes premiers appellent leur maîtresse *Ange ou Démon*.

— Quelle horreur! dirent tous les bohèmes en
chœur.

— Mais autrement, fit Colline, littérature à part,
quel est ton avis sur Carolus?

— C'est un bon jeune homme. Au reste, vous pourrez faire personnellement vos observations : Carolus
compte nous traiter tous les uns après les autres.
Schaunard est invité à déjeuner pour demain. Seulement, ajouta Rodolphe, quand vous irez chez Barbemuche, méfiez-vous de l'armoire aux manuscrits, c'est
un meuble dangereux.

Schaunard fut exact au rendez-vous, et se livra à
une enquête de commissaire-priseur et d'huissier opérant une saisie. Aussi revint-il le soir l'esprit rempli

de notes, il avait étudié Carolus sous le point de vue
des choses mobilières.

— Eh bien, lui demanda-t-on, quel est ton avis?

— Mais, reprit Schaunard, ce Barbemuche est pétri
de bonnes qualités, il sait les noms de tous les vins, et
m'a fait manger des choses délicates, comme on n'en
fait pas chez ma tante le jour de sa fête. Il me paraît
lié assez intimement avec des tailleurs de la rue Vivienne et des bottiers des Panoramas. J'ai remarqué,
en outre, qu'il était à peu près de notre taille à tous, ce
qui fait qu'au besoin nous pourrions lui prêter nos
habits. Ses mœurs sont moins sévères que Colline
voulait bien le dire; il s'est laissé mener partout où
j'ai voulu le conduire, et m'a payé un déjeuner en deux
actes, dont le second s'est passé dans un cabaret de la
halle, où je suis connu pour y avoir fait des orgies
diverses dans le carnaval. Carolus est entré là-dedans
comme un homme naturel. Voilà! Marcel est invité
pour demain.

Carolus savait que Marcel était, parmi les bohèmes,
celui qui faisait le plus obstacle à sa réception dans le
cénacle : aussi il le traita avec une recherche particulière; mais où il se rendit surtout l'artiste favorable,
ce fut en lui donnant l'espérance qu'il lui procurerait
des portraits dans la famille de son élève.

Quand ce fut au tour de Marcel de faire son rapport, ses amis n'y trouvèrent plus cette hostilité de
parti pris qu'il avait montrée d'abord contre Carolus.

Le quatrième jour, Colline informa Barbemuche
qu'il était admis.

— Quoi! je suis reçu? dit Carolus au comble de la
joie.

— Oui, répondit Colline, mais à corrections.

— Qu'entendez-vous par là?

— Je veux dire que vous avez encore un tas de petites habitudes vulgaires dont il faudra vous corriger.

— Je ferai en sorte de vous imiter, répondit Carolus.

Pendant tout le temps que dura son noviciat, le philosophe platonicien fréquenta assidûment les bohèmes ; et, mis à même d'étudier plus profondément leurs mœurs, il n'était pas sans éprouver quelquefois de grands étonnements.

Un matin, Colline entra chez Barbemuche, le visage radieux.

— Eh bien, mon cher, lui dit-il, vous êtes définitivement des nôtres, c'est fini. Reste maintenant à fixer le jour de la grande fête et l'endroit où elle aura lieu ; je viens m'entendre avec vous.

— Mais ça se trouve parfaitement, répondit Carolus : les parents de mon élève sont en ce moment à la campagne ; le jeune vicomte, dont je suis le mentor, me prêtera pour une soirée les appartements ; comme ça, nous serons plus à notre aise ; seulement, il faudra inviter le jeune vicomte.

— Ce serait assez délicat, répondit Carolus ; nous lui ouvrirons les horizons littéraires ; mais croyez-vous qu'il consente ?

— J'en suis sûr d'avance.

— Alors il ne reste plus qu'à fixer le jour.

— Nous arrangerons cela au café, dit Barbemuche.

Carolus alla ensuite trouver son élève et lui annonça qu'il venait d'être reçu membre d'une haute société littéraire et artistique, et que, pour célébrer sa réception, il comptait donner un dîner suivi d'une petite fête ; il lui proposait donc de faire partie des convives :

— et comme vous ne pouvez pas rentrer tard, et que la fête se prolongera dans la nuit, pour notre commodité, ajouta Carolus, nous donnerons ce petit gala ici, dans

les appartements. François, votre domestique, est discret, vos parents ne sauront rien, et vous aurez fait
connaissance avec les gens les plus spirituels de
Paris, des artistes, des auteurs.

— Imprimés? dit le jeune homme.

— Imprimés, certainement; l'un d'eux est rédacteur
en chef de l'*Écharpe d'Iris* que reçoit Mme votre mère;
ce sont des gens très distingués, presque célèbres; je
suis leur ami intime; ils ont de charmantes femmes.

— Il y aura des femmes? dit le vicomte Paul.

— Ravissantes, reprit Carolus.

— O mon cher maître, je vous remercie; certainement, nous donnerons la fête ici; on allumera tous
les lustres et je ferai ôter les housses des meubles.

Le soir, au café, Barbemuche annonça que la fête
aurait lieu le samedi suivant.

Les bohèmes invitèrent leurs maîtresses à songer à
leur toilette.

— N'oubliez pas, leur dirent-ils, que nous allons
dans des vrais salons. Ainsi donc, préparez-vous;
toilette simple, mais riche.

A compter de ce jour, toute la rue fut instruite
que Mlles Mimi, Phémie et Musette allaient dans le
monde.

Le matin de la solennité, voici ce qui arriva. Colline,
Schaunard, Marcel et Rodolphe se rendirent en chœur
chez Barbemuche qui parut étonné de les voir si ma-
tinalement.

— Serait-il arrivé quelque accident qui oblige la
fête à être remise? demanda-il avec une certaine inquiétude.

— Oui et non, répondit Colline. Seulement, voici
ce qui arrive. Entre nous, nous ne faisons jamais de
cérémonie; mais quand nous devons nous trouver

avec des étrangers, nous voulons garder un certain
décorum.

— Eh bien ? fit Barbemuche.

— Eh bien, continua Colline, comme nous devons
nous rencontrer ce soir avec le jeune gentilhomme
qui nous ouvre ses salons, par respect pour lui et par
respect pour nous, que notre tenue quasi négligée
pourrait compromettre, nous venons simplement vous
demander si vous ne pourriez pas, pour ce soir, nous
prêter quelques hardes d'une coupe avantageuse. Il
nous est presque impossible, vous devez le comprendre, d'entrer en vareuse et en paletot sous les
lambris somptueux de cette résidence.

— Mais, dit Carolus, je n'ai pas quatre habits noirs.

— Ah ! dit Colline, nous nous arrangerons de ce que
vous aurez.

— Voyez donc, fit Carolus en leur ouvrant une
garde-robe assez bien fournie.

— Mais vous avez là un arsenal complet d'élégances.

— Trois chapeaux ! dit Schaunard avec extase ;
peut-on avoir trois chapeaux quand on n'a qu'une
tête ?

— Et les bottes, dit Rodolphe, voyez donc !

— Il y en a des bottes ! hurla Colline.

En un clin d'œil ils avaient choisi chacun un équipement complet.

— A ce soir, dirent-ils en quittant Barbemuche ; ces
dames se proposent d'être éblouissantes.

— Mais, dit Barbemuche en jetant un coup d'œil
sur les portemanteaux complètement dégarnis, vous
ne me laissez rien, à moi. Comment vous recevrai-je ?

— Ah ! vous, c'est différent, dit Rodolphe, vous
êtes le maître de la maison ; vous pouvez laisser l'étiquette de côté.

— Cependant, dit Carolus, il ne reste plus qu'une
robe de chambre, un pantalon à pied, un gilet de fla-
nelle et des pantoufles ; vous avez tout pris.

— Qu'importe? nous vous excusons d'avance, ré-
pondirent les bohémiens.

A six heures, un fort beau dîner était servi dans la
salle à manger. Les bohémiens arrivèrent. Marcel boi-
tait un peu et était de mauvaise humeur. Le jeune vicomte Paul se précipita au-devant des dames et les
conduisit aux meilleures places. Mimi avait une toilette de haute fantaisie. Musette était mise avec un
goût plein de provocation. Phémie ressemblait à une
fenêtre garnie de verres de couleur, elle n'osait pas se
mettre à table. Le dîner dura deux heures et demie et
fut d'une gaieté ravissante.

Le jeune vicomte Paul marchait avec fureur sur le
pied de Mimi qui était sa voisine, et Phémie redeman-
dait quelque chose à chaque service. Schaunard était
dans les pampres. Rodolphe improvisait des sonnets
et cassait des verres en marquant le rythme. Colline
causait avec Marcel, qui était toujours maussade.

— Qu'as-tu? lui disait-il.

— Je souffre horriblement des pieds et ça me gêne.
Ce Carolus a un pied de petite-maîtresse.

— Mais, dit Colline, il suffira de lui faire comprendre que ça ne peut pas durer comme ça, et qu'à
l'avenir il ait à faire faire sa chaussure quelques points
plus large ; sois tranquille, j'arrangerai cela. — Mais
passons au salon, où les liqueurs des îles nous
appellent.

La fête recommença avec plus d'éclat. Schaunard
se mit au piano et exécuta, avec une verve prodigieuse,
sa nouvelle symphonie : la Mort de la jeune fille. Le
beau morceau de la marche du Créancier obtint les

honneurs du *ter*. Il y eut deux cordes brisées au piano.

Marcel était toujours morose, et comme Carolus venait s'en plaindre à lui, l'artiste lui répondit :

— Mon cher monsieur, nous ne serons jamais amis intimes, et voici pourquoi. Les dissemblances physiques sont presque toujours l'indice certain d'une dissemblance morale, la philosophie et la médecine sont d'accord là-dessus.

— Eh bien! fit Carolus.

— Eh bien! dit Marcel, en montrant ses pieds, votre chaussure, infiniment trop étroite pour moi, m'indique que nous n'avons pas le même caractère; du reste, votre petite fête était charmante.

A une heure du matin, les bohémiens se retirèrent et rentrèrent chez eux en faisant de longs détours. Barbemuche fut malade et tint des discours insensés à son élève qui, de son côté, rêvait aux yeux bleus de Melle Mimi.

XIII

La Crémaillère.

Ceci se passait quelque temps après la mise en
ménage du poète Rodolphe avec la jeune Mlle Mimi;
et depuis environ huit jours, tout le cénacle bohémien
était fort en peine, à cause de la disparition de Rodolphe, qui était subitement devenu impondérable. On
l'avait cherché dans tous les endroits où il avait habitude d'aller, et partout on avait reçu la même réponse : « Nous ne l'avons pas vu depuis huit jours. »
Gustave Colline, surtout, était dans une grande inquiétude, et voici à quel propos. Quelques jours auparavant, il avait confié à Rodolphe un article de
haute philosophie que celui-ci devait insérer dans les
colonnes *Variétés* du journal *le Castor*, revue de la
chapellerie élégante, dont il était rédacteur en chef.
L'article philosophique était-il paru aux yeux de l'Europe étonnée? Telle était la question que se posait le
malheureux Colline; et on comprendra cette anxiété
quand on saura que le philosophe n'avait pas encore

eu les honneurs de la typographie, et qu'il brûlait du désir de voir quel effet produirait sa prose imprimée en caractère *cicéro*. Pour se procurer cette satisfaction d'amour-propre, il avait déjà dépensé six francs en séances de lecture dans tous les salons littéraires de Paris, sans y rencontrer *le Castor*. N'y pouvant plus tenir, Colline se jura à lui-même qu'il ne prendrait pas une minute de repos avant d'avoir mis la main sur l'introuvable rédacteur de cette feuille.

Aidé par des hasards qu'il serait trop long de faire connaître, le philosophe s'était tenu parole. Deux jours après, il connaissait le domicile de Rodolphe, et se présentait chez lui à six heures du matin.

Rodolphe habitait alors un hôtel garni d'une rue déserte située dans le faubourg Saint-Germain, et il logeait au cinquième parce qu'il n'y avait point de sixième. Lorsque Colline arriva à la porte, il ne trouva point la clef dessus. Il frappa pendant dix minutes sans qu'on lui répondît de l'intérieur ; le vacarme matinal attira même le portier, qui vint prier Colline de se taire.

— Vous voyez bien que ce monsieur dort, dit-il.

— C'est pour cela que je veux le réveiller, répondit Colline en frappant de nouveau.

— Il ne veut pas vous répondre, alors, reprit le concierge en déposant à la porte de Rodolphe une paire de bottes vernies et une paire de bottines de femme qu'il venait de cirer.

— Attendez donc un peu, fit Colline en examinant la chaussure mâle et femelle ; des bottes vernies toutes neuves ! Je me serai trompé de porte, ce n'est pas ici que j'ai affaire.

— Au fait, dit le portier, après qui demandez-vous ?

— Des bottines de femme ! continua Colline en se parlant à lui-même et en songeant aux mœurs aus-

tères de son ami; oui, décidément je me suis trompé.
Ce n'est pas ici la chambre de Rodolphe.

— Faites excuse, monsieur, c'est ici.

— Eh bien, alors, c'est donc vous qui vous trompez,
mon brave homme.

— Que voulez-vous dire?

— Certainement que vous faites erreur, ajouta Colline en indiquant les bottes vernies. Qu'est-ce que
c'est que ça?

— Ce sont les bottes de M. Rodolphe, qu'est-ce qu'il
y a d'étonnant?

— Et ceci, reprit Colline en montrant les bottines,
est-ce aussi à M. Rodolphe?

— C'est à sa dame, dit le portier.

— A sa dame! exclama Colline stupéfait. Ah! le vo-
luptueux! Voilà pourquoi il ne veut pas ouvrir.

— Dame! dit le portier, il est libre ce jeune
homme; si monsieur veut me dire son nom, j'en ferai
part à M. Rodolphe.

— Non, dit Colline, maintenant que je sais où le
trouver, je reviendrai.

Et il alla sur-le-champ annoncer les grandes nouvelles aux amis.

Les bottes vernies de Rodolphe furent généralement
traitées de fables dues à la richesse d'imagination de
Colline, et on déclara à l'unanimité que sa maîtresse
était un paradoxe.

Ce paradoxe était pourtant une vérité; car, le soir
même, Marcel reçut une lettre collective pour tous les
amis. Cette lettre était ainsi conçue :

Monsieur et madame Rodolphe, hommes de lettres,
vous prient de leur faire l'honneur de venir dîner chez eux
demain soir, à cinq heures précises.

N. B. — Il y aura des assiettes.

— Messieurs, dit Marcel en allant communiquer la
lettre à ses camarades, la nouvelle se confirme ; Rodolphe a vraiment une maîtresse ; de plus il nous invite
à dîner, et, continua Marcel, le post-scriptum promet
de la vaisselle. Je ne vous cache pas que ce para-
graphe me paraît une exagération lyrique ; cependant
il faudra voir.

Le lendemain, à l'heure indiquée, Marcel, Gustave
Colline et Alexandre Schaunard, affamés comme le
dernier jour du carême, se rendirent chez Rodolphe,
qu'ils trouvèrent en train de jouer avec un chat écarlate, tandis qu'une jeune femme disposait le couvert.

— Messieurs, dit Rodolphe en serrant la main à ses
amis et en leur désignant la jeune femme, permettez-
moi de vous présenter la maîtresse de céans.

— C'est toi qui es céans, n'est-ce pas ? dit Colline,
qui avait la lèpre de ce genre de bons mots.

— Mimi, répondit Rodolphe, je te présente mes
meilleurs amis, et maintenant va tremper la soupe.

— Oh ! madame, fit Alexandre Schaunard en se
précipitant vers Mimi, vous être fraîche comme une
fleur sauvage.

Et après s'être convaincu qu'il y avait en réalité
des assiettes sur la table, Schaunard s'informa de ce
qu'on allait manger. Il poussa même la curiosité jusqu'à soulever le couvercle des casseroles où cuisait le
dîner. La présence d'un homard lui causa une vive
impression.

Quant à Colline, il avait tiré Rodolphe à part pour lui
demander des nouvelles de son article philosophique.

— Mon cher, il est à l'imprimerie. Le Castor paraît
jeudi prochain.

Nous renonçons à peindre la joie du philosophe.

— Messieurs, dit Rodolphe à ses amis, je vous

demande pardon si je suis resté si longtemps sans vous
donner de mes nouvelles ; mais j'étais dans ma lune
de miel.

Et il raconta l'histoire de son mariage avec cette
charmante créature qui lui avait apporté en dot ses
dix-huit ans et six mois, deux tasses en porcelaine
et un chat rouge qui s'appelait Mimi comme elle.

— Allons, messieurs, dit Rodolphe, nous allons
pendre la crémaillère de mon ménage. Je vous préviens, au reste, que nous allons faire un repas de
bourgeois; les truffes seront remplacées par la plus
franche cordialité.

En effet, cette aimable déesse ne cessa point de
régner parmi les convives, qui trouvaient cependant
que ce repas soi-disant frugal ne manquait pas d'une
certaine tournure. Rodolphe, en effet, s'était mis en
frais. Colline faisait remarquer qu'on changeait
d'assiettes, et déclara à haute voix que Mlle Mimi était
digne de l'écharpe azurée dont on décore les impéra-
trices du fourneau, phrase qui était complètement
sanscrite pour la jeune fille, et que Rodolphe traduisait en lui disant : — Qu'elle ferait un excellent cordon bleu.

L'entrée en scène du homard causa une admiration
générale. Sous le prétexte qu'il avait étudié l'histoire
naturelle, Schaunard demanda à le partager lui-même;
il profita même de la circonstance pour casser un couteau et pour s'adjuger la plus grosse part, ce qui
excita l'indignation générale. Mais Schaunard n'avait
point d'amour-propre, en matière de homard surtout ;
et comme il en restait encore une portion, il eut même
l'audace de la mettre de côté, disant qu'elle lui servi-
rait de modèle pour un tableau de nature morte qu'il
avait en train.

L'indulgente amitié eut l'air de croire à ce mensonge, fils d'une gourmandise immodérée.

Quant à Colline, il réservait ses sympathies pour le dessert, et s'obstina même cruellement à ne point échanger sa part de gâteau au rhum contre une entrée à l'orangerie de Versailles que lui proposait Schaunard.

En ce moment, la conversation commença à s'animer. Aux trois bouteilles de cachet rouge succédèrent trois bouteilles de cachet vert, au milieu desquelles on vit bientôt apparaître un flacon qu'à son goulot surmonté d'un casque argenté on reconnut pour faire partie du régiment de Royal-Champenois, un champagne de fantaisie récolté dans les vignobles de Saint-Ouen, et vendu à Paris 2 francs la bouteille, pour cause de liquidation, à ce que prétendait le marchand.

Mais ce n'est pas le pays qui fait le vin, et nos bohèmes acceptèrent comme de l'aï authentique la liqueur qu'on leur servit dans des verres *ad hoc ;* et, malgré le peu de vivacité que le bouchon mit à s'évader de sa prison, ils s'extasièrent sur l'excellence du cru en voyant la quantité de mousse. Schaunard employa ce qu'il lui restait de sang-froid à se tromper de verre et à prendre celui de Colline, lequel trempait gravement son biscuit dans le moutardier, en expliquant à Mlle Mimi l'article philosophique qui devait paraître dans *le Castor ;* puis tout à coup il devint pâle et demanda la permission d'aller à la fenêtre pour voir le soleil couchant, bien qu'il fût dix heures du soir et que le soleil fût couché et endormi depuis longtemps.

— C'est bien malheureux que le champagne ne soit pas frappé, dit Schaunard en essayant encore de substituer son verre vide au verre plein de son voisin, tentative qui n'eut point de succès.

— Madame, disait à Mimi Colline qui avait cessé de prendre l'air, on frappe le champagne avec la glace, la glace est formée par la condensation de l'eau, *aqua en latin*. L'eau gèle à deux degrés, et il y a quatre saisons, l'été, l'automne et l'hiver, c'est ce qui a causé la retraite de Russie. Rodolphe, donne-moi un hémistiche de champagne.

— Qu'est-ce qu'il dit donc ton ami ? demanda Mimi, qui ne comprenait pas, à Rodolphe.

— C'est un mot, répondit celui-ci ; Colline veut dire un *demi-verre*.

Tout à coup Colline frappa brusquement sur l'épaule de Rodolphe, et lui dit d'une voix embarrassée qui semblait mettre des syllabes en pâte :

— C'est demain jeudi, n'est-ce pas ?

— Non, répondit Rodolphe, c'est demain dimanche.

— Non, jeudi.

— Non, encore une fois, c'est demain dimanche.

— Ah ! dimanche, fit Colline en dodelinant de la tête, plus souvent, c'est demain jeu...di...

Et il s'endormit en allant mouler sa figure dans le fromage à la crème qui était sur son assiette.

— Qu'est-ce qu'il chante donc avec son jeudi ? fit Marcel.

— Ah ! j'y suis, maintenant, dit Rodolphe qui commençait à comprendre l'insistance du philosophe, tourmenté par son idée fixe ; c'est à cause de son article du *Castor*... Tenez il en rêve tout haut.

— Bon ! dit Schaunard, il n'aura pas de café, n'est-ce pas, madame ?

— A propos, dit Rodolphe, sers-nous donc le café, Mimi. — Celle-ci allait se lever, quand Colline, qui avait retrouvé un peu de sang-froid, la retint par la taille et lui dit confidentiellement à l'oreille :

— Madame, le café est originaire de l'Arabie, où il fut découvert par une chèvre. L'usage en passa en Europe. Voltaire en prenait soixante-douze tasses par jour. Moi, je l'aime sans sucre, mais je le prends très chaud.

— Dieu ! comme ce monsieur est savant ! pensait Mimi en apportant le café et les pipes.

Cependant, l'heure s'avançait ; minuit avait sonné depuis longtemps, et Rodolphe essaya de faire comprendre à ses convives qu'il était temps de se retirer. Marcel, qui avait conservé toute sa raison, se leva pour partir.

Mais Schaunard s'aperçut qu'il y avait encore de l'eau-de-vie dans une bouteille, et déclara qu'il ne serait pas minuit tant qu'il resterait quelque chose dans le flacon. Pour Colline, il était à cheval sur sa chaise et murmurait à voix basse : lundi, mardi, mercredi, jeudi.

— Ah çà ! disait Rodolphe très embarrassé, je ne peux pourtant pas les garder ici cette nuit ; autrefois, c'était bien ; mais, maintenant, c'est autre chose, ajouta-t-il en regardant Mimi, dont le regard, doucement allumé, semblait appeler la solitude à deux.

— Comment donc faire ? Conseille-moi donc un peu, toi, Marcel. Invente une ficelle pour les éloigner.

— Non, je n'inventerai pas, dit Marcel, mais j'imiterai. Je me rappelle une comédie où un valet intelligent trouve le moyen de mettre à la porte de chez son maître trois coquins ivres comme Silène.

— Je me souviens de ça, fit Rodolphe, c'est dans *Kean*. En effet, la situation est la même.

— Eh bien, dit Marcel, nous allons voir si le théâtre est la nature. Attends un peu, nous commencerons par Schaunard. Eh ! Schaunard ! s'écria le peintre.

— Hein ? qu'est-ce qu'il y a ? répondit celui-ci,
qui semblait nager dans le bleu d'une douce ivresse.

— Il y a qu'il n'y a plus rien à boire ici, et que
nous avons tous soif.

— Ah ! oui, dit Schaunard, ces bouteilles c'est si
petit.

— Eh bien, reprit Marcel, Rodolphe a décidé qu'on
passerait la nuit ici ; mais il faut aller chercher
quelque chose avant que les boutiques soient
fermées...

— Mon épicier demeure au coin de la rue, dit
Rodolphe. Schaunard, tu devrais y aller. Tu prendras
deux bouteilles de rhum de ma part.

— Oh ! oui, oh ! oui, oh ! oui, dit Schaunard en se
trompant de paletot, et prenant celui de Colline, qui
faisait des losanges sur la nappe avec son couteau.

— Et d'un ! dit Marcel quand Schaunard fut parti.
Passons maintenant à Colline, celui-là sera dur. Ah !
une idée. Eh ! eh ! Colline, fit-il en heurtant violemment le philosophe.

— Quoi ?... quoi ?... quoi ?...

— Schaunard vient de partir, et a pris par erreur
ton paletot noisette.

Colline regarda autour de lui, et aperçut, en effet,
à la place où était son vêtement, le petit habit à carreaux de Schaunard. Une idée soudaine lui traversa
l'esprit et l'emplit d'inquiétude. Colline, selon son
habitude, avait bouquiné dans la journée, et il avait
acheté pour quinze sous une grammaire finlandaise et
un petit roman de M. Nisard, intitulé : *le Convoi de la
laitière*. A ces deux acquisitions étaient joints sept ou
huit volumes de haute philosophie, qu'il avait toujours
sur lui afin d'avoir un arsenal où puiser des arguments

en cas de discussion philosophique. L'idée de savoir
cette bibliothèque entre les mains de Schaunard lui
donna une sueur froide.

— Le malheureux ! s'écria Colline ; pourquoi a-t-il
pris mon paletot ?

— C'est par erreur.

— Mais, mes livres... Il peut en faire un mauvais
usage.

— N'aie point peur, il ne les lira pas, dit Rodolphe.

— Oui, mais je le connais, moi ; il est capable d'allumer sa pipe avec...

— Si tu es inquiet, tu peux le rattraper, dit Rodolphe, il vient de sortir à l'instant ; tu le trouveras à
la porte.

— Certainement que je le rattraperai, répondit
Colline en se couvrant de son chapeau dont les bords
sont si larges, qu'on pourrait facilement servir dessus
un thé pour dix personnes.

— Et de deux, dit Marcel à Rodolphe ; te voilà
libre, je m'en vais, et je recommanderai au portier de
ne point ouvrir si on frappe.

— Bonne nuit, fit Rodolphe, et merci.

Comme il venait de reconduire son ami, Rodolphe
entendit dans l'escalier un miaulement prolongé, auquel son chat écarlate répondit par un autre miaulement, en essayant avec subtilité une évasion par la
porte entre-bâillée.

— Pauvre Roméo ! dit Rodolphe, voilà sa Juliette
qui l'appelle ; allons, va, fit-il en ouvrant sa porte à la
bête enamourée qui ne fit qu'un bond de l'escalier
jusques entre les pattes de son amante.

Resté seul avec sa maîtresse qui, debout devant un
miroir, bouclait ses cheveux dans une charmante atti-

tude provocatrice, Rodolphe s'approcha de Mimi et l'enlaça dans ses bras. Puis, comme un musicien qui, avant de commencer son morceau, frappe un placage d'accords pour s'assurer de la capacité de son instrument, Rodolphe assit la jeune Mimi sur ses genoux et lui appuya sur l'épaule un long et sonore baiser qui imprima une vibration soudaine au corps de la printanière créature.

L'instrument était d'accord.

XIV

Mademoiselle Mimi (¹).

O mon ami Rodolphe, qu'est-il donc advenu pour que vous soyez changé ainsi? Dois-je croire les bruits que l'on rapporte, et ce malheur a-t-il pu abattre à ce point votre robuste philosophie? Comment pourrai-je, moi, l'historien ordinaire de votre épopée bohème, si pleine d'éclats de rire, comment pourrai-je raconter sur un ton assez mélancolique la pénible aventure qui met un crêpe à votre constante gaieté, et arrête ainsi tout à coup la sonnerie de vos paradoxes?

O Rodolphe, mon ami! je veux bien que le mal soit grand, mais là, en vérité, ce n'est point de quoi s'aller jeter à l'eau. Donc je vous convie au plus vite à faire une croix sur le passé. Fuyez surtout la solitude peuplée de fantômes qui éterniseraient vos regrets. Fuyez le silence, où les échos des souvenirs seraient encore pleins de vos joies et de vos douleurs passées. Jetez courageusement à tous les vents de l'oubli le nom que

vous avez tant aimé, et jetez avec lui tout ce qui vous
reste encore de celle-là qui le portait. — Boucles de
cheveux mordues par les lèvres folles du désir ; flacon
de Venise, où dort encore un reste de parfum, qui,
en ce moment, serait plus dangereux à respirer pour
vous que tous les poisons du monde ; au feu les fleurs,
les fleurs de gaze, de soie et de velours ; les jasmins
blancs ; les anémones empourprées par le sang d'Ado-
nis, les myosotis bleus, et tous ces charmants bouquets qu'elle composait aux jours lointains de votre
court bonheur. Alors, je l'aimais aussi, moi, votre
Mimi, et je ne voyais pas de danger à ce que vous l'ai-
massiez. Mais suivez mon conseil : au feu les rubans,
les jolis rubans, roses, bleus et jaunes dont elle se faisait des colliers pour agacer le regard ; au feu les den-
telles et les bonnets, et les voiles et tous ces chiffons
coquets dont elle se parait pour aller faire de l'amour
mathématique avec M. César, M. Jérôme, M. Charles,
ou tel autre galant du calendrier, alors que vous l'attendiez à votre fenêtre, frissonnant sous les bises et
les givres de l'hiver ; au feu, Rodolphe, et sans pitié,
tout ce qui lui a appartenu et pourrait encore vous parler d'elle ; au feu les lettres d'*amour*. Tenez, en voici
précisément une, et vous avez pleuré dessus comme
une fontaine, ô mon ami infortuné !

Comme tu ne rentres pas, je sors pour aller chez ma
tante ; j'emporte l'argent qu'il y a ici, pour prendre une
voiture. — Lucile.

Et ce soir-là, ô Rodolphe, vous n'avez pas dîné,
vous en souvenez-vous ? Et vous êtes venu chez moi
me tirer un feu d'artifice de plaisanteries qui attes-
taient de la tranquillité de votre esprit. Car vous
croyiez Mimi chez sa tante, et si je vous avais dit

qu'elle était chez M. César, ou avec un comédien de
Montparnasse, vous auriez certainement voulu me
couper la gorge. Au feu encore cet autre billet qui
toute la tendresse laconique du premier :

Je vais me commander des bottines, il faut absolument
que tu trouves de l'argent pour que je les aille chercher
après-demain.

Ah ! mon ami, ces bottines-là ont dansé bien des
contredanses où vous ne faisiez pas vis-à-vis. A la
flamme tous ces souvenirs, et au vent leurs cendres.

Mais d'abord, ô Rodolphe, par amour pour l'humanité et pour la gloire de l'*Écharpe d'Iris* et du
Castor, reprenez les rênes du bon goût que vous aviez
abandonnées durant votre souffrance égoïste, sans
quoi il peut arriver des choses horribles et dont vous
seriez responsable. Nous en reviendrions aux manches
à gigot, aux pantalons à petit pont, et on verrait un
jour venir à la mode des chapeaux qui fâcheraient
l'univers et appelleraient la colère du ciel.

Et maintenant, voici le moment venu de raconter
les amours de notre ami Rodolphe avec Mlle Lucile,
surnommée Mlle Mimi. Ce fut au détour de sa vingt-
quatrième année, que Rodolphe fut pris subitement
au cœur par cette passion, qui eut une grande
influence sur sa vie. A l'époque où il rencontra Mimi,
Rodolphe menait cette existence accidentée et fantastique que nous avons essayé de décrire dans les pré-
cédentes scènes de cette série. C'était certainement
un des plus gais porte-misère qui fussent au pays de
bohème. Et lorsque dans sa journée il avait fait un
mauvais dîner et un bon mot, il marchait plus fier sur
le pavé qui souvent faillit lui servir de gîte, plus fier
sous son habit noir criant merci par **toutes les cou-**

tures, qu'un empereur sous la robe de pourpre. Dans
le cénacle où vivait Rodolphe, par une pose assez
commune à quelques jeunes gens, on affectait de traiter l'amour comme une chose de luxe, un prétexte à
bouffonnerie. Gustave Colline, qui était depuis fort
longtemps en relations avec une giletière qu'il rendit
contrefaite de corps et d'esprit à force de lui faire
copier jour et nuit les manuscrits de ses ouvrages
philosophiques, prétendait que l'amour était une
espèce de purgation, bonne à prendre à chaque saison nouvelle, pour se débarrasser des humeurs. Au
milieu de tous ces faux sceptiques, Rodolphe était
le seul qui osât parler avec quelque révérence de
l'amour ; et quand on avait le malheur de lui laisser
prendre cette corde, il en avait pour une heure à
roucouler des élégies sur le bonheur d'être aimé,
l'azur du lac paisible, chanson de la brise, concert
d'étoiles, etc., etc. Cette manie l'avait fait surnom-
mer l'*harmonica*, par Schaunard. Marcel avait aussi
fait à ce propos un mot très joli, où, faisant allusion
aux tirades sentimentales et germaniques de Rodolphe, ainsi qu'à sa calvitie précoce, il l'appelait :
myosotis chauve. La vérité vraie était ceci : Rodolphe
croyait alors sérieusement en avoir fini avec toutes les
choses de jeunesse et d'amour ; il chantait insolemment le *De profundis* sur son cœur qu'il croyait mort,
alors qu'il n'était qu'immobile, mais prêt au réveil,
mais facile à la joie et plus tendre que jamais à
toutes les chères douleurs qu'il n'espérait plus et qui
le désespéraient aujourd'hui. Vous l'avez voulu, ô
Rodolphe ! et nous ne vous plaindrons pas, car ce
mal dont vous souffrez est un de ceux qu'on envie le
plus, surtout si l'on sait qu'on en est à jamais guéri.

Rodolphe rencontra donc la jeune Mimi qu'il avait

jadis connue, alors qu'elle était la maîtresse d'un de
ses amis. Et il en fit la sienne. Ce fut d'abord un
grand haro parmi les amis de Rodolphe lorsqu'ils
apprirent son mariage ; mais comme Mlle Mimi était
fort avenante, point du tout bégueule, et supportait,
sans maux de tête, la fumée de la pipe et les conversations littéraires, on s'accoutuma à elle et on la traita
comme une camarade. Mimi était une charmante
femme et d'une nature qui convenait particulièrement aux sympathies plastiques et poétiques de
Rodolphe. Elle avait vingt-deux ans ; elle était petite,
délicate, mièvre. Son visage semblait l'ébauche d'une
figure aristocratique ; mais ses traits, d'une certaine
finesse et comme doucement éclairés par les lueurs
de ses yeux bleus et limpides, prenaient en de certains
moments d'ennui ou d'humeur un caractère de brutalité presque fauve, où un physiologiste aurait peut-
être reconnu l'indice d'un profond égoïsme ou d'une
grande insensibilité. Mais c'était le plus souvent une
charmante tête au sourire jeune et frais, aux regards
tendres ou pleins d'impérieuse coquetterie. Le sang
de la jeunesse courait chaud et rapide dans ses veines,
et colorait de teintes rosées sa peau transparente aux
blancheurs de camélia. Cette beauté maladive sédui-
sait Rodolphe, et il passait souvent, la nuit, bien des
heures à couronner de baisers le front pâle de sa
maîtresse endormie, dont les yeux humides et lassés
brillaient à demi clos sous le rideau de ses magnifiques cheveux bruns. Mais ce qui contribua surtout à
rendre Rodolphe amoureux fou de Mlle Mimi, ce
furent ses mains que, malgré les soins du ménage,
elle savait conserver plus blanches que les mains de
la déesse de l'Oisiveté. Cependant, ces mains si frêles,
si mignonnes, si douces aux caresses de la lèvre, ces

mains d'enfant entre lesquelles Rodolphe avait déposé
son cœur de nouveau en floraison, ces mains blanches
de Mlle Mimi devaient bientôt mutiler le cœur du
poète avec leurs ongles roses.

Au bout d'un mois, Rodolphe commença à s'apercevoir qu'il avait épousé une tempête, et que sa maîtresse avait un grand défaut. Elle *voisinait*, comme
on dit, et passait une grande partie de son temps
chez des femmes entretenues du quartier, dont elle
avait fait la connaissance. Il en résulta bientôt ce
que Rodolphe avait craint lorsqu'il s'était aperçu des
relations contractées par sa maîtresse. L'opulence
variable de quelques-unes de ses *amies* nouvelles
avait fait naître une forêt d'ambitions dans l'esprit de
Mlle Mimi, qui jusque-là n'avait eu que des goûts modestes et se contentait du nécessaire, que Rodolphe
lui procurait de son mieux. Mimi commença à rêver
la soie, le velours et la dentelle. Et malgré les défenses
de Rodolphe, elle continua à fréquenter les femmes,
qui toutes étaient d'accord pour lui persuader de
rompre avec le bohémien qui ne pouvait pas seulement lui donner cent cinquante francs pour acheter
une robe de drap.

— Jolie comme vous êtes, lui disaient ses conseillères, vous trouverez facilement une position meilleure. Il ne faut que chercher. — Et Mlle Mimi se mit
à chercher. Témoin de ses fréquentes sorties, mala-
droitement motivées, Rodolphe entra dans la voie
douloureuse des soupçons. Mais dès qu'il se sentait
sur la trace de quelque preuve d'infidélité, il s'enfonçait avec acharnement un bandeau sur les yeux, afin
de ne rien voir. Cependant, quoi qu'il en fût, il adorait Mimi. Il avait pour elle cet amour jaloux, fantasque, querelleur et bizarre que la jeune femme ne

comprenait pas, parce qu'elle n'éprouvait alors pour
Rodolphe que cet attachement tiède qui résulte de
l'habitude. Et d'ailleurs, la moitié de son cœur avait
déjà été dépensée au temps de son premier amour, et
l'autre moitié était encore pleine des souvenirs de son
premier amant.

Huit mois se passèrent ainsi, alternés de jours bons
et mauvais. Pendant ce temps, Rodolphe fut vingt fois
sur le point de se séparer de Mlle Mimi, qui avait pour
lui toutes les cruautés maladroites de la femme qui
n'aime pas. A proprement parler, cette existence était
devenue pour tous deux un enfer. Mais Rodolphe
s'était habitué à ces luttes quotidiennes, et ne craignait rien tant que de voir cesser cet état de choses,
parce qu'il sentait qu'avec lui cesseraient à jamais et
ces fièvres de jeunesse et ces agitations qu'il n'avait
point ressenties depuis si longtemps. Et puis, s'il faut
tout dire aussi, il y avait des heures où Mlle Mimi savait faire oublier à Rodolphe tous les soupçons auxquels il se déchirait le cœur. Il y avait des moments où
elle courbait à ses genoux, comme un enfant sous le
charme de son regard bleu, ce poète à qui elle avait
fait retrouver la poésie perdue, ce jeune homme à qui
elle avait rendu la jeunesse, et qui, grâce à elle, était
rentré sous l'équateur de l'amour. Deux ou trois fois
par mois, au milieu de leurs orageuses querelles, Rodolphe et Mimi s'arrêtaient d'un commun accord dans
l'oasis fraîche d'une nuit d'amour et de douces causeries. Alors, Rodolphe prenait entre ses bras la tête
souriante et animée de son amie, et pendant des
heures entières il se laissait aller à lui parler cet admirable et absurde langage que la passion improvise à
ses heures de délire. Mimi écoutait, calme d'abord,
plutôt étonnée qu'émue; mais à la fin, l'éloquence en-

thousiaste de Rodolphe, tour à tour tendre, gai, mélancolique, la gagnait peu à peu. Elle sentait fondre,
au contact de cet amour, les glaces d'indifférence qui
engourdissaient son cœur, des fièvres contagieuses
commençaient à l'agiter, elle se jetait au cou de Rodolphe et lui disait en baisers tout ce qu'elle n'aurait
pu lui dire en paroles. Et l'aube les surprenait ainsi,
enlacés l'un à l'autre, les yeux sur les yeux, les mains
dans les mains, tandis que leurs bouches humides et
brûlantes murmuraient encore le mot immortel

> Qui, depuis cinq mille ans,
> Se suspend chaque nuit aux lèvres des amants.

Mais le lendemain, le plus futile prétexte amenait
une querelle, et l'amour épouvanté s'enfuyait encore
pour longtemps.

A la fin, cependant, Rodolphe s'aperçut que s'il n'y
prenait garde, les mains blanches de M¹¹ᵉ Mimi l'ache-
mineraient à un abîme où il laisserait son avenir et sa
jeunesse. Un instant la raison austère parla en lui plus
fort que l'amour, et il se convainquit par de beaux
raisonnements appuyés de preuves que sa maîtresse
ne l'aimait pas. Il alla jusqu'à se dire que les heures
de tendresse qu'elle lui accordait, n'étaient qu'un
caprice de sens pareil à ceux que les femmes mariées
éprouvent pour leurs maris lorsqu'elles ont la fièvre
d'un cachemire, d'une robe nouvelle, ou que leur
amant se trouve éloigné d'elles, ce qui fait pendant
au proverbe : « Quand on n'a point de pain blanc on
se contente de pain bis. » Bref, Rodolphe pouvait tout
pardonner à sa maîtresse, excepté de n'être point aimé.
Il prit donc un parti suprême et annonça à M¹¹ᵉ Mimi
qu'elle eût à chercher un autre amant. Mimi se mit à
rire et fit des bravades. A la fin, voyant que Rodolphe

tenait bon dans sa résolution, et l'accueillait avec beaucoup de tranquillité lorsqu'elle rentrait à la maison
après une nuit et un jour passés au dehors, elle commença à s'inquiéter un peu devant cette fermeté à
laquelle elle n'était point habituée. Elle fut alors charmante pendant deux ou trois jours. Mais son amant
ne revenait point sur ce qu'il avait dit, et se contentait de lui demander si elle avait trouvé quelqu'un.

— Je n'ai seulement pas cherché, répondait-elle.

Cependant elle avait cherché, et même avant que
Rodolphe lui en eût donné le conseil. En quinze
jours elle avait fait deux tentatives. Une de ses amies
l'avait aidée et lui avait d'abord ménagé la connaissance d'un jeune jouvenceau qui avait fait briller aux
yeux de Mimi un horizon de cachemires de l'Inde et
de mobiliers en palissandre. Mais de l'avis de Mimi
elle-même, ce jeune lycéen, qui pouvait être très fort
en algèbre, n'était pas un très grand clerc en amour ; et
comme Mimi n'aimait point à faire les éducations, elle
planta là son amoureux novice avec ses cachemires,
qui broutaient encore les prairies du Thibet, et ses
mobiliers de palissandre, encore en feuilles dans les
forêts du nouveau monde.

Le lycéen ne tarda pas à être remplacé par un gentilhomme breton, dont Mimi s'était rapidement affolée,
et elle n'eut point besoin de prier longtemps pour
devenir comtesse.

Malgré les protestations de sa maîtresse, Rodolphe
eut vent de quelque intrigue ; il voulut savoir au juste
où il en était ; et un matin, après une nuit où
Mlle Mimi n'était point rentrée, il courut à l'endroit
où il la soupçonnait être, et là il put à loisir s'enfoncer
en plein cœur une de ces preuves auxquelles il faut

croire quand même. Les yeux bordés d'une auréole
de volupté, il vit Mlle Mimi sortir du manoir où elle
s'était fait anoblir, pendue au bras de son nouveau
maître et seigneur, lequel, il faut le dire, paraissait
beaucoup moins fier de sa nouvelle conquête que ne
le fut Pâris, le beau berger grec, après l'enlèvement
de la belle Hélène.

En voyant arriver son amant, Mlle Mimi parut un
peu surprise. Elle s'approcha de lui et, pendant cinq
minutes, ils s'entretinrent fort tranquillement. Ils se
séparèrent ensuite pour aller chacun de son côté. Leur
rupture était résolue.

Rodolphe rentra chez lui et passa la journée à disposer en paquets tous les objets qui appartenaient à
sa maîtresse.

Durant la journée qui suivit le divorce avec sa maîtresse, Rodolphe reçut la visite de plusieurs de ses
amis, et leur annonça tout ce qui s'était passé. Tout
le monde le complimenta de cet événement comme
d'un grand bonheur. — Nous vous aiderons, ô mon
poète, lui disait un de ceux-là qui avait été le plus
souvent témoin des misères que Mlle Mimi faisait en-
durer à Rodolphe, nous vous aiderons à retirer votre
cœur des mains d'une méchante créature. Et avant
peu, vous serez guéri et tout prêt à courir avec une
autre Mimi les verts chemins d'Aulnay et de Fontenay-aux-Roses.

Rodolphe jura que c'en était à jamais fini avec les
regrets et le désespoir. Il se laissa même entraîner au
bal Mabille, où sa tenue délabrée représentait fort
mal l'*Écharpe d'Iris* qui lui procurait ses entrées
dans ce beau jardin de l'élégance et du plaisir. Là,
Rodolphe rencontra de nouveaux amis avec qui il se
mit à boire. Il leur raconta son malheur avec un luxe

inouï de style bizarre, et, pendant une heure, il fut
étourdissant de verve et d'entrain.

— Hélas! hélas! disait le peintre Marcel en écoutant la pluie d'ironies qui tombait des lèvres de son
ami, Rodolphe est trop gai, beaucoup trop!

— Il est charmant! répondit une jeune femme à qui
Rodolphe venait d'offrir un bouquet; et, quoiqu'il
soit bien mal mis, je me compromettrais volontiers à
danser avec lui s'il voulait m'inviter. — Deux secondes
après, Rodolphe, qui avait entendu, était à ses pieds,
enveloppant son invitation dans un discours aroma-
tisé de tout le musc et de tout le benjoin d'une galanterie à 80 degrés Richelieu. La dame demeura con-
fondue devant ce langage pailleté d'adjectifs éblouis-
sants et de phrases contournées et régence au point de
faire rougir le talon des souliers de Rodolphe, qui
n'avait jamais été si gentilhomme vieux-Sèvres. —
L'invitation fut acceptée.

Rodolphe ignorait les premiers éléments de la danse
à l'égal de la règle de trois. Mais il était mû par une
audace extraordinaire, il n'hésita point à partir, et
improvisa une danse inconnue à toutes les chorégra-
phies passées. C'était un pas qu'il appela le *pas des
regrets et soupirs*, et dont l'originalité obtint un incroyable succès. Les trois mille becs de gaz avaient
beau lui tirer la langue, comme pour se moquer de
lui, Rodolphe allait toujours, et jetait sans relâche, à
la figure de sa danseuse, des poignées de madrigaux
entièrement inédits.

— Hélas! disait le peintre Marcel, cela est incroyable, Rodolphe me fait l'effet d'un homme ivre
qui se roule sur des verres cassés.

— En attendant, il *a fait* une femme superbe, dit
un autre en voyant Rodolphe s'enfuir avec sa danseuse.

— Tu ne nous dis pas adieu, lui cria Marcel.
Rodolphe revint près de l'artiste et lui tendit la
main. Cette main était froide et humide comme une
pierre mouillée.

La compagne de Rodolphe était une robuste fille de
Normandie, riche et abondante nature dont la rusticité native s'était promptement aristocratisée au milieu des élégances du luxe parisien et d'une vie oisive.
Elle s'appelait quelque chose comme Mme Séraphine,
et était pour le présent la maîtresse d'un Rhumatisme,
pair de France, qui lui donnait cinquante louis par
mois, qu'elle partageait avec un gentilhomme de
comptoir qui ne lui donnait que des coups. Rodolphe
lui avait plu, elle espéra qu'il ne lui donnerait rien,
elle l'emmena chez elle.

— Lucile, dit-elle à sa femme de chambre, je n'y
suis pour personne. Et, après avoir passé dans sa
chambre, elle revint au bout de cinq minutes, revêtue
d'un costume spécial. Elle trouva Rodolphe immobile
et muet, car depuis son entrée il s'était malgré lui enfoncé dans des ténèbres pleines de sanglots silencieux.

— Vous ne me regardez plus, tu ne me parles pas,
dit Séraphine étonnée.

— Allons, se dit Rodolphe, en relevant la tête, re-
gardons-la, mais pour l'art seulement !

Et quel spectacle, alors, vint s'offrir à ses yeux !

comme dit Raoul dans *les Huguenots*.

Séraphine était admirablement belle. Ses formes
splendides, habilement mises en valeur par la coupe
de son vêtement, s'accusaient pleines de provocations
sous la demi-transparence du tissu. Toutes les impé-
rieuses fièvres du désir se réveillèrent dans les veines
de Rodolphe. Un chaud brouillard lui monta au cer-

veau. Il regarda Séraphine autrement que pour l'amour
de l'esthétique, et il prit dans ses mains celles de la
belle fille. C'étaient des mains sublimes et qu'on eût
dites sculptées par les plus purs ciseaux de la statuaire grecque. Rodolphe sentit ses admirables mains
trembler dans les siennes; et, de moins en moins critique d'art, il attira près de lui Séraphine, dont le
visage se colorait déjà de cette rougeur qui est l'aurore de la volupté.

— Cette créature est un véritable instrument de
plaisir, un vrai *stradivarius* d'amour, et dont je joue-
rais volontiers un air, pensa Rodolphe, en entendant
d'une manière très distincte le cœur de la belle battre
une charge précipitée.

En ce moment un coup de sonnette violent retentit
à la porte de l'appartement.

— Lucile, Lucile, cria Séraphine à la femme de
chambre, n'ouvrez pas; dites que je ne suis pas rentrée.

A ce nom de Lucile, deux fois prononcé, Rodolphe
se leva.

— Je ne veux vous gêner en aucune façon, madame, dit-il. D'ailleurs, il faut que je me retire, il est
tard et je demeure très loin. Bonsoir.

— Comment ! vous partez ? s'écria Séraphine en
redoublant les éclairs de son regard. Pourquoi, pourquoi partez-vous? Je suis libre, vous pouvez rester.

— Impossible, répondit Rodolphe. J'attends ce soir
un de mes parents qui arrive de la Terre de Feu, et il
me déshériterait s'il ne me trouvait pas chez moi pour
lui faire bon accueil. Bonsoir, madame!

Et il sortit avec précipitation. La servante alla l'é-
clairer, Rodolphe leva par mégarde les yeux sur elle.
C'était une jeune femme frêle, à la démarche lente; son
visage, très pâle, faisait une charmante antithèse avec

sa chevelure noire ondée naturellement, et ses yeux
bleus semblaient deux étoiles malades.

— O fantôme! s'écria Rodolphe en se reculant devant celle qui portait le nom et le visage de sa maîtresse. Arrière! que me veux-tu?

Et il descendit l'escalier à la hâte.

— Mais, madame, dit la camériste en rentrant chez
sa maîtresse, il est fou, ce jeune homme!

— Dis donc qu'il est bête, répondit Séraphine
exaspérée. Oh! ajouta-t-elle, ça m'apprendra à être
bonne. Si cet imbécile de Léon avait au moins l'esprit
de venir à présent! — Léon était le gentilhomme
dont la tendresse portait une cravache.

Rodolphe courut chez lui tout d'une haleine. En
montant l'escalier, il trouva son chat écarlate qui poussait des gémissements plaintifs. Il y avait deux nuits
déjà qu'il appelait ainsi vainement son amante infidèle, une Manon Lescaut angora, partie en campagne
galante sur les toits d'alentour. — Pauvre bête, dit
Rodolphe, toi aussi on t'a trompé; ta Mimi t'a fait
des traits comme la mienne. Bast! consolons-nous. —
Vois-tu, ma pauvre bête, le cœur des femmes et des
chattes est un abîme que les hommes et les chats ne
pourront jamais sonder.

Lorsqu'il entra dans sa chambre, bien qu'il fît une
chaleur épouvantable, Rodolphe crut sentir un manteau
glacé descendre sur ses épaules. C'était le froid de la
solitude, de la terrible solitude de la nuit que rien ne
vient troubler. Il alluma sa bougie et aperçut alors la
chambre dévastée. Les meubles ouvraient leurs tiroirs
vides, et, du plafond au sol, une immense tristesse
emplissait cette petite chambre, qui parut à Rodolphe
plus grande qu'un désert. En marchant, il heurta
du pied les paquets renfermant les objets appar-

tenant à M{ᶩᶩᵉ} Mimi, et il ressentit un mouvement de joie en voyant qu'elle n'était pas encore venue pour les prendre, comme elle lui avait dit qu'elle le ferait le matin. Rodolphe sentait, malgré tous ses combats, approcher l'heure de la réaction, et il devinait bien qu'une nuit atroce allait expier toute la joie amère qu'il avait dépensée dans la soirée. Cependant, il espérait que son corps, brisé par la fatigue, s'endormirait avant le réveil des angoisses, si longtemps comprimées dans son cœur.

Comme il s'approchait du lit et en écartait les rideaux, en voyant ce lit qui n'avait pas été dérangé depuis deux jours, devant les deux oreillers placés l'un à côté de l'autre, et sous l'un desquels se cachait encore à demi la garniture d'un bonnet de femme, Rodolphe sentit son cœur étreint dans l'invincible étau de cette douleur morne qui ne peut éclater. Il tomba au pied du lit, prit son front dans ses mains; et, après avoir jeté un regard dans cette chambre désolée, il s'écria:

— O petite Mimi, joie de ma maison, est-il bien vrai que vous soyez partie, que je vous ai renvoyée, et que je ne vous reverrai plus, mon Dieu! O jolie tête brune qui avez si longtemps dormi à cette place, ne reviendrez-vous plus y dormir encore? O voix capricieuse dont les caresses me donnaient le délire, et dont les colères me charmaient, est-ce que je ne vous entendrai plus? O petites mains blanches aux veines bleues, vous à qui j'avais fiancé mes lèvres, ô petites mains blanches, avez-vous donc reçu mon dernier baiser? Et Rodolphe plongeait, avec une ivresse délirante, sa tête dans les oreillers encore imprégnés des parfums de la chevelure de son amie. Du fond de cette alcôve il lui semblait voir sortir le fantôme des belles nuits qu'il avait passées avec sa jeune maîtresse. Il

entendait retentir clair et sonore, au milieu du silence
nocturne, le rire épanoui de Mlle Mimi, et il se ressouvint de cette charmante et contagieuse gaieté avec
laquelle elle avait su tant de fois lui faire oublier tous
les embarras et toutes les misères de leur existence
hasardeuse. Pendant toute cette nuit, il passa en revue
les huit mois qu'il venait d'écouler auprès de cette
jeune femme qui ne l'avait jamais aimé peut-être,
mais dont les tendres mensonges avaient su rendre au
cœur de Rodolphe sa jeunesse et sa virilité premières.

L'aube blanchissante le surprit au moment où,
vaincu par la fatigue, il venait de fermer les yeux
rougis par les larmes versées durant cette nuit. Veille
douloureuse et terrible, et comme les plus railleurs
et les plus sceptiques d'entre nous pourraient en
retrouver plus d'une au fond de leur passé.

Le matin, lorsque ses amis entrèrent chez lui, ils
furent effrayés en voyant Rodolphe, dont le visage
était ravagé par toutes les angoisses qui l'avaient assailli durant sa veille au mont des Oliviers de l'amour.

— Bon, dit Marcel, j'en étais sûr : c'est sa gaieté
d'hier qui lui a tourné sur le cœur. Ça ne peut pas
durer comme ça.

Et de concert avec deux ou trois camarades, il
commença sur Mlle Mimi une foule de révélations in-
discrètes, dont chaque mot s'enfonçait comme une
épine au cœur de Rodolphe. Ses amis lui *prouvèrent*
que de tout temps sa maîtresse l'avait trompé comme
un niais, chez lui et au dehors, et que cette créature
pâle comme l'ange de la phthisie était un écrin de
sentiments mauvais et d'instincts féroces.

Et l'un et l'autre, ils alternèrent ainsi dans la
tâche qu'ils avaient entreprise, et dont le but était
d'amener Rodolphe à ce point où l'amour aigri se

change en mépris ; mais ce but ne fut atteint qu'à moitié. Le désespoir du poète se changea en colère. Il se jeta avec rage sur les paquets qu'il avait préparés la veille ; et après avoir mis de côté tous les objets que sa maîtresse avait en sa possession en entrant chez lui, il garda tout ce qu'il lui avait donné pendant leur liaison, c'est-à-dire la plus grande partie, et surtout les choses de toilette auxquelles Mlle Mimi tenait par toutes les fibres de sa coquetterie, devenue insatiable dans les derniers temps.

Mlle Mimi vint le lendemain dans la journée pour prendre ses effets. Rodolphe était chez lui et seul. Il fallut que toutes les puissances de l'amour-propre le retinssent, pour qu'il ne se jetât point au cou de sa maîtresse. Il lui fit un accueil plein d'injures muettes, et Mlle Mimi lui répondit par ces insultes froides et aiguës qui font pousser des griffes aux plus faibles et aux plus timides. Devant le dédain avec lequel sa maîtresse le flagellait avec une opiniâtreté insolente, la colère de Rodolphe éclata brutale et effrayante ; un instant, Mimi, blanche de terreur, se demanda si elle allait sortir vivante d'entre ses mains. Aux cris qu'elle poussa, quelques voisins accoururent et l'arrachèrent de la chambre de Rodolphe.

Deux jours après, une amie de Mimi vint demander à Rodolphe s'il voulait rendre les affaires qu'il avait gardées chez lui.

— Non, répondit-il. Et il fit causer la messagère de sa maîtresse. Cette femme lui apprit que la jeune Mimi était dans une situation fort malheureuse, et qu'elle allait manquer de logement.

— Et son amant, dont elle est si folle ?

— Mais, répondit Amélie, l'amie en question, ce jeune homme n'a point l'intention de la prendre pour maîtresse. Il en a une depuis fort longtemps, et il paraît peu s'occuper de Mimi, qui est à ma charge et m'embarrasse beaucoup.

— — Qu'elle s'arrange, dit Rodolphe, elle l'a voulu; ça ne me regardepas. Et il fit des madrigaux à Mlle Amélie, et lui persuada qu'elle était la plus belle femme du monde.

Amélie fit part à Mimi de son entrevue avec Rodolphe.

— Que dit-il? que fait-il? demanda Mimi. Vous a-t-il parlé de moi?

— Aucunement; vous êtes déjà oubliée, ma chère; Rodolphe a une nouvelle maîtresse, et il lui a acheté une toilette superbe, car il a reçu beaucoup d'argent, et lui-même est vêtu comme un prince. Il est très aimable, ce jeune homme, et il m'a dit des choses charmantes.

— Je saurai ce que cela veut dire, pensa Mimi.

Tous les jours, Mlle Amélie venait voir Rodolphe sous un prétexte quelconque; et, quoi qu'il fît, celui-ci ne pouvait s'empêcher de lui parler de Mimi.

— Elle est fort gaie, répondait l'amie, et n'a point l'air de se préoccuper de sa position. Au reste, elle assure qu'elle reviendra avec vous quand elle voudra, sans faire aucune avance et uniquement pour faire enrager vos amis.

— C'est bien, dit Rodolphe; qu'elle vienne, et nous verrons.

Et il recommença à faire la cour à Amélie, qui s'en allait tout rapporter à Mimi, et assurait que Rodolphe était fort épris d'elle.

— Il m'a encore baisé la main et le cou, lui disait-elle; voyez, c'est tout rouge. Il veut m'emmener au bal demain.

— Ma chère amie, dit Mimi piquée, je vois où vous en voulez venir, à me faire croire que Rodolphe est

amoureux de vous, et qu'il ne pense plus à moi. Mais
vous perdez votre temps, et avec lui, et avec moi.

Le fait était que Rodolphe n'était aimable avec
Amélie que pour l'attirer chez lui souvent, et avoir
l'occasion de lui parler de sa maîtresse, mais avec un
machiavélisme qui avait peut-être son but; et, s'apercevant bien que Rodolphe aimait toujours Mimi, et que
celle-ci n'était pas éloignée de rentrer avec lui, Amélie
s'efforçait, par des rapports adroitement inventés, à
éviter tout ce qui pouvait rapprocher les deux amants.

Le jour où elle devait aller au bal, Amélie vint
dans la matinée demander à Rodolphe si la partie
tenait toujours.

— Oui, lui répondit-il, je ne veux pas manquer l'occasion d'être le chevalier de la plus belle personne des
temps modernes.

Amélie prit l'air coquet qu'elle avait le soir de son
unique début dans un théâtre de la banlieue, dans les
quatrièmes rôles de soubrette, et elle promit qu'elle
serait prête pour le soir.

— A propos, fit Rodolphe, dites à Mlle Mimi que, si
elle veut faire une infidélité à son amant en ma
faveur et venir passer une nuit chez moi, je lui rendrai
toutes ses affaires.

Amélie fit la commission de Rodolphe et prêta à ses
paroles un sens tout autre que celui qu'elle avait su
deviner.

— Votre Rodolphe est un homme ignoble, dit-elle
à Mimi; sa proposition est une infamie. Il veut vous
faire descendre par cette démarche au rang des plus
viles créatures; et si vous allez chez lui, non seulement
il ne vous rendra pas vos affaires, mais il vous servira
en risée à tous ses amis : c'est une conspiration ar-
rangée entre eux.

— Je n'irai pas, dit Mimi; — et comme elle vit
Amélie en train de préparer sa toilette, elle lui demanda
si elle allait au bal,

— Oui, répondit l'autre.

— Avec Rodolphe?

— Oui, il doit venir m'attendre ce soir à vingt pas
de la maison.

— Bien du plaisir, dit Mimi; et, voyant l'heure du
rendez-vous avancer, elle courut en toute hâte chez
l'amant de Mlle Amélie et le prévint que celle-ci était
en train de lui machiner une petite trahison avec son
ancien amant à elle. Le monsieur, jaloux comme un
tigre et brutal comme un bâton, arriva chez Mlle Amélie
et lui annonça qu'il trouvait excellent qu'elle passât
la soirée avec lui.

A huit heures, Mimi courut à l'endroit où Rodolphe
devait trouver Amélie. Elle aperçut son amant, qui se
promenait dans l'attitude d'un homme qui attend; elle
passa deux fois à côté de lui, sans oser l'aborder. Rodolphe était mis très élégamment ce soir-là, et les crises
violentes auxquelles il était en proie depuis huit jours
avaient donné à son visage un grand caractère. Mimi fut
singulièrement émue. Enfin, elle se décida à lui parler.
Rodolphe l'accueillit sans colère, et lui demanda des
nouvelles de sa santé, après quoi il s'informa du motif
qui l'amenait près de lui; tout cela d'une voix douce,
et où accent de tendresse cherchait à se contraindre

— C'est une mauvaise nouvelle que je viens vous,
annoncer : Mlle Amélie ne peut venir au bal avec vous
son amant la retient.

— J'irai donc an bal tout seul.

Ici, Mlle Mimi feignit de trébucher et s'appuya sur
l'épaule de Rodolphe. Il lui prit le bras et lui proposa
de la reconduire chez elle.

— Non, dit Mimi, j'habite avec Amélie; et comme elle est avec son amant, je ne pourrai rentrer que lorsqu'il sera parti.

— Écoutez, lui dit alors le poète, je vous ai fait faire tantôt une proposition par Mlle Amélie; vous l'a-t-elle transmise?

— Oui, dit Mimi, en des termes auxquels, même après ce qui est arrivé, je n'ai pu ajouter foi. Non, Rodolphe, je n'ai pas cru que, malgré tout ce que vous pouvez avoir à me reprocher, vous me croyiez assez peu de cœur pour accepter un semblable marché.

— Vous ne m'avez pas compris, ou on vous a mal rapporté les choses. Ce qui est dit est toujours dit, fit Rodolphe; il est neuf heures, vous avez encore trois heures de réflexion. Ma clef sera sur ma porte jusqu'à minuit. Bonsoir. — Adieu, ou au revoir.

— Adieu donc, dit Mimi d'une voix tremblante.

Et ils se quittèrent... Rodolphe rentra chez lui et se jeta tout habillé sur son lit. A onze heures et demie, Mlle Mimi entrait dans sa chambre.

— Je viens vous demander l'hospitalité, dit-elle : l'amant d'Amélie est resté chez elle, je n'ai pu rentrer.

Jusqu'à trois heures du matin ils causèrent. Une conversation explicative, où de temps en temps le *tu* familier succédait au *vous* de la discussion officielle.

A quatre heures leur bougie s'éteignit. Rodolphe voulut en allumer une neuve.

— Non, dit Mimi, ce n'est point la peine; il est bien temps de dormir. Et cinq minutes après, sa jolie tête brune avait repris sa place sur l'oreiller; et, d'une voix pleine de tendresse, elle appelait les lèvres de Rodolphe sur ses petites mains blanches aux veines bleues, dont la pâleur nacrée luttait avec les blancheurs du drap. Rodolphe n'alluma pas la bougie.

Le lendemain matin, Rodolphe se leva le premier ;
et, montrant à Mimi plusieurs paquets, il lui dit très
doucement :

— Voici ce qui vous appartient, vous pouvez l'emporter, je tiens ma parole.

— Oh ! dit Mimi, je suis bien fatiguée, voyez-vous,
et je ne pourrai pas emporter tous ces gros paquets
d'une seule fois. J'aime mieux revenir. — Et, comme
elle s'était habillée, elle prit seulement une collerette
et une paire de manchettes. — J'emporterai ce qui
reste... petit à petit, ajouta-t-elle en souriant.

— Allons, dit Rodolphe, emporte tout ou n'emporte
rien ; mais que cela finisse.

— Que cela recommence, au contraire, et que cela
dure surtout, dit la jeune Mimi en embrassant Rodolphe. Après avoir déjeuné ensemble, ils partirent
pour aller à la campagne. En traversant le Luxembourg, Rodolphe rencontra un grand poète qui l'avait
toujours accueilli avec une charmante bonté. Par
convenance, Rodolphe allait feindre de ne pas le voir.
Mais le poète ne lui en donna pas le temps ; et, en
passant près de lui, il lui fit un geste amical, et sa-
lua sa jeune compagne avec un gracieux sourire.

— Quel est ce monsieur ? demanda Mimi. Rodolphe
lui répondit un nom qui la fit rougir de plaisir et d'orgueil.

— Oh ! dit Rodolphe, cette rencontre du poète qui
a si bien chanté l'amour est d'un bon augure, et por-
tera bonheur à notre réconciliation.

— Je t'aime, va, dit Mimi, en serrant la main de
son ami bien qu'ils fussent au milieu de la foule.

— Hélas ! pensa Rodolphe, lequel vaut le mieux, ou
de se laisser tromper toujours pour avoir cru, ou ne
croire jamais dans la crainte d'être trompé toujours ?

XV

Donec gratus...

Nous avons raconté comment le peintre Marcel
avait connu Mlle Musette. Unis un matin par le ministère du caprice, qui est le maire du 13e arrondissement, ils avaient cru, ainsi que la chose arrive souvent, s'épouser sous le régime de la séparation du
cœur. Mais un soir, après une violente querelle où ils
avaient résolu de se quitter sur-le-champ, ils s'aperçurent que leurs mains, qui s'étaient serrées en signe
d'adieu, ne voulaient plus se séparer. Presque à leur
insu, leur caprice était devenu de l'amour. Ils se
l'avouèrent tous deux en riant à moitié.

— C'est très grave ce qui nous arrive là, dit Marcel. Comment diable avons-nous donc fait ?

— Oh ! reprit Musette, nous sommes des maladroits, nous n'avons pas pris assez de précautions.

— Qu'est-ce qu'il y a ? dit en entrant Rodolphe,
devenu le voisin de Marcel.

— Il y a, répondit celui-ci en désignant Musette,
que mademoiselle et moi, nous venons de faire une
jolie découverte. Nous sommes amoureux. Ça nous
sera venu en dormant.

— Oh! oh! en dormant, je ne crois pas, fit Rodolphe. Mais qu'est-ce qui prouve que vous aimez?
Vous exagérez peut-être le danger.

— Parbleu! reprit Marcel, nous ne pouvons pas
nous souffrir.

— Et nous ne pouvons plus nous quitter, ajouta
Musette.

— Alors, mes enfants, votre affaire est claire. Vous
avez voulu jouer au plus fin, et vous avez perdu tous
les deux. C'est mon histoire avec Mimi. Voilà bientôt
deux calendriers que nous usons à nous disputer
jour et nuit. C'est avec ce système-là qu'on éternise
les mariages. Unissez un oui avec un non, vous ob-
tiendrez un ménage Philémon et Baucis. Votre intérieur va faire pendant au mien; et si Schaunard et
Phémie viennent demeurer dans la maison, comme
ils nous en ont menacés, notre trio de ménages en
fera une habitation bien agréable.

En ce moment Gustave Colline entra. On lui apprit
l'accident qui venait d'arriver à Musette et à Marcel.

— Eh bien, philosophe, dit celui-ci, que penses-tu
de ça?

Colline gratta le poil du chapeau qui lui servait de
toit, et murmura :

— J'en étais sûr d'avance. L'amour est un jeu du
hasard. Qui s'y frotte s'y pique. Il n'est pas bon que
l'homme soit seul.

Le soir, en rentrant, Rodolphe dit à Mimi :

— Il y a du nouveau. Musette est folle de Marcel,
et ne veut plus le quitter.

— Pauvre fille ! répondit Mimi. Elle qui a si bon
appétit !

— Et de son côté, Marcel est empoigné par Musette. Il l'adore à trente-six carats, comme dirait cet
intrigant de Colline.

— Pauvre garçon ! dit Mimi, lui qui est si jaloux !

— C'est vrai, dit Rodolphe, lui et moi nous
sommes élèves d'Othello.

Quelque temps après, aux ménages de Rodolphe
et de Marcel vint se joindre le ménage de Schaunard ;
le musicien emménageait dans la maison, avec Phémie Teinturière.

A compter de ce jour, tous les autres voisins dor-
mirent sur un volcan, et, à l'époque du terme, ils
envoyaient un congé unanime au propriétaire.

En effet, peu de jours se passaient sans qu'un orage
éclatât dans l'un des ménages. Tantôt c'était Mimi et
Rodolphe qui, n'ayant plus la force de parler, s'expliquaient à l'aide des projectiles qui leur tombaient
sous la main. Le plus souvent c'était Schaunard qui
faisait, au bout d'une canne, quelques observations à
la mélancolique Phémie. Quant à Marcel et Musette,
leurs discussions étaient renfermées dans le silence
du huis clos ; ils prenaient au moins la précaution de
fermer leurs portes et leurs fenêtres.

Si d'aventure la paix régnait dans les ménages, les
autres locataires n'étaient pas moins victimes de cette
concorde passagère. L'indiscrétion des cloisons mi-
toyennes laissait pénétrer chez eux tous les secrets
des ménages bohèmes, et les initiait malgré eux à tous
leurs mystères. Aussi, plus d'un voisin préférait-il le
casus belli aux ratifications des traités de paix.

Ce fut, à vrai dire, une singulière existence que
celle qu'on mena pendant six mois. La plus loyale fra-

ternité se pratiquait sans emphase dans ce cénacle, où tout était à tous et se partageait en entrant, bonne ou mauvaise fortune.

Il y avait dans le mois certains jours de splendeur, où l'on ne serait pas descendu dans la rue sans gants — jours de liesse — où l'on dînait toute la journée. Il y en avait d'autres où l'on serait presque allé à la cour sans bottes — jours de carême — où, après n'avoir pas déjeuné en commun, on ne dînait pas ensemble, ou bien l'on arrivait, à force de combinaisons économiques, à réaliser un de ces repas dans lesquels les assiettes et les couverts *faisaient relâche*, comme disait Mlle Mimi.

Mais chose prodigieuse, c'est que, dans cette association où se trouvaient pourtant trois femmes jeunes et jolies, aucune ébauche de discorde ne s'éleva entre les hommes : ils s'agenouillaient souvent devant les plus futiles caprices de leurs maîtresses, mais pas un d'eux n'eût hésité un instant entre la femme et l'ami.

L'amour naît surtout de la spontanéité : c'est une improvisation. L'amitié, au contraire, s'édifie pour ainsi dire : c'est un sentiment qui marche avec circonspection ; c'est l'égoïsme de l'esprit, tandis que l'amour c'est l'égoïsme du cœur.

Il y avait six ans que les bohèmes se connaissaient. Ce long espace de temps passé dans une intimité quotidienne avait, sans altérer l'individualité bien tranchée de chacun, amené entre eux un accord d'idées, un ensemble qu'ils n'auraient pas trouvé ailleurs. Ils avaient des mœurs qui leur étaient propres, un langage intime dont les étrangers n'auraient pas su trouver la clef. Ceux qui ne les connaissaient pas particulièrement appelaient leur liberté d'allure du cynisme. Ce n'était pourtant que de la franchise. Esprits rétifs à toute chose imposée, ils avaient tous le faux en haine et le commun en mépris. Accusés de vanités exagérées, ils répondaient en étalant fièrement le programme de leur ambition ; et, ayant la conscience de leur valeur, ils ne s'abusaient pas sur eux-mêmes.

Depuis tant d'années qu'ils marchaient ensemble dans la même vie, mis souvent en rivalité par nécessité d'état, ils ne s'étaient pas quitté la main et avaient passé, sans y prendre garde, sur les questions personnelles d'amour-propre, toutes les fois qu'on avait essayé d'en élever entre eux pour les désunir. Ils s'estimaient d'ailleurs les uns les autres juste ce qu'ils valaient ; et l'orgueil, qui est le contrepoison de l'envie, les préservait de toutes les petites jalousies de métier.

Cependant, après six mois de vie en commun, une épidémie de divorce s'abattit tout à coup sur les ménages.

Schaunard ouvrit la marche. Un jour, il s'aperçut que Phémie Teinturière avait un genou mieux fait que l'autre ; et comme, en fait de plastique, il était d'un purisme austère, il renvoya Phémie, lui donnant pour souvenir la canne avec laquelle il lui faisait de si fréquentes observations. Puis il retourna demeurer chez un parent qui lui offrait un logement gratis.

Quinze jours après, Mimi quittait Rodolphe pour monter dans les carrosses du jeune vicomte Paul, l'ancien élève de Carolus Barbemuche, qui lui avait promis des robes couleur du soleil.

Après Mimi, ce fut Musette qui prit la clef des champs et rentra à grand bruit dans l'aristocratie du monde galant qu'elle avait quitté pour suivre Marcel.

Cette séparation eut lieu sans querelle, sans secousse, sans préméditation. Née d'un caprice qui était devenu de l'amour, cette liaison fut rompue par un autre caprice.

Un soir du carnaval, au bal masqué de l'Opéra, où elle était allée avec Marcel, Musette eut pour vis-à-vis dans une contredanse un jeune homme qui autrefois lui avait fait la cour. Ils se reconnurent et, tout en dansant, échangèrent quelques paroles. Sans le vouloir, peut-être, en instruisant ce jeune homme de sa vie présente, laissa-t-elle échapper un regret sur sa vie passée. Tant fut-il qu'à la fin du quadrille, Musette se trompa ; et, au lieu de donner la main à Marcel, qui était son cavalier, elle prit la main de son *vis-à-vis*, qui l'entraîna et disparut avec elle dans la foule.

Marcel la chercha, assez inquiet. Au bout d'une heure, il la trouva au bras du jeune homme ; elle sortait du café de l'Opéra, la bouche pleine de refrains. En apercevant Marcel, qui s'était mis dans un angle les bras croisés, elle lui fit un signe d'adieu, en lui disant : Je vais revenir.

— C'est-à-dire ne m'attendez pas, traduisit Marcel. Il était jaloux, mais il était logique et connaissait Musette ; aussi ne l'attendit-il pas ; il rentra chez lui le cœur gros néanmoins, mais l'estomac léger. Il chercha dans une armoire s'il n'y avait pas quelques reliefs à manger ; il aperçut un morceau de pain granitique et un squelette de hareng saur.

— Je ne pouvais pas lutter contre des truffes, pensat-il. Au moins Musette aura soupé. Et après avoir passé un coin de son mouchoir sur ses yeux, sous le prétexte de se moucher, il se coucha.

Deux jours après, Musette se réveillait dans un boudoir tendu de rose. Un coupé bleu l'attendait à sa porte ; et toutes les fées de la mode, mises en réquisition, apportaient leurs merveilles à ses pieds. Musette était ravissante, et sa jeunesse semblait encore rajeunir au milieu de ce cadre d'élégances. Alors elle recommença l'ancienne existence, fut de toutes les fêtes et reconquit sa célébrité. On parla d'elle partout, dans les coulisses de la Bourse et jusque dans les buvettes parlementaires. Quant à son nouvel amant, M. Alexis, c'était un charmant jeune homme. Souvent il se plaignait à Musette de la trouver un peu légère et un peu insoucieuse lorsqu'il lui parlait de son amour ; alors Musette le regardait en riant, lui tapait dans la main, et lui disait :

— Que voulez-vous, mon cher? je suis restée pendant six mois avec un homme qui me nourrissait de salade et de soupe sans beurre, qui m'habillait avec une robe d'indienne et me menait beaucoup à l'Odéon, parce qu'il n'était pas riche. Comme l'amour ne coûte rien et que j'étais folle de ce monstre, nous avons considérablement dépensé d'amour. Il ne m'en reste guère que des miettes. Ramassez-les, je ne vous en empêche pas. Au reste, je ne vous ai pas triché ; et si les rubans ne coûtaient pas si cher, je serais encore avec mon peintre. Quant à mon cœur, depuis que j'ai un corset de quatre-vingts francs, je ne l'entends pas faire grand bruit, et j'ai bien peur de l'avoir oublié dans un des tiroirs de Marcel.

La disparition des trois ménages bohèmes occasionna une fête dans la maison qu'ils avaient habitée. En signe de réjouissance, le propriétaire donna un grand dîner, et les locataires illuminèrent leurs fenêtres.

Rodolphe et Marcel avaient été se loger ensemble ; ils avaient pris chacun une idole dont ils ne savaient pas bien le nom au juste. Quelquefois il leur arrivait, l'un de parler de Musette, l'autre de Mimi ; alors ils

en avaient pour la soirée. Ils se rappelaient leur ancienne vie et les chansons de Musette, et les chansons
de Mimi, et les nuits blanches, et les paresseuses
matinées, et les dîners faits en rêve. Une à une, ils
faisaient résonner dans ces duos de souvenirs toutes
ces heures envolées ; et ils finissaient ordinairement
par se dire : qu'après tout, ils étaient encore heureux
de se trouver ensemble, les pieds sur les chenets, ti-
sonnant la bûche de décembre, fumant leur pipe, et
de s'avoir l'un l'autre, comme un prétexte à causerie,
pour se raconter tout haut à eux-mêmes ce qu'ils se
disaient tout bas lorsqu'ils étaient seuls : qu'ils avaient
beaucoup aimé ces créatures disparues en emportant
un lambeau de leur jeunesse, et que peut-être ils les
aimaient encore.

Un soir, en traversant le boulevard, Marcel aperçut
à quelques pas de lui une jeune dame qui en descendant de voiture laissait voir un bout de bas blanc
d'une correction toute particulière ; le cocher lui-
même dévorait des yeux ce charmant *pourboire*.

— Parbleu, fit Marcel, voilà une jolie jambe ; j'ai
bien envie de lui offrir mon bras ; voyons un peu... de
quelle façon l'aborderai-je ? Voilà mon affaire... c'est
assez neuf.

— Pardon, madame, dit-il en s'approchant de l'inconnue dont il ne put tout d'abord voir le visage, vous
n'auriez pas par hasard trouvé mon mouchoir ?

— Si, monsieur, répondit la jeune femme ; le voici.
Et elle mit dans la main de Marcel un mouchoir qu'elle
tenait à la main.

L'artiste roula dans un précipice d'étonnement.

Mais tout à coup un éclat de rire qu'il reçut en plein
visage le fit revenir à lui ; à cette joyeuse fanfare, il
reconnut ses anciennes amours.

C'était Mlle Musette.

— Ah! s'écria-t-elle, monsieur Marcel qui fait la chasse aux aventures. Comment la trouves-tu celle-là, hein? Elle ne manque pas de gaieté.

— Je la trouve supportable, répondit Marcel.

— Où vas-tu si tard dans ce quartier? demanda Musette.

— Je vais dans ce monument, fit l'artiste en indiquant un petit théâtre où il avait ses entrées.

— Pour l'amour de l'art?

— Non, pour l'amour de Laure. Tiens, pensa Marcel, voilà un calembour, je le vendrai à Colline : il en fait collection.

— Qu'est-ce que Laure? continua Musette dont les regards jetaient des points d'interrogation.

Marcel continua sa mauvaise plaisanterie.

— C'est une chimère que je poursuis et qui joue les ingénues dans ce petit endroit.

Et il chiffonnait de la main un jabot idéal.

— Vous êtes bien spirituel ce soir, dit Musette.

— Et vous bien curieuse, fit Marcel.

— Parlez donc moins haut, tout le monde nous entend ; on va nous prendre pour des amoureux qui se disputent.

— Ça ne serait pas la première fois que cela nous arriverait, dit Marcel.

Musette vit une provocation dans cette phrase et répliqua prestement : — Et ça ne sera peut-être pas la dernière, hein?

Le mot était clair; il siffla comme une balle à l'oreille de Marcel.

— Splendeurs des cieux, dit-il en regardant les étoiles, vous êtes témoins que ce n'est pas moi qui ai tiré le premier. Vite ma cuirasse!

A compter de ce moment le feu était engagé.

Il ne s'agissait plus que de trouver un trait d'union convenable pour aboucher ces deux fantaisies qui venaient de se réveiller si vivaces.

Tout en marchant, Musette regardait Marcel, et Marcel regardait Musette. Ils ne se parlaient pas; mais leurs yeux, ces plénipotentiaires du cœur, se rencontraient souvent. Au bout d'un quart d'heure de diplomatie, ce congrès de regards avait tacitement arrangé l'affaire. Il n'y avait plus qu'à ratifier.

La conversation interrompue se renoua.

— Franchement, dit Musette à Marcel, où allais-tu tout à l'heure?

— Je te l'ai dit, j'allais voir Laure.

— Est-elle jolie?

— Sa bouche est un nid de sourires.

— Connu, dit Musette.

— Mais toi-même, fit Marcel, d'où venais-tu sur les ailes de cette citadine?

— Je venais de conduire au chemin de fer Alexis, qui va faire un tour dans sa famille.

— Quel homme est-ce que cet Alexis?

A son tour, Musette fit de son amant actuel un ravissant portrait. Tout en se promenant, Marcel et Musette continuèrent ainsi, en plein boulevard, cette comédie du *revenez-y* de l'amour. Avec la même naïveté tour à tour tendre et railleuse, ils refaisaient strophe à strophe cette ode immortelle où Horace et Lydie vantent avec tant de grâce les charmes de leurs amours nouvelles et finissent par ajouter un post-scriptum à leurs anciennes amours. Comme ils arrivaient au détour d'une rue, une assez forte patrouille déboucha tout à coup.

Musette *organisa* une petite attitude effrayée, et

se cramponnant au bras de Marcel elle lui dit :

— Ah! mon Dieu, vois donc, voilà de la troupe qui
arrive, il va encore y avoir une révolution. Sauvons-
nous, j'ai une peur affreuse; viens me reconduire!

— Mais où allons-nous ? demanda Marcel.

— Chez moi, dit Musette; tu verras comme c'est
joli. Je t'offre à souper, nous parlerons politique.

— Non, dit Marcel qui pensait à M. Alexis; je n'irai
pas chez toi malgré l'offre du souper. Je n'aime pas
boire mon vin dans le verre des autres.

Musette resta muette devant ce refus. Puis, à travers le brouillard de ses souvenirs, elle aperçut le
pauvre intérieur du pauvre artiste; car Marcel n'était
pas devenu millionnaire ; alors Musette eut une idée;
et, profitant de la rencontre d'une autre patrouille,
elle manifesta une nouvelle terreur.

— On va se battre, s'écria-t-elle; je n'oserai jamais
rentrer chez moi. Marcel, mon ami, mène-moi chez
une de mes amies qui *doit* demeurer dans ton quartier.

En traversant le Pont-Neuf, Musette poussa un éclat
de rire.

— Qu'y a-t-il? demanda Marcel.

— Rien! dit Musette; je me rappelle que mon amie
est déménagée; elle demeure aux Batignolles.

En voyant arriver Marcel et Musette, bras dessus,
bras dessous, Rodolphe ne fut pas étonné.

— Ces amours mal enterrées, dit-il, c'est toujours
comme ça!

XVI

Le passage de la mer Rouge

Depuis cinq ou six ans, Marcel travaillait à ce fameux tableau qu'il affirmait devoir représenter le *Passage de la mer Rouge;* et, depuis cinq ou six ans, ce chef-d'œuvre de couleur était refusé avec obstination par le jury. Aussi, à force d'aller et de revenir de l'atelier de l'artiste au Musée, et du Musée à l'atelier, le tableau connaissait si bien le chemin que, si on l'eût placé sur des roulettes, il eût été en état de se rendre tout seul au Louvre. Marcel, qui avait refait dix fois, et du haut en bas remanié cette toile, attribuait à une hostilité personnelle des membres du jury l'ostracisme qui le repoussait annuellement du Salon carré; et, dans ses moments perdus, il avait composé en l'honneur des cerbères de l'Institut un petit dictionnaire d'injures, avec des illustrations d'une férocité aiguë. Ce recueil, devenu célèbre, avait obtenu dans les ateliers et à l'École des Beaux-Arts le succès popu-

laire qui s'est attaché à l'immortelle complainte de
Jean Bélin, peintre ordinaire du grand sultan des
Turcs; — tous les rapins de Paris en avaient un
exemplaire dans leur mémoire.

Pendant longtemps, Marcel ne s'était pas décou-
ragé des refus acharnés qui l'accueillaient à chaque
exposition. Il s'était confortablement assis dans cette
opinion que son tableau était, dans des proportions
moindres, le pendant attendu par les *Noces de Cana*,
ce gigantesque chef-d'œuvre dont la poussière de trois
siècles n'a pu ternir l'éclatante splendeur. Aussi,
chaque année, à l'époque du Salon, Marcel envoyait
son tableau à l'examen du jury. Seulement, pour
dérouter les examinateurs et tâcher de les faire faillir
dans le parti pris d'exclusion qu'ils paraissaient avoir
envers le *Passage de la mer Rouge*, Marcel, sans rien
déranger à la composition générale, modifiait quelque
détail et changeait le titre de son tableau.

Ainsi, une fois, il arriva devant le jury sous le nom
de *Passage du Rubicon;* mais Pharaon, mal déguisé
sous le manteau de César, fut reconnu et repoussé
avec tous les honneurs qui lui étaient dus.

L'année suivante, Marcel jeta sur un des plans de
sa toile une couche de blanc simulant la neige, planta
un sapin dans un coin, et, habillant un Égyptien en
grenadier de la garde impériale, baptisa son tableau :
Passage de la Bérésina.

Le jury, qui avait ce jour-là récuré ses lunettes sur
le parement de son habit à palmes vertes, ne fut point
dupe de cette nouvelle ruse. Il reconnut parfaitement
la toile obstinée, surtout à un grand diable de cheval
multicolore qui se cabrait au bout d'une vague de la
mer Rouge. La robe de ce cheval servait à Marcel
pour toutes ses expériences de coloris, et dans son

langage familier il l'appelait tableau synoptique des
tons fins, parce qu'il reproduisait, avec leurs jeux
d'ombre et de lumière, toutes les combinaisons les
plus variées de la couleur. Mais une fois encore, insen-
sible à ce détail, le jury n'eut pas assez de boules
noires pour refuser le *Passage de la Bérésina*.

— Très bien, dit Marcel, je m'y attendais. L'année
prochaine je le renverrai sous le titre de *Passage des
Panoramas*.

— Ils seront bien attrapés... trapés... attrape...
trape... chantonna le musicien Schaunard sur un air
nouveau de sa composition, un air terrible, bruyant
comme une gamme de coups de tonnerre, et dont
l'accompagnement était redouté de tous les pianos
circonvoisins.

— Comment peuvent-ils refuser cela sans que tout
le vermillon de ma mer Rouge leur monte au visage
et les couvre de honte? murmurait Marcel en contemplant son tableau... Quand on pense qu'il y a là-
dedans pour cent écus de couleur et pour un million
de génie, sans compter ma belle jeunesse, devenue
chauve comme mon feutre. Une œuvre sérieuse qui
ouvre de nouveaux horizons à la science des *glacis*.
Mais ils n'auront pas le dernier; jusqu'à mon dernier
soupir, je leur enverrai mon tableau. Je veux qu'il se
grave dans leur mémoire.

— C'est la plus sûre manière de le faire jamais
graver, dit Gustave Colline d'une voix plaintive; et
en lui-même il ajouta : Il est très joli, celui-là, très
joli... je le répéterai dans les sociétés.

Marcel continuait ses imprécations, que Schaunard
continuait à mettre en musique.

— Ah! ils ne veulent pas me recevoir, disait Marcel.
Ah! le gouvernement les paye, les loge et leur donne

la croix uniquement, dans le seul but de me refuser
une fois par an, — le 1er mars, — une toile de cent
sur châssis à clef... Je vois distinctement leur idée,
je la vois très distinctement; ils veulent me faire briser
mes pinceaux. Ils espèrent peut-être en me refusant
ma *mer Rouge* que je vais me jeter dedans par la
fenêtre du désespoir. Mais ils connaissent bien mal
mon cœur humain, s'ils comptent me prendre à cette
ruse grossière. Je n'attendrai même plus l'époque du
Salon. A compter d'aujourd'hui, mon œuvre devient
le tableau de Damoclès éternellement suspendu sur
leur existence. Maintenant, je vais une fois par semaine l'envoyer chez chacun d'eux, à domicile, au
sein de leur famille, au plein cœur de leur vie privée.
Il troublera leurs joies domestiques, il leur fera
trouver le vin sur, le rôti brûlé, et leurs épouses
amères. Ils deviendront fous très rapidement, et on
leur mettra la camisole de force pour aller à l'Institut les jours de séance. Cette idée me sourit.

Quelques jours après, et comme Marcel avait déjà
oublié ses terribles plans de vengeance contre ses
persécuteurs, il reçut la visite du père *Médicis* [1]. On
appelait ainsi dans le cénacle un juif nommé Salomon
et qui, à cette époque, était très connu de toute la
bohème artistique et littéraire, avec qui il était en
perpétuels rapports. Le père Médicis négociait dans
tous les genres de bric-à-brac. Il vendait des mobiliers
complets depuis *douze* francs jusqu'à mille écus. Il
achetait tout et savait le revendre avec bénéfice. La
banque d'échange de M. Proudhon est bien peu de
chose comparée au système appliqué par Médicis,
qui possédait le génie du trafic à un degré auquel les
plus habiles de sa religion n'étaient point arrivés
jusque-là. Sa boutique, située place du Carrousel,

était un lieu féerique où l'on trouvait toute chose à souhait. Tous les produits de la nature, toutes les créations de l'art, tout ce qui sort des entrailles de la terre et du génie humain, Médicis en faisait un objet de négoce. Son commerce touchait à tout, absolument à tout ce qui existe, il travaillait même dans l'*idéal*. Médicis achetait des IDÉES pour les exploiter lui-même ou les revendre. Connu de tous les littérateurs et de tous les artistes, intime de la palette et familier de l'écritoire, c'était l'Asmodée des arts. Il vous vendait des cigares contre un plan de feuilleton, des pantoufles contre un sonnet, de la marée fraîche contre des paradoxes ; il causait *à l'heure* avec les écrivains chargés de raconter dans les gazettes les cancans du monde ; il vous procurait des places dans les tribunes des parlements, et des invitations pour les soirées particulières ; il logeait à la nuit, à la semaine ou au mois les rapins errants, qui le payaient en copies faites au Louvre d'après les maîtres. Les coulisses n'avaient point de mystères pour lui. Il vous faisait recevoir des pièces dans les théâtres ; il vous obtenait des tours de faveur. Il avait dans la tête un exemplaire de l'Almanach des vingt-cinq mille adresses, et connaissait la demeure, les noms et les secrets de toutes les célébrités, même obscures.

Quelques pages copiées dans le *brouillard* de sa tenue de livres pourront, mieux que toutes les explications les plus détaillées, donner une idée de l'universalité de son commerce.

20 mars 184...

— Vendu à M. L..., antiquaire, le compas dont Archimède s'est servi pendant le siège de Syracuse, 75 francs.

— Acheté à M. V..., journaliste, les œuvres complètes,

non coupées, de M. ***, membre de l'Académie, 10 francs.

— Vendu au même un article de critique sur les œuvres complètes de M. ***, membre de l'Académie, 30 francs.

— Vendu à M. ***, membre de l'Académie, un feuilleton de douze colonnes sur ses œuvres complètes, 250 francs.

— Acheté à M. R..., homme de lettres, une appréciation critique sur les œuvres complètes de M. ***, de l'Académie française, 10 francs; plus 50 livres de charbon de terre et 2 kilos de café.

— Vendu à M. *** un vase en porcelaine ayant appartenu à Mme Du Barry, 18 francs.

— Acheté à la petite D.... ses cheveux, 15 francs.

— Acheté à M. B... un lot d'articles de mœurs et les trois dernières fautes d'orthographe faites par M. le préfet de la Seine, 6 francs : plus une paire de souliers napolitains.

— Vendu à Mlle O.... une chevelure blonde, 120 francs.

— Acheté à M. M..., peintre d'histoire, une série de dessins gais, 25 francs.

— Indiqué à M. Ferdinand l'heure à laquelle Mme la baronne R... de P... va à la messe. — Au même, loué pour une journée le petit entresol du faubourg Montmartre, le tout 30 francs.

— Vendu à M. Isidore son portrait en Apollon, 30 francs.

— Vendu à Mlle R... une paire de homards et six paires de gants, 36 francs. (Reçu 2 fr. 75.)

— A la même, procuré un crédit de six mois chez Mme ***, modiste. (Prix à débattre.)

— Procuré à Mme ***, modiste, la clientèle de Mme R... Reçu pour ce, trois mètres de velours et six aunes de dentelle.)

— Acheté à M. R..., homme de lettres, une créance de 120 francs sur le journal ***, actuellement en liquidation, 5 francs; plus deux livres de tabac de Moravie.

— Vendu à M. Ferdinand deux lettres d'amour, 12 francs.

— Acheté à M. J..., peintre, le portrait de M. Isidore en Apollon, 6 francs.

— Acheté à M. *** 75 kilos de son ouvrage intitulé : *Des Révolutions sous-marines*, 15 francs.

— Loué à Mme la comtesse de G... un service de Saxe, 20 francs.

— Acheté à M..., journaliste, 52 lignes dans son *Courrier*

de Paris, 100 francs; plus une garniture de cheminée.

— Vendu à MM. O... et Cⁱᵉ 52 lignes dans le *Courrier de Paris* de M. ***, 300 francs; plus deux garnitures de cheminée.

— A Mᵐᵉ S... G..., loué un lit et un coupé pour un jour (néant). — (Voir le compte de Mⁱˡᵉ S... G..., grand-livre, folios 26 et 27.)

— Acheté à M. Gustave C... un mémoire sur l'industrie linière, 50 francs; plus une édition rare des œuvres de Flavius Josèphe.

— A Mⁱˡᵉ S... G..., vendu un mobilier moderne, 5.000 fr.

— Pour la même, payé une note chez le pharmacien, 75 francs.

— *Id.* Payé une note chez la crémière, 3 fr. 85.

Etc., etc., etc.

On voit, par ces citations, sur quelle immense échelle s'étendaient les opérations du juif Médicis, qui, malgré les notes un peu illicites de son commerce infiniment éclectique, n'avait jamais été inquiété par personne.

En entrant chez les bohèmes, avec cet air intelligent qui le distinguait, le juif avait deviné qu'il arrivait à un moment propice. En effet, les quatre amis se trouvaient en ce moment réunis en conseil, et, sous la présidence d'un appétit féroce, dissertaient la grave question *du pain et de la viande.* C'était un dimanche! de la fin du mois. Jour fatal et quantième sinistre.

L'entrée de Médicis fut donc acclamée par un joyeux chorus; car on savait que le juif était trop avare de son temps pour le dépenser en visites de politesse; aussi sa présence annonçait-elle toujours une affaire à traiter.

— Bonsoir, messieurs, dit le juif, comment vous va?

— Colline, dit Rodolphe couché sur son lit et engourdi dans les douceurs de la ligne horizontale,

exerce les devoirs de l'hospitalité, offre une chaise à
notre hôte : un hôte est sacré. Je vous salue en Abra-
ham, ajouta le poète.

Colline alla prendre un fauteuil qui avait l'élasticité
du bronze et l'avança près du juif en lui disant avec
une voix hospitalière :

— Supposez un instant que vous êtes Cinna, et
prenez ce siège.

Médicis se laissa tomber dans le fauteuil, et allait
se plaindre de sa dureté, lorsqu'il se ressouvint que
lui-même l'avait jadis changé avec Colline contre une
profession de foi vendue à un député qui n'avait pas
la corde de l'improvisation. En s'asseyant, les poches
du juif résonnèrent d'un bruit argentin, et cette mélodieuse symphonie jeta les quatre bohèmes dans une
rêverie pleine de douceurs.

— Voyons la chanson maintenant, dit Rodolphe
tout bas à Marcel, l'accompagnement paraît joli.

— Monsieur Marcel, fit Médicis, je viens simplement faire votre fortune. C'est-à-dire que je viens
vous offrir une occasion superbe d'entrer dans le
monde artistique. L'art, voyez-vous bien, monsieur
Marcel, est un chemin aride dont la gloire est l'oasis.

— Père Médicis, dit Marcel sur les charbons de
l'impatience, au nom de cinquante pour cent votre
patron vénéré, soyez bref.

— Oui, dit Colline, bref ainsi que le roi Pepin qui
était un sire concis comme vous, car vous devez l'être,
circoncis, fils de Jacob !

— Ouh ! ouh ! ouh ! firent les bohèmes en regardant
si le plancher ne s'entr'ouvrait pas pour engloutir le
philosophe.

Mais Colline ne fut pas encore englouti cette
fois.

— Voici l'affaire, reprit Médicis. Un riche amateur qui monte une galerie destinée à faire le tour de l'Europe m'a chargé de lui procurer une série d'œuvres remarquables. Je viens vous offrir vos entrées dans ce musée. En un mot, je viens pour vous acheter votre *Passage de la mer Rouge*.

— Comptant? fit Marcel.

— Comptant, répondit le juif en faisant jouer l'orchestre de ses goussets.

— L'es-tu content? dit Colline.

— Décidément, fit Rodolphe furieux, il faudra se procurer une poire d'angoisse pour fermer le soupirail à sottises de ce gueux-là. Brigand, ne vois-tu pas qu'il cause d'*écus*? Il n'y a donc rien de sacré pour toi, athée?

Colline monta sur un meuble, et prit la pose d'Harpocrate, dieu du silence.

— Continuez, Médicis, dit Marcel en montrant son tableau. Je veux vous laisser l'honneur de fixer vous-même le prix de cette œuvre qui n'en a pas.

Le juif posa sur la table cinquante écus en bel argent neuf.

— Après? dit Marcel, c'est l'avant-garde.

— Monsieur Marcel, dit Médicis, vous savez bien que mon premier mot est toujours mon dernier. Je n'ajouterai rien; réfléchissez : cinquante écus, cela fait cent cinquante francs. C'est une somme, ça !

— Une faible somme, reprit l'artiste; rien que dans la robe de mon Pharaon, il y a pour cinquante écus de cobalt. Payez-moi au moins la façon, égalisez les piles, arrondissez le chiffre, et je vous appellerai Léon X, Léon X *bis*.

— Voici mon dernier mot, reprit Médicis : je n'ajoute pas un sou de plus, mais j'offre à dîner à tout le

monde, vins variés à discrétion, et au dessert je paye
en or.

— Personne ne dit mot? hurla Colline en frappant
trois coups de poing sur la table. Adjugé.

— Allons, dit Marcel, convenu.

— Je ferai prendre le tableau demain, fit le juif.
Partons, messieurs, le couvert est mis.

Les quatre amis descendirent l'escalier en chantant
le chœur des *Huguenots : A table, à table!*

Médicis traita les bohèmes d'une façon tout à fait
magnifique. Il leur offrit une foule de choses qui
jusque-là étaient restées pour eux complètement iné-
dites. Ce fut à compter de ce dîner que le homard
cessa d'être un mythe pour Schaunard, et il contracta
dès lors pour cet amphibie une passion qui devait
aller jusqu'au délire.

Les quatre amis sortirent de ce splendide festin
ivres comme un jour de vendange. Cette ivresse faillit même avoir des suites déplorables pour Marcel
qui, en passant devant la boutique de son tailleur, à
deux heures du matin, voulait absolument éveiller
son créancier pour lui donner en acompte les
cent cinquante francs qu'il venait de recevoir. Une
lueur de raison qui veillait encore dans l'esprit de
Colline retint l'artiste au bord de ce précipice.

Huit jours après ce festival, Marcel apprit dans
quelle galerie son tableau avait pris place. En passant
dans le faubourg Saint-Honoré, il s'arrêta au milieu
d'un groupe qui paraissait regarder curieusement la
pose d'une enseigne au-dessus d'une boutique. Cette
enseigne n'était autre chose que le tableau de Marcel,
vendu par Médicis à un marchand de comestibles.
Seulement, le *Passage de la mer Rouge* avait encore
subi une modification et portait un nouveau titre. On

y avait ajouté un bateau à vapeur, et il s'appelait :
Au Port de Marseille. Une ovation flatteuse s'était
élevée parmi les curieux quand on avait découvert le
tableau. Aussi Marcel se retourna-t-il ravi de ce
triomphe, et murmura : *La voix du peuple, c'est la
voix de Dieu*.

La Toilette des Grâces.

Mlle Mimi, — qui avait coutume de dormir la grasse matinée, — se réveilla un matin sur le coup de dix heures, et parut très étonnée de ne point voir Rodolphe auprès d'elle ni même dans la chambre. La veille au soir, avant de s'endormir, elle l'avait pourtant vu à son bureau, se disposant à passer la nuit sur un travail extra-littéraire, qui venait de lui être commandé, et à l'achèvement duquel la jeune Mimi était particulièrement intéressée. En effet, sur le produit de son labeur, le poète avait fait espérer à son amie qu'il lui achèterait une certaine robe printanière dont elle avait un jour aperçu le coupon aux *Deux Magots*, un magasin de nouveautés fameux, à l'étalage duquel la coquetterie de Mimi allait faire de fréquentes dévotions(¹). Aussi, depuis que le travail en question était commencé, Mimi se préoccupait-elle avec une grande inquiétude de ses progrès. Souvent

elle s'approchait de Rodolphe, pendant qu'il écrivait,
et, penchant la tête par-dessus son épaule, elle lui
disait gravement :

— Eh bien, ma robe avance-t-elle ?

— Il y a déjà une manche. Sois calme, répondait
Rodolphe.

Une nuit, ayant entendu Rodolphe qui faisait claquer ses doigts, ce qui indiquait ordinairement qu'il
était content de son labeur, Mimi se dressa brusquement sur son lit, et, cria en passant sa tête brune à
travers les rideaux :

— Est-ce que ma robe est finie ?

— Tiens, répondit Rodolphe, en allant lui montrer
quatre grandes pages couvertes de lignes serrées, je
viens d'achever le corsage.

— Quel bonheur ! fit Mimi, il ne reste plus que la
jupe. Combien faut-il de pages comme ça pour faire
une jupe ?

— C'est selon ; mais comme tu n'es pas grande,
avec une dizaine de pages de cinquante lignes de
trente-trois lettres, nous pourrions avoir une jupe
convenable.

— Je ne suis pas grande, c'est vrai, dit Mimi sérieusement ; mais il ne faudrait cependant pas avoir l'air
de pleurer après l'étoffe : on porte les robes très
amples, et je voudrais de beaux plis pour que ça
fasse *frou-frou*.

— C'est bien, répondit gravement Rodolphe, je
mettrai dix lettres de plus à la ligne, et nous obtien-
drons le *frou-frou*.

Et Mimi se rendormait heureuse.

Comme elle avait commis l'imprudence de parler à
ses amies, Mlles Musette et Phémie, de la belle robe
que Rodolphe était en train de lui faire, les deux

jeunes personnes n'avaient pas manqué d'entretenir MM. Marcel et Schaunard de la générosité de leur ami envers sa maîtresse; et ces confidences avaient été suivies de provocations non épuivoques à imiter l'exemple donné par le poète.

— C'est-à-dire, ajoutait Mlle Musette en tirant Marcel par les moustaches, c'est-à-dire que si cela continue encore huit jours comme ça, je serai forcée de t'emprunter un pantalon pour sortir.

— Il m'est dû onze francs dans une bonne maison, répondit Marcel ; si je récupère cette valeur, je la consacrerai à t'acheter une feuille de vigne à la mode.

— Et moi? demandait Phémie à Schaunard. Mon peigne *noir* (elle ne pouvait pas dire peignoir) tombe en ruine.

Schaunard tirait alors trois sous de sa poche, et les donnait à sa maîtresse en lui disant :

— Voici de quoi acheter une aiguille et du fil. Raccommode ton peignoir bleu, cela t'instruira en t'amusant — *utile dulci.*

Néanmoins, dans un conciliabule tenu très secret, Marcel et Schaunard convinrent avec Rodolphe que chacun de son côté s'efforcerait de satisfaire la juste coquetterie de leurs maîtresses.

Ces pauvres filles, avait dit Rodolphe, un rien les pare, mais encore faut-il qu'elles aient ce rien. Depuis quelque temps les beaux-arts et la littérature vont très bien : nous gagnons presque autant que des commissionnaires.

— Il est vrai que je ne puis pas me plaindre, interrompit Marcel : les beaux-arts se portent comme un charme, on se croirait sous le règne de Léon X.

— Au fait, fit Rodolphe, Musette m'a dit que tu partais le matin et que tu ne rentrais que le soir de-

puis huit jours. Est-ce que tu as vraiment de la besogne ?

— Mon cher, une affaire superbe, que m'a procurée
Médicis. Je fais des portraits à la caserne de l'*Ave
Maria*, — dix-huit grenadiers qui m'ont demandé
leur image à six francs l'une dans l'autre, la ressemblance garantie un an comme les montres. J'espère
avoir le régiment tout entier. C'était bien aussi mon
idée de requinquer Musette quand Médicis m'aura
payé, car c'est avec lui que j'ai traité et pas avec mes
modèles.

— Quant à moi, fit Schaunard négligemment, sans
qu'il y paraisse, j'ai deux cents francs qui dorment.

— Sacrebleu ! réveillons-les, dit Rodolphe.

— Dans deux ou trois jours, je compte émarger,
reprit Schaunard. En sortant de la caisse, je ne vous
cacherai pas que je me propose de donner un libre
cours à quelques-unes de mes passions. Il y a surtout,
chez le fripier d'à côté, un habit de nankin et un cor
de chasse qui m'agacent l'œil depuis longtemps ; je
m'en ferai certainement hommage.

— Mais, demandèrent à la fois Rodolphe et Marcel,
d'où espères-tu tirer ce nombreux capital ?

— Écoutez, messieurs, dit Schaunard en prenant
un air grave et en s'asseyant entre ses deux amis, il
ne faut pas nous dissimuler aux uns et aux autres
qu'avant d'être membres de l'Institut et contribuables,
nous avons encore pas mal de pain de seigle à manger, et la miche quotidienne est dure à pétrir. D'un
autre côté, nous ne sommes pas seuls ; comme le ciel
nous a créés sensibles, chacun de nous s'est choisi une
chacune, à qui il a offert de partager son sort.

— Précédé d'un hareng, interrompit Marcel.

— Or, continua Schaunard, tout en vivant avec la

plus stricte économie, quand on ne possède rien, il est difficile de mettre de côté, surtout si l'on a toujours un appétit plus grand que son assiette.

— Où veux-tu en venir?... demanda Rodolphe.

— A ceci, reprit Schaunard, que, dans la situation actuelle, nous aurions tort les uns et les autres de faire les dédaigneux, lorsqu'il se présente, même en dehors de notre art, une occasion de mettre un chiffre devant le zéro qui constitue notre apport social!

— Eh bien, dit Marcel, auquel de nous peux-tu reprocher de faire le dédaigneux? Tout grand peintre que je serai un jour, n'ai-je pas consenti à consacrer mes pinceaux à la reproduction picturale de guerriers français qui me payent avec leur sou de poche? Il me semble que je ne crains pas de descendre de l'échelle de ma grandeur future.

— Et moi, reprit Rodolphe, ne sais-tu pas que depuis quinze jours je compose un poème didactique, *Médico-Chirurgical-Osanore*, pour un dentiste célèbre qui subventionne mon inspiration à raison de quinze sous la douzaine d'alexandrins, — un peu plus cher que les huîtres ?... Cependant, je n'en rougis pas, plutôt que de voir ma muse rester les bras croisés, je lui ferais volontiers mettre le *Conducteur parisien* en romances. Quand on a une lyre... que diable! c'est pour s'en servir... Et puis Mimi est altérée de bottines.

— Alors, reprit Schaunard, vous ne m'en voudrez pas quand vous saurez de quelle source est sorti le Pactole dont j'attends le débordement.

Voici quelle était l'histoire des deux cents francs de Schaunard.

Il y avait environ une quinzaine de jours, il était entré chez un éditeur de musique qui lui avait promis de lui trouver, parmi ses clients, soit des leçons de piano, soit des accords.

— Parbleu! dit l'éditeur en le voyant entrer, vous arrivez à propos, on est venu justement aujourd'hui me demander un pianiste. C'est un Anglais; je crois qu'on vous payera bien... Êtes-vous réellement fort?

Schaunard pensa qu'une contenance modeste pourrait lui nuire dans l'esprit de son éditeur. Un musicien et surtout un pianiste, modeste, c'est en effet chose rare. Aussi Schaunard répondit-il avec beaucoup d'aplomb : — Je suis de première force; si j'avais seulement un poumon attaqué, de grands cheveux et un habit noir, je serais actuellement célèbre comme le soleil, et, au lieu de me demander huit cents francs pour faire graver ma partition de la *Mort de la jeune fille*, vous viendriez m'en offrir trois mille, à genoux, et dans un plat d'argent.

— Il est de fait, poursuivit l'artiste, que mes dix doigts ayant dix ans de travaux forcés sur les cinq octaves, je manipule assez agréablement l'ivoire et les dièses.

Le personnage auquel on adressait Schaunard était un Anglais nommé M. Birn'n. Le musicien fut d'abord reçu par un laquais bleu, qui le présenta à un laquais vert, qui le repassa à un laquais noir, lequel l'avait introduit dans un salon où il s'était trouvé en face d'un insulaire accroupi dans une attitude spleenatique qui le faisait ressembler à *Hamlet*, méditant sur le peu que nous sommes. Schaunard se disposait à expliquer le motif de sa présence, lorsque des cris perçants se firent entendre et lui coupèrent la parole. Ce bruit affreux qui déchirait les oreilles était poussé par un perroquet exposé sur un perchoir au balcon de l'étage inférieur.

— O le bête, le bête ! murmura l'Anglais, en faisant un bond dans son fauteuil, il fera mourir moa.

Et au même instant le volatile se mit à débiter son répertoire, beaucoup plus étendu que celui des jacquots ordinaires; et Schaunard resta confondu lorsqu'il entendit l'animal, excité par une voix féminine, commencer à déclamer les premiers vers du récit de *Théramène* avec les intonations du Conservatoire.

Ce perroquet était le favori d'une actrice en vogue — dans son boudoir. C'était une de ces femmes qui, on ne sait ni pourquoi ni comment, sont cotées des prix fous sur le turf de la galanterie, et dont le nom est inscrit sur les menus des soupers de gentilshommes où elles servent de dessert vivant. De nos jours, cela pose un chrétien d'être vu avec une de ces païennes, qui souvent n'ont d'antique que leur acte de naissance. Quand elles sont jolies, le mal n'est pas grand après tout : le plus qu'on risque, c'est d'être mis sur la paille pour les avoir mises dans le palissandre. Mais quand leur beauté s'achète à l'once chez les parfumeurs et ne résiste pas à trois gouttes d'eau versées sur un chiffon, quand leur esprit tient dans un couplet de vaudeville, et leur talent dans le creux de la main d'un claqueur, on a peine à s'expliquer comment des gens distingués, ayant quelquefois un nom, de la raison et un habit à la mode, se laissent emporter, par amour du lieu commun, à élever, jusqu'au terre à terre du caprice le plus banal, des créatures dont leur Frontin ne voudrait pas faire sa Lisette.

L'actrice en question était du nombre de ces beautés du jour. Elle s'appelait Dolorès et se disait Espagnole, bien qu'elle fût née dans cette Andalousie parisienne qui s'appelle la rue Coquenard. Quoiqu'il

n'y ait pas dix minutes de la rue Coquenard à la rue
de Provence, elle avait mis sept ou huit ans pour
faire le chemin. Sa prospérité avait commencé au fur
et à mesure de sa décadence personnelle. Ainsi, le
jour, où elle fit poser sa première fausse dent, elle
eut un cheval, et deux chevaux le jour où elle fit
poser la seconde. Actuellement, elle menait grand
train, logeait dans un Louvre, tenait le milieu de la
chaussée les jours de Longchamp, et donnait des bals
où tout Paris assistait. — Le tout Paris de ces dames?
C'est-à-dire cette collection d'oisifs courtisans de tous
les ridicules et de tous les scandales; le tout Paris
joueur de lansquenet et de paradoxes, les fainéants
de la tête et du bras, tueurs de leur temps et de celui
des autres; les écrivains qui se font hommes de lettres
pour utiliser les plumes que la nature leur a mises sur
le dos; les bravi de la débauche, les gentilshommes
biseautés, les chevaliers d'ordre mystérieux, toute la
bohème gantée, venue on ne sait d'où et y retournant; toutes les créatures notées et annotées, toutes
les filles d'Ève qui vendaient jadis le fruit maternel
sur un éventaire, et qui le débitent maintenant dans
des boudoirs; toute la race corrompue, du lange au
linceul, qu'on retrouve aux premières représentations
avec Golconde sur le front et le Thibet sur les épaules,
et pour qui cependant fleurissent les premières violettes du printemps et les premières amours des adolescents. Tout ce monde-là, que les *chroniques* appellent tout-Paris, était reçu chez Mlle Dolorès, la
maîtresse du perroquet en question.

Cet oiseau, que ses talents oratoires avaient rendu
célèbre dans tout le quartier, était devenu peu à peu
la terreur des plus proches voisins. Exposé sur le
balcon, il faisait de son perchoir une tribune où il te-

nait, du matin jusqu'au soir, des discours interminables. Quelques journalistes liés avec sa maîtresse
lui ayant appris certaines spécialités parlementaires,
le volatile était devenu d'une force surprenante sur la
question des sucres. Il savait par cœur le répertoire de
l'actrice et le déclamait de façon à pouvoir la doubler
elle-même en cas d'indisposition. En outre, comme
celle-ci était polyglotte dans ses sentiments et recevait des visites de tous les coins du monde, le perroquet parlait toutes les langues et se livrait quelquefois,
dans chaque idiome, à des blasphèmes qui eussent fait
rougir les mariniers à qui *Vert-Vert* dut son éducation
avancée. La société de cet oiseau, qui pouvait être
instructive et agréable pendant dix minutes, devenai
un supplice véritable quand elle se prolongeait. Les
voisins s'étaient plaints plusieurs fois; mais l'actrice
les avait insolemment renvoyés des fins de leur plainte
Deux ou trois locataires, honnêtes pères de famille,
indignés des mœurs relâchées auxquelles les indis
crétions du perroquet les initiaient, avaient même
donné congé au propriétaire, que l'actrice avait su
prendre par son faible.

L'Anglais chez lequel nous avons vu entrer Schaunard avait pris patience pendant trois mois.

Un jour, il déguisa sa fureur qui venait d'éclater, —
sous un grand costume d'apparat ; — et, tel qu'il se
fût présenté chez la reine Victoria, un jour de baise-
main, à Windsor, il se fit annoncer chez Mlle Dolorès.

En le voyant entrer, celle-ci pensa d'abord que
c'était *Hoffmann* dans son costume de *Lord spleen ;*
et, voulant faire bon accueil à un camarade, elle lui
offrit à déjeuner. L'Anglais lui répondit gravement
dans un français en vingt-cinq leçons que lui avait
appris un réfugié espagnol :

— Je acceptai votre invitation, à la condition que
nous mangerons cet oiseau... désagréable, et il désignait la cage du perroquet, qui, ayant déjà flairé un
insulaire, l'avait salué en fredonnant le *Gode save the
king*.

Dolorès pensa que l'Anglais son voisin était venu
pour se moquer d'elle, et se disposait à se fâcher,
quand celui-ci ajouta :

— Comme je étais fort riche, je mettrais le prix à
le bête.

Dolorès répondit qu'elle tenait à son oiseau, et
qu'elle ne voulait pas le voir passer entre les mains
d'un autre.

— Oh ! ce n'était pas dans mes mains que je voulais le mettre, répondit l'Anglais ; c'est dessous mes
pieds, et il montrait le talon de ses bottes.

Dolorès frémit d'indignation, et allait s'emporter
peut-être, lorsqu'elle aperçut au doigt de l'Anglais, une
bague dont le diamant représentait peut-être deux
mille cinq cents francs de rentes. Cette découverte
fut comme une douche tombée sur sa colère. Elle ré-
fléchit qu'il était peut-être imprudent de se fâcher
avec un homme qui avait cinquante mille francs à son
petit doigt.

— Eh bien, monsieur, lui dit-elle, puisque ce
pauvre Coco vous ennuie, je le mettrai sur le derrière ;
de cette façon, vous ne pourrez plus l'entendre.

L'Anglais se borna à faire un geste de satisfaction.

— Cependant, ajouta-t-il en montrant ses bottes,
je aurais beaucoup préféré...

— Soyez sans crainte, fit Dolorès, à l'endroit où je
le mettrai, il lui sera impossible de troubler milord.

— Oh ! je étais pas milord... je étais seulement es-
quire.

Mais au moment même où M. Birn'n se disposait à se retirer après l'avoir saluée avec une inclinaison très modeste, Dolorès, qui ne négligeait en aucune occasion ses intérêts, prit un petit paquet déposé sur un guéridon, et dit à l'Anglais :

— Monsieur, on donne ce soir, au théâtre de... une représentation à mon bénéfice, et je dois jouer dans trois pièces. Voudriez-vous me permettre de vous offrir quelques coupons de loges? Le prix des places n'a été que peu augmenté.

Et elle mit une dizaine de loges entre les mains de l'insulaire.

— Après m'être montrée aussi prompte à lui être agréable, pensait-elle intérieurement, s'il est un homme bien élevé, il est impossible qu'il me refuse ; et, s'il me voit jouer, avec mon costume rose, qui sait? entre voisins ! — le diamant qu'il porte au doigt est l'avant-garde d'un million. Ma foi, il est bien laid, il est bien triste, mais ça me fournira une occasion d'aller à Londres sans avoir le mal de mer.

L'Anglais, après avoir pris les billets, se fit expliquer une seconde fois l'usage auquel ils étaient destinés ; puis il demanda le prix...

— Les loges sont à soixante francs, et il y en a dix... Mais cela n'est pas pressé, ajouta Dolorès en voyant l'Anglais qui se disposait à prendre son porte-feuille ; j'espère qu'en qualité de voisin, vous voudrez bien de temps en temps me faire l'honneur d'une petite visite.

M. Birn'n répondit : — Je n'aimai point à faire les affaires à terme ; et, ayant tiré un billet de mille francs, il le mit sur la table, et glissa les coupons des loges dans sa poche.

— Je vais vous rendre, fit Dolorès en ouvrant un petit meuble où elle serrait son argent.

— Oh ! non, dit l'Anglais, ce était pour boire ; et il sortit en laissant Dolorès foudroyée par ce mot.

— Pour boire ! s'écria-t-elle en se trouvant seule. Quel butor ! Je vais lui renvoyer son argent.

Mais cette grossièreté de son voisin avait seulement irrité l'épiderme de son amour-propre ; la réflexion le calma ; elle pensa que vingt louis de *boni* faisaient après tout un joli *banco*, et qu'elle avait jadis supporté des impertinences à meilleur marché.

— Ah bah ! se dit-elle, faut pas être si fière. Personne ne m'a vue, et c'est aujourd'hui le mois de ma blanchisseuse. Après ça, cet Anglais manie si mal la langue, qu'il a cru peut-être me faire un compliment.

Et Dolorès empocha gaiement ses vingt louis...

Mais le soir, après le spectacle, elle rentra chez elle furieuse. M. Birn'n n'avait point fait usage des billets, et les dix loges étaient restées vides.

Aussi, en entrant en scène à minuit et demi, l'infortunée bénéficiaire lisait-elle, sur le visage de ses *amies* de coulisse, la joie que celles-ci éprouvaient en voyant la salle si pauvrement garnie.

Elle entendit même une actrice de ses amies dire à une autre, en montrant les belles loges du théâtre inoccupées :

— Cette pauvre Dolorès n'a *fait* qu'une avant-scène.

— Les loges sont à peine garnies.

— L'orchestre est vide.

— Parbleu ! quand on voit son nom sur l'affiche, cela produit, dans la salle, l'effet d'une machine pneumatique.

— Aussi, quelle idée d'augmenter le prix des places !

— Un beau bénéfice. Je parierais que la recette tient dans une tirelire ou dans le fond d'un bas.

— Ah ! voilà son fameux costume à coques de velours rouge...

— Elle a l'air d'un buisson d'écrevisses.

— Combien as-tu fait à ton dernier bénéfice ? demanda l'une des actrices à sa compagne.

— Comble, ma chère, et c'était jour de *première ;* les tabourets valaient un louis. Mais je n'ai touché que six francs : ma marchande de modes a pris le reste. Si je n'avais pas si peur des engelures, j'irais à Saint-Pétersbourg.

— Comment ! tu n'as pas encore trente ans, et tu songes déjà à *faire* ta Russie ?

— Que veux-tu ! fit l'autre, et elle ajouta : Et toi, est-ce bientôt ton *bénef ?*

— Dans quinze jours. J'ai déjà mille écus de coupons de pris — sans compter mes Saint-Cyriens.

— Tiens ! tout l'orchestre s'en va.

— C'est Dolorès qui chante.

En effet, Dolorès, pourprée comme son costume, cadençait son couplet au verjus. Comme elle l'achevait à grand'peine, deux bouquets tombaient à ses pieds, lancés par la main des deux actrices ses bonnes amies, qui s'avancèrent sur le bord de leur baignoire en criant : Bravo, Dolorès !

On s'imaginera facilement la fureur de celle-ci. Aussi, en rentrant chez elle, bien qu'on fût au milieu de la nuit, elle ouvrit la fenêtre et réveilla Coco, qui réveilla l'honnête M. Birn'n , endormi sous la foi de la parole donnée.

A compter de ce jour, la guerre avait été déclarée entre l'actrice et l'Anglais : guerre à outrance, sans repos ni trêve, dans laquelle les adversaires engagés ne reculeraient devant aucuns frais. Le perroquet, éduqué en conséquence, avait approfondi l'étude de la langue d'Albion, et proférait toute la journée des injures contre son voisin, dans son fausset le plus aigu. C'était, en vérité, quelque chose d'intolérable. Dolorès en souffrait elle-même, mais elle espérait que, d'un jour à l'autre, M. Birn'n donnerait congé : c'était là où elle plaçait son amour-propre. L'insulaire, de son côté, avait inventé toutes sortes de magies pour se venger. Il avait d'abord fondé une école de tambours dans son salon ; mais le commissaire de police était intervenu. M. Birn'n, de plus en plus ingénieux, avait alors établi un tir au pistolet ; ses domestiques criblaient cinquante cartons par jour. Le commissaire intervint encore, et lui fit exhiber un article du code municipal qui interdit l'usage des armes à feu dans les maisons. M. Birn'n cessa le feu, mais huit jours après, Mlle Dolorès s'aperçut qu'il pleuvait dans ses appartements. Le propriétaire vint rendre visite à M. Birn'n, qu'il trouva en train de prendre les bains de mer dans son salon. En effet, cette pièce fort grande, avait été revêtue sur tous les murs, de feuilles de métal ; toutes les portes avaient été condamnées ; et, dans ce bassin improvisé, on avait mêlé dans une centaine de voies d'eau une cinquantaine de quintaux de sel. C'était une véritable réduction de l'Océan. Rien n'y manquait, pas même les poissons. On y descendait par une ouverture pratiquée dans le panneau supérieur de la porte du milieu, et M. Birn'n s'y baignait quotidiennement. Au bout de quelque temps, on sentait la marée dans le quartier, et Mlle Dolorès avait un demi-pouce d'eau dans sa chambre à coucher.

Le propriétaire devint furieux et menaça M. Birn'n de lui faire un procès en dédommagement des dégâts causés dans son immeuble.

— Est-ce que je avais pas le droit, demanda l'Anglais, de me baigner chez moi ?

— Non, monsieur.

— Si je avais pas le droit, c'est bien, dit l'Anglais plein de respect pour la loi du pays où il vivait. C'est dommage, je amusais beaucoup moi. — Et le soir même il donna des ordres pour qu'on fît écouler son Océan. Il n'était que temps : il y avait déjà un banc d'huîtres sur le parquet.

Cependant M. Birn'n n'avait pas renoncé à la lutte, et cherchait un moyen légal de continuer cette guerre singulière, qui faisait les délices de tout Paris oisif ; car l'aventure avait été répandue dans les foyers de théâtres et autres lieux de publicité. Aussi Dolorès tenait-elle à honneur de sortir triomphante de cette lutte, à propos de laquelle des paris étaient engagés.

Ce fut alors que M. Birn'n avait imaginé le piano. Et ce n'était point si mal imaginé : le plus désagréable des instruments était de force à lutter contre le plus désagréable des volatiles. Aussi, dès que cette bonne idée lui était venue, s'était-il dépêché de la mettre à exécution. Il avait loué un piano, et il avait demandé un pianiste. Le pianiste, on se le rappelle, était notre ami Schaunard. L'Anglais lui raconta familièrement ses doléances à cause du perroquet de la voisine, et tout ce qu'il avait fait déjà pour tâcher d'amener l'actrice à composition.

— Mais, milord, dit Schaunard, il y a un moyen de vous débarrasser de cette bête ; c'est le persil. Tous les chimistes n'ont qu'un cri pour déclarer que cette plante potagère est l'acide prussique de ces animaux ; faites hacher du persil sur vos tapis, et faites-les secouer par la fenêtre sur la cage de *Coco* ; il expirera

absolument comme s'il avait été invité à dîner par le
pape Alexandre VI.

— J'y ai pensé, mais le bête est gardé, répondit
l'Anglais; le piano est plus sûr...

Schaunard regarda l'Anglais, et ne comprit pas
tout d'abord.

— Voici ce que je avais combiné, reprit l'Anglais.
La comédienne et son bête dormaient jusqu'à midi.
Suivez bien mon raisonnement...

— Allez, fit Schaunard, je lui marche sur les talons.

— Je avais entrepris de lui troubler le sommeil. La
loi de ce pays me autorise à faire de la musique depuis
le matin jusqu'au soir. Comprenez-vous ce que je
attends de vous?...

— Mais dit Schaunard, ce ne serait pas déjà si désagréable pour la comédienne si elle m'entend jouer du
piano toute la journée, et gratis encore. Je suis de
première force, et, si j'avais seulement un poumon
attaqué...

— Oh! oh! reprit l'Anglais. Aussi je ne dirai pas à
vous de faire de l'excellente musique. Il faudrait seulement taper là-dessus votre instrument. Comme ça,
ajouta l'Anglais en essayant une gamme; et toujours,
toujours le même chose, sans pitié, monsieur le musicien, toujours la gamme. Je savais un peu le médecine, cela rend fou. Ils deviendront fous là-dessous,
c'est là-dessus que je compte. Allons, monsieur,
mettez-vous tout de suite; je payerai bien vous.

— Et voilà, dit Schaunard qui avait raconté tous
les détails que l'on vient de lire, voilà le métier que je
fais depuis quinze jours. Une gamme, rien que la
même, depuis sept heures du matin jusqu'au soir. Ce
n'est point là précisément de l'art sérieux. Mais que
voulez-vous, mes enfants? l'Anglais me paye mon

tintamarre deux cents francs par mois ; faudrait être le bourreau de son corps pour refuser une pareille aubaine. J'ai accepté, et dans deux ou trois jours je passe à la caisse pour toucher mon premier mois.

Ce fut à la suite de ces mutuelles confidences que les trois amis convinrent entre eux de profiter de la commune rentrée de fonds, pour donner à leurs maîtresses l'équipement printanier que la coquetterie de chacune convoitait depuis si longtemps. On était convenu, en outre, que celui qui toucherait son argent le premier attendrait les autres, afin que les acquisitions se fissent en même temps, et que Mlles Mimi, Musette et Phémie pussent jouir ensemble du plaisir de faire *peau neuve*, comme disait Schaunard.

Or, deux ou trois jours après ce conciliabule, Rodolphe tenait la corde, son poème *Osanore* avait été payé, — il pesait 80 francs. — Le surlendemain, Marcel avait émargé chez Médicis le prix de dix portraits de caporaux, à six francs.

Marcel et Rodolphe avaient toutes les peines du monde à dissimuler leur fortune.

— Il me semble que je sue de l'or, disait le poète.

— C'est comme moi, fit Marcel. Si Schaunard tarde longtemps, il me sera impossible de continuer mon rôle de Crésus anonyme.

Mais le lendemain même les bohèmes virent arriver Schaunard, splendidement vêtu d'une jaquette en nankin jaune d'or.

— Ah ! mon Dieu, s'écria Phémie éblouie en voyant son amant si élégamment relié, où as-tu trouvé cet habit-là ?

— Je l'ai trouvé dans mes papiers, répondit le musicien en faisant un signe à ses deux amis pour qu'ils eussent à le suivre. — J'ai touché, leur dit-il, quand ils furent seuls. Voici les piles, et il étala une poignée d'or.

— Eh bien, s'écria Marcel, en route ! allons mettre les magasins au pillage ! Comme Musette va être heureuse !

— Comme Mimi sera contente ! ajouta Rodolphe. Allons, viens-tu, Schaunard ?

— Permettez-moi de réfléchir, répondit le musicien. En couvrant ces dames des mille caprices de la mode, nous allons peut-être faire une folie. Songez-y. Quand elles ressembleront aux gravures de l'*Écharpe d'Iris*, ne craignez-vous pas que ces splendeurs n'exercent une déplorable influence sur leur caractère ? Et convient-il à des hommes comme nous d'agir avec les femmes comme si nous étions des Mondors caducs et ridés ? Ce n'est pas que j'hésite à sacrifier quatorze ou dix-huit francs pour habiller Phémie ; mais je tremble, quand elle aura un chapeau neuf, elle ne voudra plus me saluer peut-être ! Une fleur dans ses cheveux, elle est si bien ! Qu'en penses-tu, philosophe ? interrompit Schaunard en s'adressant à Collme qui était entré depuis quelques instants.

— L'ingratitude est fille du bienfait, dit le philosophe.

— D'un autre côté, continua Schaunard, quand vos maîtresses seront bien mises, quelle figure ferez-vous à leur bras dans vos costumes délabrés ? Vous aurez l'air de leurs femmes de chambre. Ce n'est pas pour moi que je dis cela, interrompit Schaunard en se carrant dans son habit de nankin ; car, Dieu merci, je puis me présenter partout maintenant.

Cependant, malgré l'esprit d'opposition de Schaunard, il fut convenu de nouveau que l'on dépouille-

rait le lendemain tous les bazars du voisinage au
bénéfice de ces dames.

Et le lendemain matin, en effet, à l'heure même où
nous avons vu, au commencement de ce chapitre,
Mlle Mimi se réveiller très étonnée de l'absence de
Rodolphe, le poète et ses deux amis montaient les
escaliers de l'hôtel, accompagnés par un garçon des
Deux Magots et par une modiste, qui portaient des
échantillons. Schaunard, qui avait acheté la fameuse
trompe, marchait devant en jouant l'ouverture de la
Caravane.

Musette et Phémie, appelées par Mimi qui habitait
l'entre-sol, sur la nouvelle qu'on leur apportait des
chapeaux et des robes, descendirent les escaliers avec
la rapidité d'une avalanche. En voyant toutes ces
pauvres richesses étalées devant elles, les trois femmes
faillirent devenir folles de joie. Mimi était prise d'une
quinte d'hilarité et sautait comme une chèvre, en faisant voltiger une petite écharpe de barège. Musette
s'était jetée au cou de Marcel, ayant dans chaque
main une petite bottine verte, qu'elle frappait l'une
contre l'autre comme des cymbales. Phémie regardait Schaunard en sanglotant, elle ne savait que dire :

— Ah ! mon Alexandre, mon Alexandre !

— Il n'y a point de danger qu'elle refuse les pré-
sents d'Artaxerxès, murmurait le philosophe Colline.

Après le premier élan de joie passé, quand les choix
furent faits et les factures acquittées, Rodolphe
annonça aux trois femmes qu'elles eussent à s'arranger pour essayer leur toilette nouvelle, le lendemain
matin. — On ira à la campagne, dit-il.

— La belle affaire ! s'écria Musette, ce n'est point
la première fois que j'aurais acheté, taillé, cousu et
porté une robe le même jour. Et d'ailleurs nous avons

la nuit. Nous serons prêtes, n'est-ce pas, mesdames?

— Nous serons prêtes! s'écrièrent à la fois Mimi et Phémie.

Sur-le-champ elles se mirent à l'œuvre, et pendant seize heures elles ne quittèrent ni les ciseaux ni l'aiguille.

Le lendemain matin était le premier jour du mois de mai. Les cloches de Pâques avaient sonné depuis quelques jours la résurrection du printemps, et de tous les côtés il arrivait empressé et joyeux; il arrivait, comme dit la ballade allemande, léger ainsi que le jeune fiancé qui va planter le mai sous la fenêtre de sa bien-aimée. Il peignait le ciel en bleu, les arbres en vert, et toutes choses en belles couleurs. Il réveillait le soleil engourdi qui dormait couché dans son lit de brouillards, la tête appuyée sur les nuages gros de neige qui lui servaient d'oreiller, et il lui criait : Ha ! hé ! l'ami ! c'est l'heure, et me voici ! vite à la besogne ! Mettez sans plus de retard votre bel habit fait de beaux rayons neufs, et montrez-vous tout de suite à votre balcon pour annoncer mon arrivée.

Sur quoi, le soleil s'était en effet mis en campagne, et se promenait fier et superbe comme un seigneur de la cour. Les hirondelles, revenues de leur pèlerinage d'Orient, emplissaient l'air de leur vol ; l'aubépine blanchissait les buissons ; la violette embaumait l'herbe des bois, où l'on voyait déjà tous les oiseaux sortir de leurs nids avec un cahier de romances sous leurs ailes. C'était le printemps en effet, le vrai printemps des poètes et des amoureux, et non pas le printemps de Matthieu Lænsberg, un vilain printemps qui a le nez rouge, l'onglée aux doigts, et qui fait encore frissonner le pauvre au coin de son âtre, où les dernières cendres de sa dernière bûche sont depuis

longtemps éteintes. Les brises attiédies couraient
dans l'air transparent, et semaient dans la ville les
premières odeurs des campagnes environnantes. Les
rayons du soleil clairs et chaleureux allaient frapper
aux vitres des fenêtres. Au malade ils disaient : —
Ouvrez, nous sommes la santé! Et dans la mansarde
de la fillette penchée à son miroir, cet innocent et
premier amour des plus innocentes, ils disaient : —
Ouvre, la belle, que nous éclairions ta beauté ! Nous
sommes les messagers du beau temps ; tu peux maintenant mettre ta robe de toile, ton chapeau de paille
et chausser ton brodequin coquet : voici que les bosquets où l'on danse sont panachés de belles fleurs
nouvelles, et les violons vont se réveiller pour le bal
du dimanche. — Bonjour, la belle !

Comme l'Angelus sonnait à l'église prochaine, les
trois coquettes laborieuses, qui avaient eu à peine le
temps de dormir quelques heures, étaient déjà devant
leur miroir, donnant leur dernier coup d'œil à leur
toilette nouvelle.

Elles étaient charmantes toutes trois, pareillement
vêtues, et ayant sur le visage le même reflet de satisfaction que donne la réalisation d'un désir longtemps
caressé.

Musette était surtout resplendissante de beauté.

— Je n'ai jamais été si contente, disait-elle à Marcel ; il me semble que le bon Dieu a mis dans cette
heure-ci tout le bonheur de ma vie, et j'ai peur qu'il
ne m'en reste plus ! Ah ! bah ! quand il n'y en aura
plus, il y en aura encore. Nous avons la recette pour
en faire, ajouta-t-elle gaiement, en embrassant Marcel.

Quant à Phémie, une chose la chagrinait. — J'aime
bien la verdure et les petits oiseaux, disait-elle, mais

à la campagne on ne rencontre personne, et on ne pourra pas voir mon joli chapeau et ma belle robe. Si nous allions à la campagne sur le boulevard !

A huit heures du matin, toute la rue était mise en émoi par les fanfares de la trompe de Schaunard qui donnait le signal du départ. Tous les voisins se mirent aux fenêtres pour regarder passer les bohèmes. Colline, qui était de la fête, fermait la marche, portant les ombrelles des dames. Une heure après, toute la bande joyeuse était dispersée dans les champs de Fontenay-aux-Roses.

Lorsqu'ils rentrèrent à la maison le soir, bien tard, Colline, qui, pendant la journée, avait rempli les fonctions de trésorier, déclara qu'on avait oublié de dépenser six francs, et déposa le reliquat sur une table.

— Qu'est-ce que nous allons en faire ? demanda Marcel.

— Si nous achetions de la rente ! dit Schaunard.

XVIII

Le Manchon de Francine.

I

Parmi les vrais bohémiens de la vraie bohème, j'ai connu autrefois un garçon nommé Jacques D...; il était sculpteur et promettait d'avoir un jour un grand talent. Mais la misère ne lui a pas donné le temps d'accomplir ses promesses. Il est mort d'épuisement au mois de mars 1844, à l'hôpital Saint-Louis, salle Sainte-Victoire, lit 14.

J'ai connu Jacques à l'hôpital, où j'étais moi-même détenu par une longue maladie. Jacques avait, comme je l'ai dit, l'étoffe d'un grand talent, et pourtant il ne s'en faisait point accroire. Pendant les deux mois que je l'ai fréquenté, et durant lesquels il se sentait bercé dans les bras de la mort, je ne l'ai point entendu se plaindre une seule fois, ni se livrer à ces lamentations qui ont rendu si ridicule l'artiste incompris. Il est mort sans *pose*, en faisant l'horrible grimace des agonisants. Cette mort me rappelle même une des scènes

les plus atroces que j'aie jamais vues dans ce caravansé-
rail des douleurs humaines. Son père, instruit de l'événement, était venu pour réclamer le corps et avait longtemps marchandé pour donner les trente-six francs
réclamés par l'administration. Il avait marchandé
aussi pour le service de l'église, et avec tant d'ins-
tance, qu'on avait fini par lui rabattre six francs. Au
moment de mettre le cadavre dans la bière, l'infirmier
enleva la serpillière de l'hôpital et demanda à un des
amis du défunt, qui se trouvait là, de quoi payer le
linceul. Le pauvre diable, qui n'avait pas le sou, alla
trouver le père de Jacques, qui entra dans une colère
atroce, et demanda si on n'avait pas fini de l'ennuyer.

La sœur novice qui assistait à ce monstrueux débat
jeta un regard sur le cadavre et laissa échapper cette
tendre et naïve parole :

— Oh! monsieur, on ne peut pas l'enterrer comme
cela, ce pauvre garçon : il fait si froid ; donnez-lui au
moins une chemise, qu'il n'arrive pas tout nu devant
le bon Dieu.

Le père donna cinq francs à l'ami pour avoir une chemise, mais il lui recommanda d'aller chez un fripier
de la rue Grange-aux-Belles, qui vendait du linge
d'occasion. — Cela coûtera moins cher, ajouta-t-il.

Cette cruauté du père de Jacques me fut expliquée
plus tard ; il était furieux que son fils eût embrassé la
carrière des arts, et sa colère ne s'était pas apaisée,
même devant un cercueil.

Mais je suis bien loin de Mlle Francine et de son
manchon. J'y reviens : Mlle Francine avait été la première et unique maîtresse de Jacques, qui n'était
pourtant pas mort vieux, car il avait à peine vingt-
trois ans à l'époque où son père voulait le laisser
mettre tout nu dans la terre. Cet amour m'a été conté

par Jacques lui-même, alors qu'il était le numéro 14
et moi le numéro 16 de la salle Sainte-Victoire, — un
vilain endroit pour mourir.

Ah! tenez, lecteur, avant de commencer ce récit,
qui serait une belle chose si je pouvais le raconter tel
qu'il m'a été fait par mon ami Jacques, laissez-moi
fumer une pipe dans la vieille pipe de terre qu'il m'a
donnée le jour où le médecin lui en avait défendu
l'usage. Pourtant, la nuit, quand l'infirmier dormait,
mon ami Jacques m'empruntait sa pipe et me demandait un peu de tabac : on s'ennuie tant la nuit dans ces
grandes salles, quand on ne peut pas dormir et qu'on
souffre !

— Rien qu'une ou deux bouffées, me disait-il, et je
le laissais faire, et la sœur Sainte-Geneviève n'avait
point l'air de sentir la fumée lorsqu'elle passait faire
sa ronde. — Ah! bonne sœur! que vous étiez bonne, et
comme vous étiez belle aussi quand vous veniez nous
jeter l'eau bénite! On vous voyait arriver de loin,
marchant doucement sous les voûtes sombres, drapée
dans vos voiles blancs, qui faisaient de si beaux plis,
et que mon ami Jacques admirait tant. Ah! bonne
sœur! vous étiez la Béatrice de cet enfer. Si douces
étaient vos consolations, qu'on se plaignait toujours
pour se faire consoler par vous. Si mon ami Jacques
n'était pas mort, un jour qu'il tombait de la neige, il
vous aurait sculpté une petite bonne Vierge pour
mettre dans votre cellule, bonne sœur Sainte-Geneviève.

UN LECTEUR. — Eh bien, et le manchon? je ne vois
pas de manchon, moi.

AUTRE LECTEUR. — Et Mlle Francine? Où est-elle donc?

PREMIER LECTEUR. — Ce n'est point très gai, cette
histoire !

DEUXIÈME LECTEUR. — Nous allons voir la fin.

Je vous demande bien pardon, messieurs, c'est la pipe de mon ami Jacques qui m'a entraîné dans ces digressions. Mais, d'ailleurs, je n'ai point juré de vous faire rire absolument. Ce n'est point gai tous les jours la bohème.

Jacques et Francine s'étaient rencontrés dans une maison de la rue de La Tour-d'Auvergne, où ils étaient emménagés en même temps au terme d'avril.

L'artiste et la jeune fille restèrent huit jours avant d'entamer ces relations de voisinage qui sont presque toujours forcées lorsqu'on habite sur le même carré ; cependant, sans avoir échangé une seule parole, ils se connaissaient déjà l'un l'autre. Francine savait que son voisin était un pauvre diable d'artiste, et Jacques avait appris que sa voisine était une petite couturière sortie de sa famille pour échapper aux mauvais traitements d'une belle-mère. Elle faisait des miracles d'économie pour mettre, comme on dit, les deux bouts ensemble ; et, comme elle n'avait jamais connu le plaisir, elle ne l'enviait point. Voici comment ils en vinrent tous deux à passer par la commune loi de la cloison mitoyenne. Un soir du mois d'avril, Jacques rentra chez lui harassé de fatigue, à jeun depuis le matin et profondément triste, d'une de ces tristesses vagues qui n'ont point de cause précise, et qui vous prennent partout, à toute heure, espèce d'apoplexie du cœur à laquelle sont particulièrement sujets les malheureux qui vivent solitaires. Jacques, qui se sentait étouffer dans son étroite cellule, ouvrit la fenêtre pour respirer un peu. La soirée était belle, et le soleil couchant déployait ses mélancoliques féeries sur les collines de Montmartre. Jacques resta pensif à sa

croisée, écoutant le chœur ailé des harmonies prin-
tanières qui chantaient dans le calme du soir, et cela
augmenta sa tristesse. En voyant passer devant lui un
corbeau qui jeta un croassement, il songea au temps
où les corbeaux apportaient du pain à Élie, le pieux
solitaire, et il fit cette réflexion que les corbeaux
n'étaient plus si charitables. Puis, n'y pouvant plus
tenir, il ferma sa fenêtre, tira le rideau ; et comme il
n'avait pas de quoi acheter de l'huile pour sa lampe,
il alluma une chandelle de résine qu'il avait rappor-
tée d'un voyage à la grande Chartreuse. Toujours de
plus en plus triste, il bourra sa pipe.

— Heureusement que j'ai encore assez de tabac pour
cacher le pistolet, murmura-t-il, et il se mit à fumer.

Il fallait qu'il fût bien triste ce soir-là, mon ami
Jacques, pour qu'il songeât à cacher le pistolet.
C'était sa ressource suprême dans les grandes crises,
et elle lui réussissait assez ordinairement. Voici en
quoi consistait ce moyen. Jacques fumait du tabac sur
lequel il répandait quelques gouttes de laudanum, et
il fumait jusqu'à ce que le nuage de fumée qui sortait
de sa pipe fût devenu assez épais pour lui dérober
tous les objets qui étaient dans sa petite chambre, et
surtout un pistolet accroché au mur. C'était l'affaire
d'une dizaine de pipes. Quand le pistolet était entièrement devenu invisible, il arrivait presque toujours
que la fumée et le laudanum combinés endormaient
Jacques, et il arrivait aussi souvent que sa tristesse
l'abandonnait au seuil de ses rêves. Mais, ce soir-là,
il avait usé tout son tabac, le pistolet était parfaitement caché, et Jacques était toujours amèrement
triste. Ce soir-là, au contraire, Mlle Francine était
extrêmement gaie en rentrant chez elle, et sa gaieté
était sans cause, comme la tristesse de Jacques :

c'était une de ces joies qui tombent du ciel et que le
bon Dieu jette dans les bons cœurs. Donc, Mlle Francine était en belle humeur et chantonnait en montant
l'escalier. Mais, comme elle allait ouvrir sa porte, un
coup de vent entré par la fenêtre ouverte du carré
éteignit brusquement sa chandelle.

— Mon Dieu, que c'est ennuyeux! exclama la jeune
fille, voilà qu'il faut encore descendre et monter six
étages.

Mais ayant aperçu de la lumière à travers la porte
de Jacques, un instinct de paresse, enté sur un sentiment de curiosité, lui conseilla d'aller demander de
la lumière à l'artiste. C'est un service qu'on se rend
journellement entre voisins, et cela n'a rien de com-
promettant. Elle frappa donc deux petits coups à la
porte de Jacques, qui ouvrit, un peu surpris de cette
visite tardive. Mais, à peine eut-elle fait un pas dans
la chambre, la fumée qui l'emplissait la suffoqua tout
d'abord ; et, avant d'avoir pu prononcer une parole,
elle glissa évanouie sur une chaise et laissa tomber à
terre son flambeau et sa clef. Il était minuit, tout le
monde dormait dans la maison. Jacques ne jugea
point à propos d'appeler du secours, ils craignait
d'abord de compromettre sa voisine. Il se borna donc
à ouvrir la fenêtre pour laisser pénétrer un peu d'air ;
et, après avoir jeté quelques gouttes d'eau au visage
de la jeune fille, il la vit ouvrir les yeux et revenir à
elle peu à peu. Lorsqu'au bout de cinq minutes elle
eut entièrement repris connaissance, Francine expliqua le motif qui l'avait amenée chez l'artiste, et elle
s'excusa beaucoup de ce qui était arrivé.

— Maintenant que je suis remise, ajouta-t-elle, je
puis rentrer chez moi.

Et il avait déjà ouvert la porte du cabinet, lorsqu'elle s'aperçut que non seulement elle oubliait d'allumer sa chandelle, mais encore qu'elle n'avait pas la clef de sa chambre.

— Étourdie que je suis, dit-elle, en approchant son flambeau du cierge de résine, je suis entrée ici pour avoir de la lumière, et j'allais m'en aller sans.

Mais, au même instant, le courant d'air établi dans la chambre par la porte et la fenêtre, qui étaient restées entr'ouvertes, éteignit subitement le cierge, et les deux jeunes gens restèrent dans l'obscurité.

— On croirait que c'est un fait exprès, dit Francine. Pardonnez-moi, monsieur, tout l'embarras que je vous cause, et soyez assez bon de faire de la lumière, pour que je puisse retrouver ma clef.

— Certainement, mademoiselle, répondit Jacques en cherchant des allumettes à tâtons.

Il les eut bien vite trouvées. Mais une idée singulière lui traversa l'esprit, il mit les allumettes dans sa poche, en s'écriant : — Mon Dieu ! mademoiselle, voici bien un autre embarras. Je n'ai pas une seule allumette ici, j'ai employé la dernière quand je suis rentré. J'espère que voilà une ruse crânement bi en machinée ! pensa- t-il en lui-même.

— Mon Dieu ! mon Dieu ! disait Francine, je puis bien encore rentrer chez moi sans chandelle : la chambre n'est pas si grande pour qu'on puisse s'y perdre. Mais il me faut ma clef; je vous en prie, monsieur, aidez-moi à chercher, elle doit être à terre.

— Cherchons, mademoiselle, dit Jacques. — Et les voilà tous deux dans l'obscurité en quête de l'objet perdu; mais, comme s'ils eussent été guidés par le même instinct, il arriva que pendant ces recherches leurs mains, qui tâtonnaient dans le même endroit, se rencontraient dix fois par minute. Et comme ils

étaient aussi maladroits l'un que l'autre, ils ne trouvèrent point la clef.

— La lune, qui est masquée par les nuages, donne
en plein dans ma chambre, dit Jacques. Attendons un
peu. Tout à l'heure elle pourra éclairer nos recherches.

Et, en attendant le lever de la lune, ils se mirent à
causer. Une causerie au milieu des ténèbres, dans
une chambre étroite, par une nuit de printemps, une
causerie qui, d'abord frivole et insignifiante, aborde
le chapitre des confidences, vous savez où cela mène...
Les paroles deviennent peu à peu confuses, pleines
de réticences; la voix baisse, les mots s'alternent de
soupirs... Les mains qui se rencontrent achèvent la
pensée qui, du cœur, monte aux lèvres, et... Cherchez
la conclusion dans vos souvenirs, ô jeunes couples.
Rappelez-vous, jeune homme, rappelez-vous, jeune
femme, vous qui marchez aujourd'hui la main dans
la main, et qui ne vous étiez jamais vus il y a deux
jours.

Enfin la lune se démasqua et sa lueur claire inonda
la chambrette; Mlle Francine sortit de sa rêverie en
jetant un petit cri.

— Qu'avez-vous? lui demanda Jacques, en lui entourant la taille de ses bras.

— Rien, murmura Francine; j'avais cru entendre
frapper. Et, sans que Jacques s'en aperçût, elle poussa
du pied, sous un meuble, la clef qu'elle venait d'apercevoir.

Elle ne voulait pas la retrouver.

. . . .

PREMIER LECTEUR. — Je ne laisserai certainement
pas cette histoire entre les mains de ma fille.

DEUXIÈME LECTEUR. — Jusqu'à présent, je n'ai point

encore vu un seul poil du manchon de Mlle Francine ;
et pour cette jeune fille, je ne sais pas non plus comment elle est faite, si elle est brune ou blonde.

Patience, ô lecteurs, patience. Je vous ai promis un
manchon, et je vous le donnerai à la fin, comme mon
ami Jacques fit à sa pauvre amie Francine, qui était
devenue sa maîtresse, ainsi que je l'ai expliqué dans
la ligne en blanc qui se trouve au-dessus. Elle était
blonde, Francine, blonde et gaie ; ce qui n'est pas
commun. Elle avait ignoré l'amour jusqu'à vingt ans ;
mais un vague pressentiment de sa fin prochaine lui
conseilla de ne plus tarder, si elle voulait le connaître.

Elle rencontra Jacques et elle l'aima. Leur liaison
dura six mois. Ils s'étaient pris au printemps, ils se
quittèrent à l'automne. Francine était poitrinaire, elle
le savait, et son ami Jacques le savait aussi : quinze
jours après s'être mis avec la jeune fille, il l'avait
appris d'un de ses amis qui était médecin. — Elle s'en
ira aux feuilles jaunes, avait dit celui-ci.

Francine avait entendu cette confidence, et s'aperçut du désespoir qu'elle causait à son ami.

— Qu'importent les feuilles jaunes ? lui disait-elle,
en mettant tout son amour dans un sourire ; qu'importe l'automne ? Nous sommes en été et les feuilles
sont vertes : profitons-en, mon ami... Quand tu me
verras prête à m'en aller de la vie, tu me prendras
dans tes bras en m'embrassant et tu me défendras de
m'en aller. Je suis obéissante, tu sais, et je resterai.

Et cette charmante créature traversa ainsi pendant
cinq mois les misères de la vie de bohème, la chanson
et le sourire aux lèvres. Pour Jacques, il se laissait
abuser. Son ami lui disait souvent : Francine va plus
mal, il lui faut des soins. Alors Jacques battait tout

Paris pour trouver de quoi faire faire l'ordonnance du
médecin ; mais Francine n'en voulait point entendre
parler, et elle jetait les drogues par les fenêtres. La
nuit, lorsqu'elle était prise par la toux, elle sortait de
la chambre et allait sur le carré pour que Jacques ne
l'entendît point.

Un jour qu'ils étaient allés tous les deux à la campagne, Jacques aperçut un arbre dont le feuillage
était jaunissant. Il regarda tristement Francine qui
marchait lentement et un peu rêveuse.

Francine vit Jacques pâlir, et elle devina la cause de
sa pâleur.

— Tu es bête, va, lui dit-elle en l'embrassant, nous
ne sommes qu'en juillet ; jusqu'à octobre, il y a trois
mois ; en nous aimant nuit et jour, comme nous faisons, nous doublerons le temps que nous avons à passer ensemble. Et puis d'ailleurs, si je me sens plus
mal aux feuilles jaunes, nous irons demeurer dans un
bois de sapins : les feuilles sont toujours vertes.

. . . .

Au mois d'octobre, Francine fut forcée de rester
au lit. L'ami de Jacques la soignait... La petite chambrette où ils logeaient était située tout au haut de la
maison et donnait sur une cour où s'élevait un arbre,
qui chaque jour se dépouillait davantage. Jacques avait
mis un rideau à la fenêtre pour cacher cet arbre à la
malade ; mais Francine exigea qu'on retirât le rideau.

— O mon ami, disait-elle à Jacques, je te donnerai
cent fois plus de baisers qu'il n'a de feuilles... Et elle
ajoutait : — Je vais beaucoup mieux d'ailleurs... Je
vais sortir bientôt ; mais comme il fera froid, et que
je ne veux pas avoir les mains rouges, tu m'achèteras
un manchon. — Pendant toute sa maladie, ce manchon fut son rêve unique.

La veille de la Toussaint, voyant Jacques plus désolé que jamais, elle voulut lui donner du courage ; et, pour lui prouver qu'elle allait mieux, elle se leva.

Le médecin arriva au même instant, il la fit recoucher de force.

— Jacques, dit-il à l'oreille de l'artiste, du courage ! Tout est fini, Francine va mourir.

Jacques fondit en larmes.

— Tu peux lui donner tout ce qu'elle demandera maintenant, continua le médecin : il n'y a plus d'espoir.

Francine *entendit des yeux* ce que le médecin avait dit à son amant.

— Ne l'écoute pas, s'écria-t-elle en étendant les bras vers Jacques, ne l'écoute pas, il ment. Nous sortirons ensemble demain, c'est la Toussaint, il fera froid, va m'acheter un manchon... Je t'en prie, j'ai peur des engelures pour cet hiver.

Jacques allait sortir avec son ami, mais Francine retint le médecin auprès d'elle. — Va chercher mon manchon, dit-elle à Jacques ; prends-le beau, qu'il dure longtemps.

Et quand elle fut seule elle dit au médecin :

— Oh ! monsieur, je vais mourir, et je le sais... Mais avant de m'en aller, trouvez-moi quelque chose qui me donne des forces pour une nuit, je vous en prie ; rendez-moi belle pour une nuit encore, et que je meure après, puisque le bon Dieu ne veut pas que je vive plus longtemps.

Comme le médecin la consolait de son mieux, un vent de bise secoua dans la chambre et jeta sur le lit de la malade une feuille jaune, arrachée à l'arbre de la petite cour.

Francine ouvrit le rideau et vit l'arbre dépouillé

complètement. — C'est la dernière, dit-elle en mettant la feuille sous son oreiller.

— Vous ne mourrez que demain, lui dit le médecin, vous avez une nuit à vous.

— Ah! quel bonheur! fit la jeune fille... une nuit d'hiver... elle sera longue.

Jacques rentra ; il apportait un manchon.

— Il est bien joli, dit Francine ; je le mettrai pour sortir.

Elle passa la nuit avec Jacques.

Le lendemain, jour de la Toussaint, à l'Angelus de midi, elle fut prise par l'agonie et tout son corps se mit à trembler.

— J'ai froid aux mains, murmura-t-elle ; donne-moi mon manchon. Et elle plongea ses pauvres mains dans la fourrure...

— C'est fini, dit le médecin à Jacques ; va l'embrasser.

Jacques colla ses lèvres à celles de son amie. Au dernier moment, on voulait lui retirer le manchon, mais elle y cramponna ses mains.

— Non, non, dit-elle ; laissez-le-moi... nous sommes dans l'hiver ; il fait froid... Ah! mon pauvre Jacques... Ah! mon pauvre Jacques... Qu'est-ce que tu vas devenir? Ah! mon Dieu!

Et le lendemain Jacques était seul.

PREMIER LECTEUR. — Je le disais bien que ce n'était point gai cette histoire.

Que voulez-vous, lecteur? on ne peut pas toujours rire.

II

C'était le matin du jour de la Toussaint, Francine venait de mourir.

Deux hommes veillaient au chevet : l'un, qui se tenait debout, était le médecin; l'autre, agenouillé près du lit, collait ses lèvres aux mains de la morte, et semblait vouloir les y sceller dans un baiser désespéré, c'était Jacques, l'amant de Francine. Depuis plus de six heures, il était plongé dans une douloureuse insensibilité. Un orgue de Barbarie qui passa sous les fenêtre vint l'en tirer.

Cet orgue jouait un air que Francine avait l'habitude de chanter le matin en s'éveillant.

Une de ces espérances insensées qui ne peuvent naître que dans les grands désespoirs traversa l'esprit de Jacques. Il recula d'un mois dans le passé, à l'époque où Francine n'était encore que mourante; il oublia l'heure présente, il s'imagina un moment que la trépassée n'était qu'endormie, et qu'elle allait s'éveiller tout à l'heure, la bouche ouverte à son refrain matinal.

Mais les sons de l'orgue n'étaient pas encore éteints que Jacques était déjà revenu à la réalité. La bouche de Francine était éternellement close pour les chansons, et le sourire qu'y avait amené sa dernière pensée s'effaçait de ses lèvres où la mort commençait à naître.

— Du courage, Jacques, dit le médecin, qui était l'ami du sculpteur.

Jacques se releva et dit en regardant le médecin :

— C'est fini, n'est-ce pas, il n'y a plus d'espérance?

Sans répondre à cette triste folie, l'ami alla fermer les rideaux du lit; et, revenant ensuite vers le sculpteur, il lui tendit la main.

— Francine est morte... dit-il, il fallait nous y attendre, Dieu sait que nous avons fait tout ce que nous avons pu pour la sauver. C'était une honnête fille, Jacques, qui t'a beaucoup aimé, plus, et autrement que tu ne l'aimais toi-même; car son amour n'était fait que d'amour, tandis que le tien renfermait un alliage. Francine est morte... mais tout n'est pas fini; il faut maintenant songer à faire les démarches nécessaires pour l'enterrement... Nous nous en occuperons ensemble, et, pendant notre absence, nous prierons la voisine de veiller ici.

Jacques se laissa entraîner par son ami. Toute la journée ils coururent à la mairie, aux pompes funèbres, au cimetière. Comme Jacques n'avait point d'argent, le médecin engagea sa montre, une bague et quelques effets d'habillement pour subvenir aux frais du convoi, qui fut fixé au lendemain.

Ils rentrèrent tous deux fort tard le soir; la voisine força Jacques à manger un peu.

— Oui, dit-il, je le veux bien; j'ai froid, et j'ai besoin de prendre un peu de force, car j'aurai à travailler cette nuit.

La voisine et le médecin ne comprirent pas.

Jacques se mit à table et mangea si précipitamment quelques bouchées, qu'il faillit s'étouffer. Alors il demanda à boire. Mais en portant son verre à sa bouche, Jacques le laissa tomber à terre. Le verre qui s'était brisé avait réveillé dans l'esprit de l'artiste un souvenir qui réveillait lui-même sa douleur un instant engourdie. Le jour où Francine était venue pour la première fois chez lui, la jeune fille, qui était déjà souffrante, s'était trouvée indisposée, et Jacques lui avait donné à boire un peu d'eau sucrée dans ce verre. Plus tard, lorsqu'ils demeurèrent ensemble, ils en avaient fait une relique d'amour.

Dans les rares instants de richesse, l'artiste achetait pour son amie une ou deux bouteilles d'un vin fortifiant dont l'usage lui était prescrit, et c'était dans ce verre que Francine buvait la liqueur où sa tendresse puisait une gaieté charmante.

Jacques resta plus d'une demi-heure à regarder, sans rien dire, les morceaux épars de ce fragile et cher souvenir, et il lui semblait que son cœur auss venait de se briser et qu'il en sentait les éclats déchirer sa poitrine. Lorsqu'il fut revenu à lui, il ramassa les débris du verre et les serra dans un tiroir. Puis il pria la voisine d'aller lui chercher deux bougies et de faire monter un seau d'eau par le portier.

— Ne t'en va pas, dit-il au médecin qui n'y songeait aucunement, j'aurai besoin de toi tout à l'heure.

On apporta l'eau et les bougies; les deux amis restèrent seuls.

— Que veux-tu faire? dit le médecin en voyant Jacques qui, après avoir versé de l'eau dans une sébile en bois, y jetait du plâtre fin à poignées égales.

— Ce que je veux faire, dit l'artiste, ne le devines-tu

pas? Je vais mouler la tête de Francine; et comme je manquerais de courage si je restais seul, tu ne t'en iras pas.

Jacques alla ensuite tirer les rideaux du lit et abaissa le drap qu'on avait jeté sur la figure de la morte. La main de Jacques commença à trembler et un sanglot étouffé monta jusqu'à ses lèvres.

— Apporte les bougies, cria-t-il à son ami, et viens me tenir la sébile.

L'un des flambeaux fut posé à la tête du lit, de façon à répandre toute sa clarté sur le visage de la poitrinaire; l'autre bougie fut placée au pied. A l'aide d'un pinceau trempé dans de l'huile d'olive, l'artiste oignit les sourcils, les cils et les cheveux, qu'il arrangea ainsi que Francine faisait le plus habituellement.

— Comme cela elle ne souffrira pas quand nous lui enlèverons le masque, murmura Jacques à lui-même.

Ces précautions prises, et après avoir disposé la tête de la morte dans une attitude favorable, Jacques commença à couler le plâtre par couches successives jusqu'à ce que le moule eût atteint l'épaisseur nécessaire. Au bout d'un quart d'heure l'opération était terminée et avait complètement réussi.

Par une étrange particularité, un changement s'était opéré sur le visage de Francine. Le sang, qui n'avait pas eu le temps de se glacer entièrement, réchauffé sans doute par la chaleur du plâtre, avait afflué vers les régions supérieures, et un nuage aux transparences rosées se mêlait graduellement aux blancheurs mates du front et des joues. Les paupières, qui s'étaient soulevées lorsqu'on avait enlevé le moule, laissaient voir l'azur tranquille des yeux, dont le regard paraissait recéler une vague intelligence; et des lèvres entr'ouvertes par un sourire commencé, semblait sortir, oubliée dans le dernier adieu, cette dernière parole qu'on entend seulement avec le cœur.

Qui pourrait affirmer que l'intelligence finit absolument là où commence l'insensibilité de l'être? Qui peut dire que les passions s'éteignent et meurent juste avec la dernière pulsation du cœur qu'elles ont agité? L'âme ne pourrait-elle pas rester quelquefois volontairement captive dans le corps vêtu déjà pour le cercueil, et, du fond de sa prison charnelle, épier un moment les regrets et les larmes? Ceux qui s'en vont ont tant de raisons pour se défier de ceux qui restent!

Au moment où Jacques songeait à conserver ses traits par les moyens de l'art, qui sait? une pensée d'outre-vie était peut-être revenue réveiller Francine dans son premier sommeil du repos sans fin. Peut-être s'était-elle rappelé que celui qu'elle venait de quitter était un artiste en même temps qu'un amant; qu'il était l'un et l'autre, parce qu'il ne pouvait être l'un sans l'autre; que pour lui l'amour était l'âme de l'art, et que, s'il l'avait tant aimée, c'est qu'elle avait su être pour lui une femme et une maîtresse, un sentiment dans une forme. Et alors, peut-être, Francine, voulant laisser à Jacques l'image humaine qui était devenue pour lui un idéal incarné, avait su, morte, déjà glacée, revêtir encore une fois son visage de tous les rayonnements de l'amour et de toutes les grâces de la jeunesse; elle ressuscitait objet d'art.

Et peut-être aussi la pauvre fille avait pensé vrai; car il existe, parmi les vrais artistes, de ces Pygmalions singuliers qui, au contraire de l'autre, voudraient pouvoir changer en marbre leurs Galatées vivantes.

Devant la sérénité de cette figure, où l'agonie n'offrait plus de traces, nul n'aurait pu croire aux longues souffrances qui avaient servi de préface à la mort.

Francine paraissait continuer un rêve d'amour ; et, en la voyant ainsi, on eût dit qu'elle était morte de beauté.

Le médecin, brisé par la fatigue, dormait dans un coin.

Quant à Jacques, il était de nouveau retombé dans ses doutes. Son esprit halluciné s'obstinait à croire que celle qu'il avait tant aimée allait se réveiller ; et, comme de légères contractions nerveuses, déterminées par l'action récente du moulage, rompaient par intervalles l'immobilité du corps, ce simulacre de vie entretenait Jacques dans son heureuse illusion, qui dura jusqu'au matin, à l'heure où un commissaire vint constater le décès et autoriser l'inhumation.

Au reste, s'il avait fallu toute la folie du désespoir pour douter de sa mort en voyant cette belle créature, il fallait aussi, pour y croire, toute l'infaillibilité de la science.

Pendant que la voisine ensevelissait Francine, on avait entraîné Jacques dans une autre pièce, où il trouva quelques-uns de ses amis venus pour suivre le convoi. Les bohèmes s'abstinrent, vis-à-vis de Jacques, qu'ils aimaient pourtant fraternellement, de toutes ces consolations qui ne font qu'irriter la douleur. Sans prononcer une de ces paroles si difficiles à trouver et si pénibles à entendre, ils allaient tour à tour serrer silencieusement la main de leur ami.

— Cette mort est un grand malheur pour Jacques, fit l'un d'eux.

— Oui, répondit le peintre Lazare, esprit bizarre qui avait su vaincre de bonne heure toutes les rébellions de la jeunesse en leur opposant l'inflexibilité d'un parti pris, et chez qui l'artiste avait fini par étouffer l'homme, — oui ; mais un malheur qu'il a volon-

tairement introduit dans sa vie. Depuis qu'il connaît
Francine, Jacques est bien changé.

— Elle l'a rendu heureux, dit un autre.

— Heureux ! reprit Lazare, qu'appelez-vous heureux ? comment nommez-vous bonheur une passion
qui met un homme dans l'état où Jacques est en ce
moment ? Qu'on aille lui montrer un chef-d'œuvre : il
ne détournerait pas les yeux ; et pour revoir encore
une fois sa maîtresse, je suis sûr qu'il marcherait sur
un Titien ou sur un Raphaël. Ma maîtresse à moi est
immortelle et ne me trompera pas. Elle habite le
Louvre et s'appelle *Joconde*.

Au moment où Lazare allait continuer ses théories
sur l'art et le sentiment, on vint avertir qu'on allait
partir pour l'église.

Après quelques basses prières, le convoi se dirigea
vers le cimetière... Comme c'était précisément le jour
de la fête des Morts, une foule immense encombrait
l'asile funèbre. Beaucoup de gens se retournaient pour
regarder Jacques qui marchait tête nue derrière le
corbillard.

— Pauvre garçon ! disait l'un, c'est sa mère sans
doute.

— C'est son père, disait un autre.

— C'est sa sœur, disait-on autre part.

Venu là pour étudier l'attitude des regrets, à cette
fête des souvenirs qui se célèbre une fois l'an sous le
brouillard de novembre, seul, un poète, en voyant
passer Jacques, devina qu'il suivait les funérailles de
sa maîtresse.

Quand on fut arrivé près de la fosse réservée, les
bohémiens, la tête nue, se rangèrent autour. Jacques
se mit sur le bord, son ami le médecin le tenait par
le bras.

Les hommes du cimetière étaient pressés, et vou-
lurent faire vitement les choses.

— Il n'y a pas de discours, dit l'un d'eux. Allons!
tant mieux. Houp! camarade! allons là!!

Et la bière, tirée hors de la voiture, fut liée avec
des cordes et descendue dans la fosse. L'homme alla
retirer les cordes et sortit du trou; puis, aidé d'un de
ses camarades, il prit une pelle et commença à jeter
de la terre. La fosse fut bientôt comblée. On y planta
une petite croix de bois.

Au milieu de ses sanglots, le médecin entendit
Jacques qui laissait échapper ce cri d'égoïsme :

— O ma jeunesse! c'est vous qu'on enterre!

Jacques faisait partie d'une société appelée *les Buveurs d'eau*, et qui paraissait avoir été fondée en vue
d'imiter le fameux cénacle de la rue des Quatre-Vents,
dont il est question dans le beau roman du *Grand
Homme de province*. Seulement, il existait une grande
différence entre les héros du cénacle et les buveurs
d'eau, qui, comme tous les imitateurs, avaient exagéré le système qu'ils voulaient mettre en application.
Cette différence se comprendra par ce fait seul que,
dans le livre de M. de Balzac, les membres du cénacle
finissent par atteindre le but qu'ils se proposaient, et
prouvent que tout système est bon qui réussit; tandis
qu'après plusieurs années d'existence, la société des
Buveurs d'eau s'est dissoute naturellement par la mort
de tous ses membres, sans que le nom d'aucun soit
resté attaché à une œuvre qui pût attester de leur
existence.

Pendant sa liaison avec Francine, les rapports de
Jacques avec la société des *Buveurs d'eau* devinrent
moins fréquents. Les nécessités d'existence avaient
forcé l'artiste à violer certaines conditions, signées et

jurées solennellement par les *Buveurs d'eau*, le jour
où la société avait été fondée.

Perpétuellement juchés sur les échasses d'un orgueil absurde, ces jeunes gens avaient érigé en principe souverain, dans leur association, qu'ils ne de-
vraient jamais quitter les hautes cimes de l'art, c'est-
à-dire que, malgré leur misère mortelle, aucun d'eux
ne voulait faire de concession à la nécessité. Ainsi, le
poète Melchior n'aurait jamais consenti à abandonner
ce qu'il appelait sa lyre, pour écrire un prospectus commercial ou une profession de foi. C'était bon pour le
poète Rodolphe, un propre à rien qui était bon à tout,
et qui ne laissait jamais passer une pièce de cent sous
devant lui sans tirer dessus, n'importe avec quoi. Le
peintre Lazare, orgueilleux porte-haillons, n'eût jamais voulu salir ses pinceaux à faire le portrait d'un
tailleur tenant un perroquet sur ses doigts, comme
notre ami le peintre Marcel avait fait une fois, en
échange de ce fameux habit surnommé *Mathusalem*,
et que la main de chacune de ses amantes avait étoilé
de reprises. Tout le temps qu'il avait vécu en communion d'idées avec les Buveurs d'eau, le sculpteur
Jacques avait subi la tyrannie de l'acte de société;
mais dès qu'il connut Francine, il ne voulut pas asso-
cier la pauvre enfant, déjà malade, au régime qu'il
avait accepté tout le temps de sa solitude. Jacques
était par-dessus tout une nature probe et loyale. Il
alla trouver le président de la société, l'exclusif Lazare,
et lui annonça que désormais il accepterait tout travail qui pourrait lui être productif.

— Mon cher, lui répondit Lazare, ta déclaration
d'amour était ta démission d'artiste. Nous resterons
tes amis si tu veux, mais nous ne serons plus tes associés. Fais du métier tout à ton aise; pour moi, tu

n'es plus un sculpteur, tu es un gâcheur de plâtre.
Il est vrai que tu pourras boire du vin, mais nous qui
continuerons à boire notre eau et à manger notre pain
de munition, nous resterons des artistes.

Quoi qu'en eût dit Lazare, Jacques resta un artiste.
Mais, pour conserver Francine auprès de lui, il se livrait, quand les occasions se présentaient, à des travaux productifs. C'est ainsi qu'il travailla longtemps
dans l'atelier de l'ornemaniste Romagnési. Habile
dans l'exécution, ingénieux dans l'invention, Jacques
aurait pu, sans abandonner l'art sérieux, acquérir une
grande réputation dans ces compositions de genre
qui sont devenues un des principaux éléments du
commerce de luxe. Mais Jacques était paresseux
comme tous les vrais artistes, et amoureux à la façon
des poètes. La jeunesse, en lui, s'était éveillée tardive,
mais ardente; et, avec un pressentiment de sa fin prochaine, il voulait tout entière l'épuiser entre les bras
de Francine. Aussi il arriva souvent que les bonnes
occasions de travail venaient frapper à sa porte, sans
que Jacques voulût y répondre, parce qu'il aurait fallu
se déranger, et qu'il se trouvait trop bien à rêver aux
lueurs des yeux de son amie.

Lorsque Francine fut morte, le sculpteur alla revoir
ses anciens amis les Buveurs. Mais l'esprit de Lazare
dominait dans ce cercle, où chacun des membres
vivait pétrifié dans l'égoïsme de l'art. Jacques n'y
trouva pas ce qu'il venait y chercher. On ne comprenait guère son désespoir, qu'on voulait calmer par des
raisonnements; et, voyant ce peu de sympathie, Jacques
préféra isoler sa douleur plutôt que de la voir exposée
à la discussion. Il rompit donc complètement avec les
Buveurs d'eau, et s'en alla vivre seul.

Cinq ou six jours après l'enterrement de Francine,

Jacques alla trouver un marbrier du cimetière Mont-
Parnasse, et lui offrit de conclure avec lui le marché
suivant : le marbrier fournirait au tombeau de Francine un entourage que Jacques se réservait de dessiner, et donnerait en outre à l'artiste un morceau de
marbre blanc, moyennant quoi Jacques se mettrait pendant trois mois à la disposition du marbrier, soit comme
ouvrier tailleur de pierres, soit comme sculpteur. Le
marchand de tombeaux avait alors plusieurs commandes extraordinaires ; il alla visiter l'atelier de
Jacques, et, devant plusieurs travaux commencés, il
acquit la preuve que le hasard qui lui livrait Jacques
était une bonne fortune pour lui. Huit jours après, la
tombe de Francine avait un entourage, au milieu duquel la croix de bois avait été remplacée par une croix
de pierre, avec le nom gravé en creux.

Jacques avait heureusement affaire à un honnête
homme, qui comprit que cent kilos de fer fondu et
trois pieds carrés de marbre des Pyrénées ne pouvaient
point payer trois mois de travaux de Jacques, dont le
talent lui avait rapporté plusieurs milliers d'écus. Il
offrit à l'artiste de l'attacher à son entreprise, moyennant un intérêt, mais Jacques ne consentit point. Le
peu de variété des sujets à traiter répugnait à sa nature inventive ; d'ailleurs, il avait ce qu'il voulait, un
gros morceau de marbre, des entrailles duquel il voulait faire sortir un chef-d'œuvre qu'il destinait à la
tombe de Francine.

Au commencement du printemps, la situation de
Jacques devint meilleure : son ami le médecin le mit
en relation avec un grand seigneur étranger qui venait
se fixer à Paris, et y faisait construire un magnifique
hôtel dans un des plus beaux quartiers. Plusieurs artistes célèbres avaient été appelés à concourir au luxe

de ce petit palais. On commanda à Jacques une cheminée de salon. Il me semble encore voir les cartons
de Jacques; c'était une chose charmante : tout le
poème de l'hiver était raconté dans ce marbre qui devait servir de cadre à la flamme. L'atelier de Jacques
étant trop petit, il demanda et obtint, pour exécuter
son œuvre, une pièce dans l'hôtel encore inhabité. On
lui avança même une assez forte somme sur le prix
convenu de son travail. Jacques commença par rem-
bourser à son ami, le médecin, l'argent que celui-ci
lui avait prêté lorsque Francine était morte; puis il
courut au cimetière, pour y faire cacher sous un champ
de fleurs la terre où reposait sa maîtresse.

Mais le printemps était venu avant Jacques, et sur
la tombe de la jeune fille mille fleurs croissaient au
hasard parmi l'herbe verdoyante. L'artiste n'eut pas
le courage de les arracher, car il pensa que ces fleurs
renfermaient quelque chose de son amie. Comme le
jardinier lui demandait ce qu'il devait faire des roses
et des pensées qu'il avait apportées, Jacques lui or-
donna de les planter sur une fosse voisine nouvellement creusée, pauvre tombe d'un pauvre, sans clôture,
et n'ayant pour signe de reconnaissance qu'un morceau
de bois piqué en terre, et surmonté d'une couronne de
fleurs en papier noirci, pauvre offrande de la douleur
d'un pauvre. Jacques sortit du cimetière tout autre qu'il
y était entré. Il regardait avec une curiosité pleine de
joie ce beau soleil printanier, le même qui avait tant
de fois doré les cheveux de Francine lorsqu'elle courait
dans la campagne fauchant les prés avec ses blanches
mains. Tout un essaim de bonnes pensées chantait
dans le cœur de Jacques. En passant devant un petit
cabaret du boulevard extérieur, il se rappela qu'un
jour, ayant été surpris par l'orage, il était entré dans

ce bouchon avec Francine, et qu'ils y avaient dîné.
Jacques entra et se fit servir à dîner sur la même table.
On lui donna du dessert dans une soucoupe à vignettes; il reconnut la soucoupe et se souvint que
Francine était restée une demi-heure à deviner le
rébus qui y était peint; et il se ressouvint aussi
d'une chanson qu'avait chantée Francine, mise en
belle humeur par un petit vin violet qui ne coûte pas
bien cher et qui contient plus de gaieté que de raisin.
Mais cette crue de doux souvenirs réveillait son amour
sans réveiller sa douleur. Accessible à la superstition,
comme tous les esprits poétiques et rêveurs, Jacques
s'imagina que c'était Francine qui, en l'entendant
marcher tout à l'heure auprès d'elle, lui avait envoyé
cette bouffée de bons souvenirs à travers sa tombe, et
il ne voulut pas les mouiller d'une larme. Et il sortit
du cabaret, pied leste, front haut, œil vif, cœur battant, presque un sourire aux lèvres, et murmurant en
chemin ce refrain de la chanson de Francine :

> L'amour rôde dans mon quartier,
> Il faut tenir ma porte ouverte.

Ce refrain dans la bouche de Jacques, c'était encore
un souvenir, mais aussi, c'était déjà une chanson; et
peut-être, sans s'en douter, Jacques fit-il, ce soir-là,
le premier pas dans ce chemin de transition qui, de
la tristesse, mène à la mélancolie, et de là à l'oubli.
Hélas! quoi qu'on veuille et quoi qu'on fasse, l'éternelle et juste loi de la mobilité le veut ainsi.

De même que les fleurs qui, nées peut-être du corps
de Francine, avaient poussé sur sa tombe, des sèves de
jeunesse fleurissaient dans le cœur de Jacques, où les
souvenirs de l'amour ancien éveillaient de vagues
aspirations vers de nouvelles amours. D'ailleurs

Jacques était de cette race d'artistes et de poètes qui
font de la passion un instrument de l'art de la poésie,
et dont l'esprit n'a d'activité qu'autant qu'il est mis
en mouvement par les forces motrices du cœur. Chez
Jacques, l'invention était vraiment fille du sentiment,
et il mettait une parcelle de lui-même dans les plus
petites choses qu'il faisait. Il s'aperçut que les souvenirs ne lui suffisaient plus, et que, pareil à la meule
qui s'use elle-même quand le grain lui manque, son
cœur s'usait faute d'émotion. Le travail n'avait plus
de charmes pour lui; l'invention, jadis fiévreuse et
spontanée, n'arrivait plus que sous l'effort de la patience; Jacques était mécontent et enviait presque la
vie de ses anciens amis les Buveurs d'eau.

Il chercha à se distraire, tendit la main aux plaisirs.
et se créa de nouvelles liaisons. Il fréquenta le poète
Rodolphe, qu'il avait rencontré dans un café, et tous
deux se prirent d'une grande sympathie l'un pour
l'autre. Jacques lui avait expliqué ses ennuis; Rodolphe ne fut pas bien longtemps à en comprendre le
motif.

— Mon ami, lui dit-il, je connais ça; — et, lui frappant la poitrine à l'endroit du cœur, il ajouta : « Vite
et vite, il faut rallumer le feu là-dedans; ébauchez sans
retard une petite passion, et les idées vous revien-
dront. »

— Ah! dit Jacques, j'ai trop aimé Francine.

— Ça ne vous empêchera pas de l'aimer toujours.
Vous l'embrasserez sur les lèvres d'une autre.

— Oh! dit Jacques; seulement, si je pouvais rencontrer une femme qui lui ressemblât! — Et il quitta
Rodolphe tout rêveur.

. . . .

Six semaines après, Jacques avait retrouvé toute sa

verve, rallumée aux doux regards d'une jolie fille qui
s'appelait Marie, et dont la beauté maladive rappelait
un peu celle de la pauvre Francine. Rien de plus joli,
en effet, que cette jolie Marie, qui avait dix-huit ans
moins six semaines, comme elle ne manquait jamais
de le dire. Ses amours avec Jacques étaient nées au
clair de la lune, dans le jardin d'un bal champêtre,
au son d'un violon aigre, d'une contre-basse phti-
sique et d'une clarinette qui sifflait comme un merle.
Jacques l'avait rencontrée un soir, où il se promenait
gravement autour de l'hémicycle réservé à la danse.
En le voyant passer roide dans son éternel habit noir
boutonné jusqu'au cou, les bruyantes et jolies habi-
tuées de l'endroit, qui connaissaient l'artiste de vue, se
disaient entre elles : « Que vient faire ici ce croque-
mort? y a-t-il donc quelqu'un à enterrer? » Et Jacques
marchait toujours isolé, se faisant intérieurement
saigner le cœur aux épines d'un souvenir dont l'orchestre augmentait la vivacité, en exécutant une contredanse joyeuse qui sonnait aux oreilles de l'artiste,
triste comme un *De Profundis*. Ce fut au milieu de
cette rêverie qu'il aperçut Marie qui le regardait dans
un coin et riait comme une folle, en voyant sa mine
sombre. Jacques leva les yeux, et entendit à trois pas
de lui cet éclat de rire en chapeau rose. Il s'approcha
de la jeune fille, et lui adressa quelques paroles auxquelles elle répondit; il lui offrit son bras pour faire un
tour de jardin, elle accepta. Il lui dit qu'il la trouvait
jolie comme un ange, elle se le fit répéter deux fois;
il lui vola des pommes vertes qui pendaient aux arbres
du jardin, elle les croqua avec délices en faisant entendre ce rire sonore qui semblait être la ritournelle
de sa constante gaieté. Jacques pensa à la Bible et
songea qu'on ne devait jamais désespérer avec aucune

femme, et encore moins avec celles qui aimaient les
pommes. Il fit avec le chapeau rose un nouveau tour
de jardin, et c'est ainsi qu'étant arrivé seul au bal, il
n'en était point revenu de même.

Cependant Jacques n'avait pas oublié Francine :
suivant les paroles de Rodolphe, il l'embrassait tous
les jours sur les lèvres de Marie, et travaillait en
secret à la figure qu'il voulait placer sur la tombe de
la morte.

Un jour qu'il avait reçu de l'argent, Jacques acheta
une robe à Marie : une robe noire. La jeune fille fut
bien contente, seulement elle trouva que le noir n'était
pas gai pour l'été. Mais Jacques lui dit qu'il aimait
beaucoup le noir, et qu'elle lui ferait plaisir en
mettant cette robe tous les jours. Marie lui obéit.

Un samedi, Jacques dit à la jeune fille : — Viens
demain de bonne heure, nous irons à la campagne.

— Quel bonheur ! fit Marie. Je te ménage une surprise, tu verras ; demain il fera du soleil.

Marie passa la nuit chez elle à achever une robe neuve
qu'elle avait achetée sur ses économies, une jolie robe
rose. Et le dimanche elle arriva, vêtue de sa pimpante
emplette, à l'atelier de Jacques.

L'artiste la reçut froidement, brutalement presque.

— Moi qui croyais te faire plaisir en me faisant
cadeau de cette toilette réjouie ! dit Marie, qui ne
s'expliquait pas la froideur de Jacques.

— Nous n'irons pas à la campagne, répondit celui-
ci, tu peux t'en aller, j'ai à travailler.

Marie s'en retourna chez elle, le cœur gros. En
route, elle rencontra un jeune homme qui savait
l'histoire de Jacques, et qui lui avait fait la cour à elle.

— Tiens, mademoiselle Marie, vous n'êtes donc plus
en deuil ? lui dit-il.

— En deuil, dit Marie, et de qui?

— Quoi! vous ne savez pas? C'est pourtant bien connu ; cette robe noire que Jacques vous a donnée...

— Eh bien? dit Marie

— Eh bien, c'était le deuil : Jacques vous faisait porter le deuil de Francine.

A compter de ce jour, Jacques ne revit plus Marie.

Cette rupture lui porta malheur. Les mauvais jours revinrent : il n'eut plus de travaux et tomba dans une si affreuse misère, que, ne sachant plus ce qu'il allait devenir, il pria son ami le médecin de le faire entrer dans un hôpital. Le médecin vit du premier coup d'œil que cette admission n'était pas difficile à obtenir. Jacques, qui ne se doutait pas de son état, était en route pour aller rejoindre Francine.

On le fit entrer à l'hôpital Saint-Louis.

Comme il pouvait encore agir et marcher, Jacques pria le directeur de l'hôpital de lui donner une petite chambre dont on ne se servait point, pour qu'il pût y aller travailler. On lui donna la chambre, et il y fit apporter une selle, des ébauchoirs et de la terre glaise. Pendant les quinze premiers jours, il travailla à la figure qu'il destinat au tombeau de Francine. C'était un grand ange aux ailes ouvertes. Cette figure, qui était le portrait de Francine, ne fut pas entièrement achevée, car Jacques ne pouvait plus monter l'escalier et bientôt il ne put plus quitter son lit.

Un jour, le cahier de l'externe lui tomba entre les mains, et Jacques, en voyant les remèdes qu'on lui ordonnait, comprit qu'il était perdu ; il écrivit à sa famille, et fit appeler la sœur Sainte-Geneviève qui l'entourait de tous ses soins charitables. — Ma sœur, lui dit Jacques, il y a là-haut, dans la chambre que vous m'avez fait prêter, une petite figure en plâtre ;

cette statuette, qui représente un ange, était destinée
à un tombeau, mais je n'ai pas le temps de l'exécuter
en marbre. Pourtant, j'en ai un beau morceau chez
moi, du marbre blanc veiné de rose. Enfin..., ma sœur,
je vous donne ma petite statuette pour mettre dans
la chapelle de la communauté.

Jacques mourut peu de jours après. Comme le convoi eut lieu le jour même de l'ouverture du *Salon*, les
Buveurs d'eau n'y assistèrent pas. — L'art avant tout,
avait dit Lazare.

La famille de Jacques n'était pas riche, et l'artiste
n'eut pas de terrain particulier.

Il fut enterré quelque part.

XIX

Les Fantaisies de Musette.

On se rappelle peut-être comment le peintre Marcel vendit un jour au juif Médicis son fameux tableau du *Passage de la mer Rouge*, qui devait aller
servir d'enseigne à la boutique d'un marchand de
comestibles. Le lendemain de cette vente, qui avait
été suivie d'un fastueux souper offert par le juif aux
bohèmes, comme appoint au marché, Marcel, Schaunard, Colline et Rodolphe se réveillèrent fort tard le
matin. Encore étourdis les uns et les autres par les
fumées de l'ivresse de la veille, ils ne se ressouvinrent
plus d'abord de ce qui s'était passé; et comme l'Angelus de midi sonnait à une église prochaine, ils
s'entre-regardèrent tous trois avec un sourire mélancolique.

— Voici la cloche aux sons pieux qui appelle l'humanité au réfectoire, dit Marcel.

— En effet, reprit Rodolphe, c'est l'heure solennelle où les honnêtes gens passent dans la salle à manger.

— Il faudrait pourtant voir à devenir d'honnêtes gens, murmura Colline, pour qui c'était tous les jours la Saint-Appétit.

— Ah! les boîtes au lait de ma nourrice, ah! les quatre repas de mon enfance, qu'êtes-vous devenus? ajouta Schaunard; qu'êtes-vous devenus? répéta-t-il sur un motif plein d'une mélancolie rêveuse et douce.

— Dire qu'il y a à cette heure, à Paris, plus de cent mille côtelettes sur le gril, fit Marcel.

— Et autant de biftecks, ajouta Rodolphe.

Comme une ironique antithèse, pendant que les quatre amis se posaient les uns aux autres le terrible problème quotidien du déjeuner, les garçons d'un restaurant, qui était dans la maison, criaient à tue-tête les commandes des consommateurs.

— Ils ne se tairont pas, ces brigands-là, disait Marcel; chaque mot me fait l'effet d'un coup de pioche qui me creuserait l'estomac.

— Le vent est au nord, dit gravement Colline, en indiquant une girouette en évolution sur un toit voisin, nous ne déjeunerons pas aujourd'hui, les éléments s'y opposent.

— Pourquoi ça? demanda Marcel.

— C'est une remarque atmosphérique que j'ai faite, continua le philosophe : le vent au nord signifie presque toujours abstinence, de même que le vent au midi indique odinairement plaisir et bonne chère. C'est ce que la philosophie appelle les avertissements d'en haut.

A jeun, Gustave Colline avait la plaisanterie féroce.

En ce moment Schaunard, qui venait de plonger

l'un de ses bras dans l'abîme qui lui servait de poche, l'en retira en poussant un cri d'angoisse.

— Au secours! Il y a quelqu'un dans mon paletot, hurla Schaunard en essayant de dégager sa main serrée dans les pinces d'un homard vivant.

Au cri qu'il venait de pousser répondit tout à coup un autre cri. C'était Marcel qui, en enfouissant machinalement sa main dans sa poche, venait d'y découvrir une Amérique à laquelle il ne songeait plus : c'est-à-dire les cent cinquante francs que le juif Médicis lui avait donnés la veille en payement du *Passage de la mer Rouge*.

La mémoire revint alors en même temps aux bohèmes.

— Saluez, messieurs! dit Marcel en étalant sur la table un tas d'écus, parmi lesquels frétillaient cinq ou six louis neufs.

— On les croirait vivants, fit Colline.

— La jolie voix, dit Schaunard en faisant chanter les pièces d'or.

— Comme c'est joli, ces médailles, ajouta Rodolphe; on dirait des morceaux de soleil. Si j'étais roi, je ne voudrais pas d'autre monnaie, et je la ferais frapper à l'effigie de ma maîtresse.

— Quand on pense qu'il y a un pays où c'est des cailloux, dit Schaunard. Autrefois, les Américains en donnaient quatre pour deux sous. J'ai un de mes anciens parents qui a visité l'Amérique; il a été enterré dans le ventre des sauvages. Ça a fait bien du tort à la famille.

— Ah çà! mais, demanda Marcel en regardant le homard qui s'était mis à marcher dans la chambre, d'où vient cette bête?

— Je me rappelle, dit Schaunard, qu'hier j'ai été

faire un tour dans la cuisine de Médicis ; il faut croire
que ce reptile sera tombé dans ma poche sans le faire
exprès, ça a la vue basse ces bêtes-là. Puisque je l'ai,
ajouta-t-il, j'ai envie de le garder, je l'apprivoiserai
et je le peindrai en rouge, ce sera plus gai. Je suis
triste depuis le départ de Phémie, ça me fera une compagnie.

— Messieurs, s'écria Colline, remarquez, je vous
prie, la girouette a tourné au sud ; nous déjeunerons.

— Je le crois bien, dit Marcel en prenant une pièce
d'or, en voici une que nous allons faire cuire et avec
beaucoup de sauce.

On procéda longuement et gravement à la discussion de la carte. Chaque plat fut l'occasion d'une discussion et voté à la majorité. L'omelette soufflée,
proposée par Schaunard, fut repoussée avec sollicitude ; ainsi que les vins blancs, contre lesquels Marcel
s'éleva dans une improvisation qui mit en relief ses
connaissances œnophiles. — Le premier devoir du
vin est d'être rouge, s'écria l'artiste ; ne me parlez pas
de vos vins blancs.

— Cependant, fit Schaunard, le champagne ?

— Ah ! bah ! un cidre élégant ! un coco épileptique !
Je donnerais toutes les caves d'Épernay et d'Aï pour
une futaille bourguignonne. D'ailleurs, nous n'avons
pas de grisettes à séduire, ni de vaudeville à faire. Je
vote contre le champagne.

Le programme une fois adopté, Schaunard et Colline descendirent chez le restaurant du voisinage,
pour commander le repas.

— Si nous faisions du feu ! dit Marcel.

— Au fait, dit Rodolphe, nous ne serions pas en
contravention. Le thermomètre nous y invite depuis
longtemps ; faisons du feu. La cheminée sera bien

étonnée. Et il courut dans l'escalier et recommanda
à Colline de faire monter du bois.

Quelques instants après, Schaunard et Colline remontèrent, suivis d'un charbonnier chargé d'une
grosse falourde.

Comme Marcel fouillait dans un tiroir, cherchant
quelques papiers inutiles pour allumer son feu, il
tomba par hasard sur une lettre dont l'écriture le fit
tressaillir et qu'il se mit à lire en se cachant de ses
amis.

C'était un billet au crayon, écrit jadis par Musette,
au temps où elle demeurait avec Marcel ; cette lettre
avait jour pour jour un an de date. Elle ne contenait
que ces quelques mots :

Mon cher ami,

Ne sois pas inquiet après moi, je vais rentrer bientôt.
Je suis allée me promener un peu pour me réchauffer en
marchant, il gèle dans la chambre et le charbonnier a
clos la paupière. J'ai cassé les deux derniers bâtons de la
chaise, mais ça n'a pas brûlé le temps de faire cuire un
œuf. Avec ça le vent entre comme chez lui par le carreau
et me souffle un tas de mauvais conseils qui te feraient du
chagrin si je les écoutais. J'aime mieux m'en aller un instant, j'irai voir les magasins du quartier. On dit qu'il y a
du velours à 10 francs le mètre. C'est incroyable, il faut
voir cela. Je serai rentrée pour dîner.

MUSETTE.

—Pauvre fille, murmura Marcel en serrant la lettre
dans sa poche... Et il resta un instant pensif, la tête
entre ses mains.

A cette époque, il y avait déjà longtemps que les
bohèmes étaient en état de veuvage, à l'exception de
Colline pourtant, dont l'amante était toujours restée
invisible et anonyme.

Phémie elle-même, cette aimable compagne de Schaunard, avait rencontré une âme naïve qui lui avait offert son cœur, un mobilier en acajou, et une bague de ses cheveux, des cheveux rouges. Cependant, quinze jours après les lui avoir donnés, l'amant de Phémie avait voulu lui reprendre son cœur et son mobilier, parce qu'il s'était aperçu, en regardant les mains de sa maîtresse, qu'elle avait une bague en cheveux, mais noire; et il osa la soupçonner de trahison.

Pourtant Phémie n'avait pas cessé d'être vertueuse; seulement, comme plusieurs fois ses amis l'avaient raillée à cause de sa bague en cheveux rouges, elle l'avait fait *teindre* en noir. Le monsieur fut si content, qu'il acheta une robe de soie à Phémie, c'était la première. Le jour où elle l'étrenna, la pauvre enfant s'écria : — Maintenant je puis mourir.

Quant à Musette, elle était redevenue un personnage presque officiel, et il y avait trois ou quatre mois que Marcel ne l'avait rencontrée. Pour Mimi, Rodolphe n'en avait plus entendu parler, excepté par lui-même quand il était seul.

— Ah çà, s'écria tout à coup Rodolphe en voyant Marcel accroupi et rêveur au coin de la cheminée, et ce feu, est-ce qu'il ne veut pas prendre.

— Voilà, voilà! dit le peintre en allumant le bois qui se mit à flamber en pétillant.

Pendant que ses amis s'agaçaient l'appétit en faisant les préparatifs du repas, Marcel s'était de nouveau isolé dans un coin, et rangeait avec quelques souvenirs que lui avait laissés Musette la lettre qu'il venait de retrouver par hasard. Tout à coup il se rappela l'adresse d'une femme qui était l'amie intime de son ancienne passion.

— Ah ! s'écria-t-il assez haut pour être entendu, je sais où la trouver.

— Trouver quoi ? fit Rodolphe. Qu'est-ce que tu fais là ? ajouta-t-il en voyant l'artiste se disposer à écrire.

— Rien, une lettre très pressée que j'oubliais. Je suis à vous dans l'instant, répondit Marcel, et il écrivit :

Ma chère enfant,

J'ai des *sommes* dans mon secrétaire, c'est une apoplexie de fortune foudroyante. Il y a à la maison un gros déjeuner qui se mitonne, des vins généreux, et nous avons fait du feu, ma chère, comme des bourgeois. Il faut voir ça, ainsi que tu disais autrefois. Viens passer un moment avec nous, tu trouveras là Rodolphe, Colline et Schaunard ; tu nous chanteras des chansons au dessert, il y a du dessert. Tandis que nous y sommes, nous allons probablement rester à table une huitaine de jours. N'aie donc pas peur d'ariver trop tard. Il y a si longtemps que je ne t'ai entendue rire ! Rodolphe te fera des madrigaux, et nous boirons toutes sortes de choses à nos amours défunts, quitte à les ressusciter. Entre gens comme nous... le dernier baiser n'est jamais le dernier. Ah ! s'il n'avait pas fait si froid l'an passé, tu ne m'aurais peut-être pas quitté. Tu m'as trompé pour un fagot, et parce que tu craignais d'avoir les mains rouges ; tu as bien fait, je ne t'en veux pas plus pour cette fois-là que pour les autres ; mais viens te chauffer pendant qu'il y a du feu.

Je t'embrasse autant que tu voudras.

MARCEL.

Cette lettre achevée, Marcel en écrivit une autre à Mme Sidonie, l'amie de Musette, et il la priait de faire parvenir à celle-ci le billet qu'il lui adressait. Puis il descendit chez le portier pour le charger de porter les lettres. Comme il lui payait sa commission d'avance, le portier aperçut une pièce d'or reluire dans les mains

du peintre; et, avant de partir pour faire sa course, il
monta prévenir le propriétaire, avec qui Marcel était
en retard pour ses loyers.

— *Mossieu*, dit-il tout essoufflé, l'*artisse* du sixième
a de l'argent! Vous savez, ce grand qui me rit au nez
quand je lui porte la quittance.

— Oui, dit le propriétaire, celui qui a eu l'audace
de m'emprunter de l'argent pour me donner un
acompte. Il a congé.

— Oui, monsieur. Mais il est cousu d'or aujour-
d'hui, ça m'a brûlé les yeux tout à l'heure. Il donne
des fêtes... C'est le bon moment...

— En effet, dit le propriétaire, j'irai moi-même
tantôt.

Mme Sidonie, qui se trouvait chez elle quand on lui
apporta la lettre de Marcel, envoya sur-le-champ sa
femme de chambre remettre la lettre adressée à
Mlle Musette.

Celle-ci habitait alors un charmant appartement
dans la Chaussée-d'Antin. Au moment où on lui remit
la lettre de Marcel, elle était en compagnie, et avait
précisément, pour le même soir, un grand dîner de
cérémonie.

— En voilà un miracle! s'écria Musette en riant
comme une folle.

— Qu'est-ce qu'il y a donc? lui demanda un beau
jeune homme roide comme une statuette.

— C'est une invitation à dîner, fit la jeune femme.
Hein! comme ça se trouve!

— Ça se trouve mal, dit le jeune homme.

— Pourquoi ça? fit Musette.

— Comment!... penseriez-vous à aller à ce dîner?

— Je le crois bien que j'y pense... Arrangez-vous
comme vous voudrez.

— Mais, ma chère, cependant il n'est pas convenable... Vous irez une autre fois.

— Ah! c'est joli ça! Une autre fois! C'est une ancienne connaissance, Marcel qui m'invite à dîner, et c'est assez extraordinaire pour que j'aille voir ça en face! Une autre fois! Mais c'est rare comme les éclipses, les dîners sérieux dans cette maison-là!

— Comment! vous nous manquez de parole pour aller voir *cette* personne, dit le jeune homme, et c'est à moi que vous le dites!...

— A qui voulez-vous que je le dise donc? Au Grand Turc? Ça ne le regarde pas, cet homme.

— Mais c'est une franchise singulière.

— Vous savez bien que je ne fais rien comme les autres, répliqua Musette.

— Mais que penserez-vous de moi si je vous laisse aller, sachant où vous allez? Songez-y, Musette, pour moi, pour vous, cela est bien inconvenant : il faut vous excuser près de ce jeune homme...

— Mon cher monsieur Maurice, dit Mˡˡᵉ Musette d'une voix très ferme, vous me connaissiez avant que de me prendre; vous saviez que j'étais pleine de caprices, et que jamais âme qui vive n'a pu se vanter de m'en avoir fait rentrer un.

— Demandez-moi ce que vous voudrez... dit Maurice... Mais cela!... Il y a caprice... et caprice...

— Maurice, j'irai chez Marcel; j'y vais, ajouta-t-elle en mettant son chapeau. Vous me quitterez si vous voulez : mais c'est plus fort que moi; c'est le meilleur garçon du monde, et le seul que j'aie jamais aimé. Si son cœur avait été en or, il l'aurait fait fondre pour me donner des bagues. Pauvre garçon! dit-elle en montrant sa lettre... voyez, dès qu'il a un peu de feu, il m'invite à venir me chauffer. Ah! s'il n'était pas si

paresseux et s'il n'y avait pas eu de velours et de soie-
ries dans les magasins !!! J'étais bien heureuse avec
lui; il avait le talent de me faire souffrir, et c'est lui
qui m'a donné le nom de Musette, à cause de mes
chansons. Au moins, en allant chez lui, vous êtes sûr
que je reviendrai auprès de vous... si vous ne me
fermez pas la porte au nez.

— Vous ne pourriez pas avouer plus franchement
que vous ne m'aimez pas, dit le jeune homme.

— Allons donc, cher Maurice, vous êtes trop homme
d'esprit pourque nous engagions là-dessus une discussion sérieuse. Vous m'avez comme on a un beau cheval dans une écurie ; moi, je vous aime... parce que
j'aime le luxe, le bruit des fêtes, tout ce qui résonne
et tout ce qui rayonne ; ne faisons point de sentiment,
ce serait ridicule et inutile.

— Au moins, laissez-moi aller avec vous.

— Mais vous ne vous amuserez pas du tout, fit
Musette, et vous nous empêcherez de nous amuser.
Songez donc qu'il va m'embrasser, ce garçon, néces-
sairement.

— Musette, dit Maurice, avez-vous souvent trouvé
des gens aussi accommodants que moi ?

— Monsieur le vicomte, répliqua Musette, un jour
que je me promenais en voiture aux Champs-Elysées
avec lord ***, j'ai rencontré Marcel et son ami Rodolphe qui étaient à pied, très mal mis tous deux,
crottés comme des chiens de berger, et fumant leur
pipe. Il y avait trois mois que je n'avais vu Marcel et il
m'a semblé que mon cœur allait sauter par la portière.
J'ai fait arrêter la voiture, et pendant une demi-heure
j'ai causé avec Marcel devant tout Paris qui passait là
en équipage. Marcel m'a offert des gâteaux de Nan-
terre et un bouquet de violettes d'un sou, que j'ai mis

à ma ceinture. Quand il m'a eu quittée, lord *** voulait le rappeler pour l'inviter à dîner avec nous. Je l'ai embrassé pour la peine. Et voilà mon caractère, mon cher monsieur Maurice ; si ça ne vous plaît pas, il faut le dire tout de suite, je vais prendre mes pantoufles et mon bonnet de nuit.

— C'est donc quelquefois une bonne chose que d'être pauvre ! dit le vicomte Maurice avec un air plein de tristesse envieuse.

— Eh ! non, fit Musette : si Marcel était riche, je ne l'aurais jamais quitté.

— Allez donc, fit le jeune homme en lui serrant la main. Vous avez mis votre nouvelle robe, ajouta-t-il ; elle vous sied à merveille.

— Au fait, c'est vrai, dit Musette ; c'est comme un pressentiment que j'ai eu ce matin. Marcel en aura l'étrenne. Adieu ! fit-elle, je vais manger un peu du pain béni de la gaieté.

Musette avait ce jour-là une ravissante toilette ; jamais reliure plus séductrice n'avait enveloppé le poème de sa jeunesse et de sa beauté. Au reste, Musette possédait instinctivement le génie de l'élégance. En arrivant au monde, la première chose qu'elle avait cherchée du regard avait dû être un miroir pour s'arranger dans ses langes ; et avant d'aller au baptême, elle avait déjà commis le péché de coquetterie. Au temps où sa position avait été des plus humbles, quand elle en était encore réduite aux robes d'indienne imprimée, aux petits bonnets à pompons et aux souliers de peau de chèvre, elle portait à ravir ce pauvre et simple uniforme des grisettes. Ces jolies filles, moitié abeilles, moitié cigales, qui travaillaient en chantant toute la semaine, ne demandaient à Dieu qu'un peu de soleil le dimanche, fai-

saient vulgairement l'amour avec le cœur, et se
jetaient quelquefois par la fenêtre. Race disparue
maintenant, grâce à la génération actuelle des jeunes
gens; génération corrompue et corruptrice, mais
par-dessus tout, vaniteuse, sotte et brutale. Pour le
plaisir de faire de méchants paradoxes, ils ont raillé
ces pauvres filles à propos de leurs mains mutilées
par les saintes cicatrices du travail, et elles n'ont
bientôt plus gagné assez pour s'acheter de la pâte
d'amandes. Peu à peu ils sont parvenus à leur inocu-
ler leur vanité et leur sottise, et c'est alors que la
grisette a disparu. C'est alors que naquit la lorette.
Race hybride, créatures impertinentes, beautés médiocres, demi-chair, demi-onguents, dont le boudoir
est un comptoir où elles débitent des morceaux de
leur cœur, comme on ferait des tranches de rosbif. La
plupart de ces filles, qui déshonorent le plaisir et sont
la honte de la galanterie moderne, n'ont point toujours l'intelligence des bêtes dont elles portent les
plumes sur leurs chapeaux. S'il leur arrive par hasard
d'avoir, non point un amour, pas même un caprice,
mais un désir vulgaire, c'est au bénéfice de quelque
bourgeois saltimbanque que la foule absurde entoure
et acclame dans les bals publics, et que les journaux,
courtisans de tous les ridicules, célèbrent par leurs réclames. Bien qu'elle fût forcée de vivre dans ce
monde, Musette n'en avait point les mœurs ni les
allures; elle n'avait point la servilité cupide, ordinaire chez ces créatures qui ne savent lire que Barême
et n'écrivent qu'en chiffres. C'était une fille intelligente et spirituelle, ayant dans les veines quelques
gouttes du sang de Manon; et rebelle à toute chose
imposée, elle n'avait jamais pu ni su résister à un
caprice, quelles que dussent en être les conséquences.

Marcel avait été vraiment le seul homme qu'elle eût aimé. C'était du moins le seul pour qui elle avait réellement souffert. Et il avait fallu toute l'opiniâtreté des instincts qui l'attiraient vers « tout ce qui rayonne et tout ce qui résonne », pour qu'elle le quittât. Elle avait vingt ans ; et pour elle le luxe était presque une question de santé. Elle pouvait bien s'en passer quelque temps, mais elle ne pouvait y renoncer complètement. Connaissant son inconstance, elle n'avait jamais voulu consentir à mettre à son cœur le cadenas d'un serment de fidélité. Elle avait été ardemment aimée par beaucoup de jeunes gens, pour qui elle avait eu elle-même des goûts très vifs ; et toujours elle procédait envers eux avec une probité pleine de prévoyance ; les engagements qu'elle contractait étaient simples, francs et rustiques comme les déclarations d'amour des paysans de Molière. — Vous me voulez bien et je vous veux aussi, tope, et faisons la noce. — Dix fois, si elle eût voulu, Musette aurait trouvé une position stable, ce qu'on appelle un avenir. Mais elle ne croyait guère à l'avenir, et professait à son égard le scepticisme de Figaro.

— Demain, disait-elle parfois, c'est une fatuité du calendrier. C'est un prétexte quotidien que les hommes ont inventé pour ne point faire leurs affaires aujourd'hui. Demain, c'est peut-être un tremblement de terre. A la bonne heure, aujourd'hui c'est la terre ferme.

Un jour, un galant homme, avec qui elle était restée près de six mois, et qui était devenu éperdument amoureux d'elle, lui proposa sérieusement de l'épouser. Musette lui avait jeté un grand éclat de rire au nez à cette proposition.

— Moi, mettre ma liberté en prison dans un contrat de mariage ! Jamais, dit-elle.

— Mais je passe ma vie à trembler de la crainte de vous perdre.

— Vous me perdriez bien plus si j'étais votre femme, répondit Musette. Ne parlons plus de cela. Je ne suis pas libre, d'ailleurs, ajouta-t-elle en songeant sans doute à Marcel.

Ainsi elle traversait sa jeunesse, l'esprit flottant à tous les vents de l'imprévu, faisant beaucoup d'heureux et se faisant presque heureuse elle-même. Le vicomte Maurice, avec qui elle était en ce moment, avait beaucoup de peine à se faire à ce caractère indomptable, ivre de liberté ; et ce fut dans une impatience oxydée de jalousie qu'il attendit le retour de Musette après l'avoir vue partir pour aller chez Marcel.

— Y restera-t-elle ? se demanda toute la soirée le jeune homme en s'enfonçant ce point d'interrogation dans le cœur.

— Ce pauvre Maurice, disait Musette de son côté, il trouve ça un peu violent. Ah ! bah ! il faut former la jeunesse.

Puis son esprit, passant subitement *à d'autres exercices*, elle pensa à Marcel, chez qui elle allait ; et, tout en passant en revue les souvenirs que réveillait le nom de son ancien adorateur, elle se demandait par quel miracle on avait mis la nappe chez lui. Elle relut, en marchant, la lettre que l'artiste lui avait écrite, et ne put s'empêcher d'être un peu attristée. Mais cela ne dura qu'un instant. Musette pensa avec raison que c'était moins que jamais l'occasion de se désoler, et comme en ce moment un grand vent venait de s'élever, elle s'écria :

— C'est bien drôle, je ne voudrais pas aller chez

Marcel que le vent m'y pousserait. — Et elle continua sa route en pressant le pas, joyeuse comme un oiseau qui revole à son premier nid.

Tout à coup la neige tomba avec abondance. Musette chercha des yeux si elle ne trouverait pas une voiture. Elle n'en rencontra point. Comme elle se trouvait précisément dans la rue où demeurait son amie Mme Sidonie, celle-là qui lui avait fait parvenir la lettre de Marcel, Musette eut l'idée d'entrer un instant chez cette femme pour attendre que le temps lui permît de continuer sa route.

Quand Musette entra chez Mme Sidonie, elle y trouva une nombreuse compagnie. On y continuait un lansquenet commencé depuis trois jours.

— Ne vous dérangez pas, dit Musette, je ne fais qu'entrer et sortir.

— Tu as reçu la lettre de Marcel? lui dit bas à l'oreille Mme Sidonie.

— Oui, répondit Musette, merci; je vais chez lui. Il m'invite à dîner. Veux-tu venir avec moi? Tu t'amuseras bien.

— Eh! non, je ne peux pas, fit Sidonie en montrant la table de jeu, et mon terme?

— Il y a six louis, dit tout haut le banquier qui tenait les cartes.

— J'en fais deux! s'écria Mme Sidonie.

— Je ne suis pas fier, je pars pour deux, répondit le banquier, qui avait déjà passé plusieurs fois. — Roi et as. Je suis flambé! continua-t-il en faisant tomber les cartes, tous les rois sont morts...

— On ne parle pas politique, fit un journaliste.

— Et l'as est l'ennemi de ma famille, acheva le banquier, qui retourna encore un roi. — Vive le roi! s'écria-t-il. Ma mie Sidonia, envoyez-moi deux louis.

— Mets-les dans ta mémoire, fit Sidonie furieuse d'avoir perdu.

— Ça fait cinq cents francs que vous me devez, petite, dit le banquier. Vous irez à mille. Je passe la main.

Sidonie et Musette causaient tout bas. La partie continua.

A peu près à la même heure, on se mettait à table chez les bohèmes. Pendant tout le repas Marcel parut inquiet. Chaque fois qu'on entendait un bruit de pas dans l'escalier, on le voyait tressaillir.

— Qu'est-ce que tu as? demandait Rodolphe; on dirait que tu attends quelqu'un. Ne sommes-nous pas au complet?

Mais à un certain regard que l'artiste lui lança, le poète comprit quelle était la préoccupation de son ami.

— C'est vrai, pensa-t-il en lui-même, nous ne sommes pas au complet. — Le coup d'œil de Marcel signifiait Musette; le regard de Rodolphe voulait dire Mimi.

— Ça manque de femmes, dit tout à coup Schaunard.

— Sacrebleu! hurla Colline, vas-tu te taire avec tes réflexions libertines? Il a été convenu qu'on ne parlerait pas d'amour, ça fait tourner les sauces.

Et les amis recommencèrent à boire à plus amples rasades, pendant qu'en dehors la neige tombait toujours, et que dans l'âtre le bois flambait clair en tirant des feux d'artifice d'étincelles.

Au moment où Rodolphe fredonnait tout haut le couplet d'une chanson qu'il venait de trouver au fond de son verre, on frappa plusieurs coups à la porte.

A ce bruit, comme un plongeur qui, frappant du

pied le fond de l'eau, remonte à la surface, Marcel, engourdi dans un commencement d'ivresse, se leva précipitamment de sa chaise et courut ouvrir.

Ce n'était point Musette.

Un monsieur parut sur le seuil. Il tenait à la main un petit papier. Son extérieur paraissait agréable, mais sa robe de chambre était bien mal faite.

— Je vous trouve en bonne disposition, dit-il, en voyant la table, au milieu de laquelle apparaissait le cadavre d'un gigot colossal.

— Le propriétaire ! fit Rodolphe ; qu'on lui rende les honneurs qui lui sont dus. — Et il se mit à battre aux champs sur son assiette avec son couteau et sa fourchette.

Colline lui offrit sa chaise, et Marcel s'écria :

— Allons, Schaunard, un verre blanc à monsieur. Vous arrivez parfaitement à propos, dit l'artiste au propriétaire. Nous étions en train de porter un toast à la propriété. Mon ami que voilà, M. Colline, disait des choses bien touchantes. Puisque vous voici, il va recommencer pour vous faire honneur. Recommence un peu, Colline.

— Pardon, messieurs, dit le propriétaire, je ne voudrais pas vous déranger.

Et il déploya le petit papier qu'il tenait à la main.

— Quel est cet imprimé ? demanda Marcel.

Le propriétaire, qui avait promené dans la chambre un regard inquisitorial, aperçut l'or et l'argent qui étaient restés sur la cheminée.

— C'est la quittance, dit-il rapidement, j'ai déjà eu l'honneur de vous la faire présenter.

— En effet, dit Marcel, ma mémoire fidèle me rappelle parfaitement ce détail ; c'était même un vendredi, le 8 octobre, à midi un quart ; très bien.

— Elle est revêtue de ma signature, fit le propriétaire ; et si ça ne vous dérange pas.....

— Monsieur, dit Marcel, je me proposais de vous voir. J'ai longuement à causer avec vous.

— Tout à vos ordres.

— Faites-moi donc le plaisir de vous rafraîchir, continua Marcel en l'obligeant à boire un verre de vin. — Monsieur, reprit l'artiste, vous m'aviez envoyé dernièrement un petit papier... avec une image représentant une dame qui tient des balances. Le message était signé Godard.

— C'est mon huissier, dit le propriétaire.

— Il a une bien vilaine écriture, fit Marcel. Mon ami, qui sait toutes les langues, continua-t-il en désignant Colline, mon ami a bien voulu me traduire cette dépêche, dont le port coûte 5 francs...

— C'était un congé, fit le propriétaire, mesure de précaution... c'est l'usage.

— Un congé, c'est cela même, fit Marcel. Je voulais vous voir pour que nous eussions une conférence à propos de cet acte, que je désirerais convertir en un bail. Cette maison me plaît, l'escalier est propre, la rue est fort gaie, et puis des raisons de famille, mille choses m'attachent à ces murs.

— Mais, dit le propriétaire en déployant de nouveau sa quittance, il y a le dernier terme à liquider.

— Nous le liquiderons, monsieur, telle est bien ma pensée intime.

Cependant le propriétaire ne quittait point des yeux la cheminée où se trouvait l'argent; et la fixité attractive de ses regards pleins de convoitise était telle, que les espèces semblaient remuer et s'avancer vers lui.

— Je suis heureux d'arriver dans un moment où,

sans que cela vous gêne, nous pourrons terminer ce
petit compte, dit-il en tendant la quittance à Marcel,
qui, ne pouvant parer l'attaque, rompit encore une
fois et recommença avec son créancier la scène de
don Juan avec M. Dimanche.

— Vous avez, je crois, des propriétés dans les départements? demanda-t-il.

— Oh! répondit le propriétaire, fort peu; une
petite maison en Bourgogne, une ferme, peu de
chose, mauvais rapport... les fermiers ne payent pas...
Aussi, ajouta-t-il en allongeant toujours sa quittance,
cette petite rentrée arrive à merveille... C'est
60 francs, comme vous savez.

— Soixante, oui, fit Marcel en se dirigeant vers la
cheminée, où il prit trois pièces d'or. — Nous disons
soixante, et il posa les trois louis sur la table, à
quelque distance du propriétaire.

— Enfin! murmura celui-ci, dont le visage s'éclair-
cit soudain, et il posa également sa quittance sur la
table.

Schaunard, Colline et Rodolphe examinaient la
scène avec inquiétude.

— Parbleu! monsieur, fit Marcel, puisque vous
êtes Bourguignon, vous ne refuserez pas de dire deux
mots à un compatriote. — Et faisant sauter le bouchon d'une bouteille de vieux mâcon, il en versa un
plein verre au propriétaire.

— Ah! parfait, dit celui-ci... Je n'en ai jamais bu
de meilleur.

— C'est un de mes oncles que j'ai par là-bas, et qui
m'en envoie quelques paniers de temps en temps.

Le propriétaire s'était levé et allongeait la main vers
l'argent placé devant lui, quand Marcel l'arrêta de
nouveau.

— Vous ne refuserez pas de me faire raison encore
une fois, dit-il en versant encore à boire et en forçant
le créancier à trinquer avec lui et avec les trois autres
bohèmes.

Le propriétaire n'osa pas refuser. Il but de nouveau, posa son verre, et se disposait encore à prendre
l'argent, quand Marcel s'écria :

— Au fait, monsieur, il me vient une idée. Je me
trouve un peu riche en ce moment. Mon oncle de
Bourgogne m'a envoyé un supplément à ma pension.
Je craindrais de dissiper cet argent. Vous savez, la
jeunesse est folle... Si cela ne vous contrarie pas, je
vous payerai un terme d'avance.

Et, prenant soixante autres francs en écus, il les
ajouta aux louis qui étaient sur la table.

— Je vais alors vous donner une quittance du
terme à échoir, dit le propriétaire. J'en ai en blanc
dans ma poche, ajouta-t-il en tirant son portefeuille.
Je vais la remplir et l'antidater. — Mais il est charmant, ce locataire, pensa-t-il tout bas, en couvant les
cent vingt francs des yeux.

A cette proposition, les trois bohèmes, qui ne com-
prenaient plus rien à la diplomatie de Marcel, restèrent stupéfaits.

— Mais cette cheminée fume, cela est fort incom-
mode.

— Que ne m'en avez-vous prévenu ? J'aurais fait
appeler le fumiste, dit le propriétaire, qui ne voulait
pas être en reste de procédés. Demain, je ferai venir les ouvriers. Et, ayant terminé de remplir la
seconde quittance, il la joignit à la première, les
poussa toutes les deux devant Marcel, et approcha
de nouveau sa main de la pile d'argent. Vous ne sau-
riez croire combien cette somme arrive à point, dit-

il. J'ai des mémoires à payer pour réparations à mon
immeuble... et j'étais fort embarrassé.

— Je regrette de vous avoir fait un peu attendre,
fit Marcel.

— Oh! je n'étais pas en peine... Messieurs... J'ai
l'honneur... Et sa main s'allongeait encore...

— Oh! oh! permettez, fit Marcel, nous n'avons pas
encore fini. Vous savez le proverbe : quand le vin est
tiré... Et il emplit de nouveau le verre du propriétaire.

— Il faut boire...

— C'est juste, dit celui-ci en se rasseyant par politesse.

Cette fois, à un coup d'œil que leur lança Marcel,
les bohèmes comprirent quel était son but.

Cependant le propriétaire commençait à jouer de la
prunelle d'une façon extraordinaire. Il se balançait
sur sa chaise, tenait des propos grivois, et promettait
à Marcel, qui lui demandait des réparations locatives,
des embellissements fabuleux.

— En avant la grosse artillerie ! dit l'artiste bas à
Rodolphe, en lui indiquant une bouteille de rhum.

Après le premier petit verre, le propriétaire chanta
une gaudriole qui fît rougir Schaunard.

Après le second petit verre, il raconta ses infor-
tunes conjugales; et, comme son épouse s'appelait
Hélène, il se compara à Ménélas.

Après le troisième petit verre, il eut un accès de
philosophie, et émit des aphorismes comme ceux-ci :

« La vie est un fleuve.

« La fortune ne fait pas le bonheur.

« L'homme est éphémère.

« Ah ! que l'amour est agréable ! »

Et prenant Schaunard pour confident, il lui raconta
sa liaison clandestine avec une jeune fille qu'il avait

mise dans l'acajou, et qui s'appelait Euphémie. Et il
fit un portrait si détaillé de cette jeune personne, aux
tendresses naïves, que Schaunard commença à être
travaillé par un étrange soupçon, qui devint une certi-
tude lorsque le propriétaire lui montra une lettre qu'il
tira de son portefeuille.

— Oh ! ciel ! s'écria Schaunard en apercevant la
signature. Cruelle fille ! tu m'enfonces un poignard
dans le cœur.

— Qu'a-t-il donc ? s'écrièrent les bohèmes, étonnés de ce langage.

— Voyez, dit Schaunard, cette lettre est de Phémie ;
voyez ce pâté qui sert de signature : — Et il fit circuler
la lettre de son ancienne maîtresse ; elle commençait
par ces mots :

Mon gros louf-louf !

— C'est moi qui suis son gros louf-louf, dit le propriétaire en essayant de se lever sans pouvoir y parvenir.

— Très bien ! fit Marcel qui l'observait, il a jeté
l'ancre.

— Phémie ! cruelle Phémie ! murmurait Schaunard, tu me fais bien de la peine.

— Je lui ai meublé un petit entresol, rue Coquenard, n° 12, dit le propriétaire. C'est joli, joli... Ça
m'a coûté bien cher... mais l'amour sincère n'a pas
de prix, et puis j'ai vingt mille francs de rentes... Elle
me demande de l'argent, continua-t-il en reprenant
la lettre. Pauvre chérie !... je lui donnerai celui-là,
ça lui fera plaisir... et il allongea la main vers l'argent préparé par Marcel. Tiens, tiens ! fit-il avec
étonnement en tâtonnant sur la table, où donc est-il ?

L'argent avait disparu.

— Il est impossible qu'un galant homme se prête à d'aussi coupables manœuvres, avait dit Marcel. Ma conscience, la morale, m'interdisent de verser le prix de mes loyers ès mains de ce vieillard débauché. Je ne payerai point mon terme. Mais mon âme restera du moins sans remords. Quelles mœurs ! un homme aussi chauve !

Cependant le propriétaire achevait de se couler à fond et tenait tout haut des discours insensés aux bouteilles.

Comme il était absent depuis deux heures, sa femme, inquiète de lui, l'envoya chercher par la servante, qui poussa de grands cris en le voyant.

— Qu'est-ce que vous avez fait à mon maître ? demanda-t-elle aux bohèmes.

— Rien, dit Marcel ; il est monté tout à l'heure pour réclamer ses loyers ; comme nous n'avions pas d'argent à lui donner, nous lui avons demandé du temps.

— Mais il s'est *ivrogné*, dit la domestique.

— Le plus fort de cette besogne était fait, répondit Rodolphe : quand il est venu ici, il nous a dit qu'il était allé ranger sa cave.

— Et il avait si peu de sang-froid, continua Colline, qu'il voulait nous laisser nos quittances sans argent.

— Vous les donnerez à sa femme, ajouta le peintre en rendant les quittances ; nous sommes d'honnêtes gens et nous ne voulons pas profiter de son état.

— O mon Dieu ! qu'est-ce que va dire madame ? fit la servante en entraînant le propriétaire, qui ne pouvait plus se tenir sur ses jambes.

— Enfin ! s'écria Marcel.

— Il reviendra demain, dit Rodolphe ; il a vu de l'argent.

— Quand il reviendra, fit l'artiste, je le menacerai d'instruire son épouse de ses relations avec la jeune Phémie, et il nous donnera du temps.

Quand le propriétaire fut dehors, les quatre amis se remirent à boire et à fumer. Seul, Marcel avait conservé un sentiment de lucidité dans son ivresse. D'instant en instant, au moindre bruit des pas qu'il entendait dans l'escalier, il courait ouvrir la porte. Mais ceux qui montaient s'arrêtaient toujours aux étages inférieurs; alors l'artiste venait lentement se rasseoir au coin de son feu. Minuit sonna, et Musette n'était point venue.

— Au fait, pensa Marcel, peut-être n'était-elle point chez elle quand on lui a porté ma lettre. Elle la trouvera ce soir en rentrant, et elle viendra demain, il y aura encore du feu. Il est impossible qu'elle ne vienne pas. Allons, à demain.

Et il s'endormit au coinde l'âtre.

Au moment même où Marcel s'endormait, rêvant d'elle, Mlle Musette sortait de chez son amie Mme Sidonie, chez qui elle était restée jusque-là. Musette n'était point seule, un jeune homme l'accompagnait, une voiture attendait à la porte, ils y montèrent tous deux; la voiture partit au galop.

La partie de lansquenet continuait chez Mme Sidonie.

— Où donc est Musette? s'écria tout à coup quelqu'un.

— Où donc est le petit Séraphin? dit une autre personne.

Mme Sidonie se mit à rire.

— Ils viennent de se sauver ensemble, dit-elle. Ah! c'est une curieuse histoire. Quelle singulière créature que cette Musette! Figurez-vous...

Et elle raconta à la société comment Musette, après s'être fâchée presque avec le vicomte Maurice, après s'être mise en chemin pour aller chez Marcel, était montée un instant par hasard chez elle, et comment elle y avait rencontré le jeune Séraphin.

— Ah ! je me doutais bien de quelque chose, dit Sidonie en interrompant son récit ; je les ai observés toute la soirée : il n'est pas maladroit, ce petit bonhomme. Bref, continua-t-elle, ils sont partis sans dire gare, et bien fin qui les attraperait. C'est égal, c'est bien drôle, quand on pense que Musette est folle de son Marcel.

— Si elle en est folle, à quoi bon le Séraphin, un enfant presque ? Il n'a jamais eu de maîtresse, dit un jeune homme.

— Elle veut lui apprendre à lire, fit le journaliste, qui était fort bête quand il avait perdu.

— C'est égal, reprit Sidonie, puisqu'elle aime Marcel, pourquoi Séraphin ? voilà qui me passe.

Hélas ! oui, pourquoi ?

. . . .

Pendant cinq jours et sans sortir de chez eux, les bohèmes menèrent la plus joyeuse vie du monde. Ils restaient à table depuis le matin jusqu'au soir. Un admirable désordre régnait dans la chambre, que remplissait une atmosphère pantagruélique. Sur un banc presque entier de coquilles d'huîtres était couchée une armée de bouteilles de divers formats. La table était chargée de débris de toute nature et une forêt brûlait dans la cheminée.

Le sixième jour, Colline, qui était l'ordonnateur des cérémonies, rédigea, comme il le faisait tous les matins, le menu du déjeuner, du dîner, du goûter et du souper, et le soumit à l'appréciation de ses amis, qui le révêtirent chacun de leur paraphe, en signe d'acquiescement.

Mais, lorsque Colline ouvrit le tiroir qui servait de caisse, afin de prendre l'argent nécessaire à la consommation du jour, il recula de deux pas, et devint blême comme le spectre de Banquo.

— Qu'y a-t-il ? demandèrent nonchalamment les autres.

— Il y a qu'il n'y a plus que trente sous, dit le philosophe.

— Diable! diable! firent les autres, ça va causer des remaniements dans notre menu. Enfin, trente sous bien employés !... C'est égal, nous aurons difficilement des truffes.

Quelques instants après la table était servie. On y voyait trois plats dressés avec beaucoup de symétrie:

Un plat de harengs ;

Un plat de pommes de terre ;

Un plat de fromage.

Dans la cheminée fumaient deux petits tisons gros comme le poing.

Au dehors la neige tombait toujours.

Les quatre bohèmes se mirent à table et déployèrent gravement leurs serviettes.

— C'est singulier, disait Marcel, ce hareng a un goût de faisan.

— Ça tient à la manière dont je l'ai arrangé, répliqua Colline ; le hareng a été méconnu.

En ce moment, une joyeuse chanson montait l'escalier et s'en vint frapper à la porte. Marcel, qui n'avait pu s'empêcher de tressaillir, courut ouvrir.

Musette lui sauta au cou et le tint embrassé pendant cinq minutes. Marcel la sentit trembler dans ses bras.

— Qu'as-tu ? lui demanda-t-il.

— J'ai froid, dit machinalement Musette en s'approchant de la cheminée.

— Ah! dit Marcel, nous avions fait si bon feu !

— Oui, dit Musette en regardant sur la table les débris du festin qui servait depuis cinq jours ; je viens trop tard.

— Pourquoi ? fit Marcel.

— Pourquoi ? dit Musette... en rougissant un peu. Et elle s'assit sur les genoux de Marcel ; elle tremblait toujours, et ses mains étaient violettes.

— Tu n'étais donc pas libre ? lui demanda Marcel bas à l'oreille,

— Moi ! pas libre ! s'écria la belle fille. Ah! Marcel ! Je serais assise au milieu des étoiles, dans le paradis du bon Dieu, et tu me ferais un signe, que je descendrais auprès de toi. Moi ! pas libre !...

Et elle se remit à trembler.

— Il y a cinq chaises ici, dit Rodolphe, c'est un nombre impair, sans compter que la cinquième est d'une forme ridicule. — Et brisant la chaise contre le mur, il en jeta les morceaux dans la cheminée. Le feu ressuscita soudain en flamme claire et joyeuse ; puis, faisant un signe à Colline et à Schaunard, le poète les emmena avec lui.

— Où allez-vous ? demanda Marcel.

— Nous allons acheter du tabac, répondirent-ils.

— A la Havane, ajouta Schaunard en faisant un signe d'intelligence à Marcel, qui le remercia du regard.

— Pourquoi n'es-tu pas venue plus tôt ? demanda-t-il de nouveau à Musette lorsqu'ils furent seuls.

— C'est vrai, je suis un peu en retard...

— Cinq jours pour traverser le Pont-Neuf ; tu as donc pris par les Pyrénées ? dit Marcel.

Musette baissa la tête et demeura silencieuse.

— Ah ! méchante fille ! reprit mélancoliquement l'artiste en frappant légèrement avec la main sur le corsage de sa maîtresse. — Qu'est-ce que tu as donc là-dessous ?

— Tu le sais bien, repartit vivement celle-ci.

— Mais qu'as-tu fait depuis que je t'ai écrit ?

— Ne m'interroge pas ! reprit vivement Musette en l'embrassant à plusieurs reprises ; ne me demande rien ! Laisse-moi me chauffer à côté de toi pendant qu'il fait froid. Tu vois, j'avais mis ma plus belle robe pour venir... Ce pauvre Maurice, il ne comprenait rien quand je suis partie pour venir ici ; mais c'était plus fort que moi... Je me suis mise en route... C'est bon le feu, ajouta-t-elle en approchant ses petites mains de la flamme. Je resterai avec toi jusqu'à demain. Veux-tu ?

— Il fera bien froid ici, dit Marcel, et nous n'avons pas de quoi dîner. Tu es venue trop tard, répéta-t-il.

— Ah ! bah ! dit Musette, ça ressemblera mieux à autrefois.

. . . .

Rodolphe, Colline et Schaunard restèrent vingt-quatre heures à aller chercher leur tabac. Quand ils revinrent à la maison, Marcel était seul.

Après six jours d'absence, le vicomte Maurice vit arriver Musette.

Il ne lui fit aucun reproche, et lui demanda seulement pourquoi elle paraissait triste.

— Je me suis querellée avec Marcel, dit-elle, nous nous sommes mal quittés.

— Et pourtant, dit Maurice, qui sait ? vous retour-
nerez encore auprès de lui.

— Que voulez-vous ? fit Musette, j'ai besoin de
temps en temps d'aller respirer l'air de cette vie-là.
Mon existence folle est comme une chanson ; chacun
de mes amours est un couplet, mais Marcel en est le
refrain.

XX

Mimi a des plumes.

I

« Eh ! non, non, non, vous n'êtes plus Lisette. Eh !
non, non, non, vous n'êtes plus Mimi.

« Vous êtes aujourd'hui madame la vicomtesse ;
après-demain peut-être serez-vous madame la duchesse, car vous avez posé le pied sur l'escalier des
grandeurs ; la porte de vos rêves s'est enfin ouverte à
deux battants devant vos pas, et voici que vous venez
d'y entrer victorieuse et triomphante. J'étais bien
sûr que vous finiriez ainsi une nuit ou l'autre. Il fallait que ce fût, d'ailleurs ; vos mains blanches étaient
faites pour la paresse, et appelaient depuis longtemps
l'anneau d'une alliance aristocratique. Enfin vous
avez un blason ! Mais nous préférons encore celui que
la jeunesse donnait à votre beauté, qui, par vos yeux
bleus et votre visage pâle, semblait écarteler d'azur
sur un champ de lis. Noble ou vilaine, allez, vous
êtes toujours charmante ; et je vous ai bien reconnue

quand vous passiez l'autre soir dans la rue, pied ra
pide et finement chaussé, aidant d'une main gantée le
vent à soulever les volants de votre robe nouvelle, un
peu pour ne point la salir, beaucoup pour laisser voir
vos jupons brodés et vos bas transparents. Vous aviez
un chapeau d'un style merveilleux, et vous paraissiez
même plongée dans une profonde perplexité à propos du voile en riche dentelle qui flottait sur ce riche
chapeau. Embarras bien grave, en effet! car il s'agissait de savoir lequel valait le mieux et était le plus
profitable à votre coquetterie, de porter ce voile
baissé ou relevé. En le portant baissé, vous risquiez
de n'être pas reconnue par ceux de vos amis que vous
auriez pu rencontrer, et qui, certes, auraient passé
dix fois près de vous sans se douter que cette opulente
enveloppe cachait M\u{lle} Mimi. D'un autre côté, en
portant ce voile relevé, c'était lui qui risquait de ne
pas être vu, et alors, à quoi bon l'avoir? Vous avez
spirituellement tranché la difficulté, en baissant et en
relevant tour à tour de dix pas en dix pas ce merveilleux tissu, tramé sans doute dans ces contrées d'ara-
chnides qu'on appelle les Flandres, et qui à lui tout seul
a coûté plus cher que toute votre ancienne garde-robe.
Ah! Mimi!... Pardon. Ah!... madame la vicomtesse!
J'avais bien raison, vous le voyez, quand je vous disais : Patience, ne désespérez pas ; l'avenir est gros
de cachemires, d'écrins brillants, de petits soupers, etc., etc. — Vous ne vouliez pas me croire, in-
crédule! Eh bien, mes prédictions se sont pourtant
réalisées, et je vaux bien, je l'espère, votre *Oracle des
Dames*, un petit sorcier in-dix-huit que vous aviez
acheté cinq sous à un bouquiniste du Pont-Neuf, et
que vous fatiguiez par d'éternelles interrogations.
Encore une fois, n'avais-je pas raison dans mes pro-

phéties, et me croiriez-vous maintenant, si je vous
disais que vous n'en resterez pas là ; si je vous disais,
qu'en prêtant l'oreille, j'entends déjà sourdre, dans
les profondeurs de votre avenir, le piétinement et les
hennissements des chevaux attelés à un coupé bleu,
conduit par un cocher poudré qui abaisse le marchepied devant vous en disant : — Où va madame ? —
Me croiriez-vous encore si je vous disais aussi que
plus tard, ah ! le plus tard possible, mon Dieu ! attei-
gnant le but d'une ambition que vous avez longtemps
caressée, vous tiendrez une table d'hôte à Belleville
ou aux Batignolles, et vous serez courtisée par de
vieux militaires et des Céladons à la réforme, qui
viendront faire chez vous des lansquenets et des bac-
carats clandestins? Mais avant d'arriver à cette
époque, où le soleil de votre jeunesse aura déjà dé-
cliné, croyez-moi, chère enfant, vous userez encore
bien des aunes de soie et de velours ; bien des patri-
moines sans doute se fondront aux creusets de vos
fantaisies ; vous fanerez bien des fleurs sur votre
front, bien des fleurs sous vos pieds ; bien des fois
vous changerez de blason. On verra tour à tour briller sur votre tête le tortil des baronnes, la couronne
des comtesses et le diadème emperlé des marquises ;
vous prendrez pour devise : *Inconstance*, et vous saurez, selon le caprice ou la nécessité, satisfaire, chacun à son tour ou même à la fois, tous ces nombreux
adorateurs qui s'en viendront faire la queue dans
l'antichambre de votre cœur, comme on fait la queue
à la porte d'un théâtre où l'on joue une pièce en
vogue. Allez donc, allez devant vous, l'esprit allégé
de souvenirs, remplacés par des ambitions ; allez, la
route est belle, et nous la souhaitons longtemps douce
à vos pieds ; mais nous souhaitons surtout que toutes

ces somptuosités, ces belles toilettes ne deviennent pas trop tôt le linceul où s'ensevelira votre gaieté. »

Ainsi parlait le peintre Marcel à la jeune Mᴵˡᵉ Mimi, qu'il venait de rencontrer trois ou quatre jours après son second divorce avec le poète Rodolphe. Bien qu'il se fût efforcé de mettre une sourdine aux railleries qui parsemaient son horoscope, Mᴵˡᵉ Mimi ne fut point dupe des belles paroles de Marcel, et comprit parfaitement que, peu respectueux pour son titre nouveau, il s'était moqué d'elle à outrance.

— Vous êtes méchant avec moi, Marcel, dit Mᴵˡᵉ Mimi, c'est mal : j'ai toujours été très bonne fille avec vous quand j'étais la maîtresse de Rodolphe ; mais si je l'ai quitté, après tout, c'est sa faute. C'est lui qui m'a renvoyée presque sans délai ; et encore, comment m'a-t-il traitée pendant les derniers jours que j'ai passés avec lui? J'ai été bien malheureuse, allez! Vous ne savez pas, vous, quel homme c'était que Rodolphe : un caractère pétri de colère et de jalousie, qui me tuait par petits morceaux. Il m'aimait, je le sais bien, mais son amour était dangereux comme une arme à feu ; et quelle existence que celle que j'ai menée pendant quinze mois! Ah! voyez-vous, Marcel, je ne veux pas me faire meilleure que je ne suis, mais j'ai bien souffert avec Rodolphe, vous le savez d'ailleurs aussi. Ce n'est point la misère qui me l'a fait quitter, non, je vous l'assure, j'y étais habituée d'abord ; et puis, je vous le répète, c'est lui qui m'a renvoyée. Il a marché à deux pieds sur mon amour-propre ; il m'a dit que je n'avais pas de cœur si je restais avec lui ; il m'a dit qu'il ne m'aimait plus, qu'il fallait que je fisse un autre amant ; il a même été jusqu'à me désigner un jeune homme qui me faisait la cour, et il a, par ses défis, servi de trait d'union entre

moi et ce jeune homme. J'ai été avec lui autant par
dépit que par nécessité, car je ne l'aimais pas ; vous
savez bien cela, vous, je n'aime pas les *si* jeunes gens,
ils sont ennuyeux et sentimentals comme des harmo-
nicas. Enfin, ce qui est fait est fait, et je ne le regrette
pas, et je ferais encore de même si c'était à refaire.
Maintenant qu'il ne m'a plus avec lui et qu'il me sait
heureuse avec un autre, Rodolphe est furieux et très
malheureux ; je sais quelqu'un qui l'a rencontré ces
jours-ci ; il avait les yeux rouges. Cela ne m'étonne
pas, j'étais bien sûre qu'il en arriverait ainsi et qu'il
courrait après moi ; mais vous pouvez lui dire qu'il
perdra son temps, et que cette fois-ci c'est tout à fait
sérieux et pour de bon. — Y a-t-il longtemps que
vous l'avez vu, Marcel, et est-ce vrai qu'il est bien
changé ? demanda Mimi avec un autre accent.

— Bien changé, en effet, répondit Marcel. Assez
changé.

— Il se désole, cela est certain ; mais que voulez-
vous que j'y fasse ? Tant pis pour lui ! il l'a voulu ; il
fallait que cela eût une fin, à la fin. Consolez-le...
vous.

— Oh ! oh ! dit tranquillement Marcel, le plus gros
de la besogne est fait. Ne vous inquiétez pas, Mimi.

— Vous ne dites pas la vérité, mon cher, reprit
Mimi avec une petite moue ironique : Rodolphe ne se
consolera pas si vite que cela ; si vous saviez dans
quel état je l'ai vu, la veille de mon départ ! C'était le
vendredi ; je n'avais pas voulu rester la nuit chez
mon nouvel amant, parce que je suis superstitieuse et
que le vendredi est un mauvais jour.

— Vous aviez tort, Mimi : en amour, le vendredi
est un bon jour ; les anciens disaient : *Dies Veneris*.

— Je ne sais pas le latin, dit Mlle Mimi en conti-

nuant. Je m'en revenais donc de chez Paul; j'ai
trouvé Rodolphe qui m'attendait en faisant senti-
nelle dans la rue. Il était tard, plus de minuit, et
j'avais faim, car j'avais mal dîné. Je priai Rodolphe
d'aller chercher quelque chose pour souper. Il revint
une demi-heure après; il avait beaucoup couru pour
rapporter pas grand'chose de bon : du pain, du vin,
des sardines, du fromage et un gâteau aux pommes.
Je m'étais couchée pendant son absence; il dressa le
couvert près du lit; je n'avais pas l'air de le regarder,
mais je le voyais bien : il était pâle comme la mort,
il avait le frisson, et tournait dans la chambre comme
un homme qui ne sait ce qu'il veut faire. Dans un
coin, il aperçut plusieurs paquets de mes hardes qui
étaient à terre. Cette vue parut lui faire du mal, et il
mit le paravent devant ces paquets pour ne plus les
voir. Quand tout fut préparé, nous commençâmes à
manger; il essaya de me faire boire; mais je n'avais
plus ni faim ni soif, et j'avais le cœur tout serré. Il
faisait froid, car nous n'avions pas de quoi faire du
feu; on entendait le vent qui soufflait dans la cheminée. C'était bien triste. Rodolphe me regardait, il
avait les yeux fixes; il mit sa main dans la mienne, et
je sentis sa main trembler, elle était à la fois brûlante
et glacée.

— C'est le souper des funérailles de nos amours,
me dit-il tout bas. Je ne répondis rien, mais je
n'eus pas le courage de retirer ma main de la
sienne.

— J'ai sommeil, lui dis-je à la fin ; il est tard,
dormons.

Rodolphe me regarda : j'avais mis une de ses cra-
vates sur ma tête pour me garantir du froid ; il ôta
cette cravate sans parler.

— Pourquoi ôtes-tu cela ? lui demandais-je. J'ai
froid.

— Oh ! Mimi, me dit-il alors, je t'en prie, cela ne
te coûtera guère, remets, pour cette nuit, ton petit
bonnet rayé. C'était un bonnet de nuit en indienne
rayée, blanc et brun. Rodolphe aimait beaucoup à me
voir ce bonnet, cela lui rappelait quelques belles
nuits, car c'était ainsi que nous comptions nos beaux
jours. En pensant que c'était la dernière fois que j'allais dormir auprès de lui, je n'osai pas refuser de satisfaire son caprice ; je me relevai et j'allai prendre
mon bonnet rayé qui était au fond d'un de mes paquets ; par mégarde, j'oubliai de replacer le paravent ;
Rodolphe s'en aperçut, et cacha les paquets, comme
il avait déjà fait.

— Bonsoir, me dit-il. — Bonsoir, lui répondis-je.
— Je croyais qu'il allait m'embrasser, et je ne l'aurais
pas empêché, mais il prit seulement ma main, qu'il
porta à ses lèvres. Vous savez, Marcel, combien il
était fort pour m'embrasser les mains. J'entendis
claquer ses dents, et je sentis son corps froid comme
un marbre. Il serrait toujours ma main, et il avait
placé la tête sur mon épaule, qui ne tarda pas à être
toute mouillée. Rodolphe était dans un état affreux.
Il mordait les draps du lit, pour ne pas crier ; mais
j'entendais bien des sanglots sourds, et je sentais toujours ses larmes couler sur mes épaules, qu'elles brû-
laient d'abord et qu'elles glaçaient ensuite. En ce
moment-là, j'eus besoin de tout mon courage ; et il
m'en a fallu, allez. Je n'avais qu'un mot à dire, je
n'avais qu'à retourner la tête : ma bouche aurait rencontré celle de Rodolphe, et nous nous serions rac-
commodés encore une fois. Ah ! un instant, j'ai
vraiment cru qu'il allait mourir entre mes bras, ou

que tout au moins il allait devenir fou, — comme il
faillit le devenir une fois, vous rappelez-vous? J'allais
céder, je le sentais ; j'allais revenir la première,
j'allais l'enlacer dans mes bras, — car il faudrait
vraiment n'avoir point d'âme pour rester insen-
sible devant de pareilles douleurs. Mais je me sou-
vins des paroles qu'il m'avait dites la veille : —
Tu n'as point de cœur si tu restes avec moi, car je ne
t'aime plus. — Ah ! en me rappelant ces duretés,
j'aurais vu Rodolphe près d'expirer et il n'aurait fallu
qu'un baiser de moi, que j'aurais détourné ma lèvre,
et que je l'aurais laissé mourir. A la fin, vaincue par
la fatigue, je m'endormis à moitié. J'entendais toujours Rodolphe sangloter, et, je vous le jure, Marcel,
ce sanglot dura toute la nuit ; et quand le jour revint
et que je regardai dans ce lit, où j'avais dormi pour la
dernière fois, cet amant que j'allais quitter pour aller
dans les bras d'un autre, j'ai été épouvantablement
effrayée en voyant les ravages que cette douleur faisait sur la figure de Rodolphe.

Il se leva, comme moi, sans rien dire, et faillit tomber dans la chambre, aux premiers pas qu'il fit, tant
il était faible et abattu. Cependant il s'habilla très
vite, et me demanda seulement où en étaient mes
affaires et quand je partais. Je lui répondis que je n'en
savais rien. Il s'en alla, sans me dire à revoir,
sans me serrer la main. Voilà comment nous nous
sommes quittés. Quel coup il a dû recevoir dans le
cœur lorsqu'il ne m'a plus trouvée en rentrant,
hein ?

— J'étais là lorsque Rodolphe est rentré, dit
Marcel, à Mimi essoufflée d'avoir parlé aussi longtemps. Comme il prenait sa clef chez la maîtresse
d'hôtel, celle-ci lui a dit :

— La petite est partie.

— Ah! répondit Rodolphe, cela ne m'étonne pas, je m'y attendais. — Et il monta dans sa chambre, où je le suivis, craignant aussi quelque crise ; mais il n'en fut rien.

— Comme il est top tard pour aller louer une autre chambre ce soir, ce sera pour demain matin, me dit-il, nous nous en irons ensemble. Allons dîner.

Je croyais qu'il voulait se griser, mais je me trompais. Nous avons fait un dîner très sobre dans un restaurant où vous alliez quelquefois manger avec lui. J'avais demandé du vin de Beaune pour étourdir un peu Rodolphe.

— C'était le vin favori de Mimi, me dit-il ; nous en avons bu souvent ensemble, à cette même table où nous sommes. Je me souviens même qu'un jour elle me disait, en tendant son verre déjà plusieurs fois vidé : O verse encore, cela me met du *baume* dans le cœur. — C'était un mot assez médiocre, trouves-tu pas? digne tout au plus de la maîtresse d'un vaude-villiste. Ah! elle buvait bien, Mimi. Le voyant disposé à s'enfoncer dans les sentiers du ressouvenir, je lui parlai d'autre chose, et il ne fut plus question de vous. Il passa la soirée entière avec moi, et parut aussi calme que la Méditerranée. Ce qui m'étonnait le plus, c'est que ce calme n'avait rien d'affecté. C'était de l'indifférence sincère. A minuit, nous ren-trâmes.

— Tu parais surpris de ma tranquillité dans la situation où je me trouve, me dit-il; laisse-moi te faire une comparaison, mon cher, et si elle est vul-gaire, elle a du moins le mérite d'être juste. Mon cœur est comme une fontaine dont on a laissé le robi-net ouvert toute la nuit; le matin, il ne reste pas une

seule goutte d'eau. En vérité, de même est mon
cœur; j'ai pleuré cette nuit tout ce qui me restait de
larmes. Cela est singulier ; mais je me croyais plus
riche de douleurs, et, pour une nuit de souffrances,
me voilà ruiné, complètement à sec, ma parole d'honneur ! c'est comme je le dis; et dans ce même lit, où
j'ai failli rendre l'âme la nuit dernière, près d'une
femme qui n'a pas plus remué qu'une pierre, alors
que cette femme appuie maintenant sa tête sur
l'oreiller d'un autre, je vais dormir comme un porte-
faix qui a fait une excellente journée.

— Comédie, pensai-je en moi-même; je ne serai
pas plus tôt parti, qu'il battra les murailles avec sa
tête. Cependant je laissai Rodolphe seul, et je remon-
tai chez moi, mais je ne me couchai pas. A trois
heures du matin, je crus entendre du bruit dans la
chambre de Rodolphe; j'y descendis en toute hâte,
croyant le trouver au milieu de quelque fièvre désespérée...

— Eh bien ? dit Mimi.

— Eh bien, ma chère, Rodolphe dormait, le lit
n'était pas défait, et tout prouvait que son sommeil
avait été calme, et qu'il n'avait pas tardé à s'y abandonner.

— C'est possible, dit Mimi : il était si fatigué de la
nuit précédente ;... mais le lendemain ?...

— Le lendemain, Rodolphe est venu m'éveiller de
bonne heure, et nous avons été louer des chambres
dans un autre hôtel où nous sommes emménagés le
soir même.

— Et, demanda Mimi, qu'a-t-il fait en quittant la
chambre que nous occupions ? qu'a-t-il dit en abandonnant cette chambre où il m'a tant aimée?

— Il a fait ses paquets tranquillement, répondit

Marcel; et comme il avait trouvé dans un tiroir une paire de gants en filet que vous aviez oubliée, ainsi que deux ou trois lettres également à vous...

— Je sais bien, fit Mimi avec un accent qui semblait vouloir dire : Je les ai oubliés exprès pour qu'il lui restât quelque souvenir de moi. Qu'en a-t-il fait ? ajouta-t-elle.

— Je crois me rappeler, dit Marcel, qu'il a jeté les lettres dans la cheminée et les gants par la fenêtre; mais sans geste de théâtre, sans pose, fort naturellement, comme on peut le faire lorsqu'on se débarrasse d'une chose inutile..

— Mon cher monsieur Marcel, je vous assure qu'au fond de mon cœur je souhaite que cette indifférence dure. Mais encore une fois, là, bien sincèrement, je ne crois pas à une guérison si rapide, et, malgré tout ce que vous me dites, je suis convaincue que mon pauvre poète a le cœur brisé.

— Cela se peut, répondit Marcel en quittant Mimi; mais cependant, ou je me trompe fort, les morceaux sont encore bons.

Pendant ce colloque sur la voie publique, M. le vicomte Paul attendait sa nouvelle maîtresse, qui se trouva fort en retard, et qui fut parfaitement désagréable avec M. le vicomte. Il se coucha à ses genoux et lui roucoula sa romance favorite, à savoir : qu'elle était charmante, pâle comme la lune, douce comme un mouton; mais qu'il l'aimait surtout à cause des beautés de son âme.

— Ah ! pensait Mimi en déroulant les ondes de ses cheveux bruns sur la neige de ses épaules; mon amant Rodolphe n'était pas si exclusif.

Ainsi que Marcel l'avait annoncé, Rodolphe paraissait être radicalement guéri de son amour pour Mˡˡᵉ Mimi, et trois ou quatre jours après sa séparation d'avec elle, on vit reparaître le poète complètement métamorphosé. Il était mis avec une élégance qui devait le rendre méconnaissable pour son miroir même. Rien en lui, du reste, ne semblait faire craindre qu'il fût dans l'intention de se précipiter dans les abîmes du néant, comme Mˡˡᵉ Mimi en faisait courir le bruit avec toutes sortes d'hypocrisies condoléantes. Rodolphe était en effet parfaitement calme ; il écoutait, sans que les plis de son visage se dérangeassent, les récits qui lui étaient faits sur la nouvelle et somptueuse existence de sa maîtresse, qui se plaisait à le faire renseigner sur son compte par une jeune femme qui était restée sa confidente, et qui avait occasion de voir Rodolphe presque tous les soirs.

— Mimi est très heureuse avec le vicomte Paul, di-

sait-on au poète ; elle en paraît follement *amourachée ;*
une seule chose l'inquiète, elle craint que vous ne
veniez troubler sa tranquillité par des poursuites, qui,
du reste, seraient dangereuses pour vous, car le
vicomte adore sa maîtresse et il a deux ans de salle
d'armes.

— Oh ! oh ! répondait Rodolphe, qu'elle dorme
donc bien tranquille, je n'ai aucunement envie d'aller répandre du vinaigre dans les douceurs de sa lune
de miel. Quant à son jeune amant, il peut parfaitement laisser sa dague au clou, comme *Gastibelza,*
l'homme à la carabine. Je n'en veux aucunement aux
jours d'un gentilhomme qui a encore le bonheur d'être
en nourrice chez les illusions. — Et comme on ne manquait pas de rapporter à Mimi l'attitude avec laquelle
son ancien amant recevait tous ces détails, de son
côté elle n'oubliait pas de répondre en haussant les
épaules :

— C'est bon, c'est bon, on verra dans quelques
jours ce que tout cela deviendra.

Cependant, et plus que toute autre personne, Rodolphe était lui-même fort étonné de cette soudaine
indifférence, qui, sans passer par les transitions ordinaires de la tristesse et de la mélancolie, succédait aux
orageuses tempêtes qui l'agitaient encore quelques
jours auparavant. L'oubli, si lent à venir, surtout
pour les désolés d'amour, l'oubli qu'ils appellent à
grands cris, et qu'à grands cris ils repoussent quand
ils le sentent approcher d'eux ; cet impitoyable conso-
lateur avait subitement, tout à coup, et sans qu'il eût
pu s'en défendre, envahi le cœur de Rodolphe, et le
nom de la femme tant aimée pouvait désormais y
tomber sans réveiller aucun écho. Chose étrange,
Rodolphe, dont la mémoire avait assez de puissance

pour rappeler à son esprit les choses qui s'étaient
accomplies aux jours les plus reculés de son passé, et
les êtres qui avaient figuré ou exercé une influence
dans son existence la plus lointaine; Rodolphe,
quelques efforts qu'il fît, ne pouvait pas se rappeler
distinctement, après quatre jours de séparation, les
traits de cette maîtresse qui avait failli briser son
existence entre ses mains si frêles. Les yeux aux
lueurs desquels il s'était si souvent endormi, il n'en
retrouvait plus la douceur. Cette voix même « dont
les colères et dont les tendres caresses lui donnaient
le délire », il ne s'en rappelait point les sons. Un poète
de ses amis, qui ne l'avait pas vu depuis son divorce,
le rencontra un soir ; Rodolphe paraissait affairé et
soucieux, il marchait à grands pas dans la rue en faisant tourner sa canne.

— Tiens, dit le poète en lui tendant la main, vous
voilà, et il examina curieusement Rodolphe.

Voyant qu'il avait la mine allongée, il crut devoir
prendre un ton condoléant.

— Allons, du courage, mon cher, je sais que cela
est rude, mais enfin il aurait toujours fallu en venir
là ; vaut mieux que ce soit maintenant que plus tard ;
dans trois mois vous serez complètement guéri.

— Qu'est-ce que vous me chantez? dit Rodolphe,
je ne suis pas malade, mon cher.

— Eh ! mon Dieu, dit l'autre, ne faites point le
vaillant, parbleu! Je sais l'histoire, et je ne la saurais
pas que je la lirais sur votre figure.

— Prenez garde, vous faites un quiproquo, dit
Rodolphe. Je suis très ennuyé ce soir, c'est vrai ;
mais quant au motif de cet ennui, vous n'avez pas
absolument mis le doigt dessus.

— Bon, pourquoi vous défendre? Cela est tout na-

turel, on ne rompt pas comme cela tranquillement
une liaison qui dure depuis près de deux ans.

— Ils me disent tous la même chose, fit Rodolphe
impatienté. Eh bien, sur l'honneur, vous vous trompez, vous et les autres. Je suis profondément triste, et
j'en ai l'air, c'est possible ; mais voici pourquoi :
c'est que j'attendais aujourd'hui mon tailleur qui devait m'apporter un habit neuf, et il n'est point venu ;
voilà, voilà pourquoi je suis ennuyé.

— Mauvais, mauvais, dit l'autre en riant.

— Point mauvais ; bon, au contraire, très bon,
excellent même. Suivez mon raisonnement, et vous
allez voir.

— Voyons, dit le poète, je vous écoute ; prouvez-moi
un peu comment on peut raisonnablement avoir l'air
si attristé parce qu'un tailleur vous manque de parole.
Allez, allez, je vous attends.

— Eh ! dit Rodolphe, vous savez bien que les
petites causes produisent les plus grands effets. Je
devais, ce soir, faire une visite très importante, et je
ne la puis faire à cause que je n'ai pas mon habit. Y
êtes-vous ?

— Point. Il n'y a pas jusqu'ici motif suffisant à dé-
solation. Vous êtes désolé... parce que... enfin. Vous
êtes très bête de faire des poses avec moi. Voilà mon
opinion.

— Mon ami, dit Rodolphe, vous êtes bien obstiné ;
il y a toujours de quoi être désolé lorsqu'on manque
un bonheur ou tout au moins un plaisir, parce que
c'est presque toujours autant de perdu, et qu'on a
souvent bien tort de dire, à propos de l'un ou de
l'autre, je te rattraperai une autre fois. Je me résume ;
j'avais, ce soir, un rendez-vous avec une femme
jeune ; je devais la rencontrer dans une maison, d'où

je l'aurais peut-être ramenée chez moi, si ça avait été
plus court que d'aller chez elle, — et même si ça avait
été plus long. Dans cette maison il y avait une soirée, dans une soirée on ne va qu'en habit ; je n'ai pas
d'habit, mon tailleur devait m'en apporter un, il ne
me l'apporte pas, je ne vais pas à la soirée, je ne
rencontre pas la jeune femme, qui est peut-être rencontrée par un autre ; je ne la ramène ni chez moi, ni
chez elle, où elle est peut-être ramenée par un autre.
Donc, comme je vous le disais, je manque un bonheur
ou un plaisir ; donc je suis désolé, donc j'en ai l'air,
et c'est tout naturel.

— Soit, dit l'ami, donc un pied dehors d'un enfer,
vous remettez l'autre pied dans un autre, vous ; mais,
mon bon ami, quand je vous ai trouvé là, dans la rue,
vous m'aviez tout l'air de faire le pied de grue.

— Je le faisais aussi, parfaitement.

— Mais, continua l'autre, nous sommes là dans le
quartier où habite votre ancienne maîtresse ; qu'est-
ce qui me prouve que vous ne l'attendiez pas ?

— Quoique séparé d'elle, des raisons particulières
m'ont obligé à rester dans ce quartier ; mais, bien
que voisins, nous sommes aussi éloignés que si nous
restions, elle à un pôle et moi à l'autre. D'ailleurs, à
l'heure qu'il est, mon ancienne maîtresse est au coin
de son feu et prend des leçons de grammaire française
avec M. le vicomte Paul, qui veut la ramener à la
vertu par le chemin de l'orthographe. Dieu ! comme il
va la gâter ! Enfin, ça le regarde, maintenant qu'il est le
rédacteur en chef de son bonheur. Vous voyez donc
bien que vos réflexions sont absurdes, et qu'au lieu
d'être sur la trace effacée de mon ancienne passion,
je suis au contraire sur les traces de ma nouvelle, qui
est déjà ma voisine un peu, et qui le deviendra da-

vantage ; car je consens à faire tout le chemin nécessaire, et, si elle veut faire le reste, nous ne serons pas
longtemps à nous entendre.

— Vraiment, dit le poète, vous êtes amoureux déjà?

— Voilà comme je suis, répondit Rodolphe : mon
cœur ressemble à ces logements qu'on met en location, sitôt qu'un locataire les quitte. Quand un amour
s'en va de mon cœur, je mets écriteau pour appeler un
autre amour. L'endroit d'ailleurs est habitable et parfaitement réparé.

— Et quelle est cette nouvelle idole? où l'avez-vous
connue, et quand?

— Voilà, dit Rodolphe, procédons par ordre. Quand
Mimi a été partie, je me suis figuré que je ne serais
plus jamais amoureux de ma vie, et je m'imaginai
que mon cœur était mort de fatigue, d'épuisement,
de tout ce que vous voudrez. Il avait tant battu, si
longtemps, si vite, et trop vite, que la chose était
croyable. Bref, je le crus mort, bien mort, très mort,
et je songeais à l'enterrer, comme M. Marlborough.
A cette occasion, je donnai un petit dîner de funérailles où j'invitai quelques-uns de mes amis. Les
convives devaient prendre une mine lamentable, et
les bouteilles avaient un crêpe à leur goulot.

— Vous ne m'avez pas invité?

— Pardon, mais j'ignorais l'adresse du nuage où
vous demeurez! — Un des convives avait amené une
femme, une jeune femme délaissée aussi depuis peu par
un amant. On lui conta mon histoire, ce fut un de mes
amis, un garçon qui joue fort bien sur le violoncelle
du sentiment. Il parla à cette jeune veuve des qualités de mon cœur, ce pauvre défunt que nous allions
enterrer, et l'invita à boire à son repos éternel. —
Allons donc, dit-elle en élevant son verre, je bois à sa

santé, au contraire, et elle me lança un coup d'œil,
un coup d'œil à réveiller un mort, comme on dit, et
c'était ou jamais l'occasion de dire ainsi, car elle
n'avait pas achevé son toast, que je sentis mon cœur
chanter aussitôt l'*O Filii* de la Résurrection. Qu'est-
ce que vous auriez fait à ma place?

— Belle question ! Comment se nomme-t-elle ?

— Je l'ignore encore, je ne lui demanderai son nom
qu'au moment où nous signerons notre contrat. Je
sais bien que je ne suis pas dans les délais légaux
au point de vue de certaines gens ; mais voilà, je sollicite près de moi-même, et je m'accorde les dis-
penses. Ce que je sais, c'est que ma future m'apportera en dot la gaieté, qui est la santé de l'esprit, et la
santé, qui est la gaieté du corps.

— Elle est jolie?

— Très jolie, de couleur surtout ; on dirait qu'elle
se débarbouille le matin avec la palette de Watteau.

> Elle est blonde, mon cher, et ses regards vainqueurs
> Allument l'incendie aux quatre coins des cœurs.

Témoin le mien.

— Une blonde ? Vous m'étonnez.

— Oui, j'ai assez de l'ivoire et de l'ébène, je passe
au blond; et Rodolphe se mit à chanter en gamba-
dant :

> Et nous chanterons à la ronde,
> Si vous voulez,
> Que je l'adore, et qu'elle est blonde
> Comme les blés.

— Pauvre Mimi, dit l'ami, si vite oubliée !

Ce nom, jeté dans la gaieté de Rodolphe, donna
subitement un autre ton à la conversation. Rodolphe

prit son ami par le bras, et lui raconta longuement
les causes de sa rupture avec Mlle Mimi ; les terreurs
qui l'avaient assailli lorsqu'elle était partie ; comment
il s'était désolé parce qu'il avait pensé qu'avec elle,
elle emportait tout ce qui lui restait de jeunesse, de
passion ; et comment, deux jours après, il avait reconnu qu'il s'était trompé, en sentant les poudres de
son cœur, inondées par tant de sanglots et de larmes,
se réchauffer, s'allumer et faire explosion sous le
premier regard de jeunesse et de passion que lui avait
lancé la première femme qu'il avait rencontrée. Il lui
raconta cet envahissement subit et impérieux que
l'oubli avait fait en lui, sans même qu'il l'eût appelé
au secours de sa douleur, et comment cette douleur
était morte, ensevelie dans cet oubli.

— Est-ce point un miracle que tout cela ? disait-il
au poète, qui, sachant par cœur et par expérience
tous les douloureux chapitres des amours brisées, lui
répondit :

— Eh ! non, mon ami, il n'y a point de miracle
plus pour vous que pour les autres. Ce qui vous arrive
m'est arrivé. Les femmes que nous aimons lorsqu'elles
deviennent nos maîtresses cessent pour nous d'être ce
qu'elles sont réellement. Nous ne les voyons pas seulement avec les yeux de l'amant, nous les voyons avec
les yeux du poète. Comme un peintre jette sur un
mannequin la pourpre impériale ou le voile étoilé d'une
vierge sacrée, nous avons toujours des magasins de
manteaux rayonnants et de robes de lin pur, que nous
jetons sur les épaules de créatures inintelligentes,
maussades ou méchantes ; et quand elles ont ainsi revêtu le costume sous lequel nos amantes idéales passaient dans l'azur de nos rêveries, nous nous laissons
prendre à ce déguisement : nous incarnons notre rêve

dans la première femme venue, à qui nous parlons notre langue et qui ne nous comprend pas.

Cependant que cette créature, aux pieds de laquelle nous vivons prosternés, s'arrache elle-même la divine enveloppe sous laquelle nous l'avions cachée, pour mieux nous faire voir sa mauvaise nature et ses mauvais instincts ; cependant qu'elle nous met la main à la place de son cœur, où rien ne bat plus, où rien n'a jamais battu peut-être ; cependant qu'elle écarte son voile et nous montre ses yeux éteints, et sa bouche pâle, et ses traits flétris, nous lui remettons son voile et nous nous écrions : « Tu mens ! tu mens ! Je t'aime et tu m'aimes aussi. Cette poitrine blanche est l'enveloppe d'un cœur qui a toute sa juvénilité ; je t'aime et tu m'aimes ! Tu es belle, tu es jeune ! Au fond de tous tes vices, il y a de l'amour. Je t'aime et tu m'aimes ! »

Puis à la fin, oh ! bien à la fin toujours, lorsque, après avoir eu beau nous mettre de triples bandeaux sur les yeux, nous nous apercevons que nous sommes nous-mêmes la dupe de nos erreurs, nous chassons la misérable qui, la veille, a été notre idole ; nous lui reprenons les voiles d'or de notre poésie, que nous allons le lendemain jeter de nouveau sur les épaules d'une inconnue, qui passe sur-le-champ à l'état d'idole auréolée : et voilà comme nous sommes tous, de monstrueux égoïstes, d'ailleurs, qui aimons l'amour pour l'amour — vous me comprenez, n'est-ce pas ? — nous buvons cette divine liqueur dans le premier vase venu.

Qu'importe le flacon, pourvu qu'on ait l'ivresse ?

— C'est aussi vrai que deux et deux font quatre, ce que vous dites là, dit Rodolphe au poète.

— Oui, répondit celui-ci, c'est vrai et triste, comme la moitié et demie des vérités. — Bonsoir.

Deux jours après, Mˡˡᵉ Mimi apprit que Rodolphe avait une nouvelle maîtresse. Elle ne s'informa que d'une chose, savoir : s'il lui embrassait les mains aussi souvent qu'à elle.

— Aussi souvent, répondit Marcel. De plus, il lui embrasse les cheveux les uns après les autres, et ils doivent rester ensemble jusqu'à ce qu'il ait fini.

— Ah! répondit Mimi, en passant ses mains dans sa chevelure, c'est bien heureux qu'il n'ait pas imaginé de m'en faire autant, nous serions restés ensemble toute la vie. Est-ce que vous croyez que c'est bien vrai qu'il ne m'aime plus du tout, vous?

— Peuh!... Et vous, l'aimez-vous encore?

— Moi, je ne l'ai jamais aimé de ma vie.

— Si, Mimi, si, vous l'avez aimé, à ces heures où le cœur des femmes change de place. Vous l'avez aimé, et ne vous en défendez pas, car c'est votre justification.

— Ah! bah! dit Mimi, voilà qu'il en aime une autre, maintenant.

— C'est vrai, fit Marcel, mais *n'empêche*. Plus tard, votre souvenir sera pour lui pareil à ces fleurs qu'on place encore toutes fraîches et toutes parfumées entre les feuillets d'un livre et que, bien longtemps après, on retrouve mortes, décolorées et flétries, mais ayant conservé toujours comme un vague parfum de leur fraîcheur première.

—

Un soir qu'elle fredonnait à voix basse autour de lui, M. le vicomte Paul dit à Mimi :

— Que chantez-vous, là, ma chère ?

— L'oraison funèbre de nos amours que mon amant Rodolphe a composée dernièrement. Et elle se mit à chanter :

> Je n'ai plus le sou, ma chère, et le Code,
> Dans un cas pareil, ordonne l'oubli ;
> Et sans pleurs, ainsi qu'une ancienne mode,
> Tu vas m'oublier, n'est-ce pas, Mimi ?
> C'est égal, vois-tu, nous aurons, ma chère,
> Sans compter les nuits, passé d'heureux jours.
> Ils n'ont pas duré longtemps ; mais qu'y faire ?
> Ce sont les plus beaux qui sont les plus courts.

XXI

Roméo et Juliette (¹).

Mis comme une gravure de son journal *l'Écharpe d'Iris*, ganté, verni, rasé, frisé, la moustache en crocs, le stick en main, le monocle à l'œil, épanoui, rajeuni, tout à fait joli : tel on eût pu voir un soir du mois de novembre notre ami le poète Rodolphe, qui, arrêté sur le boulevard, attendait une voiture pour se faire reconduire chez lui.

Rodolphe attendant une voiture ? Quel cataclysme était donc tout à coup survenu dans sa vie privée ?

A cette même heure où le poète, transformé, tortillait sa moustache, mâchait entre ses dents un énorme régalia et charmait le regard des belles, un sien ami passait aussi sur le même boulevard. C'était le philosophe Gustave Colline. Rodolphe l'aperçut venir et le reconnut bien vite ; et de ceux qui l'auraient vu une seule fois, qui donc aurait pu ne pas le reconnaître ? Colline était chargé, comme toujours, d'une douzaine de bouquins. Vêtu de cet immortel paletot noisette

dont la solidité fait croire qu'il a été construit par
les Romains, et coiffé de ce fameux chapeau à grands
rebords, — dôme en castor, sous lequel s'agitait
l'essaim des rêves hyperphysiques, et qui a été surnommé l'armet de Mambrin de la philosophie moderne, Gustave Colline marchait à pas lents, et rumi-
nait tout bas la préface d'un ouvrage qui était depuis
trois mois sous presse — dans son imagination.
Comme il s'avançait vers l'endroit où Rodolphe était
arrêté, Colline crut un instant le reconnaître, mais la
suprême élégance étalée par le poète jeta le philosophe dans le doute et l'incertitude.

— Rodolphe ganté, avec une canne, chimère ! uto-
pie ! quelle aberration ! Rodolphe frisé ! lui qui a
moins de cheveux que l'*Occasion*. Où donc avais-je la
tête ? D'ailleurs, à l'heure qu'il est, mon malheureux
ami est en train de se lamenter, et compose des vers
mélancoliques sur le départ de la jeune Mlle Mimi qui
l'a planté là, ai-je ouï dire. Ma foi, je la regrette, moi,
cette jeunesse ; elle apportait une grande distinction
dans la manière de préparer le café, qui est le breuvage des esprits sérieux. Mais j'aime à croire que
Rodolphe se consolera, et qu'il prendra bientôt une
nouvelle *cafetière*. Et Colline était si enchanté de son
déplorable jeu de mots, qu'il se serait volontiers crié
bis... si la voix grave de la philosophie ne s'était intérieurement réveillée en lui, et n'avait mis un énergique holà à cette débauche d'esprit.

Cependant, comme il était arrêté près de Rodolphe,
Colline fut bien forcé de se rendre à l'évidence ;
c'était bien Rodolphe, frisé, ganté, avec une canne ;
c'était impossible, mais c'était vrai.

— Eh ! eh ! parbleu, dit Colline. Je ne me trompe
pas, c'est bien toi, j'en suis sûr.

— Et moi aussi, répondit Rodolphe.

Et Colline se mit à considérer son ami, en donnant
à son visage l'expression employée par M. Lebrun,
peintre du roi, pour exprimer la surprise. Mais tout à
coup il aperçut deux objets bizarres dont Rodolphe
était chargé : 1° une échelle de corde; 2° une cage
dans laquelle voltigeait un oiseau quelconque. A cette
vue, la physionomie de Gustave Colline exprima un
sentiment que M. Lebrun, peintre du roi, a oublié
dans son tableau des passions.

— Allons, dit Rodolphe à son ami, je vois distinctement la curiosité de ton esprit qui se met à la fenêtre de tes yeux; je vais te satisfaire. Seulement
quittons la voie publique, il fait un froid qui gèlerait
tes interrogations et mes réponses.

Et tous deux entrèrent dans un café.

Les yeux de Colline ne quittaient point l'échelle de
corde, non plus que la cage où le petit oiseau, réchauffé par l'atmosphère du café, se mit à chanter
dans une langue inconnue à Colline, qui était cependant polyglotte.

— Enfin, dit le philosophe, en montrant l'échelle,
qu'est-ce que c'est que ça ?

— C'est un trait d'union entre ma bien-aimée et
moi, répondit Rodolphe, avec un accent de mandoline.

— Et ça ? dit Colline en indiquant l'oiseau.

— Ça, fit le poète, dont la voix devenait douce
comme le chant de la brise, c'est une horloge.

— Parle-moi donc sans paraboles, en vile prose,
mais correctement.

— Soit. As-tu lu Shakespeare ?

— Si je l'ai lu ! — *To be or not to be.* C'était un
grand philosophe. Oui, je l'ai lu.

— Te souviens-tu de *Roméo et Juliette?*

— Si je m'en souviens ! dit Colline; et il se mit à réciter :

> Non, ce n'est pas le jour ce n'est pas l'alouette,
> Dont les chants ont frappé ton oreille inquiète ;
> Non, c'est le rossignol..

Parbleu ! oui, je m'en souviens. Mais après ?

— Comment ! dit Rodolphe. en montrant l'échelle et l'oiseau, tu ne comprends pas? Voilà le poème : Je suis amoureux, mon cher, amoureux d'une femme qui s'appelle Juliette.

— Eh bien, après? continua Colline impatienté.

— Voilà : ma nouvelle idole s'appelant Juliette, j'ai conçu un plan, c'est de refaire avec elle le drame de Shakespeare. D'abord, je ne m'appelle plus Rodolphe, je me nomme *Roméo Montaigu;* et tu m'obligeras de ne pas m'appeler autrement. Au surplus, pour que tout le monde le sache, j'ai fait graver des nouvelles cartes de visite. Mais ce n'est pas tout, je vais profiter de ce que nous ne sommes pas dans le carnaval pour m'habiller en pourpoint de velours et porter une épée.

— Pour tuer Tybald? dit Colline.

— Absolument, continua Rodolphe. Enfin, cette échelle que tu vois doit me servir pour entrer chez ma maîtresse, qui se trouve précisément posséder un balcon.

— Mais l'oiseau, l'oiseau ? dit l'obstiné Colline.

— Eh ! parbleu, cet oiseau, qui est un pigeon, doit jouer le rôle du rossignol, et indiquer, chaque matin, le moment précis où, prêt à quitter ses bras adorés, ma maîtresse m'embrassera par le cou et me dira de sa voix douce, absolument comme dans la scène du balcon : — Non, ce n'est pas le jour, ce n'est pas l'alouette, c'est-à-dire, non, il n'est pas encore onze heures, il y a de la boue dans la rue, ne t'en va pas, nous sommes si bien ici. — Afin de compléter l'imitation, je tâcherai de me procurer une nourrice pour la mettre aux ordres de ma bien-aimée ; et j'espère que l'almanach sera assez bon pour m'octroyer de temps en temps un petit clair de lune, alors que j'escaladerai le balcon de ma Juliette. Que dis-tu de mon projet, philosophe ?

— C'est joli comme tout, fit Colline ; mais pourrais-tu m'expliquer aussi le mystère de cette superbe enveloppe qui te rend méconnaissable ? Tu es donc devenu riche ?

Rodolphe ne répondit pas, mais il fit un signe à un garçon de café et lui jeta négligemment un louis, en disant : Payez-vous ! Puis il tapa sur son gousset, qui se mit à chanter.

— Tu as donc un clocher dans tes poches, que ça sonne tant que ça ?

— Quelques louis seulement.

— Des louis en or ? dit Colline d'une voix étranglée par l'étonnement ; montre un peu comment c'est fait.

Sur quoi les deux amis se séparèrent, Colline, pour aller raconter les mœurs opulentes et les nouvelles amours de Rodolphe ; celui-ci, pour rentrer chez lui.

Ceci se passait dans la semaine qui avait suivi la seconde rupture des amours de Rodolphe avec Mlle Mimi. Accompagné de son ami Marcel, le poète, quand il eut rompu avec sa maîtresse, éprouva le besoin de changer d'air et de milieu, et quitta le noir hôtel garni, dont le propriétaire le vit partir sans trop de regrets ainsi que Marcel. Tous deux, comme nous l'avons déjà dit, allèrent chercher gîte ailleurs, et arrêtèrent deux chambres dans la même maison et sur le même carré. La chambre choisie par Rodolphe était incomparablement plus confortable qu'aucune de celles qu'il eût habitées jusque-là. On y remarquait des meubles presque sérieux. Surtout un canapé en étoffe rouge devant imiter le velours, laquelle étoffe n'observait aucunement le proverbe : Fais ce que dois.

Il y avait aussi sur la cheminée deux vases en porcelaine avec des fleurs, au milieu une pendule en albâtre avec des agréments affreux. Rodolphe mit les vases dans une armoire ; et comme le propriétaire était venu pour monter la pendule arrêtée, le poète le pria de n'en rien faire. — Je consens à laisser la pendule sur la cheminée, dit-il, mais seulement comme objet d'art ; elle marque minuit, c'est une belle heure, qu'elle s'y tienne. Le jour où elle marquera minuit cinq minutes, je déménage. — Une pendule, disait Rodolphe, qui n'avait jamais pu se soumettre à l'impérieuse tyrannie du cadran, mais c'est un ennemi intime qui vous compte implacablement votre existence heure par heure, minute par minute, et vous dit à chaque instant : Voici une partie de ta vie qui s'en va. Ah ! je ne pourrais pas dormir tranquille dans une chambre où se trouverait un de ces instruments de torture, dans le voisinage desquels la nonchalance et la rêverie sont impossibles. Une pendule dont les aiguilles s'allongent jusqu'à votre lit et viennent vous piquer le matin quand vous êtes encore plongé dans les molles douceurs du premier réveil. Une pendule dont la voix vous crie : *ding, ding, ding !* C'est l'heure des affaires, quitte ton rêve charmant, échappe aux caresses de tes visions (et quelquefois à celles des réalités). Mets ton chapeau, tes bottes, il fait froid, il pleut, va-t'en à tes affaires, c'est l'heure,

ding, *ding*. C'est déjà bien assez d'avoir l'almanach.
Que ma pendule reste donc muette et paralysée,
sinon...

Et tout en monologuant ainsi, il examinait sa nouvelle demeure et se sentait agité par cette secrète
inquiétude qu'on éprouve presque toujours en entrant dans un nouveau logement.

— Je l'ai remarqué, pensait-il, les lieux que nous
habitons exercent une influence mystérieuse sur nos
pensées, et par conséquent sur nos actions. Cette
chambre est froide et silencieuse comme un tombeau.
Si jamais la gaieté chante ici, c'est qu'on l'amènera
du dehors ; et encore elle n'y restera pas longtemps,
car les éclats de rire mourraient sans écho sous ce
plafond bas, froid et blanc comme un ciel de neige.
Hélas! quelle sera ma vie entre ces quatre murs !
. . . . , ...

Cependant, peu de jours après, cette chambre si
triste était pleine de clartés et résonnait de joyeuses
clameurs; on y pendait la crémaillère, et de nombreux flacons expliquaient l'humeur gaie des convives. Rodolphe lui-même s'était laissé gagner par
la bonne humeur contagieuse de ses convives. Isolé
dans un coin avec une jeune femme venue là par
hasard et dont il s'était emparé, le poète madrigali-
sait avec elle de la parole et des mains. Vers la fin de
la *fête*, il avait obtenu un rendez-vous pour le lendemain. — Allons, se dit-il, lorsqu'il fut seul, la soirée
n'a pas été trop mauvaise, et ce n'est pas mal inaugurer mon séjour ici.

Le lendemain, à l'heure convenue, arriva M\ⁱᵉ Juliette. La soirée se passa seulement en explications.
Juliette avait appris la récente rupture de Rodolphe
avec cette fille aux yeux bleus qu'il avait tant aimée;

elle savait qu'après l'avoir quittée déjà une fois, Rodolphe l'avait reprise, et elle craignait d'être la victime d'un nouveau *revenez-y* de l'amour.

— C'est que, voyez-vous, ajouta-t-elle avec un joli geste de mutinerie, je n'ai point du tout envie de jouer un rôle ridicule. Je vous préviens que je suis très méchante ; une fois *maîtresse* ici, et elle souligna par un regard l'intention qu'elle donnait au mot, j'y reste et ne cède point ma place.

Rodolphe appela toute son éloquence à la rescousse pour la convaincre que ses craintes n'étaient point fondées ; et la jeune femme ayant de son côté bon désir d'être convaincue, ils finirent par s'entendre. Seulement, ils ne s'entendirent plus quand sonna minuit ; car Rodolphe voulait que Juliette restât, et celle-ci prétendit s'en aller.

— Non, lui dit-elle comme il insistait. Pourquoi tant se presser ? Nous arriverons bien toujours où nous devons arriver, à moins que vous ne vous arrêtiez en route ; je reviendrai demain.

Et elle revint ainsi tous les soirs pendant une semaine, pour s'en retourner de même quand sonnait minuit.

Ces lenteurs n'ennuyaient point trop Rodolphe. En amour ou même en caprice, il était de cette école de voyageurs qui n'ont jamais grande hâte d'arriver, et qui, à la route droite menant au but directement, préfèrent les sentiers perdus qui allongent le voyage et le rendent pittoresque. Cette petite préface sentimentale eut pour résultat d'entraîner d'abord Rodolphe plus loin qu'il ne voulait aller. Et c'était sans doute pour l'amener à ce point où le caprice, mûri par la résistance qu'on lui oppose, commence à ressembler à de l'amour, que Mlle Juliette avait employé ce stratagème.

A chaque nouvelle visite qu'elle faisait à Rodolphe, Juliette remarquait un ton de sincérité plus prononcé dans ce qu'il lui disait. Il éprouvait, lorsqu'elle était un peu en retard, de ces impatiences symptomatiques qui enchantaient la jeune fille ; et il lui écrivait même des lettres dont le langage avait de quoi lui faire espérer qu'elle deviendrait prochainement sa *maîtresse légitime*.

Comme Marcel, qui était son confident, avait une fois surpris une des épîtres de Rodolphe, il lui dit en riant : Est-ce du style, ou bien penses-tu réellement ce que tu dis là ?

— Vraiment oui, je le pense, répondit Rodolphe, et j'en suis bien un peu étonné, mais cela est ainsi. J'étais, il y a huit jours, dans une situation d'esprit très triste. Cette solitude et ce silence, qui avaient succédé si brutalement aux tempêtes de mon ancien ménage, m'épouvantaient horriblement ; mais Juliette est arrivée presque subitement. J'ai entendu résonner à mon oreille les fanfares d'une gaieté de vingt ans. J'ai eu devant moi un frais visage, des yeux pleins de sourires, une bouche pleine de baisers, et je me suis tout doucement laissé entraîner à suivre cette pente du caprice qui m'aura peut-être amené à l'amour. J'aime à aimer.

Cependant Rodolphe ne tarda pas à s'apercevoir qu'il ne tenait plus guère qu'à lui d'amener une conclusion à ce petit roman ; et c'est alors qu'il avait imaginé de copier dans Shakespeare la mise en scène des amours de *Roméo et Juliette*. Sa future maîtresse avait trouvé l'idée amusante et consentit à se mettre de moitié dans la plaisanterie.

C'était le soir même où ce rendez-vous était fixé que Rodolphe rencontra le philosophe Colline, comme il venait d'acheter cette échelle de soie en corde qui devait lui servir à escalader le balcon de Juliette. Le marchand d'oiseaux auquel il s'était adressé n'ayant point de rossignol, Rodolphe y substitua un pigeon qui, lui assura-t-on, chantait tous les matins au lever de l'aube.

Rentré chez lui, le poète fit cette réflexion qu'une ascension sur une échelle de corde n'était point chose facile, et qu'il était bon de faire une petite répétition de la scène du balcon, s'il ne voulait pas, outre les chances d'une chute, courir le risque de se montrer ridicule et maladroit aux yeux de celle qui allait l'attendre. Ayant attaché son échelle à deux clous, solidement enfoncés dans le plafond, Rodolphe employa les deux heures qui lui restaient à faire de la gymnastique ; et, après un nombre infini de tentatives, il parvint tant bien que mal à pouvoir franchir une dizaine d'échelons.

— Allons, c'est bien, se dit-il, je suis maintenant sûr de mon affaire, et d'ailleurs, si je restais en chemin, *l'amour me donnerait des ailes.*

Et, chargé de son échelle et de sa cage à pigeon, il se rendit chez Juliette qui habitait dans son voisinage. Sa chambre était située au fond d'un petit jardin et possédait bien, en effet, une espèce de balcon. Mais cette chambre était au rez-de-chaussée, et ce balcon pouvait s'enjamber le plus facilement du monde.

Aussi Rodolphe fut-il tout atterré lorsqu'il s'aperçut de cette disposition locale qui mettait à néant son poétique projet d'escalade.

— C'est égal, dit-il à Juliette, nous pourrons toujours exécuter l'épisode du balcon. Voilà un oiseau qui nous éveillera demain par sa voix mélodieuse, et nous avertira du moment précis où nous devrons nous séparer l'un de l'autre avec désespoir. Et Rodolphe accrocha la cage dans un angle de la chambre.

Le lendemain, à cinq heures du matin, le pigeon fut parfaitement exact, et remplit la chambre d'un roucoulement prolongé qui aurait réveillé les deux amants s'ils avaient dormi.

— Eh bien, dit Juliette, voilà le moment d'aller sur le balcon et de nous faire des adieux désespérés; qu'en penses-tu?

— Le pigeon *avance*, dit Rodolphe, nous sommes en novembre, le soleil ne se lève qu'à midi.

— C'est égal, fit Juliette, je me lève, moi.

— Tiens! pourquoi faire?

— J'ai l'estomac creux, et je ne te cacherai pas que je mangerais bien un peu.

— C'est extraordinaire l'accord qui règne dans nos sympathies, j'ai également une faim atroce, dit Rodolphe en se levant aussi et en s'habillant en toute hâte.

Juliette avait déjà allumé du feu et cherchait dans son buffet si elle ne trouverait rien. Rodolphe l'aidait dans ses recherches.

— Tiens, dit-il, des oignons!

— Et du lard, dit Juliette.

— Et du beurre.

— Et du pain.

Hélas! c'était tout.

Pendant ces recherches, le pigeon optimiste et insoucieux chantait sur son perchoir.

Roméo regarda Juliette, Juliette regarda Roméo; tous deux regardèrent le pigeon.

Ils ne s'en dirent pas davantage. Le sort du pigeon-pendule était fixé; il en aurait appelé en cassation que c'eût été peines perdues; la faim est une si cruelle conseillère.

Rodolphe avait allumé du charbon, et faisait revenir du lard dans le beurre frémissant; il avait l'air grave et solennel.

Juliette épluchait des oignons dans une attitude mélancolique.

Le pigeon chantait toujours, c'était sa *Romance du saule*.

A ces lamentations se joignit la chanson du beurre dans la casserole.

Cinq minutes après, le beurre chantait encore ; mais, pareil aux *templiers*, le pigeon ne chantait plus.

Roméo et Juliette avaient accommodé leur pendule à la crapaudine.

— Il avait une jolie voix, disait Juliette en se mettant à table.

— Il était bien tendre, fit Roméo en découpant son *réveille-matin* parfaitement rissolé.

Et les deux amants se regardèrent et se surprirent ayant chacun une larme dans les yeux.

Hypocrites, c'étaient les oignons qui les faisaient pleurer !

XXII

Épilogue des amours de Rodolphe
et de Mlle Mimi.

I

Pendant les premiers jours de sa rupture définitive
avec Mlle Mimi, qui l'avait quitté comme on se rappelle pour monter dans les carrosses du vicomte Paul,
le poète Rodolphe avait cherché à s'étourdir en prenant une autre maîtresse.

Celle-là même qui était blonde, et pour laquelle
nous l'avons vu s'habiller en Roméo dans un jour de
folie et de paradoxe. Mais cette liaison, qui n'était
chez lui qu'une affaire de dépit, et chez l'autre qu'une
affaire de caprice, ne pouvait pas avoir une longue
durée. Cette jeune fille n'était, après tout, qu'une
folle personne, vocalisant dans la perfection le
solfège de la rouerie ; spirituelle assez pour remarquer l'esprit des autres et s'en servir à l'occasion, et
n'ayant de cœur que pour y avoir mal, quand elle
avait trop mangé. Avec tout cela, un amour-propre
effréné et une coquetterie féroce qui l'eût poussée à

préférer une jambe cassée à son amant plutôt qu'un volant de moins à sa robe ou un ruban fané à son chapeau. Beauté contestable, créature ordinaire, dotée nativement de tous les mauvais instincts, et cependant séductrice par certains côtés et à certaines heures. Elle ne tarda pas à s'apercevoir que Rodolphe l'avait prise uniquement pour l'aider à lui faire oublier l'absente, qu'elle lui faisait regretter au contraire, car jamais son ancienne amie n'avait été si bruyante et si vivante dans son cœur.

Un jour Juliette, la nouvelle maîtresse de Rodolphe, causait de son amant le poète avec un élève en médecine qui lui faisait la cour ; l'étudiant lui répondit :

— Ma chère enfant, ce garçon-là se sert de vous comme on se sert du nitrate pour cautériser les plaies, il veut se cautériser le cœur ; aussi, vous avez bien tort de vous faire du mauvais sang et de lui être fidèle.

— Ah ! ah ! s'écria la jeune fille en éclatant de rire, est-ce que vous croyez bonnement que je me gêne ? — Et le soir même, elle donna à l'étudiant la preuve du contraire.

Grâce à l'indiscrétion d'un de ces amis officieux qui ne sauraient garder inédite la nouvelle susceptible de vous causer un chagrin, Rodolphe eut vent de l'affaire et s'en fit un prétexte pour rompre avec sa maîtresse par intérim.

Il s'enferma alors dans une solitude absolue, où toutes les chauves-souris de l'ennui ne tardèrent pas à venir faire leur nid, et il appela le travail à son secours ; mais ce fut en vain. Chaque soir, après avoir sué autant de gouttes d'eau qu'il avait usé de gouttes d'encre, il écrivait une vingtaine de lignes dans lesquelles une vieille idée, plus fatiguée que le Juif errant, et mal

vêtue de haillons empruntés aux friperies littéraires,
dansait lourdement sur la corde roide du paradoxe.
En relisant ces lignes, Rodolphe demeurait consterné
comme un homme qui voit pousser des orties dans la
plate-bande où il a cru semer des roses. Il déchirait
alors la page où il venait d'égrener ces chapelets de
niaiseries, et la foulait aux pieds avec rage.

— Allons, disait-il en se frappant la poitrine à l'endroit du cœur, la corde est cassée, résignons-nous.

Et comme depuis longtemps une semblable décep-
tion uccédait à toutes ses tentatives de travail, il fut
pris d'une de ces langueurs découragées qui font trébucher les orgueils les plus robustes et abrutissent
les intelligences les plus lucides. Rien n'est plus terrible en effet que ces luttes solitaires qui s'engagent
quelquefois entre l'artiste obstiné et l'art rebelle, rien
n'est plus émouvant que ces emportements alternés
d'invocations tour à tour suppliantes et impératives
adressées à la muse dédaigneuse ou fugitive. Les
plus violentes angoisses humaines, les plus profondes
blessures faites au vif du cœur, ne causent pas une
souffrance qui approche de celle qu'on éprouve dans
ces heures d'impatience et de doute si fréquentes pour
tous ceux qui se livrent au périlleux métier de l'imagination.

A ces violentes crises succédaient de pénibles
abattements; Rodolphe restait alors pendant des
heures entières comme pétrifié dans une immobilité
hébétée. Les coudes appuyés sur sa table, les yeux
fixement arrêtés sur l'espace lumineux que le rayon
de sa lampe décrivait au milieu de cette feuille de
papier, «champ de bataille» où son esprit était vaincu
quotidiennement et où sa plume s'était fourbue à
poursuivre l'insaisissable idée, il voyait défiler lente-

ment, pareils aux figures des chambres magiques dont
on amuse les enfants, de fantastiques tableaux qui
déroulaient devant lui le panorama de son passé.
C'étaient d'abord les jours laborieux où chaque heure
du cadran sonnait l'accomplissement d'un devoir, les
nuits studieuses passées en tête à tête avec la Muse
qui venait parer de ses féeries sa pauvreté solitaire et
patiente. Et il se rappelait alors avec envie l'orgueilleuse béatitude qui l'enivrait jadis lorsqu'il avait
achevé la tâche imposée par sa volonté. « Oh! rien ne
vous vaut, s'écriait-il, rien ne vous égale, volup-
tueuses fatigues du labeur, qui faites trouver si doux
les matelas du *far niente*. — Ni les satisfactions de
l'amour-propre, ni celles que procure la fortune, ni
les fiévreuses pâmoisons étouffées sous les rideaux
lourds des alcôves mystérieuses, rien ne vaut et
n'égale cette joie honnête et calme, ce légitime con-
tentement de soi-même que le travail donne aux laborieux comme un premier salaire. » Et les yeux toujours fixés sur ces visions qui continuaient à lui
retracer les scènes des époques disparues, il remon-
tait les six étages de toutes les mansardes où son
existence aventureuse avait campé, et où la Muse, son
seul amour dalors, fidèle et persévérante amie,
l'avait suivi toujours, faisant bon ménage avec la
misère, et n'interrompant jamais sa chanson d'espérance. Mais voici qu'au milieu de cette existence régulière et tranquille apparaissait brusquement la
figure d'une femme ; et en la voyant entrer dans cette
demeure où elle avait été jusque-là reine unique et
maîtresse , la Muse du poète se levait tristement et
quittait la place à la nouvelle venue, en qui elle avait
deviné une rivale. Rodolphe hésitait un instant entre
la Muse à qui son regard semblait dire reste, tandis

qu'un geste attractif adressé à l'étrangère lui disait
viens. Et comment la repousser, cette créature
charmante qui venait à lui, armée de toutes les séductions d'une beauté dans son aube ? Bouche mignonne et lèvre rose, parlant un langage naïf et hardi,
plein de promesses câlines ; comment refuser sa
main à cette petite main blanche aux veines bleues,
qui s'étendait vers lui toute pleine de caresses ? Comment dire va-t'en à ces dix-huit ans fleuris dont la
présence embaumait déjà la maison d'un parfum de
jeunesse et de gaîté ? Et puis, de sa douce voix ten-
drement émue, elle chantait si bien la cavatine de la
tentation ! Par ses yeux vifs et brillants, elle disait si
bien : — Je suis l'amour ; par ses lèvres où fleurissait
le baiser : — Je suis le plaisir ; par toute sa personne,
enfin : — Je suis le bonheur, que Rodolphe s'y laissait prendre. Et d'ailleurs cette jeune femme, après
tout, n'était-ce pas la poésie vivante et réelle ? Ne lui
avait-il pas dû ses plus fraîches inspirations ? Ne
l'avait-elle pas souvent initié à des enthousiasmes
qui l'emportaient si haut dans l'éther de la rêverie,
qu'il perdait de vue les choses de la terre ? S'il avait
beaucoup souffert à cause d'elle, cette souffrance
n'était-elle point l'expiation des joies immenses qu'elle
lui avait données ? N'était-ce point la vengeance ordinaire de la destinée humaine, qui interdit le bonheur
absolu comme une impiété ? Si la loi chrétienne pardonne à ceux qui ont beaucoup aimé, c'est aussi parce
qu'ils auront beaucoup souffert ; et l'amour terrestre
ne devient une passion qu'à la condition de se purifier
dans les larmes. Et de même qu'on s'enivre à respirer
l'odeur des roses fanées, de même Rodolphe s'enivrait
encore en revivant par le souvenir de cette vie d'autrefois où chaque jour amenait une élégie nouvelle,

un drame terrible, une comédie grotesque. Il repassait par toutes les phases de son étrange amour pour la chère absente, depuis leur lune de miel jusqu'aux orages domestiques qui avaient déterminé leur dernière rupture; il se rappelait le répertoire de toutes les ruses de son ancienne maîtresse, il redisait tous ses *mots*. Il la voyait tourner autour de lui dans leur petit ménage, fredonnant sa chanson de *Ma mie Annette*, et accueillant avec la même gaieté insoucieuse les bons et les mauvais jours. Et en fin de compte il arrivait à se dire que la raison avait toujours tort en amour. En effet, qu'avait-il gagné à cette rupture? Au temps où il vivait avec Mimi, celle-ci le trompait, il était vrai; mais s'il le savait, c'était sa faute, après tout, et parce qu'il se donnait un mal infini pour l'apprendre, parce qu'il passait son temps à l'affût des preuves, et que lui-même aiguisait les poignards qu'il s'enfonçait dans le cœur. D'ailleurs, Mimi n'était-elle pas assez adroite pour lui démontrer au besoin que c'était lui qui se trompait? Et puis, avec qui lui était-elle infidèle? C'était le plus souvent avec un châle, avec un chapeau, avec des choses et non avec des hommes. Cette tranquillité, ce calme qu'il avait espérés en se séparant de sa maîtresse, les avait-ils retrouvés après son départ? Hélas! non. Il n'y avait de moins qu'elle, dans la maison. Autrefois sa douleur pouvait s'épancher, il pouvait s'emporter en injures, en représentations; il pouvait montrer tout ce qu'il souffrait, et exciter la pitié de celle qui causait ses souffrances. Et maintenant sa douleur était solitaire, sa jalousie était devenue de la rage; car autrefois il pouvait du moins, quand il avait des soupçons, empêcher Mimi de sortir, la garder près de lui, dans sa possession; et maintenant il la rencontrait dans la rue, au bras de son amant nouveau, et il fallait qu'il se détournât pour la laisser passer, heureuse sans doute, et allant au plaisir.

Cette misérable vie dura trois ou quatre mois. Peu à peu le calme lui revint. Marcel, qui avait fait un long voyage pour se distraire de Musette, revint à Paris et se logea encore avec Rodolphe. Ils se consolaient l'un par l'autre.

Un jour, un dimanche, en traversant le Luxembourg, Rodolphe rencontra Mimi, en grande toilette. Elle allait au bal. Elle lui fit un signe de tête, auquel il répondit par un salut. Cette rencontre lui donna un grand coup dans le cœur, mais cette émotion fut moins douloureuse que de coutume. Il se promena encore quelque temps dans le jardin du Luxembourg, et revint chez lui. Quand Marcel rentra le soir, il le trouva au travail.

— Ah ! bah, fit Marcel en se penchant sur son épaule, tu travailles, des vers !

— Oui, répondit Rodolphe avec joie. Je crois que la petite bête n'est pas tout à fait morte. Depuis quatre heures que je suis là, j'ai retrouvé la verve des anciens jours. J'ai rencontré Mimi.

— Bah ! fit Marcel avec inquiétude. Et où en êtes-vous ?

— A pas peur, dit Rodolphe, nous n'avons fait que nous saluer. Ça n'a pas été plus loin que ça.

— Bien vrai ? dit Marcel.

— Bien vrai. C'est fini entre nous, je le sens ; mais si je me remets à travailler, je lui pardonne.

— Si c'est tant fini que ça, ajouta Marcel qui venait de lire les vers de Rodolphe, pourquoi lui fais-tu des vers ?

— Hélas! reprit le poète, je prends ma poésie où je la trouve.

Pendant huit jours, il travailla à ce petit poème. Quand il eut fini, il vint le lire à Marcel, qui s'en déclara satisfait, et qui encouragea Rodolphe à utiliser autrement la veine qui lui était revenue : car, lui observa-t-il, ce n'était pas la peine de quitter Mimi, si tu dois toujours vivre avec son ombre. — Après ça, dit-il en souriant, au lieu de prêcher les autres, je ferais mieux de me prêcher moi-même, car j'ai encore de la Musette plein le cœur. Enfin! nous ne serons peut-être pas toujours des jeunes gens affolés de créatures du diable.

— Hélas! répliqua Rodolphe, il n'est pas besoin de dire à la jeunesse : Va-t'en.

— C'est vrai, dit Marcel, mais il y a des jours où je voudrais être un honnête vieillard, membre de l'Institut, décoré de plusieurs ordres, et revenu des Musettes de ce monde. Le diable m'emporte si j'y retournerais! Et toi, ajouta l'artiste en riant, aimerais-tu avoir soixante ans?

— Aujourd'hui, répondit Rodolphe, j'aimerais mieux avoir soixante francs.

Peu de jours après, M\text{lle} Mimi, étant entrée dans un café avec le jeune vicomte Paul, ouvrit une *Revue* où se trouvaient imprimés les vers que Rodolphe avait faits pour elle.

— Bon! s'écria-t-elle en riant d'abord, voilà encore mon amant Rodolphe qui dit du mal de moi dans les journaux. — Mais quand elle eut achevé la pièce de vers, elle resta silencieuse et toute rêveuse. Le vicomte Paul, devinant qu'elle songeait à Rodolphe, essaya de l'en distraire. — Je t'achèterai des pendants d'oreilles, lui dit-il.

— Ah! dit Mimi, vous avez de l'argent, vous!

— Et un chapeau de paille d'Italie, continua le vicomte Paul.

— Non, dit Mimi, si vous voulez me faire plaisir, achetez-moi ça. — Et elle lui montrait la livraison où elle venait de lire la poésie de Rodolphe.

— Ah! pour cela, non, fit le vicomte piqué.

— C'est bien, répondit Mimi froidement. Je l'achèterai moi-même, avec de l'argent que je gagnerai moi-même. Au fait, j'aime mieux que ce ne soit pas avec le vôtre.

Et pendant deux jours Mimi retourna dans son ancien atelier de fleuriste, où elle gagna de quoi acheter la livraison. Elle apprit par cœur la poésie de Rodolphe; et, pour faire enrager le vicomte Paul, elle la répétait toute la journée à ses amis. Voici quels étaient ces vers :

Alors que je voulais choisir une maîtresse
Et qu'un jour le hasard fit rencontrer nos pas,
J'ai mis entre tes mains mon cœur et ma jeunesse
Et je t'ai dit : Fais-en tout ce que tu voudras.

Hélas! ta volonté fut cruelle, ma chère :
Dans tes mains ma jeunesse est restée en lambeaux,
Mon cœur s'est en éclats brisé comme du verre,
    Et ma chambre est le cimetière
    Où sont enterrés les morceaux
    De ce qui t'aima tant naguère.

Entre nous maintenant, n-i, ni, c'est fini,
Je ne suis plus qu'un spectre et tu n'es qu'un fantôme;
Et sur notre amour mort et bien enseveli,
Nous allons, si tu veux, chanter le dernier psaume.

Pourtant ne prenons point un air écrit trop haut,
Nous pourrions tous les deux n'avoir pas la voix sûre;
Choisissons un mineur grave et sans floriture;
Moi je ferai la basse et toi le soprano.

Mi, ré, mi, do, ré, la. — Pas cet air, ma petite !
S'il entendait cet air que tu chantais jadis,
Mon cœur, tout mort qu'il est, tressaillirait bien vite
Et ressusciterait à ce *De profundis.*

Do, mi, fa, sol, mi, do. — Celui-ci me rappelle
Une valse à deux temps qui me fit bien du mal :
Le fifre au rire aigu raillait le violoncelle
Qui pleurait sous l'archet ses notes de cristal.

Sol, do, do, si , si, la. — Point cet air, je t'en prie :
Nous l'avons, l'an dernier, ensemble répété
Avec des Allemands qui chantaient leur patrie
Dans les bois de Meudon, par une nuit d'été.

Eh bien, ne chantons pas, restons-en là, ma chère ;
Et pour n'y plus penser, pour n'y plus revenir,
Sur nos amours défunts, sans haine et sans colère,
Jetons en souriant un dernier souvenir.

Nous étions bien heureux dans ta petite chambre
Quand ruisselait la pluie et que soufflait le vent ;
Assis dans le fauteuil, près de l'âtre, en décembre,
Aux lueurs de tes yeux j'ai rêvé bien souvent.

La houille pétillait ; en chauffant sur les cendres,
La bouilloire chantait son refrain régulier,
Et faisait un orchestre au bal des salamandres
        Qui voltigeaient dans le foyer.

Feuilletant un roman, paresseuse et frileuse,
Tandis que tu fermais tes yeux ensommeillés,
Moi je rajeunissais ma jeunesse amoureuse,
Mes lèvres sur tes mains et mon cœur à tes pieds.

Aussi, quand on entrait, la porte ouverte à peine,
On sentait le parfum d'amour et de gaieté
Dont notre chambre était du matin au soir pleine,
Car le bonheur aimait notre hospitalité.

Puis l'hiver s'en alla ; par la fenêtre ouverte,
Le printemps un matin vint nous donner l'éveil,
Et ce jour-là tous deux dans la campagne verte
Nous allâmes courir au-devant du soleil.

C'était le vendredi de la sainte semaine,
Et, contre l'ordinaire, il faisait un beau temps ;
Du val à la colline, et du bois à la plaine,
D'un pied leste et joyeux nous courûmes longtemps.

Fatigués cependant par ce pèlerinage,
Dans un lieu qui formait un divan naturel
Et d'où l'on pouvait voir au loin le paysage,
Nous nous sommes assis en regardant le ciel.

Les mains pressant les mains, épaule contre épaule,
Et sans savoir pourquoi l'un et l'autre oppressés,
Notre bouche s'ouvrit sans dire une parole,
        Et nous nous sommes embrassés.

Près de nous l'hyacinthe avec la violette
Mariaient leur parfum qui montait dans l'air pur ;
Et nous vîmes tous deux, en relevant la tête,
Dieu qui nous souriait à son balcon d'azur.

Aimez-vous, disait-il ; c'est pour rendre plus douce
La route où vous marchez que j'ai fait sous vos pas
Dérouler en tapis le velours de la mousse ;
Embrassez-vous encor, — je ne regarde pas.

Aimez-vous, aimez-vous : dans le vent qui murmure,
Dans les limpides eaux, dans les bois reverdis,
Dans l'astre, dans la fleur, dans la chanson des nids,
C'est pour vous que j'ai fait renaître ma nature.

Aimez-vous, aimez-vous ; et de mon soleil d'or,
De mon printemps nouveau qui réjouit la terre,
Si vous êtes contents, au lieu d'une prière
Pour me remercier, embrassez-vous encor.

Un mois après ce jour, quand fleurirent les roses,
Dans le petit jardin que nous avions planté,
Quand je t'aimais le mieux sans m'en dire les causes,
Brusquement ton amour de moi s'est écarté.

Où s'en est-il allé ? Partout un peu, je pense ;
Car faisant triompher l'une et l'autre couleur,
Ton amour inconstant flotte sans préférence
Du brun valet de pique au blond valet de cœur.

Te voilà maintenant heureuse : ton caprice
Règne sur une cour de galants jouvenceaux,
Et tu ne peux marcher sans qu'à tes pieds fleurisse
Un parterre émaillé d'odorants madrigaux.

Dans les jardins de bal, quand tu fais ton entrée,
Autour de toi se forme un cercle langoureux ;
Et le frémissement de ta robe moirée,
Pâme en chœur laudatif ta meute d'amoureux.

Élégamment chaussé d'une souple bottine
Qui serait trop étroite au pied de Cendrillon,
Ton pied est si petit qu'à peine on le devine
Quand la valse t'emporte en son gai tourbillon.

Dans les bains onctueux d'une huile de paresse,
Tes mains, brunes jadis, ont retrouvé depuis
La pâleur de l'ivoire ou du lis que caresse
Le rayon argenté dont s'éclairent les nuits.

Autour de ton bras blanc une perle choisie
Constelle un bracelet ciselé par Froment,
Et sur tes reins cambrés un grand châle d'Asie
En cascade de plis ondule artistement.

La dentelle de Flandre, et le point d'Angleterre,
La guipure gothique à la mate blancheur,
Chef-d'œuvre arachnéen d'un âge séculaire,
De ta riche toilette achève la splendeur.

Pour moi, je t'aimais mieux dans tes robes de toile
Printanière, indienne ou modeste organdi,
Atours frais et coquets, simple chapeau sans voile,
Brodequins gris ou noirs, et col blanc tout uni.

Car ce luxe nouveau qui te rend si jolie
Ne me rappelle pas mes amours disparus,
Et tu n'es que plus morte et mieux ensevelie
Dans ce linceul de soie où ton cœur ne bat plus.

Lorsque je composai ce morceau funéraire
Qui n'est qu'un long regret de mon bonheur passé,
J'étais vêtu de noir comme un parfait notaire,
Moins les besicles d'or et le jabot plissé.

Un crêpe enveloppait le manche de ma plume,
Et des filets de deuil encadraient le papier
Sur lequel j'écrivais ces strophes, où j'exhume
Le dernier souvenir de mon amour dernier.

Arrivé cependant à la fin d'un poème
Où je jette mon cœur dans le fond d'un grand trou,
— Gaieté de croque-mort qui s'enterre lui-même, —
Voilà que je me mets à rire comme un fou.

Mais cette gaîté-là n'est qu'une raillerie ;
Ma plume en écrivant a tremblé dans ma main,
Et quand je souriais, comme une chaude pluie
Mes larmes effaçaient les mots sur le vélin.

II

C'était le 24 décembre, et ce soir-là le quartier
Latin avait une physionomie particulière. Dès quatre
heures du soir, les bureaux du mont-de-piété, les
boutiques des fripiers, et celles des bouquinistes
avaient été encombrés par une foule bruyante qui
s'en vint dans la soirée prendre d'assaut les boutiques
des charcutiers, des rôtisseurs et des épiciers. Les
garçons de comptoir, eussent-ils eu cent bras comme
Briarée, n'auraient pu suffire à servir les chalands qui
s'arrachaient les provisions. On faisait la queue chez
les boulangers comme aux jours de disette. Les marchands de vin écoulaient les produits de trois ven-
danges, et un statisticien habile aurait eu peine à
nombrer le chiffre des jambonneaux et des saucissons
qui se débitèrent chez le célèbre Borel de la rue
Dauphine. Dans cette seule soirée, le père Cretaine, dit
Petit-Pain, épuisa dix-huit éditions de ses gâteaux au

beurre. Pendant toute la nuit, des clameurs bruyantes s'échappaient des maisons garnies dont les fenêtres flamboyaient, et une atmosphère de kermesse emplissait le quartier.

On célébrait l'antique solennité du réveillon.

Ce soir-là, sur les dix heures, Marcel et Rodolphe rentraient chez eux assez tristement. En remontant la rue Dauphine, ils aperçurent une grande affluence dans la boutique d'un charcutier marchand de comestibles, et ils s'arrêtèrent un instant aux carreaux, tantalisés par le spectacle des odorantes productions gastronomiques ; les deux bohèmes ressemblaient, dans leur contemplation, à ce personnage d'un roman espagnol, qui faisait maigrir les jambons rien qu'en les regardant.

— Ceci s'appelle une dinde truffée, disait Marcel en indiquant une magnifique volaille laissant voir, à travers son épiderme rosé et transparent, les tubercules périgourdins dont elle était farcie. — J'ai vu des gens impies manger de cela sans se mettre à genoux devant, ajouta le peintre en jetant sur la dinde des regards capables de la faire rôtir.

— Et que penses-tu de ce modeste gigot de présalé ? ajouta Rodolphe. Comme c'est beau de couleur, on le dirait fraîchement décroché de cette boutique de charcutier qu'on voit dans un tableau de Jordaëns. Ce gigot est le mets favori des dieux, et de Mme Chandelier, ma marraine.

— Vois un peu ces poissons, reprit Marcel en montrant des truites, ce sont les plus habiles nageurs de la race aquatique. Ces petites bêtes, qui ont l'air de n'avoir aucune prétention, pourraient pourtant s'amasser des rentes en faisant des tours de force ; figure-toi que ça remonte le courant d'un torrent à pic aussi

facilement que nous accepterions une invitation à
souper ou deux. J'ai failli en manger.

— Et là-bas ces gros fruits dorés à cône, dont le
feuillage ressemble à une panoplie de sabres sauvages, on appelle ça des ananas, c'est la pomme de
reinette des tropiques.

— Ça m'est égal, répondit Marcel, en fait de fruits
je préfère ce morceau de bœuf, ce jambon ou ce
simple jambonneau cuirassé d'une gelée transparente
comme de l'ambre.

— Tu as raison, répondit Rodolphe ; le jambon est
l'ami de l'homme, quand il en a. Cependant je ne
repousserais pas ce faisan.

— Je le crois bien, c'est le plat des têtes couron-
nées.

Et comme en continuant leur chemin ils rencon-
trèrent de joyeuses processions qui rentraient pour
fêter Momus, Bacchus, Comus et toutes les gour-
mandes divinités en *us*, ils se demandèrent l'un l'autre
quel était le seigneur Gamache dont on célébrait les
noces avec une si grande profusion de victuailles.

Marcel fut le premier qui se rappela la date et la
fête du jour.

— C'est aujourd'hui réveillon, dit-il.

— Te souviens-tu de celui que nous avons fait l'an
dernier? fit Rodolphe.

— Oui, répondit Marcel, chez Momus. C'est Barbemuche qui l'a payé. Je n'aurais jamais supposé
qu'une femme aussi délicate que Phémie pût contenir
autant de saucisson.

— Quel malheur que Momus nous ait retiré nos
entrées, dit Rodolphe.

— Hélas! dit Marcel, les calendriers se suivent et
ne se ressemblent pas.

— Est-ce que tu ne ferais pas bien réveillon? demanda Rodolphe.

— Avec qui et avec quoi? répliqua le peintre.

— Avec moi, donc.

— Et de l'or?

— Attends un peu, dit Rodolphe, je vais entrer dans ce café où je connais des gens qui jouent gros jeu. J'emprunterai quelques sesterces à un favorisé de la chance, et je rapporterai de quoi arroser une sardine ou un pied de cochon

— Va donc, fit Marcel, j'ai une faim *caniche!* Je t'attends là.

Rodolphe monta au café, où il connaissait du monde. Un monsieur qui venait de gagner trois cents francs en dix tours de bouillotte se fit un véritable plaisir de prêter au poète une pièce de quarante sous, qu'il lui offrit enveloppée dans cette mauvaise humeur que donne la fièvre du jeu. Dans un autre instant et ailleurs qu'autour d'un tapis vert, il aurait peut-être prêté quarante francs.

— Eh bien? demanda Marcel en voyant redescendre Rodolphe.

— Voici la recette, dit le poète en montrant l'argent.

— Une croûte et une goutte, fit Marcel.

Avec cette somme modique, ils trouvèrent cependant le moyen d'avoir du pain, du vin, de la charcuterie, du tabac, de la lumière et du feu.

Ils rentrèrent dans l'hôtel garni où ils habitaient chacun une chambre séparée. Le logement de Marcel, qui lui servait d'atelier, étant le plus grand, fut choisi pour la salle du festin, et les amis y firent en commun les apprêts de leur Balthasar intime.

Mais à cette petite table où ils s'étaient assis, auprès

de ce feu où les bûches humides d'un mauvais bois
flotté se consumaient sans flamme et sans chaleur,
vint s'asseoir et s'attabler, convive mélancolique, le
fantôme du passé disparu.

Ils restèrent, pendant une heure au moins, silencieux et pensifs, tous deux sans doute préoccupés de
la même idée et s'efforçant de la dissimuler. Ce fut
Marcel le premier qui rompit le silence.

— Voyons, dit-il à Rodolphe, ce n'est pas là ce que
nous nous étions promis.

— Que veux-tu dire ? fit Rodolphe.

— Eh ! mon Dieu ! répliqua Marcel, ne vas-tu pas
feindre avec moi maintenant ! Tu songes à ce qu'il
faut oublier, et moi aussi, parbleu... je ne le nie pas.

— Eh bien, alors...

— Eh bien, il faut que ce soit la dernière fois. Au
diable les souvenirs qui font trouver le vin mauvais
et nous rendent tristes quand tout le monde s'amuse !
s'écria Marcel en faisant allusion aux cris joyeux qui
s'échappaient des chambres voisines de la leur. —
Allons, pensons à autre chose, et que ce soit la dernière fois.

— C'est ce que nous disons toujours, et pourtant...
fit Rodolphe en retournant à sa rêverie.

— Et pourtant nous y revenons sans cesse, reprit
Marcel. Cela tient à ce qu'au lieu de chercher franchement l'oubli nous faisons des choses les plus futiles des prétextes pour rappeler le souvenir, cela tient
surtout à ce que nous nous obstinons à vivre dans le
même milieu où ont vécu les créatures qui ont fait si
longtemps notre tourment. Nous sommes les esclaves
d'une habitude, moins que d'une passion. C'est cette
captivité qu'il faut rompre, ou nous nous épuiserons
dans un esclavage ridicule et honteux. Eh bien, le

passé est passé, il faut briser les liens qui nous y rattachent encore ; l'heure est venue d'aller en avant sans plus regarder en arrière, nous avons fait notre temps de jeunesse, d'insouciance et de paradoxe. Tout cela est très beau ; on en ferait un joli roman ; mais cette comédie des folies amoureuses, ce gaspillage des jours perdus avec la prodigalité des gens qui croient avoir l'éternité à dépenser, tout cela doit avoir un dénouement. Sous peine de justifier le mépris qu'on ferait de nous, et de nous mépriser nous-mêmes, il ne nous est pas possible de continuer à vivre encore longtemps en marge de la société, en marge de la vie presque. Car enfin, est-ce une existence que celle que nous menons ? Et cette indépendance, cette liberté de mœurs dont nous nous vantons si fort, ne sont-ce pas là des avantages bien médiocres ? La vraie liberté, c'est de pouvoir se passer d'autrui et d'exister par soi-même ; en sommes-nous là ? Non ! le premier gredin venu, dont nous ne voudrions pas porter le nom pendant cinq minutes, se venge de nos railleries et devient notre seigneur et maître le jour où nous lui empruntons cent sous, qu'il nous prête après nous avoir fait dépenser pour cent écus de ruse ou d'humilité. Pour mon compte, j'en ai assez. La poésie n'existe pas seulement dans le désordre de l'existence, dans les bonheurs improvisés, dans des amours qui durent l'existence d'une chandelle, dans des rébellions plus ou moins excentriques contre les préjugés qui seront éternellement les souverains du monde : on renverse plus facilement une dynastie qu'un usage, fût-il même ridicule. Il ne suffit point de mettre un paletot d'été dans le mois de décembre pour avoir du talent ; on peut être un poète ou un artiste véritable en se tenant les pieds chauds et en faisant ses trois

repas. Quoi qu'on dise et quoi qu'on fasse, si l'on
veut arriver à quelque chose, il faut toujours prendre
la route du lieu commun. Ce discours t'étonne peut-
être, ami Rodolphe, tu vas dire que je brise mes
idoles, tu vas m'appeler corrompu, et cependant ce
que je te dis est l'expression de ma pensée sincère.
A mon insu il s'est opéré en moi une lente et salutaire
métamorphose : la raison est entrée dans mon esprit,
avec effraction, si tu veux, et malgré moi peut-être ;
mais elle est entrée enfin, et m'a prouvé que j'étais
dans une mauvaise voie et qu'il y aurait à la fois ridicule et danger à y persévérer. En effet, qu'arrivera-
t-il si nous continuons l'un et l'autre ce monotone et
inutile vagabondage ? Nous arriverons au bord de
nos trente ans, inconnus, isolés, dégoûtés de tout et
de nous-mêmes, pleins d'envie envers tous ceux que
nous verrons arriver à un but quel qu'il soit, obligés
pour vivre de recourir aux moyens honteux de parasitisme ; et n'imagine pas que ce soit là un tableau de
fantaisie que j'évoque exprès pour t'épouvanter. Je ne
vois pas systématiquement l'avenir en noir, mais je
ne le vois pas en rose non plus ; je vois juste. Jusqu'à
présent l'existence que nous avons menée nous était
imposée ; nous avions l'excuse de la nécessité. Aujourd'hui nous ne serions plus excusables ; et si nous
ne rentrons pas dans la vie commune, ce sera volontairement, car les obstacles contre lesquels nous
avons eu à lutter n'existent plus.

— Ah çà ! dit Rodolphe, où veux-tu en venir ? A
quel propos et à quoi bon cette mercuriale ?

— Tu me comprends parfaitement, répondit Marcel avec le même accent sérieux ; tout à l'heure, ainsi
que moi, je t'ai vu envahi par des souvenirs qui te
faisaient regretter le temps passé : tu pensais à Mimi

comme moi je pensais à Musette, tu aurais voulu,
comme moi, avoir ta maîtresse à tes côtés. Eh bien,
je dis que nous ne devons plus ni l'un ni l'autre songer à ces créatures, que nous n'avons pas été créés et
mis au monde uniquement pour sacrifier notre existence à ces Manons vulgaires, et que le chevalier
Desgrieux qui est si beau, si vrai et si poétique, ne
se sauve du ridicule que par sa jeunesse et par les
illusions qu'il avait su conserver. A vingt ans, il peut
suivre sa maîtresse aux îles sans cesser d'être intéressant; mais à vingt-cinq ans il aurait mis Manon à la
porte et il aurait eu raison. Nous avons beau dire,
nous sommes vieux, vois-tu, mon cher; nous avons
vécu trop et trop vite, notre cœur est fêlé et ne rend
plus que des sons faux ; on n'est pas impunément pendant trois ans amoureux d'une Musette ou d'une
Mimi. Pour moi, c'est bien fini ; et, comme je veux
divorcer complètement avec son souveinr, je vais
actuellement jeter au feu quelques petits objets
qu'elle a laissés chez moi dans ses diverses stations,
et qui me forcent à songer à elle quand je les retrouve.

Et Marcel, qui s'était levé, alla prendre dans le
tiroir d'une commode un petit carton dans lequel se
trouvaient les souvenirs de Musette, un bouquet fané,
une ceinture, un bout de ruban et quelques lettres.

— Allons, dit-il au poète, imite-moi, ami Rodolphe.

— Eh bien, soit ! s'écria celui-ci en faisant un
effort, tu as raison. Moi aussi, je veux en finir avec
cette fille aux mains pâles.

Et, s'étant levé brusquement, il alla chercher un
petit paquet, contenant des souvenirs de Mimi, à peu
près de la même nature que ceux dont Marcel faisait
silencieusement l'inventaire.

— Ça tombe bien, murmura le peintre. Ces *bibelots* vont nous servir à rallumer le feu qui s'éteint.

— En effet! ajouta Rodolphe, il fait ici une température capable de faire éclore des ours blancs.

— Allons, dit Marcel, brûlons en duo, tiens, voilà la prose de Musette qui flambe comme un feu de punch. Elle aimait joliment ça, le punch. Allons, ami Rodolphe, attention!

Et pendant quelques minutes ils jetèrent alternativement dans le foyer, qui flambait clair et bruyant, le reliquiaire de leur tendresse passée.

— Pauvre Musette, disait tout bas Marcel en regardant la dernière chose qui lui restait dans les mains, c'était un petit bouquet fané composé de fleurs des champs.

— Pauvre Musette, elle était bien jolie, pourtant, et elle m'aimait bien, n'est-ce pas, petit bouquet, son cœur te l'a dit le jour où tes fleurs étaient à sa ceinture ? Pauvre petit bouquet, tu as l'air de me demander grâce, eh bien, oui, mais à une condition, c'est que tu ne me parleras plus d'elle, jamais! jamais! — Et, profitant d'un moment où il croyait n'être pas aperçu par Rodolphe, il glissa le bouquet dans sa poitrine. Tant pis, c'est plus fort que moi. Je triche, pensa le peintre; — et comme il jetait un regard furtif sur Rodolphe, il vit le poète qui, arrivé à la fin de son auto-da-fé, mettait sournoisement dans sa poche, après l'avoir baisé avec tendresse, un petit bonnet de nuit qui avait appartenu à Mimi.

— Allons, murmura Marcel, il est aussi lâche que moi.

Au moment même où Rodolphe allait rentrer dans sa chambre pour se coucher, on frappa deux petits coups à la porte de Marcel.

— Qui diable peut venir à cette heure? dit le peintre en allant ouvrir.

Un cri d'étonnement lui échappa quand il eut ouvert sa porte.

C'était Mimi.

Comme la chambre était très obscure, Rodolphe ne reconnut pas d'abord sa maîtresse; et, distinguant seulement une femme, il pensa que c'était une des conquêtes de passage de son ami, et par discrétion il se disposa à se retirer.

— Je vous dérange, dit Mimi, qui était restée sur le seuil de la porte.

A cette voix, Rodolphe tomba sur sa chaise comme foudroyé.

— Bonsoir, lui dit Mimi en s'approchant de lui, et en lui serrant la main qu'il se laissa prendre machinalement.

— Qui diable vous amène ici, demanda Marcel, et à cette heure ?

— J'ai bien froid, reprit Mimi en frissonnant, j'ai vu de la lumière chez vous en passant dans la rue; et quoi qu'il soit bien tard, je suis montée.

Et elle tremblait toujours, sa voix avait des sonorités cristallines qui entraient dans le cœur de Rodolphe comme un glas funèbre et l'emplissaient d'une lugubre épouvante. Il la regarda plus attentivement à la dérobée. Ce n'était plus Mimi, c'était son spectre.

Marcel la fit asseoir au coin de la cheminée.

Mimi sourit en voyant la belle flamme, qui dansait joyeusement dans le foyer. — C'est bien bon, dit-elle en approchant de l'âtre ses pauvres mains violettes. A propos, monsieur Marcel, vous ne savez pas pourquoi je suis venue chez vous.

— Ma foi non, répondit celui-ci.

— Eh bien, reprit Mimi, je venais tout simplement vous demander si vous ne pouviez pas me faire avoir une chambre dans votre maison. On vient de me renvoyer de mon hôtel garni, parce que je dois deux quinzaines et je ne sais pas où aller.

— Diable ! fit Marcel en hochant la tête. Nous ne sommes pas en bonne odeur chez notre hôtelier, et notre recommandation serait déplorable, ma pauvre enfant.

— Comment donc faire alors? dit Mimi, c'est que je ne sais pas où aller.

— Ah çà ! demanda Marcel, vous n'êtes donc plus vicomtesse ?

— Ah ! mon Dieu, non, plus du tout.

— Mais depuis quand?

— Depuis deux mois, déjà.

— Vous avez donc fait des misères au jeune vicomte ?

— Non, dit-elle en jetant un regard à la dérobée sur Rodolphe, qui s'était mis dans l'angle le plus obscur de la chambre, le vicomte m'a fait une scène, à cause des vers qu'on a composés sur moi. Nous nous sommes disputés, et je l'ai envoyé promener; c'est un fier cancre, allez.

— Cependant, dit Marcel, il vous avait joliment bien nippée, à ce que j'ai vu le jour où je vous ai rencontrée.

— Eh bien, fit Mimi, figurez-vous qu'il m'a tout repris quand je suis partie, et j'ai appris qu'il avait mis mes effets en loterie, dans une mauvaise table d'hôte, où il m'emmenait dîner. Il est pourtant riche ce garçon, et avec toute sa fortune il est avare comme une bûche économique, et bête comme une oie, il ne voulait pas que je boive du vin pur, et me faisait faire

maigre les vendredis. Croiriez-vous qu'il voulait que
je misse des bas de laine noire, sous le prétexte que
c'était moins salissant que les blancs! On n'a pas idée
de ça; enfin, il m'a joliment ennuyée, allez. Je puis
bien dire que j'ai fait mon purgatoire avec lui.

— Et sait-il quelle est votre position? demanda
Marcel.

— Je ne l'ai pas revu ni ne veux pas le voir, répliqua Mimi, il me donne le mal de mer, quand je pense
à lui; j'aimerais mieux mourir de faim que de lui
demander un sou.

— Mais, continua Marcel, depuis que vous l'avez
quitté, vous n'êtes pas restée seule.

— Ah! s'écria Mimi avec vivacité, je vous assure
que si, monsieur Marcel: j'ai travaillé pour vivre;
seulement, comme l'état de fleuriste n'allait pas très
bien, j'en ai pris un autre: je pose pour les peintres.
Si vous avez de l'ouvrage à me donner... ajouta-t-elle
gaiement. Et, ayant remarqué un mouvement échappé
à Rodolphe qu'elle ne quittait pas des yeux tout en
parlant à son ami, Mimi reprit: Ah! mais, je ne pose
que pour la tête et les mains. J'ai beaucoup d'ouvrage, et on me doit de l'argent dans deux ou trois
endroits, j'en recevrai dans deux jours, c'est d'ici là
seulement que je voudrais trouver où loger. Quand
j'aurai de l'argent, je retournerai dans mon hôtel.
Tiens, dit-elle en regardant la table, où se trouvaient
encore les préparatifs du modeste festin auquel les
deux amis avaient à peine touché, vous allez souper.

— Non, dit Marcel, nous n'avons pas faim.

— Vous êtes bien heureux, dit naïvement Mimi.

A cette parole, Rodolphe sentit son cœur qui se
serrait horriblement, il fit à Marcel un signe que
celui-ci comprit.

— Au fait, dit l'artiste, puisque vous voilà, Mimi, vous partagerez la fortune du pot. Nous nous étions proposé de faire réveillon avec Rodolphe et puis... ma foi, nous avons pensé à autre chose.

— Alors, j'arrive bien, dit Mimi, en jetant sur la table, où était la nourriture, un regard presque affamé. Je n'ai pas dîné, mon cher, glissa-t-elle tout bas à l'artiste, de façon à ne pas être entendue de Rodolphe qui mordait son mouchoir pour ne pas éclater en sanglots.

— Approche-toi donc, Rodolphe, dit Marcel à son ami, nous allons souper tous les trois.

— Non, dit le poète en restant dans son coin.

— Est-ce que ça vous fâche, Rodolphe, que je sois venue ici? lui demanda Mimi, avec douceur; où voulez-vous que j'aille?

— Non, Mimi, répondit Rodolphe, seulement j'ai du chagrin à vous revoir ainsi.

— C'est ma faute, Rodolphe, je ne me plains pas; ce qui est passé est passé, n'y songez pas plus que moi. Est-ce que vous ne pourriez plus être mon ami, parce que vous avez été autre chose? Si, tout de même, n'est-ce pas? Eh bien, alors ne me faites pas mauvaise mine, et venez vous mettre à table avec nous.

Elle se leva pour aller le prendre par la main, mais elle était si faible, qu'elle ne put faire un pas et retomba sur la chaise.

— La chaleur m'a engourdie, dit-elle, je ne peux pas me tenir.

— Allons, dit Marcel à Rodolphe, viens nous faire compagnie.

Le poète s'approcha de la table et se mit à manger avec eux. Mimi était très gaie.

Quand le frugal souper fut terminé, Marcel dit à Mimi :

— Ma chère enfant, il ne nous est pas possible de vous faire donner une chambre dans la maison.

— Il faut donc que je m'en aille, dit-elle en essayant de se lever.

— Mais non ! mais non ! s'écria Marcel, j'ai un autre moyen d'arranger l'affaire ; vous allez rester dans ma chambre, et moi j'irai loger avec Rodolphe.

— Ça va bien vous gêner, fit Mimi, mais ça ne durera pas longtemps, deux jours.

— Comme ça, ça ne nous gêne pas du tout, répondit Marcel ; ainsi, c'est entendu, vous êtes ici chez vous, et nous, nous allons nous coucher chez Rodolphe. Bonsoir, Mimi, dormez bien.

— Merci, dit-elle en tendant la main à Marcel et à Rodolphe qui s'éloignaient.

— Voulez-vous vous enfermer ? lui demanda Marcel quand il fut près de la porte.

— Pourquoi ? fit Mimi en regardant Rodolphe, je n'ai pas peur !

Quand les deux amis furent seuls dans la chambre voisine, qui était sur le même carré, Marcel dit brusquement à Rodolphe :

— Eh bien, qu'est-ce que tu vas faire, maintenant ?

— Mais, balbutia Rodolphe, je ne sais pas.

— Allons, voyons, ne lanterne pas, va rejoindre Mimi ; si tu y retournes, je te prédis que demain vous serez remis ensemble.

— Si c'était Musette qui fût revenue, qu'est-ce que tu ferais, toi ? demanda Rodolphe à son ami.

— Si c'était Musette qui fût dans la chambre voisine, répondit Marcel, eh bien, franchement, je crois qu'il y a un quart d'heure que je ne serais plus dans celle-ci.

— Eh bien, moi, dit Rodolphe, je serai plus courageux que toi, je reste.

— Nous le verrons parbleu bien, dit Marcel qui s'était déjà mis au lit ; est-ce que tu vas te coucher ?

— Certes, oui, répondit Rodolphe.

Mais, au milieu de la nuit, Marcel s'étant réveillé, il s'aperçut que Rodolphe l'avait quitté.

Le matin, il alla frapper discrètement à la porte de la chambre où était Mimi.

— Entrez, lui dit-elle, et en le voyant elle lui fit signe de parler bas pour ne pas réveiller Rodolphe qui dormait. Il était assis dans un fauteuil qu'il avait approché du lit, sa tête était posée sur l'oreiller à côté de celle de Mimi.

— C'est comme ça que vous avez passé la nuit ? demanda Marcel très étonné.

— Oui, répondit la jeune femme.

Rodolphe se réveilla subitement, et, après avoir embrassé Mimi, il tendit la main à Marcel, qui paraissait très intrigué.

— Je vais aller chercher de l'argent pour déjeuner, dit-il au peintre, tu tiendras compagnie à Mimi.

— Eh bien, demanda Marcel à la jeune femme quand ils furent seuls, que s'est-il passé cette nuit ?

— Des choses bien tristes, dit Mimi. Rodolphe m'aime toujours.

— Je le sais bien.

— Oui, vous avez voulu l'éloigner de moi, je ne vous en veux pas, Marcel, vous aviez raison ; je lui ai fait du mal à ce pauvre garçon.

— Et vous, demanda Marcel, est-ce que vous l'aimez encore ?

— Ah ! si je l'aime, dit-elle en joignant les mains, c'est ce qui fait mon tourment. Je suis bien changée, allez, mon pauvre ami, et il a fallu peu de temps pour cela.

— Eh bien, puisqu'il vous aime, que vous l'aimez, et que vous ne pouvez pas vous passer l'un de l'autre, remettez-vous ensemble, et tâchez donc d'y rester une bonne fois.

— C'est impossible, fit Mimi.

— Pourquoi ? demanda Marcel. Certainement il serait plus raisonnable que vous vous quittassiez; mais pour ne plus vous revoir, il faudrait que vous fussiez à mille lieues l'un de l'autre.

— Avant peu, je serai plus loin que ça.

— Hein, que voulez-vous dire?

— N'en parlez pas à Rodolphe, cela lui ferait trop de chagrin; je vais m'en aller pour toujours.

— Mais où?

— Tenez, mon pauvre Marcel, dit Mimi en sanglotant, regardez. — Et relevant un peu le drap de son lit, elle montra à l'artiste ses épaules, son cou et ses bras.

— Ah! mon Dieu! s'écria douloureusement Marcel, pauvre fille!

— N'est-ce pas, mon ami, que je ne me trompe pas et que je vais mourir bientôt?

— Mais, comment êtes-vous devenue ainsi en si peu de temps?

— Ah! répliqua Mimi, avec la vie que je mène depuis deux mois, ce n'est pas étonnant : toutes les nuits passées à pleurer, les jours à poser dans des ateliers sans feu, la mauvaise nourriture, le chagrin que j'avais; et puis, vous ne savez pas tout : j'ai voulu m'empoisonner avec de l'eau de Javel, on m'a sauvée, mais pas pour longtemps, vous voyez. Avec ça que je n'ai jamais été bien portante; enfin, c'est ma faute : si j'étais restée tranquille avec Rodolphe, je n'en serais pas là. Pauvre ami, voilà encore que je lui

retombe sur les bras, mais ça ne sera pas pour longtemps, la dernière robe qu'il me donnera sera toute
blanche, mon pauvre Marcel, et on m'enterrera avec.
Ah! si vous saviez comme je souffre de savoir que je
vais mourir! Rodolphe sait que je suis malade; il est
resté plus d'une heure sans parler, hier, quand il a vu
mes bras et mes épaules si maigres; il ne reconnais-
sait plus sa Mimi, hélas!... mon miroir même ne me
reconnaît plus. Ah! c'est égal, j'ai été jolie, et il m'a
bien aimée. Ah! mon Dieu! s'écria-t-elle en cachant
sa figure dans les mains de Marcel, mon pauvre ami,
je vais vous quitter, et Rodolphe aussi. Ah! mon
Dieu! — Et les sanglots étranglèrent sa voix.

— Allons, Mimi, dit Marcel, ne vous désolez pas,
vous vous guérirez; il faut seulement beaucoup de
soins et de tranquillité.

— Ah! non, fit Mimi, c'est bien fini, je le sens. Je
n'ai plus de forces; et quand je suis venue ici hier au
soir, j'ai mis plus d'une heure à monter l'escalier. Si
j'avais trouvé une femme, c'est moi qui serais joliment
descendue par la fenêtre. Cependant il était libre,
puisque nous n'étions plus ensemble; mais, voyez-
vous, Marcel, j'étais bien sûre qu'il m'aimait encore.
C'est pour ça, dit-elle en fondant en larmes, c'est
pour ça que je ne voudrais pas mourir tout de suite :
mais c'est fini, tout à fait. Tenez, Marcel, faut qu'il
soit bien bon ce pauvre ami, pour m'avoir reçue après
tout le mal que je lui ai fait. Ah! le bon Dieu n'est
pas juste, puisqu'il ne me laisse pas seulement le
temps de faire oublier à Rodolphe le chagrin que je
lui ai causé. Il ne se doute pas de l'état où je suis. Je
n'ai pas voulu qu'il se couchât à côté de moi, voyez-
vous, car il me semble que j'ai déjà les vers de la
terre après mon corps. Nous avons passé la nuit à

pleurer et à parler d'autrefois. Ah! comme c'est triste,
mon ami, de voir derrière soi le bonheur auprès
duquel on est passé jadis sans le voir! J'ai du feu dans
la poitrine; et quand je remue mes membres, il me
semble qu'ils vont se briser. Tenez, dit-elle à Marcel,
passez-moi donc ma robe. Je vais faire les cartes pour
savoir si Rodolphe apportera de l'argent. Je voudrais
faire un bon déjeuner avec vous! comme autrefois, ça
ne me ferait pas de mal; Dieu ne peut pas me rendre
plus malade que je ne le suis. Voyez, dit-elle à Marcel, en montrant le jeu de cartes qu'elle venait de
couper, voilà du pique. C'est la couleur de la mort.
Et voilà du trèfle, ajouta-t-elle plus gaiement. Oui,
nous aurons de l'argent.

Marcel ne savait que dire devant le délire lucide de
cette créature qui avait, comme elle le disait, les vers
du tombeau après elle!

Au bout d'une heure, Rodolphe rentra. Il était accompagné de Schaunard et de Gustave Colline. Le
musicien était en paletot d'été. Il avait vendu ses
habits de drap pour prêter de l'argent à Rodolphe,
en apprenant que Mimi était malade. Colline, de son
côté, avait été vendre des livres. On aurait voulu lui
acheter un bras ou une jambe, qu'il y aurait consenti
plutôt que de se défaire de ses chers bouquins. Mais
Schaunard lui avait fait observer qu'on ne pourrait
rien faire de son bras ou de sa jambe.

Mimi s'efforça de reprendre sa gaieté pour accueil-
lir ses anciens amis.

— Je ne suis plus méchante, leur dit-elle, et Rodolphe m'a pardonné. S'il veut me garder avec lui, je
mettrai des sabots et une marmotte, ça m'est bien
égal. Décidément la soie n'est pas bonne pour ma
santé, ajouta-t-elle avec un affreux sourire.

Sur les observations de Marcel, Rodolphe avait envoyé chercher un de ses amis, qui venait d'être reçu
médecin. C'était le même qui avait jadis soigné la
petite Francine. Quand il arriva, on le laissa seul
avec Mimi.

Rodolphe, prévenu d'avance par Marcel, savait déjà
le danger que courait sa maîtresse. Lorsque le médecin eut consulté Mimi, il dit à Rodolphe : — Vous ne
pouvez pas la garder. A moins d'un miracle, elle est
perdue. Il faut l'envoyer à l'hôpital. Je vais vous donner une lettre pour la Pitié ; j'y connais un interne,
on prendra bien soin d'elle. Si elle atteint le printemps, peut-être la tirerons-nous de là ; mais si elle
reste ici, dans huit jours elle ne sera plus.

— Je n'oserai jamais lui proposer cela, dit Rodolphe.

— Je le lui ai dit, moi, répondit le médecin, et elle
y consent. Demain je vous enverrai le bulletin d'admission à la Pitié.

— Mon ami, dit Mimi à Rodolphe, le médecin a
raison ; vous ne pourriez pas me soigner ici. A l'hospice on me guérira peut-être ; il faut m'y conduire.
Ah ! vois-tu, j'ai tant envie de vivre à présent, que je
consentirais à finir mes jours une main dans le feu,
et l'autre dans la tienne. D'ailleurs tu viendras me
voir. Il ne faudra pas te faire de chagrin ; je serai bien
soignée, ce jeune homme me l'a dit. On donne du
poulet, à l'hôpital, et on fait du feu. Pendant que je
me soignerai, tu travailleras, pour gagner de l'argent,
et quand je serai guérie, je reviendrai demeurer avec
toi. J'ai beaucoup d'espérance maintenant. Je rede-
viendrai jolie comme autrefois. J'ai déjà été malade
comme ça, dans le temps, quand je ne te connaissais
pas ; on m'a sauvée. Pourtant je n'étais pas heureuse
dans ce temps-là, j'aurais bien dû mourir. Maintenant

que je t'ai retrouvé et que nous pouvons être heureux,
on me sauvera encore, car je me défendrai joliment
contre la maladie. Je boirai toutes les mauvaises choses
qu'on me donnera, et si la mort me prend, ce sera
de force. Donne-moi le miroir, il me semble que j'ai
des couleurs. Oui, dit-elle en se regardant dans la glace,
voilà déjà mon bon teint qui me revient ; et mes mains,
vois, dit-elle, elles sont toujours bien gentilles ; em-
brasse-les encore une fois, ça ne sera pas la dernière,
va, mon pauvre ami, dit-elle en serrant Rodolphe par
le cou et en lui noyant le visage dans ses cheveux
déroulés.

Avant de partir à l'hôpital, elle voulut que ses amis
les bohèmes restassent pour passer la soirée avec elle.
— Faites-moi rire, dit-elle, la gaieté c'est ma santé.
C'est ce bonnet de nuit de vicomte qui m'a rendue
malade. Il voulait m'apprendre l'orthographe, figurez-
vous ; qu'est-ce que vous voulez que j'en fasse? Et ses
amis donc, quelle société ! une vraie basse-cour, dont
le vicomte était le paon. Il marquait son linge lui-
même. S'il se marie jamais, je suis sûre que c'est lui
qui fera les enfants.

Rien de plus navrant que la gaieté quasi posthume
de cette malheureuse fille. Tous les bohèmes faisaient
de pénibles efforts pour dissimuler leurs larmes et
maintenir la conversation sur le ton de plaisanterie
où l'avait montée la pauvre enfant pour laquelle la
destinée filait si vite le lin du dernier vêtement.

Le lendemain au matin, Rodolphe reçut le bulletin
de l'hôpital. Mimi ne pouvait pas se tenir sur ses
jambes; il fallut qu'on la descendît à la voiture. Pendant le trajet, elle souffrit horriblement des cahots du
fiacre. Au milieu de ces souffrances, la dernière chose
qui meurt chez les femmes, la coquetterie, survivait

encore ; deux ou trois fois elle fit arrêter la voiture devant les magasins de nouveauté, pour regarder les étalages.

En entrant dans la salle indiquée par son bulletin, Mimi ressentit un grand coup au cœur ; quelque chose lui dit intérieurement que c'était entre ces murs lépreux et désolés que s'achèverait sa vie. Elle employa tout ce qu'elle avait de volonté pour dissimuler l'impression lugubre qui l'avait glacée.

Quand elle fut couchée dans le lit, elle embrassa Rodolphe une dernière fois et lui dit adieu, en lui recommandant de venir la voir le dimanche suivant, qui était jour d'entrée : — Ça sent bien mauvais ici, lui dit-elle, apporte-moi des fleurs, des violettes, il y en a encore.

— Oui, dit Rodolphe, adieu, à dimanche. Et il tira sur elle les rideaux du lit. En entendant sur le parquet les pas de son amant qui s'en allait, Mimi fut prise soudainement d'un accès de fièvre presque délirante. Elle ouvrit brusquement les rideaux, et se penchant à demi hors du lit, elle s'écria d'une voix entrecoupée de larmes :

— Rodolphe, remmène-moi ! je veux m'en aller !

La religieuse accourut à son cri et tâcha de la calmer.

— Oh ! dit Mimi, je vais mourir ici.

Le dimanche matin, qui était le jour où il devait aller voir Mimi, Rodolphe se rappela qu'il lui avait promis des violettes. Par une superstition poétique et amoureuse, il alla à pied, par un temps horrible, chercher les fleurs que lui avait demandées son amie, dans ces bois d'Aulnay et de Fontenay, où tant de fois il avait été avec elle. Cette nature si gaie, si joyeuse, sous le soleil des beaux jours de juin et d'août, il la

trouva morne et glacée. Pendant deux heures il battit
les buissons couverts de neige, souleva les massifs et
les bruyères avec un petit bâton, et finit par réunir
quelques brins de violettes, justement dans une partie
de bois qui avoisine l'étang du Plessis, et dont ils
faisaient tous les deux leur retraite favorite quand ils
venaient à la campagne.

En traversant le village de Châtillon, pour retourner à Paris, Rodolphe rencontra sur la place de
l'église le cortège d'un baptême, dans lequel il reconnut un de ses amis qui était parrain avec un artiste
de l'Opéra.

— Que diable faites-vous par ici ? demanda l'ami,
très surpris de voir Rodolphe dans ce pays.

Le poète lui conta ce qui lui arrivait.

Le jeune homme, qui avait connu Mimi, fut très
attristé par ce récit, et, fouillant dans sa poche, il tira
un sac de bonbons du baptême, et le remit à Rodolphe.

— Cette pauvre Mimi, vous lui donnerez ça de ma
part et vous lui direz que j'irai la voir.

— Venez donc vite, si vous voulez arriver à temps,
lui dit Rodolphe en le quittant.

Quand Rodolphe arriva à l'hôpital, Mimi, qui ne
pouvait pas bouger, lui sauta au cou d'un regard.

— Ah ! voilà mes fleurs, s'écria-t-elle avec le sourire du désir satisfait. Rodolphe lui conta son pèlerinage dans cette campagne qui avait été le paradis de
leurs amours.

— Chères fleurs, dit la pauvre fille en baisant les
violettes. Les bonbons la rendirent très heureuse
aussi. — On ne m'a donc pas tout à fait oubliée ! Vous
êtes bons, vous autres jeunes gens ! Ah ! je les aime
bien, tous tes amis, va ! dit-elle à Rodolphe.

Cette entrevue fut presque gaie. Schaunard et Colline avaient rejoint Rodolphe. Il fallut que les infirmiers vinssent les faire sortir, car ils avaient dépassé l'heure de la visite.

— Adieu, dit Mimi; à jeudi, sans faute, et venez de bonne heure.

Le lendemain, en rentrant chez lui le soir, Rodolphe reçut une lettre d'un élève en médecine, interne à l'hôpital, et à qui il avait recommandé sa malade. La lettre ne contenait que deux mots :

« Mon ami, j'ai une bien mauvaise nouvelle à vous apprendre : le n° 8 est mort. Ce matin, en passant dans la salle, j'ai trouvé le lit vide. »

Rodolphe tomba sur une chaise et ne versa pas une larme. Quand Marcel rentra le soir, il trouva son ami dans la même attitude abrutie; d'un geste, le poète lui montra la lettre.

— Pauvre fille ! dit Marcel.

— C'est étrange, fit Rodolphe, je ne sens rien là. Est-ce que mon amour était mort en apprenant que Mimi devait mourir ?

— Qui sait ! murmura le peintre.

La mort de Mimi causa un grand deuil dans le cénacle de la Bohème.

Huit jours après, Rodolphe rencontra dans la rue l'interne qui lui avait appris la mort de sa maîtresse.

— Ah ! mon cher Rodolphe, dit celui-ci en courant au-devant du poète, pardonnez-moi le mal que je vous ai fait avec mon étourderie.

— Que voulez-vous dire ? fit Rodolphe étonné.

— Comment, répliqua l'interne, vous ne savez pas, vous ne l'avez pas revue ?

— Qui ? s'écria Rodolphe.

— Elle, Mimi.

— Quoi? dit le poète qui devint tout pâle.

— Je m'étais trompé. Quand je vous ai écrit cette
affreuse nouvelle, j'avais été victime d'une erreur;
et voici comment. J'étais resté absent de l'hôpital
pendant deux jours. Quand j'y suis revenu, en suivant la visite, j'ai trouvé le lit de votre femme vide.
J'ai demandé à la sœur où était la malade; elle m'a
répondu qu'elle était morte dans la nuit. Voici ce qui
était arrivé. Pendant mon absence Mimi avait été
changée de salle et de lit. Au n° 8 qu'elle avait quitté
on avait mis une autre femme qui mourut le même
jour. C'est ce qui vous explique l'erreur dans laquelle
je suis tombé. Le lendemain du jour où je vous ai
écrit, j'ai retrouvé Mimi dans une salle voisine. Votre
absence l'avait mise dans un état horrible; elle m'a
donné une lettre pour vous. Je l'ai portée à votre hôtel à l'instant même.

— Ah! mon Dieu! s'écria Rodolphe, depuis que
j'ai cru que Mimi était morte, je ne suis pas rentré
chez moi. J'ai couché à droite et à gauche chez mes
amis. Mimi est vivante! O mon Dieu! que doit-elle
penser de mon absence? Pauvre fille! pauvre fille!
comment est-elle? quand l'avez-vous vue?

— Avant-hier matin, elle n'allait ni mieux ni plus
mal ; elle est très inquiète et vous croit malade.

— Conduisez-moi sur-le-champ à la Pitié, dit
Rodolphe, que je la voie.

— Attendez-moi un instant, dit l'interne quand
ils furent à la porte de l'hôpital, je vais demander au directeur une permission pour vous faire
entrer.

Rodolphe attendit un quart d'heure sous le vestibule. Quand l'interne revint vers lui, il lui prit la main
et ne lui dit que ces mots :

— Mon ami, supposez que la lettre que je vous ai écrite, il y a huit jours, était vraie.

— Quoi ! dit Rodolphe en s'appuyant sur une borne, Mimi...

— Ce matin, à quatre heures.

— Menez-moi à l'amphithéâtre, dit Rodolphe, que je la voie.

— Elle n'y est plus, dit l'interne. Et, montrant au poète un grand fourgon qui se trouvait dans la cour, arrêté devant un pavillon, au-dessus duquel on lisait: *Amphithéâtre*, il ajouta : — Elle est là.

C'était en effet la voiture dans laquelle on transporte dans la fosse commune les cadavres qui n'ont pas été réclamés.

— Adieu, dit Rodolphe à l'interne.

— Voulez-vous que je vous accompagne ? proposa celui-ci.

— Non, fit Rodolphe en s'en allant. J'ai besoin d'être seul.

XXIII

La jeunesse n'a qu'un temps !

Un an après la mort de Mimi, Rodolphe et Marcel, qui ne s'étaient pas quittés, inauguraient par une fête leur entrée dans le monde officiel. Marcel, qui avait enfin pénétré au Salon, y avait exposé deux tableaux, dont l'un avait été acheté par un riche Anglais qui jadis avait été l'amant de Musette. Du produit de cette vente et de celui d'une commande du gouvernement, Marcel avait en partie liquidé les dettes de son passé. Il s'était meublé un logement convenable et avait un atelier sérieux. Presque en même temps, Schaunard et Rodolphe arrivaient devant le public, qui fait la renommée et la fortune, l'un avec un album de mélodies qui fut chanté dans tous les concerts, et qui commença sa réputation ; l'autre, avec un livre qui occupa la critique pendant un mois. Quant à Barbemuche, il avait depuis longtemps renoncé à la bohème. Gustave Colline avait hérité et fait un ma-

riage avantageux ; il donnait des soirées à musique et
à gâteaux.

Un soir, Rodolphe, assis dans *son* fauteuil, les pieds
sur *son* tapis, vit entrer Marcel tout effaré.

— Tu ne sais pas ce qui vient de m'arriver ? dit-il.

— Non, répondit le poète. Je sais que j'ai été chez
toi, que tu y étais parfaitement, et qu'on n'a pas
voulu m'ouvrir.

— Je t'ai entendu, en effet. Devine un peu avec qui
j'étais.

— Que sais-je, moi ?

— Avec Musette, qui est tombée chez moi, hier
soir, en débardeur.

— Musette, tu as retrouvé Musette, fit Rodolphe
avec un accent de regret.

— Ne t'inquiète pas, il n'y a pas eu de reprise
d'hostilités ; Musette est venue chez moi passersa dernière nuit de bohème.

— Comment ?

— Elle se marie.

— Ah bah! s'écria Rodolphe. Contre qui, Seigneur ?

— Contre un maître de poste qui était le tuteur de
son dernier amant, un drôle de corps, à ce qu'il paraît. Musette lui a dit : « Mon cher monsieur, avant
de vous donner définitivement ma main et d'entrer à
la mairie, je veux huit jours de liberté. J'ai mes
affaires à arranger, et je veux boire mon dernier
verre de champagne, danser mon dernier quadrille, et
embrasser mon amant Marcel, qui est un monsieur
comme tout le monde, à ce qu'il paraît. » Et pendant
huit jours, la chère créature m'a cherché. C'est comme
ça qu'elle est tombée chez moi hier soir, juste au
moment où je pensais à elle. Ah! mon ami, nous

avons passé une triste nuit en somme, et ce n'était
plus ça du tout, mais du tout. Nous avions l'air d'une
mauvaise copie d'un chef-d'œuvre ; j'ai même fait à
propos de cette dernière séparation une petite complainte que je vais te larmoyer, si tu permets ; et
Marcel se mit à fredonner les couplets suivants :

> Hier, en voyant une hirondelle
> Qui nous ramenait le printemps,
> Je me suis rappelé la belle
> Qui m'aima quand elle eut le temps.
> — Et, pendant toute la journée,
> Pensif, je suis resté devant
> Le vieil almanach de l'année
> Où nous nous sommes aimés tant.

> — Non, ma jeunesse n'est pas morte,
> Il n'est pas mort ton souvenir ;
> Et si tu frappais à ma porte,
> Mon cœur, Musette, irait t'ouvrir.
> Puisqu'à ton nom toujours il tremble, —
> Muse de l'infidélité, —
> Reviens encor manger ensemble
> Le pain béni de la gaîté.

> — Les meubles de notre chambrette,
> Ces vieux amis de notre amour,
> Déjà prennent un air de fête
> Au seul espoir de ton retour.
> Viens, tu reconnaîtras, ma chère,
> Tous ceux qu'en deuil mit ton départ,
> Le petit lit — et le grand verre
> Où tu buvais souvent ma part.

> Tu remettras la robe blanche
> Dont tu te parais autrefois,
> Et comme autrefois, le dimanche,
> Nous irons courir dans les bois.

Assis le soir sous la tonnelle,
Nous boirons encor ce vin clair
Où ta chanson mouillait son aile
Avant de s'envoler dans l'air.

Musette qui s'est souvenue,
Le carnaval étant fini,
Un beau matin est revenue,
Oiseau volage, à l'ancien nid ;
Mais en embrassant l'infidèle,
Mon cœur n'a plus senti d'émoi,
Et Musette, qui n'est plus elle,
Disait que je n'étais plus moi.

Adieu, va-t'en, chère adorée,
Bien morte avec l'amour dernier ;
Notre jeunesse est enterrée
Au fond du vieux calendrier.
Ce n'est plus qu'en fouillant la cendre
Des beaux jours qu'il a contenus,
Qu'un souvenir pourra nous rendre
La clef des paradis perdus (1).

— Eh bien, dit Marcel quand il eut achevé, tu es
rassuré maintenant ; mon amour pour Musette est
bien trépassé, puisque les *vers* s'y mettent, ajouta-
t-il ironiquement, en montrant le manuscrit de sa
chanson.

— Pauvre ami, dit Rodolphe, ton esprit se bat en
duel avec ton cœur, prends garde qu'il ne le tue !

— C'est déjà fait, répondit le peintre ; nous sommes
finis, mon vieux, nous sommes morts et enterrés. La
jeunesse n'a qu'un temps. Où dînes-tu ce soir ?

— Si tu veux, dit Rodolphe, nous irons dîner à
douze sous dans notre ancien restaurant de la rue du-
Four, là où il y a des assiettes en faïence de village,

et où nous avions si faim quand nous avions fini de
manger.

— Ma foi, non, répliqua Marcel. Je veux bien consentir à regarder le passé, mais ce sera au travers
d'une bouteille de vrai vin, et assis dans un bon fauteuil. Qu'est-ce que tu veux? Je suis un corrompu. Je
n'aime plus que ce qui est bon.

APPENDICE

Son Excellence Gustave Colline

On a dit, dans la Préface, comment Murger supprima, dans la seconde édition de la Vie de Bohème, ce chapitre. Pendant la période qui suivit la révolution de 1848, il avait pu railler, avec toute l'exagération de la fantaisie, les hommes qui prenaient part à la vie politique nouvelle. Mais après le coup d'État de 1851, ces hommes n'étaient plus que des vaincus, et ce n'était plus le temps de les plaisanter, même d'une façon assez inoffensive, tant la « charge » était poussée loin. Par un scrupule de délicatesse, Murger enleva ces pages. C'est à titre de curiosité qu'on les rétablit dans cette édition.

En ce temps-là, qui n'est pas très loin, le philosophe Gustave Colline était ambassadeur.

Sous le masque d'une aimable indolence et d'un profond mépris pour les grandeurs humaines, Colline cachait une ambition géante, et quoi qu'il fît pour dissimuler, il arrivait souvent qu'au milieu de charmants propos dont il émaillait sa conversation, on voyait percer le bout d'oreille de l'homme politique.

Le poète Rodolphe était le seul qui l'eût deviné. Un jour il disait aux membres du cénacle :

— Ne vous fiez pas aux apparences, messieurs, — Colline médite une ascension vers les hautes cimes sociales. — Plus je relis les excellents articles de philosophie hyperphysique et d'économie rurale que je lui fais insérer dans le *Castor*, plus je suis ancré dans cette idée que notre ami Colline est ce qu'on appelle une forte tête, et que son gigantesque chapeau est la coupole d'une intelligence supérieure, dominatrice et prédestinée. — C'est Machiavel sous l'habit pailleté de Dorat.

— Oh ! oh ! dirent Schaunard et Marcel, ceci est trop fort... de moka.

— Riez, messieurs, reprit Rodolphe, pour moi je sais à quoi m'en tenir. Depuis que Colline travaille au *Castor*, moniteur officiel de la chapellerie, il est vrai que les chapeliers se désabonnent avec une fureur toujours croissante, mais, en revanche, les chancelleries des légations étrangères se sont abonnées pour leurs cabinets respectifs.

— Ah ! ah ! murmura Carolus Barbemuche.

— Allons donc ! allons donc !

— Carolus, reprit Rodolphe, vous n'êtes qu'un déplorable Zoïle. Je suis convaincu que le philosophe Colline, notre divin maître, aura un jour les honneurs du maroquin ministériel, et que son paletot noisette s'étoilera d'une foule de nichams.

On avait beaucoup ri ce soir-là dans le cénacle de la bohème, — on avait beaucoup ri.

Un mois après, la République était proclamée, aux acclamations unanimes des rédacteurs de deux journaux.

Les bohèmes concentrèrent leur enthousiasme et n'illuminèrent pas, mais ils adressèrent à leurs créanciers une circulaire ansi conçue :

« Citoyen,

« Ayant eu la gloire de mourir pour la patrie, j'ai chargé mon légataire universel de régler avec vous. Jetons un voile sur le passé. Salut et fraternité. — Vive la République !... »

Puis, comme le droit à la paresse venait d'être proclamé en faveur des arts et des lettres, les bohèmes se croisèrent les bras, se mirent à leur fenêtre et regardèrent la comédie en gens parfaitement désintéressés.

Quand on leur demandait leur opinion sur le nouvel ordre de choses, ils répondaient assez ordinairement :

— Nous avons remarqué que les pavés, bien qu'ils aient été retournés à propos de la République, usaient encore davantage les bottes que du temps de la monarchie. Mais, comme sous le régime actuel nous sommes tous exposés à devenir ministres, cela fait bien un peu de compensation. Et ils se remettaient à leur fenêtre pour voir passer leur portier qui venait d'être nommé proconsul dans un département.

C'est alors que l'existence atteignit des proportions d'un fantastique ignoré jusque-là.

Tous les matins les bohèmes saluaient le retour de l'aurore en posant à la Providence de terribles points d'interrogation.

— Comment et de quoi vivrons-nous aujourd'hui ?

Et ils voyaient paraître devant eux un X gigantesque, symbole de l'inconnu.

Marcel et Rodolphe surtout faisaient des prodiges de valeur pour relier le jour au lendemain. Et braconnant dans toutes les industries nouvellement écloses, l'artiste et le poète, précédés d'une meute de ruses, chassaient du matin au soir cet animal féroce qu'on appelle la pièce de cent sous.

Carolus Barbemuche, dont les sympathies pour la branche aînée n'avaient jamais été un mystère, avait été à Coblence, c'est-à-dire à Pontoise.

Schaunard était disparu ; on présuma qu'il avait émigré dans le sein de Phémie.

Gustave Colline, seul, s'était jeté dans le mouvement révolutionnaire. Il hantait les clubs, faisait de la politique hyperphysique et fut du nombre des vingt-cinq mille candidats qui se présentèrent à la députation parisienne.

Colline fréquentait surtout assidûment un café situé aux alentours de l'Opéra. Cet établissement, connu d'abord pour une espèce de centre littéraire qui rappelait l'ancien café Procope, était devenu, après la Révolution, le vestibule des faveurs ministérielles, sans doute à cause de ses adhérences avec un journal, qui, dans ce temps-là, était moralement le siège du gouvernement.

Un jour, en passant devant la maison où était situé ce

journal, Colline avait remarqué un rassemblement considérable, et comme il en avait demandé la cause, on lui avait répondu :

— Ce sont des gens qui vont demander des places.

Colline avait eu d'abord l'intention de se mettre à la queue ; mais il se rappela avoir vu jadis dans le café voisin des personnes attachées au journal qui, en politique, tenaient alors le haut du pavé, et il était entré dans ce café.

Un spectacle curieux se présenta à ses regard. Tous les habitants étaient en train de jouer à des jeux divers, qui aux cartes, qui aux dominos, qui au billard ; mais les enjeux n'étaient ni en consommation, ni en argent, — on jouait des places du gouvernement.

A une table, Colline vit avec surprise un monsieur chauve qui venait de gagner en cinq points d'écarté, à un homme maigre, une sous-préfecture. C'était la septième que ce monsieur gagnait dans la journée et il paraissait si satisfait de son gain, qu'en se retirant il donna au garçon un bureau de tabac pour boire.

A une autre table, un autre joueur venait de perdre en cent points de dominos une recette particulière contre deux fauteuils de substituts et une direction des postes en province. Le joueur décavé alla trouver un gros monsieur très entouré, et le tirant à part, lui demanda s'il ne pouvait pas lui prêter de quoi se rattraper.

Le gros monsieur tira un portefeuille de sa poche, l'ouvrit et dit au joueur :

— Voici une demi-douzaine de nominations de commissaires dans les départements, c'est tout ce que j'ai sur moi.

Et il les tendit au joueur, absolument comme un ami qui prête de l'argent à un ami, pour lui fournir de quoi se rattraper au jeu.

De temps en temps, à son grand étonnement, Colline entendait des gens qui se demandaient les uns aux autres :

— Avez-vous la monnaie d'un chef de division ? ou bien : Pourriez-vous me changer une recette générale ? — Et les échanges s'opéraient, les petites places faisaient la monnaie des grosses.

Colline, de plus en plus surpris, s'était approché du billard, où une partie très intéressante paraissait engagée.

On y faisait une poule d'honneur. Le vainqueur devait gagner une ambassade et une pipe d'écume.

Deux conditions étaient exigées pour concourir à cette belle partie, à laquelle on assurait qu'un membre du gouvernement assistait sous le déguisement d'un garçon de café.

Il fallait d'abord, comme dans toutes les poules, fournir un prix d'entrée ; ce prix d'entrée avait été fixé à un emploi de n'importe quoi, n'importe où, mais dont les appointements ne devaient pas être moins de quatre mille francs par an.

En outre, on devait être rédacteur en chef de quelque chose.

Les concurrents étaient au nombre de six. Colline, qui était de première force au billard, suivait les coups avec un grand intérêt.

Quatre joueurs avaient été déjà mis hors de lutte, et les deux qui restaient étaient de force égale. L'intérêt de la galerie paraissait porté au plus haut degré, les yeux de Colline étaient ouverts comme des portiques.

Tout à coup l'un des deux adversaires qui restaient, par suite d'un coup de queue donné à faux, livra à son rival un si beau jeu qu'il jugea la partie perdue pour lui.

— C'est toisé, ma bille est faite, j'y suis ! s'écria-t-il, du ton d'un homme qui prend son parti bravement.

Cependant, après avoir fait signe à son adversaire d'attendre un instant pour jouer, il se retourna vers la galerie et dit :

— Je vends ma bille.

— Il est bon le numéro 3, dit quelqu'un, il est blousé d'avance, et il veut vendre.

— Je vends ma bille pour une place de commissaire de police, cria le numéro 3.

Personne ne dit mot.

— Pour une place dans les télégraphes.

— C'est trop cher, dit une voix.

— Pour un bureau de papier timbré.

— On ne répondit pas.

— Parbleu ! s'écria le joueur, je vends ma bille pour un petit verre, comme ça je ne perdrai pas tout.

— Garçon ! s'écria Colline.

Le garçon de café, qu'on supposait être un **membre du gouvernement**, s'approcha du philosophe.

— Un petit verre à monsieur, dit Colline **en désignant** le joueur qui venait de parler.

— Vous achetez ma bille ? dit celui-ci.

— Oui, répondit le philosophe, qui, après s'être débarrassé de son paletot noisette, était déjà en train de choisir une queue.

Mais les personnes qui avaient fait partie de la poule l'entourèrent.

— Permettez, citoyen, dit l'une d'elles, bien qu'il soit probable que la bille du numéro 3 va être faite par le numéro 5, par un hasard étrange, il pourrait se faire que vous gagnassiez.

— Si j'étais sûr de perdre, répondit gravement Colline, je ne ferais pas de sacrifices.

— Mais, dit une autre personne, c'est que l'objet de la poule n'est pas de la petite bière, il s'agit d'une ambassade.

— Et d'une pipe d'écume.

— Enfin, reprit l'homme qui avait parlé le premier, vous comprenez, citoyen, qu'il faut que nous sachions, au cas où vous gagneriez, en quelles mains cette place considérable pourrait tomber.

— Oui, reprit la seconde voix, êtes-vous des nôtres ?

— Je dois en être, répondit Colline.

— Mais, reprit-on, il y a dans le programme de la poule un article que vous n'avez peut-être pas lu : « Ne pourront concourir que des rédacteurs en chef. »

— Êtes-vous rédacteur en chef ?

— Je le suis, répliqua le philosophe. Et il tira de sa poche un imprimé qu'il fit circuler. Voici le prospectus de mon journal.

— Ce n'est qu'un prospectus, dit une voix.

— Mon journal doit paraître *lundi*, répondit Colline. Il y avait déjà deux mois que Colline abusait de cette facétie. Il avait eu, en effet, l'idée de fonder un journal, et il en avait fait imprimer le prospectus, mais c'était là tout ce qu'il avait pu faire, ce qui ne l'empêchait pas de dire à tous les gens qu'il rencontrait : — Je vais faire un journal ; j'espère que vous y travaillerez. Et quand on lui de-

mandait : — Quand paraît votre journal ? Colline répondait :
— Il doit paraître lundi.

Cependant ses réponses ayant satisfait aux conditions
exigées pour concourir à la poule, ceux qui l'avaient interrogé lui laissèrent le champ libre en lui souhaitant ironiquement bonne chance.

Comme Colline mettait du blanc à sa queue, qu'il avait
choisie avec un grand soin, le joueur qui était devenu son
adversaire lui dit en riant :

— Ne vous donnez pas tant de mal, citoyen ; vous êtes
maintenant à trois pouces de la blouse, dans une seconde
vous serez dedans. C'est limpide, je n'ai qu'à souffler sur ma
bille.

— Bah ! dit Colline, qui sait ?

— Après tout, dit l'autre, vous ne seriez jamais que pour
un petit verre. Allons, dit-il en se mettant en position pour
jouer : — En avant, la belle, et gagne-moi mon ambassade !

— Citoyen, dit Colline, faites-moi le plaisir de ne pas
parler aux billes, ça les intimide.

— Farceur ! dit le joueur, qui se penchait sur le billard.

Mais au moment où il allait donner son coup de queue,
une détonation causée par une plantation d'arbre de la
liberté se fit entendre au dehors, et un mouvement involontaire ayant fait trembler le bras du joueur, sa bille,
mal dirigée, au lieu de faire celle de Colline, alla se blou-
ser elle-même.

Colline restait vainqueur sans avoir eu besoin de
jouer.

— Eh bien, citoyen ? dit-il à son adversaire désappointé ;
quand je vous disais !

En apprenant que la poule était terminée, tous les habitués du café accoururent dans la salle de billard pour savoir quel était le gagnant.

Colline fut entouré et complimenté ; diverses gens le ti-
rèrent à part et se recommandèrent à lui au cas où il em-
mènerait des secrétaires.

— J'ai mon monde, répondit Colline.

Le garçon de café qu'on supposait être un membre du
gouvernement, vint lui remettre sa pipe d'écume.

— Et l'ambassade ? demanda le philosophe ; je voudrais bien toucher l'ambassade.

— Citoyen, soyez tranquille ; veuillez seulement nous donner votre nom, votre nomination sera signée ce soir et paraîtra demain au *Moniteur*.

— Pourrais-je savoir à peu près quelle légation m'est destinée ? Irais-je à Londres, à Berlin ou à Vienne ? Les idiomes de ces différentes contrées me sont également familiers...

— Oh ! oh ! lui répondit-on, comme vous y allez !... Les postes importants ont leurs titulaires,... vous serez envoyé dans une cour de second ordre ; c'est déjà bien gentil.

— Enfin ! murmura Colline... Je fais partie du corps diplomatique... Et il allait sortir, quand un garçon de café vint lui rappeler qu'il devait un petit verre.

— C'est vrai, dit le philosophe, je l'oubliais ; et après avoir fouillé dans sa poche, il en tira son mouchoir, dans un coin duquel se trouvaient enveloppées quelques petites pièces de monnaie, c'étaient les fonds qu'il économisait pour faire paraître son journal ; il n'y avait pas loin de trois francs dix sous.

Colline donna cinquante centimes et laissa généreusement ce qui lui revenait au garçon.

Le philosophe rentra chez lui, et passa la nuit à méditer sur la carte d'Europe.

Le lendemain, le *Moniteur* contenait ces lignes dans sa partie officielle :

« Le citoyen Gustave Colline vient d'être chargé d'une mission secrète en Allemagne. »

Trois jours après sa nomination, Gustave Colline reçut une invitation à comparaître au ministère pour y recevoir ses instructions.

Au jour et à l'heure indiqués, le philosophe entrait dans l'antichambre ministérielle.

Il était en toilette de ville, paletot noisette, cravate blanche brodée aux coins par la main des grâces, et nouée par celles du bon goût et des amours réunis, pantalon marron ayant les habitudes du monde, bottes religieusement cirées pour une faible somme. Son feutre, âgé d'un lustre, en avait reçu un nouveau grâce aux soins d'une brosse intelligente.

Le ministre de ce ministère était un homme qui parlait peu et fumait beaucoup. Au moment où Colline entrait dans son cabinet, l'ambassadeur d'Angleterre en sortait, et le philosophe remarqua que son valet, qui l'attendait dans l'antichambre, l'aida à passer ses bras dans les manches d'un paletot aussi noisette que le sien. Aussi le philosophe adressa-t-il à lord Normanby un salut de confrère à confrère.

Quand Gustave Colline fut introduit auprès du ministre, celui-ci paraissait être de fort mauvaise humeur, sans doute à cause des interpellations qui devaient lui être adressées à la Chambre; aussi, comme il se réservait pour la séance, se montra-t-il très économe de paroles et, du geste, se borna à indiquer un siège à Colline, qui s'assit gravement en déposant à terre une demi-douzaine de bouquins qu'il venait d'acquérir à la porte du ministère.

Après quelques instants, le ministre prit sur sa table une pipe de terre, en secoua la cendre, et promena son regard autour de lui comme s'il cherchait quelque chose qu'il ne trouvait pas sans doute, car il fit un geste d'impatience et agita violemment une sonnette.

Un huissier se présenta:

— Quatre sous à fumer, dit le ministre.

Colline fouilla précipitamment dans sa poche, y prit un paquet de tabac, et le tendit au ministre en lui disant:

— Oserai-je vous offrir?

Le ministre s'inclina et bourra sa pipe en jetant un regard d'envie sur celle que Colline venait de sortir de son étui.

— Vous avez là un joli brûle-gueule, dit le ministre.

— En effet, répondit le philosophe, il est agréable, je m'en sers quand je vais dans le monde.

Mais Colline fut pris d'une vive inquiétude, en voyant le ministre qui, au lieu de lui rendre son tabac, le mettait dans sa poche.

— Serait-il élève de Schaunard? pensa le philosophe, en se rappelant que l'auteur de la symphonie du *Bleu dans les Arts* avait également l'habitude de fourrer dans sa poche le tabac de ses amis.

Cependant le ministre se rappela son oubli, et avec un

regard expressif qui voulait dire : « Mille excuses, j'ai une
tête de linotte », il rendit le tabac à Colline, qui bourra sa
pipe, et dit au ministre quand celui-ci eut allumé la sienne :

— Pardon, oserai-je vous prier de me communiquer
votre feu, si vous n'avez plus besoin de cet élément.

Et tous deux se mirent à fumer en face l'un de l'autre

— Citoyen, dit tout à couple ministre, qui parla comme
une personne naturelle, vous êtes nommé ministre plénipotentiaire à la cour de... en Allemagne.

« Dans trois jours vous prendrez vos passe-ports et vous
partirez pour le lieu de votre destination. Des instructions
ultérieures vous feront connaître ce que vous aurez à faire;
voici un mandat de deux mille francs pour subvenir aux
frais du voyage et de séjour à la cour... Vous tâcherez de
vous procurer un habit noir, ajouta le ministre, ça se
porte... » Et après avoir remis à Colline une ordonnance
de payement sur le Trésor, il indiqua par un geste que l'audience était terminée.

Colline sortit à reculons, et arriva ainsi jusqu'à la porte
du Trésor. Après avoir passé dans dix-sept bureaux, il se
trouva enfin mis en face de ces deux mille francs, qui lui
furent payés en or.

Le philosophe eut d'abord l'idée de prendre plusieurs
cabriolets, mais il trouva sous ses pas le marchepied d'un
omnibus et il s'y précipita.

Il avait la tête si troublée que, lorsque le conducteur lui
réclama le prix de sa place, Colline lui mit dans la main
ses deux mille francs en or, et lui demanda la monnaie.

En passant dans la rue Vivienne, Colline aperçut par
une portière de la voiture ses deux amis, Marcel et Rodolphe, qui examinaient avec un vif sentiment de curiosité
le musée vivant étalé à la devanture de Chevet.

Colline fit arrêter sa voiture, descendit, sans être aperçu
de ses deux amis, alla se planter derrière eux, dans l'intention de leur faire une bonne charge.

Tantalisés par le spectacle appétissant des odorants comestibles, les deux bohèmes ressemblaient dans leur contemplation à ce personnage affamé d'un roman espagnol qui
faisait maigrir les jambons rien qu'en les regardant.

— Ceci s'appelle une dinde truffée, disait Marcel en indiquant une magnifique volaille laissant voir à travers son épiderme rosé et transparent les tubercules périgourdins dont elle était farcie. J'ai vu des gens impies manger de cela sans se mettre à genoux, ajouta le peintre en jetant sur la dinde des regards capables de la faire rôtir.

— Et que penses-tu de ce modeste gigot de présalé ? dit Rodolphe ; comme c'est beau de couleur ! on le dirait fraîchement décroché de cette boutique de charcutier qu'on voit dans un tableau de Jordaens. Ce gigot est le mets favori des dieux et de Mme Chandellier, ma marraine.

— Vois un peu ces poissons, reprit Marcel en montrant des truites. Ce sont les plus habiles nageurs de la race aquatique. Ces petites bêtes, qui n'ont l'air d'avoir aucune prétention, pourraient cependant s'amasser des rentes en faisant des tours de force. Figure-toi que ça remonte le courant d'un torrent à pic aussi facilement que nous accepterions une invitation à dîner ou deux. J'ai failli en manger.

— Et là-bas ces gros fruits dorés à cônes, dont le feuillage ressemble à un arsenal de sabres sauvages, on appelle ça des ananas, c'est la pomme de reinette des tropiques.

— Ça m'est égal, répondit Marcel, en fait de fruits, je préfère ce morceau de bœuf de Hambourg ou ce simple jambonneau cuirassé d'une gelée glacée jaune et transparente comme l'ambre.

— Tu as raison, reprit Rodolphe, le jambonneau est l'ami de l'homme ; cependant, je ne repousserais pas ce faisan.

— Je crois bien, répliqua le peintre, c'est le plat des ambassadeurs, on n'en mange que chez eux.

— Baoum ! fit Gustave Colline, en passant soudainement sa tête entre celle de ses deux amis. Vous en mangerez chez moi, et, sans ajouter un mot, le philosophe tira de son portefeuille la lettre ministérielle qui lui annonçait sa nomination et la mit sous les yeux de Rodolphe et de Marcel, et, à cette exhibition, il ajouta celle d'une poignée d'or.

Ici, je fais comme M. Chopin, peintre d'histoire, aurait dû faire depuis longtemps, je renonce à peindre.

— Vous êtes au grenier de l'étonnement, dit Colline à ses deux amis. — Le philosophe voulait dire au comble. — Je vais vous conter mon histoire, figurez-vous. Mais nous ne pouvons causer dans la rue. Il faut entrer en quelque endroit.

— Montons chez moi, dit Marcel.

— Est-ce que tu loges dans ce quartier ? demanda le philosophe.

— J'habite là, répond l'artiste, en montrant une berline de remise qui stationnait à quelque distance.

— Comment ! fit Colline avec étonnement, tu demeures rue Vivienne, dans cette belle maison ?

— Eh ! non, dit Marcel, je loge dans la voiture.

— Comment ! je ne comprends pas celui là.

— Montons d'abord dans la voiture, dit Marcel, nous nous expliquerons.

— Ah ! je suis bien intrigué ! exclama Colline, qui, en s'asseyant dans la berline, avait remarqué qu'elle contenait un fourneau et les premiers objets indispensables pour faire la cuisine.

— Où allons-nous? messieurs, vint demander le cocher.

— Nous n'allons pas, nous restons, et si l'on venait me demander, vous ne laisseriez monter personne, je n'y suis pas, dit Marcel. Maintenant, Colline, tu as la parole.

— Narre, ajouta Rodolphe.

— Après vous, répondit le philosophe. Que signifie cet équipage dans lequel je vous rencontre ?

— C'est bien simple, dit Marcel, il y a quelque temps, j'ai connu un jeune homme très riche. Il m'avait choisi pour être l'aide de camp de ses plaisirs, son cicérone à travers les délices de la vie parisiene. Un beau jour, il disparut subitement pour aller recueillir l'héritage d'un de ses oncles, mort des suites de la joie qu'il avait éprouvée à la proclamation de la République. Cette voiture se trouvait payée d'avance pour un mois, et, n'en ayant pas d'autre, j'en ai fait ma résidence, c'est très commode pour mes créanciers. Malheureusement sa location expire dans trois jours.

— Et toi, demanda Colline au poète Rodolphe, que fais-tu ? où loges-tu ?

— Moi, j'habite à bord de *la Dryade.*

— Qu'est-ce que ça ? demanda le philosophe.

— *La Dryade* est un bateau à vapeur qui fait un service commercial entre Paris et Rouen. Je connais le capitaine, et il m'a donné une petite cabine à son bord, seulement je suis obligé d'aller deux fois par semaine à Rouen.

Quand son tour fut venu, Colline raconta à ses amis par quelles voies mystérieuses la Providence l'avait fait entrer dans le corps diplomatique.

Le soir, il offrit à dîner aux bohèmes et leur prêta un peu d'argent, pour qu'ils pussent se procurer des domiciles plus sérieux.

A quelques jours de là, et d'après les conseils de Rodolphe et de Marcel, Gustave Colline, dont le départ pour l'Allemagne n'était pas encore fixé, résolut de signaler son introduction dans le concert européen par une petite fête diplomatico-hyperphysique.

Le poète Rodolphe fut chargé de dresser la liste de tous les représentants des puissances étrangères actuellement en résidence à Paris. Pour donner plus de sérieux et plus d'autorité à ses invitations, Rodolphe les écrivit sur du papier têtes de lettres du journal le Castor.

Voici l'exemplaire de cette circulaire qui fut adressée à l'ambassadeur d'Angleterre, pour lequel Colline avait une sympathie particulière depuis qu'il avait remarqué que le paletot de l'excellence anglaise était de la même couleur que le sien, ce qui avait fait dire à Rodolphe :

— Probablement que le noisette est une couleur diplomatique.

Un matin, lord Normanby reçut donc la lettre suivante :

LE CASTOR

« Paris, le....

JOURNAL

de la

CHAPELLERIE PARISIENNE

« Le citoyen Gustave Colline, ministre plénipotentiaire de la République française près de la cour de ..., a l'honneur d'inviter Son Excellence lord Normanby, ambassadeur de S. M. la reine des Iles Britanniques (Angleterre, Irlande et Ecosse, capitale Londres, sur la Tamise), à venir dîner sans cérémonie, chez lui, mardi prochain.

« Il y aura du dessert. »

— Invites-tu le ministère ? demanda Rodolphe.

— Je crois que ce serait bien plus régulier, répondit Colline ; mais pas pour le dîner, pour la soirée seulement.

— Invitons le ministère, dit Rodolphe.

Et les ministres reçurent cette autre circulaire :

LE CASTOR   « Paris, le....

JOURNAL
de la
CHAPELLERIE PARISIENNE

« Le citoyen Gustave Colline, ministre plénipotentiaire de la République française près de la cour de..., a l'honneur d'inviter le citoyen-ministre (suivait la désignation) à venir passer, mardi prochain, la soirée dans ses magnifiques salons. — Il y aura de la bougie.

« N. B. — On rira ! (Nous n'avons qu'un temps à vivre.) »

— Mais j'y pense, dit Marcel, quand les invitations furent lancées, tes magnifiques salons seront trop petits pour contenir tout ce monde. Les ambassadeurs amèneront sans doute leurs épouses.

— Diable ! dit Colline... c'est vrai. Comment faire ?...

— Au fait, c'est bien simple, dit Rodolphe, il faut envoyer une note aux journaux.

Et la veille du dîner, les feuilles politiques publiaient la note suivante :

« Les magnifiques salons du citoyen Gustave Colline, ministre plénipotentiaire de la République française près de la cour de..., n'étant pas assez grands, cet homme d'Etat a l'honneur d'informer MM. les ambassadeurs des puissances étrangères que les invitations qu'ils ont reçues ne sont valables que pour une personne. En conséquence, leurs épouses ne seront pas admises cette fois. Néanmoins, il y aura un de ces jours une journée spéciale pour les ambassadrices. Une mise distinguée sera de rigueur. »

— Comme ça, les convenances sont sauvegardées, dit Colline en lisant cette note, qui causa de grandes tempêtes dans le monde du protocole.

Il est inutile de dire que les ambassadeurs des puissances étrangères négligèrent de répondre à l'aimable invitation de leur nouveau collègue, Son Excellence Gustave Colline.

Le philosophe en prit son parti.

— Je suis sûr, dit-il à Rodolphe, que dans le fond les

représentants des traités de 1815 seraient enchantés de
venir déguster mes vins généreux. Mais leur position officielle les retient captifs au rivage du servilisme. Cependant,
je maintiens mon festival, et je verrai à me procurer
quelques personnages politiques.

— C'est très facile, dit Rodolphe, tu n'as qu'à faire distribuer au café de... la carte du festin. Tu feras salle comble.

— J'y songerai, dit Son Excellence Gustave Colline.

Le peintre Marcel, qui avait été ordonnateur des réjouissances diplomatiques, avait fait remarquer à Son Excellence
Gustave Colline que ses magnifiques salons étaient décorés
avec une mesquinerie déplorable et le mauvais goût le plus
parfait.

— Cependant, répondit Colline, je t'ai confié des sommes
importantes pour embellir ce séjour.

— Eh quoi! fit le philosophe avec étonnement, tu ne t'es
pas seulement procuré de tapis de la Savonnerie? A quoi
as-tu donc dilapidé mes fonds?

— Tu m'as donné quinze francs, dit Marcel, je les ai
honnêtement dilapidés en achat et location de choses indispensables. Mais si tu exiges des objets de luxe, tels que
fauteuils, et des serviettes pour les ambassadeurs des
grandes puissances, dont tu désires te concilier l'estime, il
faut augmenter le budget des dépenses.

— Eh bien, dit Colline, voilà encore douze mérovingiens
(douze francs sans doute), mais cette fois n'épargne rien.

— Sois tranquille, répondit Marcel. Maintenant, je te
promets une éclipse totale de Balthasar.

En effet, grâce à ce subside additionnel, Marcel put lâcher
de l'éperon à son imagination, et fit largement les choses.

D'abord il acheta un palais.

C'était un magnifique palais en marbre blanc, avec
colonnes de jaspe, bas-reliefs et tableaux de grands
maîtres, y compris les frais d'adjudication et de transport,
ce palais coûtait neuf francs soixante centimes.

Marcel l'avait acheté à l'hôtel Bullion, où il faisait partie
d'une vente de décorations de théâtre.

Colline prodigua à Marcel les noms les plus chers.

Le palais fut immédiatement dressé dans la grande
pièce du logement de l'ambassadeur.

Ce décor se composait d'une toile de fond représentant

un péristyle grec ouvrant sur des jardins anglais. Par les
fenêtres on apercevait le mont Vésuve et la cathédrale de
Strasbourg, réunis côte à côte par un caprice d'un décora-
teur ami de l'anachronisme. Des portants de coulisses figu-
raient des colonnes contre lesquelles se tenaient appuyés,
hallebarde au poing, des soldats de la garde prétorienne.

C'était splendide.

— Comme il n'y a point de palais sans suisse, dit Marcel,
je me suis procuré un costume de Guillaume Tell, dont se
revêtira le concierge de la maison, ce qui produira un
excellent effet.

— L'Helvétien était de rigueur, dit Colline en approu-
vant.

— Mais ce n'est pas tout, ajouta Marcel, en développant
un paquet qu'il tenait à la main. Voici un objet que je n'hési-
terai pas un seul moment à appeler le dernier mot de l'art.

— Ah ! ciel ! s'écria Rodolphe, un melon.

— Au mois d'avril, quelle primeur ! dit Colline.

— Oui, reprit Marcel, seulement je le crois de l'année
dernière. Je l'ai acheté d'occasion, mais il paraît bien
conservé et fera l'usage d'un neuf.

Au même instant le portier de la maison, qui était effecti-
vement vêtu en Guillaume Tell, apporta à Colline une lettre
du ministre, et en l'offrant au philosophe il eut soin de
présenter sa hallebarde, ainsi que Marcel lui avait recommandé de le faire.

Cette dépêche mandait immédiatement Son Excellence
Gustave Colline au ministère.

Il s'y rendit avec la rapidité d'une flèche lancée d'une
main sûre.

— Citoyen, lui dit le ministre, j'apprends ce matin, par
les journaux, que j'ai reçu, il y a quinze jours, une dépêche télégraphique qui m'informe que votre présence à la
cour de ... est absolument nécessaire. L'influence russe
gagne du terrain dans cette principauté; il faut aller la
combattre. L'envoyé du czar est un homme très fin, je vous
préviens, et vous aurez affaire à forte partie.

— Fût-il plus fin qu'un cheveu, répondit Colline, je le
mettrai dedans sans balancer.

— Je vais préparer vos dernières instructions, dit le
ministre, vous partirez demain au retour de l'aurore.

— Pardon, dit Colline, cela m'est impossible. J'ouvre précisément demain mes salons à quelques amis politiques, et il serait indécent que je ne fusse pas là pour faire les honneurs. Je prie donc monsieur le ministre de m'accorder un sursis : l'envoyé russe ne perdra rien pour attendre.

— Je ne puis prendre sur moi de vous accorder un délai, répondit le ministre, j'en parlerai au conseil, et je vous ferai savoir ma réponse par mon secrétaire. Cependant tenez-vous prêt à partir demain matin.

— Mes préparatifs sont tout faits, il ne me reste plus qu'une garniture de boutons à mettre à l'habit noir que je me suis procuré, selon les conseils de Votre Excellence.

En sortant du ministère, Colline rencontra le juif Médicis qui, ayant appris la nomination du philosophe, le félicita longuement.

— Vous allez probablement monter votre maison ? dit le juif.

— Indubitablement, répondit Son Excellence.

— Il vous faudra un intendant, continua Médicis.

— Un au moins, dit Colline.

— En ce cas, reprit le juif, je me recommande à vous, non pour moi, mais pour un de mes amis, un ancien diplomate, décoré de plusieurs ordres, et qui, pour le moment, marche dans d'assez mauvais souliers; un homme précieux qui fréquente tous les grands hommes de l'Europe politique ; aussi connaît-il à fond toutes les questions à l'ordre du jour. En 1815, il collabora au Congrès de Vienne, en qualité de garçon de bureau, et M. de Metternich avait pour lui une estime particulière. En outre, il sait faire la cuisine et marque le linge adroitement ; il pourrait vous être d'une grande utilité.

— Au fait, dit Colline, j'y pense. J'admets demain à ma table tout ce qu'il y a au monde d'intrigants politiques; il est évident qu'en dégustant mes vins généreux, ils vont me tâter mes bosses et essayer de me mettre dedans.

— N'en doutez pas, n'en doutez pas, reprit Médicis, ils vous feront un tas de misères.

— J'ignore les premiers éléments de l'escrime diplomatique, dit Colline, et avant de me présenter sur le terrain, il serait urgent que j'apprisse au moins quelques paroles et que je susse manier le protocole.

— Eh bien ! je vous conseille d'aller voir mon ami, répondit Médicis, je vous le répète, c'est un homme prodigieux, une de ces vastes intelligences que la fatalité condamne à l'anonyme ; il vous donnera quelques leçons de diplomatie, et, pour la moindre des choses, vous apprendra cette fameuse botte familière à M. de Metternich.

Une heure après, Gustave Colline était chez l'ami de Médicis.

C'était un vieillard jaune, sec et long ; il avait l'air d'un joujou de Nuremberg vivant.

— Monsieur, dit Colline.

— Appelez-moi Excellence, dit le vieillard, j'y suis habitué et c'est plus convenable.

— Excellence, reprit le philosophe, je suis moi-même Son Excellence Gustave Colline, ambassadeur de la République française près de la cour de ... et sur le point de partir pour cette résidence. Je viens, sur la recommandation de M. Médicis, réclamer quelques étincelles de vos lumières.

— S'il en est ainsi, répondit le vieillard, je prierai Votre Excellence de vouloir bien me permettre de me revêtir de mon costume officiel.

Cinq minutes après, le vieillard revint. Il avait revêtu son habit de diplomate qui le faisait ressembler à un figurant du Théâtre-Italien. Un immense jabot, qui semblait avoir une petite vérole de grains de tabac, flottait sur sa poitrine constellée d'ordres mystérieux.

— Maintenant, dit-il à Colline, je suis aux ordres de Votre Excellence.

— Pour cette fois, fit le philosophe, je me bornerai à vous prier de m'indiquer les premiers éléments du métier, et les mots les plus usités du dictionnaire des hommes appelés à régir la destinée des peuples.

— Excellence, reprit le vieillard, la diplomatie est à la fois la science la plus simple et la plus compliquée. Pour aujourd'hui, et selon les vœux de Votre Excellence, je me bornerai sommairement à lui indiquer les principes fondamentaux sur lesquels repose cette science : 1° je conseillerai à Votre Excellence d'adopter la culotte courte et le jabot.

— Pourquoi ? dit Colline étonné.

— Il est impossible de faire sérieusement la diplomatie sans culotte courte et sans jabot, dit le vieillard. Pour mon compte, je suis même convaincu que M. de Metternich, mon auguste maître, doit une partie de sa supériorité à la perruque et à la poudre. Appelez-en à l'histoire, et vous verrez que tous les traités historiques importants ont été conclus par des diplomates en culotte courte et en jabot.

— Mon ami Médicis vous fournira, à très bon compte, un jabot de Valenciennes garni de tabac d'Espagne; cela peut paraître puéril à Votre Excellence, mais en diplomatie, je lui ferai observer, — et je parle par expérience, — que les puérilités sont les choses les plus importantes; en outre, j'adresserai une question à Votre Excellence: — Sait-elle jouer à la bouillotte?

— Non. Ah! non, répondit Colline.

— Tant pis, répliqua le vieillard, je conseillerai à Votre Excellence d'apprendre ce jeu; il est aussi indispensable à un ambassadeur, que l'arithmétique est nécessaire à un mathématicien. La bouillotte est le conservatoire de la diplomatie; car, la diplomatie est, au fond, l'art de savoir engager son jeu et de le faire tenir par ses adversaires, tout en ayant brelan dans les mains. — En outre, continua le vieillard, dans les entretiens que Votre Excellence pourra avoir avec ses collègues, je lui conseillerai de faire une grande consommation d'adverbes, cela donne du montant et indique le diplomate de race.

— Très bien, dit Colline, avant de partir pour la cour de … je ferai mettre dans ma malle une provision d'adverbes.

— Enfin, reprit le vieillard, — et je prie Votre Excellence de me prêter la plus grande attention, — toutes les fois que vous aurez un traité à conclure, une notification ou un mémorandum, j'inviterai Votre Excellence à n'apporter dans la rédaction des articles que des termes confus; de ces mots *janus* qui disent à la fois oui et non; enfin, d'éviter le plus possible la clarté et la précision. Un bon traité ne doit jamais rien terminer; car, entre nous, je ferai remarquer à Votre Excellence que si l'on réglait les affaires politiques avec clarté, ce serait, au bout d'un temps donné, la mort de la diplomatie.

— Parbleu! dit Colline, il n'y aurait plus d'eau à boire

dans le métier ; ce que vous dites là est limpide comme du cristal, — et le philosophe glissa une pièce de quarante sous dans la main du vieillard, qui lui dit :

— Si Votre Excellence désirait connaître quelles sont les intentions de l'avenir à son égard, je possède également l'art d'écarter les voiles qui dérobent les secrets aux faibles mortels...

— Merci, dit Colline, j'ai mon épouse qui est très forte là-dessus...

— Je fais également des chaussons de lisière, continua le vieillard. Si Votre Excellence en désire... pour aller à la cour...

— Je vous remercie, dit Colline, et je prie Votre Excellence de me faire l'honneur d'assister au dîner que j'offre demain aux sommités politiques.

— J'accepte avec reconnaissance, dit le vieux diplomate, et au cas où vous ne vous seriez pas encore procuré de madère, je me recommanderai à vous. J'en ai d'excellent... à des prix modérés.

— Merci, dit Colline, j'ai un intendant qui fait mon madère lui-même pour être plus sûr.

Le jour du grand dîner diplomatique était enfin arrivé. Le matin de ce jour solennel, Schaunard, qui était disparu depuis longtemps, tomba subitement du ciel entre les bras de Colline.

— D'où viens-tu ? demanda le philosophe.

— J'étais dans mes terres, répondit Schaunard... J'ai senti l'odeur du dîner et me voilà.

— Ah ! fit Colline avec embarras... C'est bien aimable de ta part... et je regrette vivement...

— Quoi donc ? dit Rodolphe, étonné de ce langage... Est-ce que Schaunard n'est pas des nôtres ?

— Mes amis, mes bons amis, dit Colline, en chiffonnant son jabot, vous comprenez... il est des situations où l'amitié se trouve mise à de rudes épreuves. Enfin, il m'est impossible de vous recevoir à ma table ce soir. Les grands intérêts politiques qui agitent le monde y seront discutés, et peut-être les personnages importants qui m'honorent de leur appétit trouveraient-ils étrange que j'aie invité des étrangers... Au reste, j'aurai soin à ce que l'on vous garde de tous les plats... Vous dînerez à l'office.

— Canaille ! dit Marcel.

— Les bras m'en tombent, dit Rodolphe épouvanté.

— Ramasse-les, reprit Marcel, et allons-nous-en ; ça révolte l'humanité.

Mais l'accès d'ingratitude dont le philosophe avait été atteint n'eut pas de suite.

Le soir, à six heures, les garçons du restaurant à *quarante sous par tête*, avec qui Colline avait traité à forfait, dressaient le festin dans la grande salle du palais.

Mais au moment où l'on attendait les convives, une nouvelle dépêche du ministère enjoignait à Colline l'ordre de partir immédiatement. Un post-scriptum lui annonçait qu'il recevrait des instructions à Strasbourg.

— Sacrebleu ! dit Colline, ceci est violent. J'ai presque envie de donner ma démission. Qu'est-ce qu'il y a donc de si pressé à la cour de... ? Une demi-heure après, le secrétaire du cabinet du ministre venait lui-même s'assurer du départ de Colline.

— Diable ! fit celui-ci, il paraît que c'est sérieux et qu'une minute de retard pourra mettre l'Europe en feu. Comment faire ? Et mon monde qui va venir...

— Es-tu connu à la cour de ... ? demanda Rodolphe au philosophe.

— Oh ! dit celui-ci, de réputation seulement.

— Eh bien, dit Marcel, si on ne te connaît pas autrement, reste encore ici quelques jours et envoie un commissionnaire à ta place.

— Non, dit Colline, décidément je vais partir... Vous ferez au corps diplomatique les honneurs de mon palais, et vous lui présenterez mes excuses officielles.

En montant dans le fiacre qui devait le conduire au chemin de fer, Gustave Colline rencontra Mlle Musette, qui était à pied.

— Adieu, ma petite, dit Colline, en lui faisant un signe amical. Je pars pour mon ambassade... Je vais à la cour, ma chère... — Qu'est-ce que vous voulez que je vous rapporte ?

— Rapportez-moi un prince, dit Musette.

En arrivant à Strasbourg, Gustave Colline descendit à l'hôtel des Ambassadeurs, et s'y arrêta pour attendre les nouveaux ordres que devait lui adresser le ministre.

Un soir qu'il dînait à la table d'hôte, au milieu d'une société qu'il jugea être d'élite, Colline laissa tomber sur la nappe sa qualité de ministre plénipotentiaire, sans doute dans le but de s'attirer de la considération et les meilleurs morceaux ; mais cette révélation produisit un tout autre effet. Le maître de l'établissement, qui avait déjà eu affaire à quelques commissaires du nouveau gouvernement, parut s'émouvoir, et fit à Son Excellence Gustave Colline l'honneur de lui donner sa carte avant la fin du repas.

Comme le diplomate paraissait manifester le désir d'avoir quelques détails sur la résidence de... et sur son souverain un diplomate dans les vins se trouva juste à propos pour le renseigner.

— Vous allez à..., citoyen, répondit-il à Colline. C'est un endroit agréable, bâti sur les bords d'un marais fétide, fertile en sangsues. Quatre-vingt-deux ou quatre-vingt-cinq habitants. Les femmes y sont grêlées, mais sensibles. Quant au prince régnant, c'est le meilleur monarque du monde. Il est à la fois sa chambre des députés et son ministère, et, cependant, il trouve encore le moyen d'avoir une opposition. Son peuple est le plus heureux de la terre.

— Un peuple ne peut jamais être heureux, répondit Colline. Je vais travailler à rendre son indépendance à cette grande et généreuse nation opprimée par un petit tyran. J'emporte avec moi de la graine de révolution. On verra.

— L'esprit d'indépendance et d'égalité a déjà pénétré dans ses murs, répliqua le commis-voyageur. Quand j'ai quitté la résidence de..., il y avait déjà un club à l'instar de ceux de Paris. Cette réunion a été fondée par un des quatre-vingt-cinq habitants, qui a le malheur d'être louche. Il se rassemble tous les soirs pour demander, qu'en vertu de l'égalité, tous les autres citoyens soient également louches.

— Dame ! dit un des convives.

— Le prince, qui est un excellent homme, continua le commis-voyageur, a fait offrir à ce démocrate de lui faire faire, à ses frais, l'opération du strabisme. Mais il s'y est opposé avec une éloquence toute patriotique.

— Dame ! dit le convive, ce citoyen maintient son droit.

— Seulement, comme il faisait beaucoup de bruit dans son club, reprit le commis en vins, l'autorité a dû prendre des mesures.

— C'est cela, repartit le convive, on l'a plongé dans les cachots parce qu'il proclamait le principe éternel du droit et de la légalité. Je suis sûr qu'il y a déjà une armée russe sur la frontière de ...

— Du tout... du tout..., on s'est borné à conduire le démocrate dans une maison de santé et on lui donne des douches. La révolution de ... s'est terminée là.

Colline profita de son séjour à Strasbourg pour y faire l'acquisition de quelques bouquins rares, parmi lesquels se trouvait une édition princeps du *Parfait Bouvier chinois*, avec annotations en syriaque moderne. Ce beau livre était, comme on se le rappelle[1], la lecture favorite du philosophe. Il acheta également quelques pâtés dont il fit également sa lecture favorite pendant le reste du voyage, car les dépêches qu'il attendait du ministère lui étant parvenues, il se remit en route pour la ville de...

Une seule chose intriguait vivement Son Excellence Gustave Colline : c'est que sa mission était tellement secrète que lui-même ignorait quel en était le motif. Le ministre se bornait à lui envoyer des lettres de créance, mais on ne lui disait aucunement ce qu'il avait à faire à la cour de ...

Une maxime qu'il recueillit dans la lecture du *Parfait Bouvier chinois* le tira d'embarras :

« En toute chose, rapportez-vous-en à votre propre instinct, semez en avril. »

C'est parfaitement clair, pensa Colline, le philosophe qui a écrit cette pensée était de l'école des *Égotistes*, il pratiquait le moi-*mihi*, c'est-à-dire la spontanéité, le libre instinct. « En toute chose, rapporte-t'en à toi-même. » C'est évident, cet axiome est le flambeau qui doit éclairer ma conduite, et m'explique le sens mystérieux de ces mots : Semez en avril. Nous sommes précisément dans ce mois. Semez, c'est-à-dire, répandez l'esprit universel, semez la propagande, révolutionnez. Je comprends que le ministre soit aussi concis : il craint de compromettre sa politique et s'en rapporte à moi... c'est bien délicat de sa part. La diplomatie est la science des demi-mots. Le mystère est le cadenas de sûreté des gouvernements. Mais l'instruction, l'intelligence sont des passe-partout.

1. Voir les *Scènes de la vie de bohème*.

— N'oublions pas cette phrase, murmura Colline, je la mettrai dans mes mémoires diplomatiques.

En arrivant à la résidence de ..., Colline demanda où était situé l'hôtel des *Ambassadeurs*. Comme il parlait un allemand de vingt-sept leçons, il fut quelque temps sans pouvoir se faire comprendre. A la fin, pourtant, on lui indiqua un hôtel-auberge, à l'enseigne cosmopolite du *Lion d'or*.

Colline prit une chambre et pria son hôte de faire parvenir à l'introducteur des ambassadeurs une lettre dans laquelle il lui annonçait son arrivée. L'hôtelier lui répondit qu'il ne connaissait pas cette charge à la cour de ...

— Ah çà ! mais, dit Colline, qui est-ce donc qui introduit les ambassadeurs auprès de votre souverain ?

— Il n'est jamais venu d'ambassadeur ici, dit l'aubergiste.

— Mais quand on veut parler au prince, comment fait-on alors ?

— On va le voir, c'est bien simple.

— C'est même trop simple, répliqua Colline très piqué. Car il avait cru qu'on allait lui faire une réception solennelle, et pensait qu'on allait venir le prendre dans une belle voiture à six chevaux pour le conduire au palais avec une escorte d'honneur. Enfin, tout le cérémonial dont il avait été témoin à Paris lorsqu'un ambassadeur se présentait pour la première fois aux Tuileries.

— Qu'est-ce que c'est que ces mœurs-là ? reprit Colline. Il n'a donc pas de liste civile, votre prince, pas de salle du trône, pas la moindre des choses ? Vous ne lui donnez donc pas un sou, qu'il ne peut même point offrir un cabriolet aux envoyés des grandes puissances ?

— Le prince n'est pas riche, dit l'hôtelier, et comme la récolte a été mauvaise, il a diminué nos impôts.

— Qu'est-ce que vous récoltez donc dans ce pays-ci ? Je n'ai pas vu un arbre.

— Nous récoltons des sangsues, c'est la richesse du pays.

— Tiens, vous avez des mines de sangsues... C'est égal, je suis très contrarié. J'aurais désiré que ma réception fût entourée de quelque mise en scène. — Enfin, je me contenterai de quatre hommes et un caporal, et d'un salut de vingt et un coups de canon.

— Nous n'avons ni armée, ni canons, dit l'aubergiste.

— Mais au fait, ajouta-t-il en indiquant à Colline un homme qui venait d'entrer, voici le valet de chambre du prince, vous pouvez vous entendre avec lui.

Le valet de chambre du prince alla porter à son maître la nouvelle de l'arrivée de Gustave Colline, envoyé extraordinaire du gouvernement français.

— Que diable peut me vouloir la République française? dit le prince étonné. — Fritz, vous direz à ce monsieur que je le recevrai quand il voudra, et pour lui faire honneur vous mettrez votre livrée.

Deux heures après, Gustave Colline, précédé d'un tambour qu'il avait loué, et qui battait aux champs, traversait la résidence de ... dont les quatre-vingt-trois ou quatre-vingt-cinq habitants s'étaient mis aux fenêtres pour le voir passer.

Colline avait revêtu son grand costume officiel et portait admirablement son bel habit noir, à la française, enrichi d'une garniture de boutons neufs. Une brise joyeuse caressait mollement les poils de son magnifique chapeau de castor, orné d'une cocarde grande comme un carton de tir. Il portait sous son bras un immense portefeuille rouge, renfermant ses lettres de créance. De temps en temps, il saluait avec une grâce particulière les dames grêlées qui étaient aux balcons et semblaient admirer sa fière attitude. C'est ainsi qu'il arriva au palais, suivi d'un cortège de petits enfants, qui le prenaient pour un marchand d'images.

Le valet de chambre du prince faisait la haie sous le vestibule, et l'introduisit auprès de son maître.

Le prince fit à Son Excellence Gustave Colline un accueil très aimable, et, après avoir pris connaissance de ses lettres de créance, il dit à Colline :

— Monsieur l'ambassadeur, je suis très honoré du choix que votre gouvernement a bien voulu faire pour le représenter à ce qu'il veut bien appeler ma cour. Je suis vraiment pénétré de ce procédé ; et pour en témoigner ma reconnaissance, je vous prierai de vouloir bien me permettre de vous décorer de l'ordre de la Concorde.

— De première classe, dit Colline.

— De première classe, dit le prince, c'est un ordre que je me propose de fonder. En attendant, vous m'obligerez

d'accepter mon hospitalité, demain nous parlerons des intérêts qui vous amènent ici. Et j'aime à croire que tout
s'arrangera à l'amiable et à la satisfaction générale.

En ce moment, le valet de chambre vint annoncer M. le
baron de Mouknikoff.

Un étranger habillé de vert et coiffé d'un chapeau tellement empanaché de plumes, qu'il ressemblait à une basse-
cour, entra et vint saluer le prince.

— C'est l'envoyé russe, dit Colline, en frappant un
appel du pied : attention...

Au bout de huit jours de résidence à la cour de ...,
Gustave Colline était devenu l'ami intime du prince, et avait
complètement renoncé à ses idées de propagande révolutionnaire. D'ailleurs, le terrain n'était pas propice. Les
quatre-vingt-deux ou quatre-vingt-cinq habitants s'obsti-
naient à demeurer sous le régime barbare de la tyrannie.
La familiarité entre le prince et Colline allait toujours
croissant. Ils ne se quittaient presque plus, et passaient
toutes les journées enfermés dans un cabinet où nul mortel
ne pouvait pénétrer. M. Mouknikoff ne voyait pas, sans
éprouver une vive jalousie, la faveur marquée dont Colline
était l'objet de la part du prince, et ce Scythe farouche
jura, par saint Nicolas, qu'il aurait la clef de ce mystère qui
devait singulièrement intéresser la politique européenne.
En conséquence, M. de Mouknikoff parvint à s'introduire
dans la mystérieuse retraite où le prince et l'envoyé de la
République s'enfermaient chaque jour, et, caché dans un
coin, il pénétra le secret de leurs entretiens.

Son Excellence Gustave Colline démontrait au prince de ...
les beautés du jeu de piquet.

— Je commence à comprendre, disait le prince. C'est un
jeu admirable.

— C'est à vous à parler, dit Colline, en arrangeant son
jeu.

— Ah! ah!... dit le prince, prenez garde, monsieur
l'ambassadeur... tenez-vous bien... j'ai une seizième majeure.

— A trèfle... dit Colline. Nous avons des personnes qui
disent *trefolium*.

— *Trefolium*, je m'en souviendrai, répondit le prince,
mais ce n'est pas tout, j'ai un quatorze d'as...

— Quatorze de boutons, reprit Colline.

— Ah! fit le prince, on dit boutons, je n'aurai garde de l'oublier... Seize et quatorze, trente. Oh! mais, ce n'est pas tout... j'ai quatre-vingt-dix, vous ne faites pas une levée, Excellence.

— Fichtre, dit Colline, je suis capot.

— Vous dites, dit le prince au comble de la joie, j'ai gagné. Comment vous exprimer ma reconnaissance? Permettez-moi de vous offrir le grand cordon de l'ordre de la Concorde.

— Je ferai observer à Votre Altesse qu'elle a déjà daigné me conférer le cordon de la première classe, répondit Colline.

— Il n'importe, fit le prince, ma reconnaissance n'a point de bornes. Vous serez chevalier de première et de seconde classe à la fois.

M. de Mouknikoff sortit de sa cachette très satisfait, et écrivit à son gouvernement que le séjour de l'envoyé de la République à la résidence de ... ne devait donner aucun ombrage à la Russie. Quelques jours après, en récompense de sa belle conduite, M. de Mouknikoff reçut, avec de nouvelles dépêches, une tabatière — de première classe.

Cependant, au bout d'un mois, Son Excellence Gustave Colline, n'ayant point reçu de nouvelles de son gouvernement, commença à trouver que sa mission était trop secrète et prit le parti d'écrire au ministère des Affaires étrangères, pour lui demander ce qu'il avait à faire.

Or, comme le ministre qui avait signé la nomination de Colline avait, quelques jours après le départ de celui-ci, été remplacé par un autre homme d'État, ce fut son successeur qui reçut un matin la dépêche officielle de l'envoyé extraordinaire, laquelle était ainsi conçue:

« Résidence de ... le   1849 — N° 1

« Son Excellence Gustave Colline, ambassadeur de la République française près la cour de..., à monsieur le ministre des Affaires étrangères.

« Citoyen ministre,

« Selon les instructions que je n'ai pas reçues, mais que
votre silence m'a suffisamment expliquées, je suis arrivé à
la résidence de ... avec l'intention d'y répandre à pleines
mains les idées démocratiques dont nous avons donné une
si glorieuse initiative ; mais je n'ai pas trouvé le sol suffisamment préparé pour cette grande rénovation morale et politique dont j'eusse été fier d'arborer le premier le drapeau.
Seulement, je me suis efforcé de combattre, autant que
cela m'a été possible, l'influence que l'empire russe pouvait excercer dans cette principauté, par l'organe du marquis de Mouknikoff, espèce de diplomate anonyme, aux
gages du czar. Ce personnage d'un mérite très vulgaire,
du reste, a été complètement coulé par moi, et à l'aide de
petits moyens, qui me sont particuliers, je me suis fourré,
j'oserai dire, jusqu'au coude, dans la manche du prince,
qui, honorant sans doute en moi le caractère officiel dont
je suis revêtu, m'a déjà fait chevalier de l'orde de la Concorde qu'il se propose de fonder. Je répéterai à monsieur
le Ministre, qu'après une étude approfondie des lieux et des
mœurs, je ne crois pas le moment encore venu pour fonder
sur des bases durables la République dans la résidence
de ... Les quatre-vingt-deux ou quatre-vingt-cinq habitants
qui forment la population de cette principauté sont attachés au principe monarchique par la glu honteuse de l'habitude.

« J'attends avec impatience, monsieur le ministre, les
nouveaux ordres qu'il vous plaira me donner.

« J'ai l'honneur d'être, avec le plus profond respect,

« Votre très obéissant serviteur,

« Gustave COLLINE,

« Chevalier de l'ordre de la Concorde de 1re et 2e classe.

« P.-S. — La somme qui m'a été donnée à mon départ
ayant été épuisée par les frais de voyage et de représentation, qui sont très dispendieux, je serais fort reconnaissant si monsieur le ministre pouvait me faire parvenir quelques trimestres d'avance sur mes appointements. — Vive la
République ! »

En recevant cette dépêche, le ministre des Affaires étrangères s'écria : « Quel est ce drôle qu'on a envoyé là-bas, et dans quel but l'a-t-on envoyé ? » Et après quelques informations prises auprès de son chef de cabinet, le ministre expédia à Son Excellence Gustave Colline une instruction ainsi conçue :

« C'est par suite de l'incurie de la précédente administration de mon département que vous avez été envoyé à la résidence de ... qui n'existe pas sur la carte politique. Vous êtes invité à revenir sur-le-champ. Seulement, pour motiver les fonds qui vous ont été comptés sur mon budget... avant votre départ, vous traiterez avec le prince de ... d'un achat d'un million de sangsues pour les hôpitaux de Paris... A votre retour, on verra à vous procurer un emploi de surnuméraire. »

Quinze jours après, Son Excellence Gustave Colline arrivait à Paris, suivi d'une cargaison de sangsues ; à son départ, le prince de... avait répandu quelques larmes, et l'avait forcé à accepter le cordon de la Concorde de troisième classe.

NOTES

Préface. — La première édition (Paris, Michel-Lévy, frères, libraires-éditeurs, rue Vivienne, 2 *bis*, imprimerie Dondey-Dupré, 1851, in-18) porte le titre de *Scènes de la Bohème*. Publiée à 3 francs.

La seconde édition, même année, contenait en plus le chapitre intitulé *la Toilette des Grâces*. On y avait supprimé le chapitre *Son Excellence Gustave Colline*.

Dès 1851 paraissait une contrefaçon belge (Bruxelles, librairie du Panthéon, rue de la Montagne), en trois volumes (*Manuel de l'amateur de livres du XIX* siècle, par Georges Vicaire.

En 1855, le volume, sous le titre, depuis adopté, de *Scènes de la vie de Bohème* paraissait dans le *Musée contemporain* de Michel-Lévy frères.

La société des « Amis des Livres » a édité, en 1879, à cent exemplaires, les *Scènes de la vie de Bohème*, avec frontispice et douze eaux-fortes de Richard.

La *Vie de Bohème* a été illustrée aussi par André Gill (Librairie illustrée, 1877, gr. in-8).

La pièce a paru avant le livre (imprimerie Dondey-Dupré, rue Saint-Louis 1849). Prix : 60 centimes. Le nom de Barrière, dans cette première édition, précède celui de Murger.

Page 1 — (1). *Comment fut institué le Cénacle.* — M. Schanne, qui prétendait avoir été exclusivement Schaunard, n'acceptant pas que Murger eût pu emprunter quelques traits de son personnage à d'autres camarades, ou que son imagination les eût modifiés, avait, après son passage dans la Bohème, repris les affaires paternelles et donné de l'extension à une fabrique de jouets, dans le Marais, rue des Archives. — Comme peintre, un portrait, signé de lui, fut admis au Salon de 1850. Comme compositeur de musique, il écrivit quelques romances et quelques chansons. Sur la fin de sa vie, il était membre de tous les jurys d'orphéons. Avec sa vanité, tout en étant notable commerçant, d'avoir été, en sa jeunesse, le plus échevelé des bohèmes, c'était un excellent homme. Il avait, physiquement, quelque ressemblance avec Emile Augier, non sans quelque exagération dans les proportions du nez. Il donna, en 1887, les *Souvenirs de Schaunard*, qui contiennent sur Murger des indications dont on peut faire profit, bien qu'elles soient superficiellement données, et avec un excès de bonne humeur parfois fatigant.

Page 21 — (2). *Comment fut institué le Cénacle*. — Ce fut par son apparence extérieure que Jean Wallon prêta quelque chose de lui à Colline. Nadar a tracé de lui ce portrait : « Je le revois encore, quand nous étions jeunes, avec son chapeau à bords larges, ses longs cheveux châtains peignés tout juste pour ne rien céder au vain désir de plaire et flottant dans sa lévite roussâtre en drap bourru, ses bouquins vissés sous le bras... Wallon était le moins fou et le plus posé de cette bande de moineaux tapageurs que nous étions. Il représentait parmi nous, où naturellement tout devait être représenté, une science morte, la théologie... » Mais il n'y eut rien de Colline dans le Wallon de l'âge mûr, grand travailleur, austère, attelé à son grand ouvrage, l'*Histoire de l'Eglise de France*, et qui disait : « Toute la vie est dans ces deux mots : faisons notre devoir. »

Dans une lettre qu'il écrivit à Nadar, il parlait de « l'idée ridicule et inepte qu'on s'était faite de la Bohème de Murger, et contre laquelle Murger avait lui-même senti le besoin de diriger sa préface ».

Page 25 — (3). *Comment fut institué le cénacle*. — Le restaurant de la mère Cadet était situé 79, chaussée du Maine.

Page 25. — (4). *Comment fut institué le cénacle*. — Le café Momus dont il est plusieurs fois question dans la *Vie de Bohème* se trouvait dans la petite rue des Prêtres-Saint-Germain-l'Auxerrois, non loin de la maison du *Journal des Débats*. Il était fréquenté par la jeunesse littéraire. Selon un de ses anciens habitués, le maître de l'établissement avait de secrètes aspirations poétiques. De là une certaine indulgence pour les débutants de la littérature qui fréquentaient chez lui. Il s'appelait M. Louvett

« Nous avions, a écrit Champfleury, découvert ce bienfaisant établissement qui fournissait une demi-tasse à vingt-cinq centimes... Depuis la cherté du pain, le café est monté jusqu'à trente centimes : beaucoup d'habitués, mécontents de cette hausse, ont quitté brusquement. »

Page 42 — (1). *Un envoyé de la Providence*. — D'après M. Schanne, cette scène si plaisante eut, dans la réalité, un dénouement tragique. Cet « envoyé de la Providence », de son vrai nom Blanchon, quand son portrait fut achevé, s'alla noyer, avec résolution, dans l'étang du Plessis-Piquet. Le portrait, auparavant, avait été envoyé à sa mère. On ne connut point les causes de ce suicide. Blanchon avait d'ailleurs quelque fortune. Il avait pris plaisir, pendant quelques jours, à la compagnie des jeunes artistes, et il avait dissimulé ses idées noires, mais son projet était bien arrêté en lui.

M. Schanne demeurait alors rue de La Harpe avec Murger. « C'était, dit-il, un compagnon très doux, accommodant sur toutes choses, à qui je n'aurais pu reprocher que sa mélancolie persistante. » Ce commentaire de M. Schanne permet de constater, chez Murger, cette opération d'esprit, d'après laquelle sa fantaisie d'écrivain travaillait sur un fond de vérité, faisant œuvre de charmant magicien, jetant de la poésie ou de la gaîté sur des choses qui avaient été en elles-mêmes âpres et douloureuses.

Page 54 — (1). Les amours de carême. — Le jardin du Luxembourg. Comment ne pas évoquer le Luxembourg, au temps de la *Vie de Bohème*, avant ses mutilations, alors qu'il s'étendait jusqu'à l'avenue de l'Observatoire, sans être coupé par aucune rue, ce qui à la vérité mettait, la nuit, un abîme infranchissable entre les habitants de la rue de l'Ouest, dont on a fait le boulevard Saint-Michel, et ceux de la rue d'Assas. Écoutons un poète, Théodore de Banville, rappeler ce qu'étaient les pépinières. « Ces pépinières, c'était un pêle-mêle de tout, arbres, fleurs, labyrinthes, collines et descentes, allées d'épais lilas formant berceaux, et, dans ces chemins verdoyants et fleuris où passaient dans les brises de douces haleines de parfums, se pressait une foule de fillettes, de jeunes gens rêveurs, de couples amoureux, de vieux savants qu'on eût pris (non sans raison) pour des pauvres, n'eût été la rosette rouge qui brillait à la boutonnière de leur humble vêtement. Avec les pavillons ornés de vieilles sculptures, les statues mythologiques, les urnes brisées et noircies par le temps et les farouches ombrages au feuillage noir, cela tenait du coin de forêt et du jardin de province, et là, dans l'éternelle fête de la jeunesse, dans le tumulte harmonieux des couleurs, on était à mille lieues des préoccupations et des niaiseries affairées de la ville... Dans ces pépinières pleines d'ailes, d'oiseaux chanteurs, de vols de colombes blanchissant le ciel, il y avait un rosier célèbre, si vieux que les vieillards caducs en avaient entendu parler à leurs grands-pères. Le tronc noueux, rugueux, tourmenté, énorme, était bossu et farouche comme celui d'un grenadier, et les longues, les vastes, les innombrables branches, trop chargées de fleurs, précipitaient une avalanche de roses vermeilles et rougissantes jusque sur le sol où elles rampaient, foisonnaient, se multipliaient encore et cachaient fastueusement la terre noire sous un riche et flamboyant tapis de roses. Cet arbre illustre, quand il fallut l'arracher pour la transformation du jardin, fut pleuré comme un aïeul... »

Le buste de Théodore de Banville ne pouvait être mieux placé qu'au Luxembourg. Nul n'a dit d'une façon plus pénétrante les charmes de ce jardin, alors que les exigences de l'édilité ne l'avaient pas diminué.

Page 55 — (2). *Les amours de carême.* — Le bal du Prado, qui disparut en 1855, avait succédé au théâtre de la Cité, devenu ensuite le théâtre des Variétés amusantes. Il se trouvait en face du Palais de Justice.

« Ce jour-là était jour de fête pour elles (les grisettes).Munies de leurs frais atours, elles parcouraient le quartier Latin en tous sens et elles disaient, le bonheur sur les lèvres, la joie dans le cœur, à tous ceux qu'elles rencontraient :

« — Ce soir, je vais au Prado. Je t'y verrai, n'est-ce pas ?

« C'est que ce mot,le Prado,leur apparaissait gros de chapeaux roses, d'écharpes bleues et de bottines pelure d'oignon. Elles se regardaient dans toutes les glaces des boutiques devant lesquelles elles passaient et se comparaient mentalement à telles ou telles qui sont bien mises, qui depuis longtemps déjà vont au Prado. » (Privat d'Anglemont, *Paris inconnu.*)

Page 63 — (1). *Ali-Rodolphe, ou le Turc par nécessité.* — Cet oncle, devenu un personnage comique, ne paraît pas, d'après la correspondance de jeunesse de Murger, lui avoir témoigné beaucoup d'intérêt. Dans cette correspondance, il ne joue qu'un rôle fort effacé. Murger parle, une fois, de quelques dîners qu'il trouve chez lui, en échange de l'envoi qu'il fait à ses jeunes cousines de la *Gazette de la Jeunesse.*

Page 84 — (1). *Mademoiselle Musette.* — La Musette de Murger n'a pas laissé d'être quelque peu dépoétisée par ceux qui ont voulu voir son prototype dans une jolie fille qui fut fort connue de la jeunesse littéraire de la fin du règne de Louis-Philippe, mais, nous l'avons déjà dit, il y a imprudence à chercher une clef trop exacte à la *Vie de Bohème.* Murger n'aurait pas été le poète qu'il fut s'il s'était astreint à de trop réels portraits, et il avait accoutumé d'embellir la vérité. La Mariette à laquelle pensa un peu Murger, tout en donnant libre carrière à sa fantaisie, a été « racontée » d'une façon beaucoup plus serrée par Champfleury. « La coquette, la vive, la légère Mariette quitta la première la Bohème. Elle avait de l'esprit. Tous ceux qu'elle avait connus jeunes songeaient eux-mêmes à s'isoler dans le travail pour mettre à profit les premiers enseignements de la vie... Ayant fait son éducation avec des gens d'esprit, elle s'en servit pour atteler à son char de riches étrangers, pris surtout par le piquant parisien. Devenue positive sous une apparence fantasque, Mlle M... avait certainement appris les quatre règles...

« ... De Mlle M..., il ne reste rien qu'un souvenir fugitif. Quelques hommes de sa génération, en revoyant leurs poèmes, leurs tableaux, leurs romans, leurs statues, se rappelleront que, à un moment, ils fixèrent le meilleur de la coquette, la fleur de sa jeunesse, un sourire, une saillie, un air de tête, un refrain chanté d'une voix claire. » (*Souvenirs de Jeunesse.*)

Page 88 — (2). *Mademoiselle Musette.* — Casimir Bonjour. Il était alors de mode de plaisanter cet auteur dramatique, qui avait eu sa première pièce, la *Mère rivale*, représentée en 1821. Le romantisme avait passé autour de lui sans ébranler sa foi dans la forme classique, et son style mesuré et prudent est froid. Mais Casimir Bonjour n'était point timide dans le choix de ses sujets. Ce classique était d'ailleurs un libéral. En 1833, il avait abordé, à la Comédie-Française, la question du célibat des prêtres dans le *Presbytère*. Ce ne pouvait être qu'avec bien des ménagements, et la pièce montre seulement un vieux prêtre, respectable et bon, d'une large bonté, — une sorte « d'abbé Constantin » avant l'autre, — poussant vers le mariage un jeune séminariste en qui il n'a pas reconnu une vocation sacerdotale bien solide. Mais l'auteur laissait percer son opinion sur cette question. Sa dernière pièce, le *Bachelier de Ségovie* (1844), étudiait, non sans quelque vigueur d'esprit, si la langue est fluide et incolore, la situation des déclassés :

> ... On ne voit que docteurs, misère et bacheliers.
> Aussi, quand par hasard, une place est vacante
> Au lieu d'un candidat, on en trouve cinquante,
> Découragé parfois d'un retard éternel,
> J'ai voulu retourner à l'état paternel ;
> Mais cette illusion était bientôt déçue :
> Un bachelier peut-il conduire une charrue ?

M. Emile Faguet a consacré une étude à Casimir Bonjour, en deux feuilletons du *Journal des Débats* (17 et 24 août 1903)

Page 93 — (1). *Les Flots du Pactole.* — Ce chapitre est à rapprocher du chapitre XVII des *Souvenirs des Funambules* de Champfleury, consacré à Murger. Murger se souvint évidemment là du temps où il habitait, rue de Vaugirard, avec le futur auteur des *Bourgeois de Molinchard*. Il y eut, en effet, avec les dérisoires ressources dont disposaient les deux camarades, un essai d'enregistrement des dépenses communes. Ce beau souci d'ordre ne dura pas bien longtemps.

« Il fut décidé, dit Champfleury, que, aussitôt les soixante-dix francs touchés, je tiendrais un compte sévère des dépenses, chacun de nous ayant tous les jours le soin de vérifier les comptes. C'est ce petit livre que j'ai retrouvé, qui est si simple et si touchant, si laconique et si plein de souvenirs. Nous étions d'une grande honnêteté, le 1er de chaque mois. Je lis au 1er novembre 1843: « Payé à Mme Bastien, pour du tabac, deux francs. » Nous payons aussi l'épicier, le restaurant (il y a *restaurant !*), le charbonnier, etc. Le 1er est un jour d'allégresse ; je lis : dépensé au café, trente-cinq centimes, folle dépense qui dut me valoir, le soir, une série de remontrances. Ce jour-là, tu achetas (j'en suis effrayé) pour soixante-cinq centimes de pipes.

« Le 2 novembre, on achète du ruban pour un franc dix centimes ; cette énorme quantité de ruban devait servir à constituer définitivement le fameux divan... Toujours au 2 novembre, on donne une forte somme à la blanchisseuse, cinq francs. Je passe le pont des Arts, comme un membre de l'Institut, et j'entre fièrement au café Momus... Je perds à l'écarté cinquante centimes, destinés à acheter des marrons.

« Le 3 novembre, tu décides que, pendant la durée des soixante-dix francs, nous ferons nous-mêmes la cuisine. En conséquence, tu achètes une marmite (quinze sous), du thym, du laurier ; ta qualité de poète te faisait trop chérir le laurier, la soupe en était constamment affligée. On fait provision de pommes de terre.

« Il y eut des grincements de dents et des malédictions quand il s'agit d'inscrire les dépenses du quatrième jour de novembre. Pourquoi me laissas-tu sortir les poches si pleines d'argent? Toi, tu étais allé chez Dagneaux dépenser vingt-cinq centimes. Que pouvait fournir Dagneaux pour vingt-cinq centimes ! — Oh ! combien coûtent les moindres plaisirs ! Sous le prétexte d'aller entendre gratis un drame d'un habitant de Belleville, je pris deux omnibus, un pour aller, et l'autre pour revenir. Deux omnibus, je fus bien puni de cette prodigalité... etc. »

On voit quelles variations Murger a brodées sur un fond de vérité.

Page 93 — (2). *Les Flots du Pactole.* — Raoul Rochette, archéologue, membre de l'Académie des Inscriptions, auteur d'un *Cours d'archéologie* qui fit autorité, conservateur des médailles à la Bibliothèque royale. Il était né en 1789.

Comme conservateur des médailles, il eut, en 1833, l'humiliation du vol fameux du forçat évadé Fossard qui mit au pillage le cabinet des médailles. Fossard, qui avait soustrait aussi un sceau d'or de Louis XII, des vases précieux, une patène d'or antique et un ciboire, s'était introduit à la Bibliothèque par une fenêtre. Il avait confié une partie de son butin à son frère, exerçant le métier d'horloger. Celui-ci avait fondu une partie de ces trésors. Sa réponse à l'interrogatoire du président est restée célèbre. « C'était, dit-il, pour les conserver à l'Etat ! »

Quand, à l'audience, Raoul Rochette eut à décliner ses titres, sa

qualité de « conservateur des médailles », devant le lamentable
état des pièces à conviction, provoqua de longs éclats de rire.

Page 100 — (3). Les Flots du Pactole. — Sur Baptiste, voici
ce qu'a écrit Auguste Vitu :

« Le célèbre Baptiste de Murger est un type de pure invention,
je dirais même de convention.

« Le vrai Baptiste m'appartenait. Il se nommait Jean-Baptiste
Depré, natif de Namur. Il avait été élevé dans la maison de mon
parrain, l'illustre botaniste Charle Kunth, et il m'avait porté
dans ses bras dès ma plus tendre enfance. Son ignorance crasse
et sa bêtise en faisaient un sujet de placement difficile.

« Cependant, il était entré, je ne sais comment, dans la domes-
ticité de Louis-Philippe. La Révolution de 1848 lui arracha son
habit rouge et me le rejeta sur les bras. C'est alors qu'il fit connaissance avec la jeunesse artistique et lettrée. Leo Lespès,
Alfred Vernet, Henry Murger, que Baptiste, en son patois fla-
mand, appelait : « Montsir Mouger », l'eurent successivement à
leur service. Tel était le grand benêt, sorte de jocrisse qui ne savait ni lire ni écrire, qui, par la singulière fantaisie d'Henry
Murger, est devenu le valet littéraire de la vie de Bohème. »

Page 118 — (1). Les violettes du pôle. — Un souvenir du temps
où Murger se croyait épris de « sa cousine Angèle ». Ce n'était
déjà plus, en 1844, que le thème d'une fantaisie poétique, qui a
été recueillie dans les *Nuits d'hiver*.

> Votre parole est douce ainsi que votre nom ;
> L'esprit de la bonté dans vos yeux se révèle
> Et vos seize ans fleuriés embaument la maison
> D'un parfum de jeunesse — ô ma cousine Angèle !

Page 137 — (1). Le Cap des Tempêtes. — Il y eut une comédie intitulée le *Cap des Tempêtes*, signée de Jules Prevel et
H. Philibert (novembre 1871, Vaudeville), mais elle n'a de rapport
avec la *Vie de Bohème* que le titre. Il ne s'agit plus de l'échéance
du 15 avril, date pénible aux locataires embarrassés, mais de la
fin de la lune de miel, alors que le mari fait place à l'amoureux.

Page 139 — (2). Le Cap des Tempêtes. — On sait que dans les
années qui précédèrent la Révolution de 1848, les théories réfor-
matrices se mêlèrent souvent d'une sorte de mysticisme. « Nous
vivions dans un cercle de vertiges et d'hallucinations. Le faux,
l'absurde, l'impossible nous étreignaient de toutes parts et ne laissaient point de place aux inspirations calmes et sensées. Les uns
s'en allaient vers les régions des fées, les autres vers les abîmes de
l'enfer. Ceux qui ne conspiraient pas se promenaient dans la rue,

Tous semblaient avoir perdu le sentiment de la vie réelle. »
(L. Reybaud, *Jérôme Paturot à la recherche de la meilleure des
Républiques*.) Le saint-simonisme avait conduit à d'étranges
rêveries, d'ailleurs généreuses.

Page 187 — (1). *Mademoiselle Mimi.* — Ainsi, fort idéalisée avec
le temps, Mimi apparaissait-elle à Théodore de Banville, à travers
ses souvenirs : « ... Cette pâle Mimi, blanche, délicate, transparente comme un portrait d'Holbein, si suavement pâle sous sa
chevelure un peu rousse. Ses yeux bleus étaient comme le miroir
d'un ciel immense et ses mains fines, longues, lumineuses, ressemblaient à celles des figures primitives. Tassaert a seul peint
des têtes comme celles-là, aux lèvres exquises et décolorées, souriantes avec toutes les séductions de la douleur et de la mort. Sa
voix douce, vibrante, frémissait comme celle d'une harpe dont les
cordes vont se briser... Comme le raconte le livre, Mimi avait un
chat rouge, nommé comme elle : Mimi. Sur sa cheminée, elle
avait une garniture de cheminée en plâtre peint en vert antique :
c'était le buste d'Homère entre deux levrettes ! Par un étrange caprice, Mimi, à qui ses amis avaient enseigné l'amour des choses
d'art et des belles peintures, tenait à ces plâtres ridicules et ne
s'en sépara que pour aller mourir. » — Mais c'est un poète qui
parle !

Page 223 — (1). *Le Passage de la mer Rouge.* — D'après
M. Schanne, le « père Médicis » demeurait rue du Musée, une de
ces petites rues qui ont disparu au moment de la transformation
de la place du Carrousel.

Il a été dit, dans la Préface, que le *Passage de la mer Rouge* ne
hanta guère qu'un instant les rêves ambitieux du peintre Tabar,
qui s'attaqua, pour ses débuts au Salon, a un tableau d'un tout
autre genre, une *Niobé*.

Page 231 — (1). *La Toilette des grâces.* — Les *Deux Magots*, un
magasin de nouveautés, — bien modeste en comparaison de ceux
d'aujourd'hui, — qui avait eu son heure de vogue. Il se trouvait
à l'angle de la rue de Buci et de la rue de Seine. On sait la plaisanterie célèbre et de mauvais goût, d'ailleurs d'un mystificateur
qui demanda à parler aux propriétaires. On l'introduisit auprès
du directeur de la maison. — « Pardon, dit-il, c'est à votre associé
que j'ai affaire. — Mais je suis seul. — Votre enseigne annonce
pourtant deux magots. » Heureux temps que celui où on s'égayait
de semblables gamineries !

Page 234 — (1). *Roméo et Juliette.* — Tous les camarades de
jeunesse de Murger ont parlé de son culte pour Shakespeare. A
la période de sa vie errante, à travers tous ses déménagements,

il sauva toujours les tomes de son Shakespeare, dans la traduction Letourneur. Il pensait, comme Henri Heine, avec qui, le sarcasme en moins, il a quelques traits de ressemblance : « Le bon Dieu a naturellement droit à la première place, mais la seconde appartient certainement à Shakespeare. »

Page 387 — (1). La Jeunesse n'a qu'un temps. — La musique de la Chanson de Musette est d'Alfred Vernet.

TABLE DES MATIÈRES